自主治理与扩展秩序

对话奥斯特罗姆

启真馆 出品

Self-Governance and Extensive Order

自主治理与扩展秩序

对话奥斯特罗姆

朱宪辰 主编

图书在版编目（CIP）数据

自主治理与扩展秩序：对话奥斯特罗姆/朱宪辰主编.—杭州：浙江大学出版社，2012.7
ISBN 978-7-308-10198-1

Ⅰ.①自… Ⅱ.①朱… Ⅲ.①行政管理-案例 Ⅳ.①D035

中国版本图书馆CIP数据核字（2012）第144872号

自主治理与扩展秩序：对话奥斯特罗姆
朱宪辰　主编

责任编辑　赵　琼
装帧设计　王小阳
出版发行　浙江大学出版社
（杭州天目山路148号　邮政编码310007）
（网址：http://www.zjupress.com）
排　　版　北京京鲁创业科贸有限公司
印　　刷　浙江印刷集团有限公司
开　　本　640mm×960mm　1/16
印　　张　36.25
字　　数　471千
版 印 次　2012年8月第1版　2012年8月第1次印刷
书　　号　ISBN 978-7-308-10198-1
定　　价　72.00元

序　对奥斯特罗姆自主治理理论的理解

从1999年开始，毛寿龙、陈幽泓等老师就把奥斯特罗姆夫妇的理论引入到中国大陆了[①]，十多年来，“自主治理，多中心与发展”的概念基本上已为国内行政学界及公共经济学领域学人所熟知。在此理论的影响下，大陆的行政管理学和经济学学科领域开展了许多探索在中国转型背景下个体间合作治理与信任问题的研究，积累了不少成果。2011年5月的“自主治理，多中心与发展：埃莉诺·奥斯特罗姆学术报告会”就是这些成果的一次交流。

2009年埃莉诺·奥斯特罗姆获诺贝尔经济学奖所带动的关注热潮已经被后两届覆盖了，但是，奥斯特罗姆夫妇要探究的对象、问题和方法的框架——“制度分析与发展的元理论框架”，可以说是延续、吸纳综合了哈耶克、泽尔腾、布坎南、诺斯和弗农·史密斯的思想或方法，所以，基于个体间合作治理与信任的制度研究和共享自然资源如何持续的研究，跨度大、范围广，涉及的理论任务艰巨、

① 1999年6月，毛寿龙翻译文森特·奥斯特罗姆的《复合共同制的政治理论》由上海三联书店正式出版；2000年，毛寿龙主持和翻译了“制度分析与公共政策译丛”，丛书首套的六本是：《美国公共行政的思想危机》（文森特·奥斯特罗姆）、《公共事物的治理之道：集体行动制度的演进》（以下简称《公共事物的治理之道》，埃莉诺·奥斯特罗姆）、《制度激励与可持续发展》（埃莉诺·奥斯特罗姆等）、《多中心体制与地方公共经济》（论文集）、《多中心治道与发展》（论文集）、《公共服务的制度建构》（埃莉诺·奥斯特罗姆等）。

现实问题紧迫。

面对这样的研究范畴要给出一个系统评述实非易事，笔者在这里也只能就个体分析的思路尝试给出自己三个方面的理解：考察的对象和范围，要回答的问题与分析的基本思路，整合的研究框架。

1 奥斯特罗姆理论的研究对象与范围

从通常的学科领域来看，许多人认为“自主治理，多中心与发展”是政治学和行政管理的范畴，正如毛寿龙所言，文森特的“贡献主要在政治学和行政学。埃莉诺·奥斯特罗姆的学术贡献则走向了经济学”，不过埃莉诺曾经担任的是美国政治学学会的主席。[①] 再具体一些，他们的学术贡献包括“复合共和制的政治理论、民主制行政的行政理论、多中心的秩序理论、制度分析与发展的分析框架，公共经济理论”，关注的核心是围绕个体相互关联的共享事物（The Problem of the Commons）的自主治理。不过埃莉诺自己所关注的范围要更广，是整个社会与自然资源生态系统（social-ecological system）（Ostrom，2007，2009）。那么，这个广泛的考察范围与经济学科是什么关系呢？用人民大学公共管理学院一位博士的话说，是在经济学之外“借鉴经济学研究成果的同时保持对经济学的对话、批评和探讨”[②]。但无论如何，重要的经济学奖授予她已经不止一次了——1997 年政治经济学领域著名的“弗兰克·塞德曼奖”、2009 年的诺贝尔经济学奖，所以，围绕公共物品或者说集体物品的使用及提供等个体间相互关联的共享事物的自主治理，无疑被经济学界也视为是自己的研究范畴。

---

① Elinor Ostrom，Presidents of the American Political Science Association. 作为主席讲话的文献是 E. Ostrom，1998，A Behavioral Approach to the Rational Choice Theory of Collective Action，*The American Political Science Review*，92（1）：1－22.

② 李文钊：《埃莉诺·奥斯特罗姆的诺贝尔经济学奖之路——从公共事物的自主治理谈起》，2009，见 http：//www. iapp. ruc. edu. cn/news/detail. asp？newsid = n135909288。

从概念上讨论政治学、行政管理与经济学等学科研究范畴的区别、交叉或重合，不是本文的任务，这里需要阐明的是“个体间相互关联的共享事物的自主治理”究竟涵盖的研究对象和范围如何。援引瑞典皇家科学院的提名辞①，埃莉诺·奥斯特罗姆的分析对象是“economic governance，especially the commons”，更具体的考察对象是“the commons”的“user associations”。②

1.1 研究对象一：“the commons”，特别是小的“pool”

“the commons”指的是什么呢？经典译法是“公地”③，面向大众媒体的翻译是“公共财产”，毛寿龙及其老师——奥斯特罗姆夫妇指的是 CPRs（common pool resources），毛寿龙将之称为公共事物（公池资源）。对于 CPRs 内涵，笔者的理解如下：

按照资源使用的排他性（excludable）和竞争性（rivalrous）两个维度的大致划分，无论天然还是人造的，CPRs 是非排他且竞争性的④，之所以说大致，是因为俱乐部物品对非俱乐部成员是排他的，CPRs 对使用者（user）之外的人也是排他的，在排他性上与俱乐部物品如果区别开，说 CPRs 既排他又竞争，那又和私人物品一样了，所以只是大致的对象属性划分。奥斯特罗姆对 CPRs 排他性的界定，

---

① *Sveriges Riksbank's Prize in Economic Sciences in Memory of Alfred Nobel 2009*，Sveriges Riksbank，12 October 2009，retrieved 2009 - 10 - 12.

② “user associations”是瑞典皇家科学院介绍获奖理由的用法：“Elinor Ostrom has demonstrated how common property can be successfully managed by user associations.” *Sveriges Riksbank's Prize in Economic Sciences in Memory of Alfred Nobel 2009*，Sveriges Riksbank，12 October 2009，retrieved 2009 - 10 - 12.

③ 即哈丁（Garrett Hardin）1968 年在《科学》杂志发表的“The tragedy of the commons”，“公地悲剧”已成为中文的习惯用法。

④ 另外三种即教科书上所说的：纯私人物品既排他又具有竞争性；纯公共物品非排他且非竞争；俱乐部物品则排他而非竞争。这种两维度考察的着眼点是资源使用（消费或耗用）的情况：如果一个人先消费或耗用一定的量，其后可使用的量是否会减少——竞争与非竞争性；如果别人也来用，有没有可能被排除掉——排他与非排他性。

是从试图阻止他人使用获益，自己要花费的代价大小来衡量的。[①] 这一代价的大小又依赖于资源的物质属性，如果这种资源的规模很大或特性很复杂，那么要查找、认定并实施阻止他人使用的代价就会很昂贵。当然，要是付这个代价，还是能阻止别人使用的。

比较细致的刻画，是将排他性细分为实现排他性是个人之外的排他，还是特定群体之外的排他。私人物品实现排他性是个人的；俱乐部物品、CPRs 实现排他性是特定群体之外的。这样，CPRs 在排他性上区别于私人物品，而在竞争性上区别于俱乐部物品。

埃莉诺·奥斯特罗姆在其经典的著作中强调的是 CPRs 的竞争性，她把描述 CPRs 为资源系统存量和该系统产生的能被提取使用的资源单位流量。流量大，就是所谓拥挤或者过度使用，别人可用的存量水平就下降了，而纯公共物品和俱乐部物品是不可能分成流量单元的，其使用也就不会导致资源总量水平下降。

作为研究对象的界定，除了明确资源——“the commons”的使用消耗性质，即 CPRs 的使用会耗费流量从而降低存量的竞争性，和排他性代价较大以外，奥斯特罗姆考察的对象一开始只限定在小型 CPRs 范围内，也就是使用者人数不多的小型“池塘”。

概括起来，埃莉诺·奥斯特罗姆理论要研究的对象，起点（或者说着眼点）落在资源使用的物质属性，或者说资源使用的技术性特征上，包括一次一个人使用量导致存量下降（或拥挤）的属性；规模大小、使用度量的复杂程度、阻止他人使用的难度，恰好能把少量使用者与无数外人区分开。

---

① 见奥斯特罗姆：《公共事物的治理之道》，中译本，第 52 页。另见维基，Ostrom：“Whose size or characteristics makes it costly, but not impossible, to exclude potential beneficiaries from obtaining benefits from its use.”

1.2　研究对象二："user associations"——使用者之间交往的行为关系

虽然埃莉诺·奥斯特罗姆把研究对象落在物质资源是枯竭还是可持续上，但考察范围必然要扩展到人对物的使用、提供等相互的关系上，或者说要从资源的物理属性转到财产权关系上，所以，CPRs 的考察范围包括制度分析与发展，奥斯特罗姆（2011）在本次会议的报告中所指出的："CPR 作为共有产权资源（common-property resource）的含义，已被广泛使用。"奥斯特罗姆同时指出，他们在 20 世纪 80 年代，就展开了针对制度的系统研究（IAD，Institutional Analysis and Development 的框架研究）。由此可见，对这种资源考察的范围是要延伸到产权制度安排上的。

不过，奥斯特罗姆担心"common-property resource"的"用法混淆了财产权和资源的概念"，强调要考察的不仅仅是法律意义上的所有权界定，而是实际使用行为与出钱出力维护资源存量行为之间的关系。① 在本书的文章中，再次强调我们考察的是当事人在田野中行使的五项权利整体的共同财产制"common property regimes"，而不是理论上假定的某一项（在共同财产制中，当事人采取他们认为正当的各种行动，或面对他们认为不正当的行为）。构成组合整体的五项权利分别是"进入权"（access）、"退出权"（withdrawal）、"管理权"（management）、"排他权"（exclusion）和"让渡权"（alienation）。

通过奥斯特罗姆对行为关系整体的共同财产制的强调，可以得出，该项研究的重要考察范围必然涵盖人们围绕物打交道的关系，而非仅仅是资源存量—流量等物的情况。这种关系，简单地说，既有别于私人个体之间的买卖交易关系，或者说不是市场关系；也有别于国家政府权力机构与居民的关系（选民与税收—财政开支的关

① 见奥斯特罗姆：《公共事物的治理之道》，中译本，第 53 页脚注［2］。

系，就是典型的布坎南研究的对象)，所以，可以说是非市场化非行政化的第三种体制的关系，例如农会、灌溉用户合作社、互助合作金融组织这样的组织及制度。

概括起来正如奥斯特罗姆的经典著作的标题所示："Governing the Commons：The Evolution of Institutions for Collective Action"，研究对象聚焦在"the Commons"，即聚焦在 CPRs 的共同治理，或者说共同治理的集体行动上；再进一步，是这种集体行动的制度及其变化。概括起来，可以借用的词语就是"user associations"。简言之，非政府非市场的交往关系[①]，或者说，国有化—私有化之外相互交往的行为方式，是研究对象的焦点所在。

1.3 扩展的研究范围：大范围的社会与自然资源生态系统

2011 年 5 月，埃莉诺·奥斯特罗姆在北京报告的主题是"Cooperating for the Public Good：Self Governance，Polyentricity & Development"，与 1990 年"Governing the Commons：The Evolution of Institutions for Collective Action"对比，研究对象依然是"物"和"人的合作"。而人的合作，大致是指在市场化个人产权交易和政府计划安排之外的集体行动、自主治理制度的形成。不过应该注意到，"Polyentricity & Development"意味着研究范围并不仅仅限于前面提到的小"池塘"。的确，埃莉诺·奥斯特罗姆是因"基于对使用者管理的渔场、草地牧场、森林、河流及地下水流域的大量研究"，而获得了出色的研究成果。不过，在 1990 年的经典著作中，就可持续 CPRs 和组织的自主治理设计原则第八项——嵌套的分权制企业（Nested En-

---

① Elinor Ostrom（1994），"Neither Market Nor State：Governance of Common-Pool Resources in the Twenty-first Century"，International Food Policy Research Institute（IFPRI）. Lecture Series No. 2，presented June 2.

terprises)，已经涉及大范围的资源系统。[①] 其后，至少在2004年就已经与其他人合作正式提出SESs（Social-Ecological Systems）[②]。以后，埃莉诺·奥斯特罗姆经常引用的比较全面而有代表性的是2007年[③]和2009年的关于社会—生态系统的文献。[④]

从2011年5月北京报告内容来看，埃莉诺·奥斯特罗姆扩展的研究范围在2005年文献[⑤]中采用的是，简称为IAD的制度分析与发展的“元理论框架”（a meta-theoretical framework），近期，也就是2007年和2009年，则扩展为社会—生态系统的框架SESs。无论IAD的元理论框架还是SESs，奥斯特罗姆的理论体系都是把大范围自然资源生态系统主要作为外生解释变量处理的，其聚焦依然是制度，所以IAD的总体框图名称就是“A Framework for Institutional Analysis”（见本书《公共物品合作供给：自发治理，多中心与发展》的图1）；SESs中作为“影响信任与合作行为的broader contexts of social dilemmas”（见本书《公共物品合作供给：自发治理，多中心与发展》的图4）。

对此需要强调三点：第一，大范围的社会与自然资源生态系统是作为被解释变量还是解释变量？显然，奥斯特罗姆主要是为了理解个体互动及产出结果，是为了揭示信任与合作行为，才扩展研究范围到自然资源生态系统（ECO）和社会经济和政治体制系统

---

① Susan J. Buck (1992), “Book Reviews, E. Ostrom’ Governing the Commons: The Evolution of Institutions for Collective Action”, *Natural Resources Journal*, 32 (Spring): 415 – 417.

② John M. Anderies, Marco A. Janssen, Elinor Ostrom (2004), “A Framework to Analyze the Robustness of Social-ecological Systems from an Institutional Perspective”, *Ecology And Society*, 9 (1): 18.

③ M. A. Janssen, J. M. Anderies, E. Ostrom (2007), “Robustness of Social-Ecological Systems to Spatial and Temporal Variability”, *Society and Natural Resources*, 20: 1 – 16.

④ Elinor Ostrom, et al. (2009), “A General Framework for Analyzing Sustainability of Social-Ecological Systems”, *Science* 325: 419 – 422.

⑤ Elinor Ostrom (2005), *Understanding Institutional Diversity*, Princeton NJ: Princeton University Press.

(S)。第二，对引入的自然资源生态系统如何处理？奥斯特罗姆的研究，采用的是经验观察和检验的方法，所以，已经分解为若干二级指标，包括 ECO 的 ECO_1：气候形态，ECO_2：污染形态，ECO_3：从 SES 的流入和流出；S 的 S_1：经济发展，S_2：人口趋势，S_3：政治稳定性，S_4：政府资源政策，S_5：市场激励机制，S_6：传媒机构。第三，对个体互动微观行为基础的关注。围绕所聚焦的研究对象二——使用者之间交往的行为关系，为了考察“影响信任与合作行为的 broader contexts of social dilemmas”的因素，奥斯特罗姆夫妇早就关注个体的行为基础，例如在《公共事物的治理之道》（2000）中文版的序言里（第 4 页），奥斯特罗姆指出“需要有一个有限理性和道德行为的行为模型”，并引用演化心理学权威 Cosmides 与 Tooby 的成果：所有的个体都具有与生俱来的倾向，学习如何运用互惠和社会规则；2011 年 5 月的北京报告（见本书《公共物品合作供给：自发治理，多中心与发展》中第 4 节“当前研究进展”）透露，他们正“致力于个体选择的行为理论”。所以，个体先天的学习行为、道德感，习得而形成的社会规范规则倾向和互惠决策行为等内容，在向个体行为基础的研究范围的扩展。

2 分析的问题与基本思路

虽然“自主治理，多中心”的概念在中国公共管理、行政管理领域已经耳熟能详，不过奥斯特罗姆夫妇的理论体系在若干关键点上，仍值得细致辨析。

2.1 研究的问题和任务

研究问题的提出有两种：

一是所谓政策问题，即寻求如何实现既定工程目标的技术路线：如何避免 CPRs 枯竭，是用国有化还是私有化？或是另辟蹊径？于是，把自主治理仅仅当做前两种之外的第三种政策工具，以及不断改进政策工具，实现 CPRs 的可持续。这样提问本身隐含的意思是：存在政策工具的设计方及实施方，存在政策工具的作用对象，存在一个既定的政策推进与实施目标。当然，目标是由政策设计和实施方确定掌握的，CPRs 的使用与持续是政策方案的实施对象和结果。所以，这是社会工程系统控制的对策性质的提问。

二是，虽然对象也是 CPRs 的使用，但要回答的是初始条件、边界条件与运行状态之间如何关联，为何如此的疑问。任务是释疑，而不是实现既定目的的有效政策设计与实施。正如《公共事物的治理之道》中文版译序（第 4—5 页）里表述那样：

> 自主组织的实例到处存在，……而没有“合适的自主组织的集体行动理论，人们既**不能预见或解释在什么时候个人单靠自身的组织不能解决公共问题**，也不能确定在协助解决某一特定问题时，何种干预策略可能是有效的”。

研究者面对的经验事实是：“许多针对放牧的牧民、近海捕鱼的渔民，和合伙引水灌溉的农户们开展的案例研究表明，CPRs 资源的成员能够克服社会困境——已经持续了数个世纪”（见本书《公共物品合作供给：自发治理，多中心与发展》第 2 节“问题提出”），同时，也存在大量不合作的案例。所以，需要“合适的自主组织的集体行动理论”释疑解惑，回答为什么。针对或者出现自主组织的集体行动，简称为合作；或者不合作的境况下 CPRs 枯竭；或者私有化以后资源得以持续；或者国有化以后资源获得增长。这些现实中出现的可能性，究竟为何会出现？条件、过程的机理如何？

这种提问方式，实际上与上面译序里表述略有不同，因为上面的表述容易被理解为，就是要找“有效的干预策略”，以便资源持续及增长，这就要归到第一种提问去了。现在的提问方式中，CPRs 枯竭或增长，都是中性的，被解释变量可能发生的结果（或者是反馈过程中状态变量的取值）而已，只要有较强的解释能力（如统计检验的显著性、计量检验的鲁棒性等），虚假设被拒绝就是突破，就是进展。

奥斯特罗姆及其团队的大量工作，虽然被行政管理领域认为是公共管理政策性质的研究，也就是第一类政策对策性研究，但是，奥斯特罗姆自己的表述却偏向于第二种释疑解惑性质的研究。例如，围绕大量积累的案例，是要“辨认这些案例研究中的各种变量”（Authors tended to identify diverse variables in their studies，见本书《公共物品合作供给：自发治理，多中心与发展》第 2 节“问题提出”）；近期 SES 的“Microsituational and Broader Context”，也是为了解释相关变量对信任与合作水平的影响，为此，需要具体“辨认那些作用于个体互动和产出结果的变量”（to identify variables that may affect interactions and outcomes，见本书《公共物品合作供给：自发治理，多中心与发展》中第 4 节“当前研究进展”）。

为了解答第二种问题，奥斯特罗姆为自己设定的任务极其宏大，因为是横跨许多学科的一个整合积累经验资料的框架——从 IAD 到 SES。奥斯特罗姆指出，许多 CPRs 成员克服社会困境的案例来自社会学家、历史学家、工程师、政治学家和人类学家。他们分别关注的是特定的资源，是在单一领域中的研究，且各研究领域的文献之间相互独立。于是，各学科独自发展导致共性成果难以积累，构建一种整合的理论和框架实在是必要的。所以，奥斯特罗姆近些年的研究任务就是以 IAD 为基础，构建 SES 框架，以便积累各学科范畴内有关 CPRs 成员克服社会困境案例研究的成果，以便进行更充分的经验检验。

2.2　研究的基本思路

第一，是对变量—模型功能作用的基本定位，这个定位就是理论解释模型与政策措施的区别，不能把前者当作后的工具，解释本身，就是独立的研究目的。这在上面问题提出的部分已经给出说明。

第二，以有效政策为己任的政策设计者，存在致命的自负（自以为万能的错误自信）。奥斯特罗姆的经常被引用的话是：

> 完全依赖模型作为政策分析基础这一做法存在着一个认识上的陷阱，这就是学者会因此认为他们是无所不知的观察家，能够通过对系统的某些方面的规范化描述，领悟复杂的动态系统运作的真谛。有了这种自以为万能的错误自信，学者在向政府提建议时感到非常得心应手，而政府也相信学者的模型是万能的，能够纠正一切场景下存在的不完善的问题。①

关于这一点，文森特的思考更为睿智和深邃，他引用耶鲁政治学和人类学家 James C. Scott（1998）的名著——*Seeing Like a State*②，指出这种以有效政策为己任的政策设计者“实际上处于 Scott 所揭露的幻觉中”。如此书名所示，把国家、人民整体地拟人化，然后自己就立足于这个拟人化的位置上放眼望去，安邦定国治天下了，治理小小的 CPRs 实在是小菜一碟。文森特进而提示，这种研究定位，实际上“太容易陷入亚当·斯密在《道德情操论》中称之为的‘体制化精神’③，把其他人视为生活之棋盘上被动的棋子，要由体系的掌管者

① 转引自毛寿龙（2000）：《公共事物的治理之道》中译本序，第 20 页。

② 詹姆斯·斯科特（1998）：《国家的视角：那些试图改善人类状况的项目是如何失败的》，王晓毅译，北京：社会科学文献出版社，2004。

③ “把其他人视为生活之棋盘上被动的棋子，要由体系的掌管者来移动，他们则视自身为像国家自己那样观察和行动的政治家。他似乎认为他能够像用手摆布一副棋盘中的各个棋子那样非常容易地摆布偌大一个社会中的各个成员；他并没有考虑到：棋盘上的棋子除了手摆布时的作用之外，不存在别的行动原则；但是，在人类社会这个大棋盘上每个棋子都有它自己的行动原则，它完全不同于立法机关可能选用来指导它的那种行动原则。如果这两种原则一致、行动方向也相同，人类社会这盘棋就可以顺利和谐地走下去，并且很可能是巧妙的和结局良好的。如果这两种原则彼此抵触或不一致，这盘棋就会下得很艰苦，而人类社会必然时刻处在高度的混乱之中。”见斯密《道德情操论》第 6 卷第 2 篇第 2 章“论天性致使社会团体成为我们慈善对象的次序”。

来移动，他们则视自身为像国家自己那样观察和行动的政治家。这样的幻觉又被对帝国的渴望所加强，使欧洲的主要民族深受折磨。……站在国家角度上观察和行动使欧洲人和其他民族在塑造社会生活时成为机遇和强力的牺牲者”。

“亚当·斯密在讨论人类社会的巨大棋盘时也认识到‘每个单独的棋子都有其自己的运动原则’（［1759］1976：381）。只有当用于确定制度安排的立法原则与推动个人行为的运动原则协调一致时，‘人类社会的博弈才能容易地且和谐地进行下去，并且很可能产生幸福和成 功的结果’……‘如果这些原则是相反的或不同的，社会的博弈将悲惨地进行下去，社会必然在所有时候都处在高度的无秩序状态’（同上）。”[①] 借用 Scott 提出警醒的“社会工程”的概念，秉承哈耶克对社会工程的警惕，奥斯特罗姆夫妇理论的研究定位，就是以 CPRs 使用者的当地知识和他们相互间协调的潜力为模型构建和变量确定的基点，尝试竞争性的解释框架和备择假设进行检验，以实现解释理论的推进。对个体之间磨合演化潜力的敬畏，对整体秩序建构实施社会工程的警惕，可以认为大致延续了自休谟、斯密到哈耶克的思想。

此外，就理论模型与田野案例两类研究的关系而言，奥斯特罗姆夫妇工作的基本脉络是以田野案例为源头，归纳后再提出一般性假设，然后回到更大范围的田野样本中检验。同时，始终坚持解释模型是针对现实类型的抽象简化，只包括某个子变量群，但政策实施者所面对的却是某个具体的现实，而任何非控制实验的具体现实状况无法用类型抽象的模型刻画。所以，对抽象为一般的理论假设，例如，对假设命题“CPRs 成员之间面对面的交流可以提高成员个体间的合作水平”进行严格的控制实验。

---

① 文森特·奥斯特罗姆：“为什么二十世纪有这么多的宪政失败？”，止水译，参见 http：//www. wiapp. org/article/default. asp？ id＝210。

第三，是奥斯特罗姆研究工作的个体分析方法。即使在复杂的SES框架中，整个工作还是以决策个体是否、如何采取合作行动作为分析的焦点，在方法上，就是很自然地以决策个体作为基本分析单元了。宏观的社会—生态因素，作用在个体互动的决策行为上，从而形成互动行为结果，也就决定了CPRs的使用流量、存量水平，以及可持续的程度。

所以，集体行动的决策分析部分，是奥斯特罗姆整个理论框架体系的枢纽。外生变量（外界的广泛的社会经济政治体制与自然资源生态因素）构成个体互动决策的场景约束，并对个体习得规范调整信念产生作用；有限理性的个体认知所携带喜好厌恶，和只有自己才知晓的在社会中分散的知识，也作用于个体互动决策（microsituational variables）。

这种基于个体互动决策分析公共事务的思路，也就是经常被称为方法论的个体主义，与塔洛克、布坎南的公共选择理论，以及奥尔森的个体决策行为分析方法都是一致的，所以，有人就把奥斯特罗姆理论作为公共选择理论的三个分支之一。

第四，个体间共享的道德规范、信念和相应的认知调整，又是集体行动背后起决定作用的模块。与经典的主流经济学模型最大的区别，这是非常突出的。所以，他们的理论与行为经济学的联系也是非常重要的，例如，与弗农·史密斯等人的工作交流。

而且，早在20世纪80年代末，Cosmides和Tooby的演化心理学成果就受到关注，在个体互惠倾向、规范习得等这些理论基点处理上也得到深入思考，并体现在最近的SES框架中的Microsituational Variables探索中。认知行为方面的探究，直接贡献于奥斯特罗姆工作的理论核心——“信任”，即对其他参与人（CPRs的使用者、出钱提供者，以及外来实施工程并监管的政府官员）是否是互惠利他者的信任水平。

人们相互间信任背后靠什么支撑着？文森特强调，如果把个体简化处理为：只是面对正式的法条逻辑，估计自己可能受罚概率和罚金轻重的信念调整计算者，那就大错特错了。文森特在分析西方官僚制中指出，“如果看一下孔子的《论语》，我们就会懂得……法律理性”，他引用《论语·为政》的“道之以政，齐之以刑，民免而无耻”，阐述要“优先注重的是道德秩序的性质，及其他对人的良心和相互信任，而不是法制”。[①]人们交往秩序的基础不是法律理性，是什么？文森特引用的是孔子、大卫·休谟和亚当·斯密关于人的同情共感的概念，这些关于正义和道德情操的理论，被文森特作为个体交往的基础，“构成人类社会基本关系的共同知识、共同的理解、责任模式以及相互信任”（毛寿龙译，1997）。只是在休谟和斯密的年代，无法就这些个体认知假设进行经验处理，所以，现在就可以与认知行为的经验研究相衔接了。

第五，动态反馈的分析思路。除了上述要点以外，在演化的基本思路指导下，将动态反馈纳入分析就是可以理解的了。

正如埃莉诺·奥斯特罗姆在《公共事物的治理之道》中揭示那样：自主组织和自主治理产生于CPRs使用者渐进而持续的投资，当事人之间经常不断沟通、相互交往；各个地区之间相互仿效、学习。通过这些动态过程，他们就有可能知道谁是值得信任、什么行为将会对其他人产生什么影响，对CPRs产生什么影响，以及权衡各自利弊下采取什么组织形式（试用、提供付出、监督委托等）。同时，他们与外界环境也在互动、适应，不断变化。因此，自主组织的制度安排的发生与调整就是一体的过程。奥斯特罗姆认为，在促进型政治体制的良好推动下，自主组织和自主治理的制度供给是一个渐进、连续和自主转化的过程。

所以，SES采用的是一个动态反馈的框架。

---

① 文森特·奥斯特罗姆：“政治文明：东方和西方”，《公共论丛：经济民主与经济自由》第三集，毛寿龙译，北京：生活·读书·新知三联书店，1997。

3　已经得出的结论与进一步需要研究的工作

奥斯特罗姆夫妇的 IAD 理论框架基本上都已汇集在 2005 年 *Understanding Institutional Diversity* 一书之中了。基于该框架，也已经针对大量田野案例和系统展开的田野项目进行了经验检验，与此同时，基于 IAD 的实验室研究也取得一系列成果，主要归纳为如下三类：

3.1　自主合作治理的制度长期存续的“设置原则”

奥斯特罗姆介绍说，一旦采用 IAD 的标度方式（解释变量指标的标度），当时他们就希望可以找到一套运行稳健的最佳规则，即，满足这些规则自主合作治理能够长期存续，而不会脆弱解体。“然而，经过长期的努力，我们认识到这是不可行的，转而致力于那些能够存续多期的成功规则的实践体系，分析其背后的机理。我们将这些机理称为‘设置原则’（design principles）。”（见本书《公共物品合作供给——自发治理，多中心与发展》第 3.4 小节）这里的中文用词为设置而非设计，是因为这不是由政策制定者设计的东西，而是根据当事人交往运转发现并能通过检验的机理条件。

这些机理条件作为外生变量，作用在 CPRs 使用者互动过程中，能够使自主合作治理制度存续多期的经验检验，主要是 Cox 等人（Cox, et al., 2010）[①] 的工作，他们对设置原则也重新审视了。经过对全球 90 多份样本的经验检验，显著成立的主要结论是（见本书《公共物品合作供给——自发治理，多中心与发展》第 3.5 小节）：

---

① Cox, Arnold & Villamajor (2010), “A Review of Design Principles for Community-based Natural Resource Management”, *Ecology & Society*, 15 (4): 38.

- 变量设置上，生态因素（如资源的物质性边界），不能与社会因素（如群体成员的身份界限）混在一道。
- 明确的“边界原则”（boundaries），这个在含义上，与国内已经熟知的“八项原则”的第一项是一致的，只是现在的检验结论中（Cox，et al.，2010），突出了两个边界分别都要清洗界定：资源本身范围的边界清晰（例如灌溉的分流界限比较容易区分标度，而地下水径流的资源本身就不容标度水量界限了）；CPR 使用的用户与非用户身份的区别清晰。
- 明确的“适应原则”（congruence），即“八项原则”之二：使用—付出规则与当地条件相适应。现在的检验结论（Cox，et al.，2010）是，要区分使用—付出规则是否与当地社会生态条件相适应于；与当地成本利润分配习俗相适应。具体占取使用的界定，包括使用时间、地点、技术手段和/或占取的资源单位数量；付出的界定，包括出钱、出材料工具和/或人力的方式。
- 明确的“监督原则”（monitoring），即“八项原则”之四：既包括对资源条件的检查监督，例如，值班检查可能遭受的疫情、暴雨等自然灾害，也包括对占取使用行为的监督检查，或是对使用者负有责任的人，例如是否按约定出钱出力的监督。

3.2 基于 IAD 的实验室和田野的经验研究发现

基于 IAD 框架，奥斯特罗姆的研究团队研究 CPRs 场景下的博弈均衡问题，通过实验室的变量控制和大量的田野样本，进行检验，获得了与博弈均衡模型基本一致的结论。

下面首先给出实验研究的主要内容和结论。

这方面的主要研究目的是考察互动交流对合作均衡的影响。奥斯特罗姆团队的研究任务设计，是对比 CPRs 场景下的匿名行动与成员间面对面的交流，以检验信息交流对合作的水平是否有显著贡献。

实验结果表明，在没有彼此间交流的条件下，各方仅仅看着决策与 CPRs 后果的 CPRs 产出水平，要远低于预期产出；而成员间面对面的交流，可以显著提高合作产出水平。

进而，奥斯特罗姆的设想是：如果 CPRs 成员通过自己面对面的互动磨合，自行协商形成他们自己的“使用—付出”规则约定，如果接近合作剩余极值的话，那么前面的“适应原则”（congruence）就被内生演化出来了，不仅仅是八项原则之三所要求的吸纳使用方参与制定规则①，就会达到合作产出最大化。如果能够在实验中实现的话，将是对认为资源使用者作为个体无法达成合作的主流理论最大挑战。当然可以预见，这样的实验控制是非常复杂的，因为很难将当事人面对面交流中出现的不计其数的因素分为解释变量和干扰。

再看田野样本的经验研究成果。

奥斯特罗姆认为两个大型样本的跟踪项目比较典型：一个是从 20 世纪 80 年代开始在尼泊尔境内对 226 个灌溉系统的对比研究，形成自然实验对照组的两组分别为：由专业工程师设计并由政府运营的灌溉系统和由农民建造和运行的灌溉系统。另一个大型项目是全球范围内的森林资源研究，这是通过 IFRI（International Forestry Resources and Institutions）项目开展的，全世界唯一跨学科的、长时间的在多个国家范围内对政府、私人组织以及团体所有的森林资源进行研究的项目。研究发现：

- 当地使用者（用户）自己建造、自己协调使用维护的灌溉系统，要比政府主导的专业工程师设计的系统“土气”，但水资源保留得更充足，灌溉效率更高。森林资源的当地团体拥有

① 集体选择的制度安排原则：“Collective-choice arrangements allowing for the participation of most of the appropriators in the decision making process”。

规则制定的自主权和监督资源的激励的条件下，CPRs存量和使用情况更好。(支持了使用—付出适应原则、监督原则、规则制定的集体参与原则)

- 能够持续存在的森林资源样本中，使用者都是林木产出水平的主动监督者，森林资源使用者的监督要比森林资源的所有权类型更加重要。(支持了监督原则)

3.3 基于SES框架模型的合作行为经验研究进展

从奥斯特罗姆介绍的情况看，基于IAD实验室和田野的研究，是针对博弈均衡（解析的理论）状态，进行的经验检验，而对有好多因素对互动合作有影响，但这些解释变量所处的状态未必就足以使参与者们达成最优合作，所以，在分层的逻辑概念模型SES指导下，有大量待估计其解释贡献的解释变量（可能影响合作水平的因素）。在这一方面已经取得主要结论有：

- 影响CPRs使用者合作水平的微观场景因素中，经实验室和田野检验已知显著的：

  各参与方之间的信息沟通程度
  参与者们所知晓（看重）的声誉
  边际报酬的高低
  进入的和退出的可能性（参与人是否能够随意进出这个群体）
  处于CPRs之中的延续时间或重复次数
  对不合作或违约行为惩罚机制的赞同程度
  有助于提高参与者之间信任可能性、降低坐享其成可能性的所有因素

- 影响微观互动场景的宏观环境变量中，已知显著的10个二级变量是：

资源子系统（RS）的 RS_3 – 资源系统规模；RS_5 – 系统的生产率；RS_7 – 系统动态的可预测性

治理子系统（GS）的 GS_6 – 规则制定的集体参与方式（程度）

资源单元子系统（RU）的 RU_1 – 资源单元的流动性

使用者子系统（A）的 A_1 – 使用者的人数；A_5 – 领导/企业家身份；A_6 – 规范/社会资本；A_7 – 关于 SES 的知识/心智模式；A_8 – 资源对当事人的重要性

3.4　进一步需要研究的工作

对国内学术界而言，根据奥斯特罗姆理论的 IAD 和 SES 框架所给出的内容，几乎都是需要展开研究的工作。虽然国内已经有了诸多案例及其分析和自主治理的政策研究文献，但从以下两个方面来看，还需要大力投入：

3.4.1　各领域各学科案例或样本的积累

国内在水资源的灌溉与排涝、林业、排污及环境治理、社区治安，以及住宅小区治理等诸多领域，都有大量不同学科的研究报道，这些学科涉及行政管理、环境、农林渔水、社会学、政治学、经济学、法律等跨度极大范围，所以，面临的是研究成果，特别是宝贵的案例素材难以发挥作用的困境。奥斯特罗姆提出的 IAD 框架和现在的 SES 正是为了解决这种只对“特定的资源，在单一领域中的研究，各研究领域的文献之间相互独立”的问题，以便将各学科范畴内有关 CPRs 成员克服社会困境，或未能克服的案例，予以积累。

SES 是一个开放的，各学科都可以采用的描述刻画 CPRs 问题的框架，相应的变量指标参数，具有含义清晰、标度可操作的特点。

至于在积累的素材上，如何提出各研究着自己的具体研究任务、假设和检验的工作，各自尽可以施展自己的智慧，包括对他们已有结论的质疑和补充或修正。

3.4.2 熟人向匿名转变后信任模式演化

中国的现实问题是30多年以至100年来的转型背景。至少在改革开放以后，财政原先负担的许许多多CPRs的供给断掉了，于是，我们面临的CPRs困境具有一种宏观的动态趋势。同时，随着乡绅地方自理的解体，大量陌生人集聚城市，熟人交往向匿名交往是百年来不可逆转的趋势。在这两个趋势下，个体之间围绕CPRs如何交往？

研究的核心问题是什么？奥斯特罗姆夫妇的理论指出，围绕CPRs互动行为及制度安排的核心就在于支撑人们相互打交道的信任，凭什么信，能信谁呢？

这就是文森特强调的“道德秩序”的“共同知识、共同的理解、责任模式”，然后决定了是否信任谁。“道德秩序”也是休谟、斯密、哈耶克所关注的根本问题。人类个体与生俱来同情共感对中国现实来说暂时还不是重点，因为这是古今中外都一样的基点，而前面给出的两个趋势则是不一样的，所以切入的层面不是与生俱来这个层面，而是应该落在转型之前个体们携带的“道德秩序”，通俗地说，就是面对CPRs或者所有排他或不排他、竞争或非竞争性的资源的相互交往，把什么当作理所当然、天经地义的。

中国转型（财政撤手、匿名交往）的宏观背景下，人们面对CPRs“能信谁，凭什么信”背后的支撑，也基于此。如果个体对公权力的信任和倚赖，高于对其他匿名个体的信任，那么集体行动中的选择就是显而易见的了。所以，“转型之殇”在个体交往中产生的影响是什么，演化的可能趋势或轨迹如何，将是揭开中国CPRs自主治理谜底的关键。

李涛　朱宪辰

2012年2月于南京理工大学

目　录

上编　综述与理论

下编　实践与案例

上　编

综述与理论

公共物品合作供给

——自发治理，多中心与发展[①]

埃莉诺·奥斯特罗姆

1 理论渊源回顾

1.1 位于社会科学与政策的核心位置的集体行动理论

Mancur Olson 和 Garrett Hardin 就社会困境问题在 1960 年分别展示了他们的关键性工作，这些工作引出的推断是：

由困境中的成员自我组织起来是不可能的（self-organization was impossible），因为害怕其他人搭便车，没有人愿意采取合作行动。

这些成员如此就被设定陷入了社会困境，于是，成员之外的人——公共官员，就被认定应该从成员之外去强制推行一些最佳政策。这些政策，是以专业机制设计模型为基础的。

这种机制设计的取向，倾向于推荐包治百病的万能药。（而 Elinor Ostrom 倾向于认为）就非排他物品的合作产出来说，并不存在放

① 本文依据 2011 年 5 月埃莉诺·奥斯特罗姆（Elinor Ostrom）在“自主治理，多中心与发展：埃莉诺·奥斯特罗姆学术报告会”上的发言整理而成。埃莉诺·奥斯特罗姆，1933 年出生于美国，供职于美国印第安纳大学，美国著名政治学家、政治经济学家、行政学家和政策分析学家，公共选择学派的创始人之一。2009 年 10 月 12 日，奥斯特罗姆成为历史上第一个获得诺贝尔经济学奖的女性。

之四海而皆准的社会工程的技术方法。

1.2 集体行动问题与博弈均衡模型的吻合

主流的囚徒困境及其他社会困境的博弈模型得出的是非合作均衡，由此推断：

困境中的成员参与投入集体行动是不可能的；针对现实社会运行，大众媒体对 CPRs 资源毁坏恶化的案例给予了相当大的关注。

结果导致的政策取向就是：将这些 CPRs 资源进行国有化并纳入政府管理，或进行私有化。因此，国有保护区在世界各地普遍建立，以保护生物多样性和森林面积。

2 问题提出

与国有化—私有化解决不同的另一方面，许多针对放牧的牧民、近海捕鱼的渔民和合伙引水灌溉的农户开展的案例研究表明，CPRs 的成员能够克服社会困境——已经持续了数个世纪。

许多成果来自社会学家、历史学家、工程师、政治学家和人类学家。他们分别关注的是：特定的资源，在单一领域中的研究，且各研究领域的文献之间相互独立。

于是 20 世纪 80 年代美国设立了国家研究委员会（National Research Council Committee）以评估这些成果，而成果所分布的案例数量非常多。

作为进一步研究的制约，这里提出的问题是：田野研究取得了实质性拓展，但各学科独自发展导致共性成果难以积累。

研究者倾向于找出（或者说辨认出）这些案例研究中的各种变量；认识到了构建一种更好的理论和框架的实质上的必要性，该框架能够将各学科范畴内有关 CPRs 成员克服社会困境案例研究的成果，予以积累。

幸运的是，就在同时（20 世纪 80 年代），正好在进行 IAD（Institutional Analysis and Development）的框架研究。

3 跨学科的研究积累框架

我们在印第安纳大学的研究，推出了用于分析人们在各种不同场景中进行互动的"元理论框架"（a meta-theoretical framework），简称为 IAD 的制度分析与发展框架。

该框架包含了嵌套的系列构造模块，据此，社会科学研究者可以去研究横跨各种不同领域场景的人类互动和相应的结果。框架由作用和反馈的"内外"两部分构成。

群体内：行动场景中运转的部分（the internal working parts of an action situation），这个场景影响互动及其结果，且行动场景又受结果反馈的影响；

群体外：外生变量（exogenous variables），这些外生变量作用于行动场景，也受到互动及结果反馈的影响。

框架总体构成示意如图 1 所示。

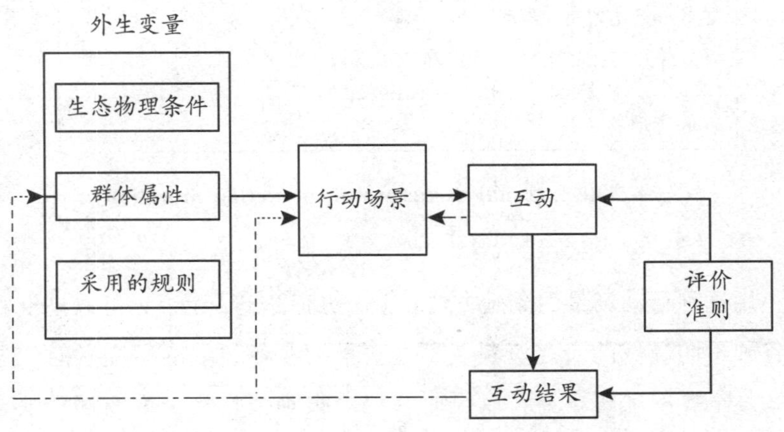

图 1　A Framework for Institutional Analysis

资料来源：Adapted from E. Ostrom（2005：15）.

3.1 行动场景内部构成

类似博弈中采用的各方互动决策关联的格局（如支付矩阵或序贯行动扩展式），IAD 也可以将这种各方互动决策关联的格局作为分析基础，用于基于代理人模型的解析形式的理论分析，实验室的实验研究，个案研究，以及大量来自田野研究的资料进行收集、定性定量的状态指标标度整理和计量分析。这样的定性定量状态指标的行动场景内部构成如图 2 所示：

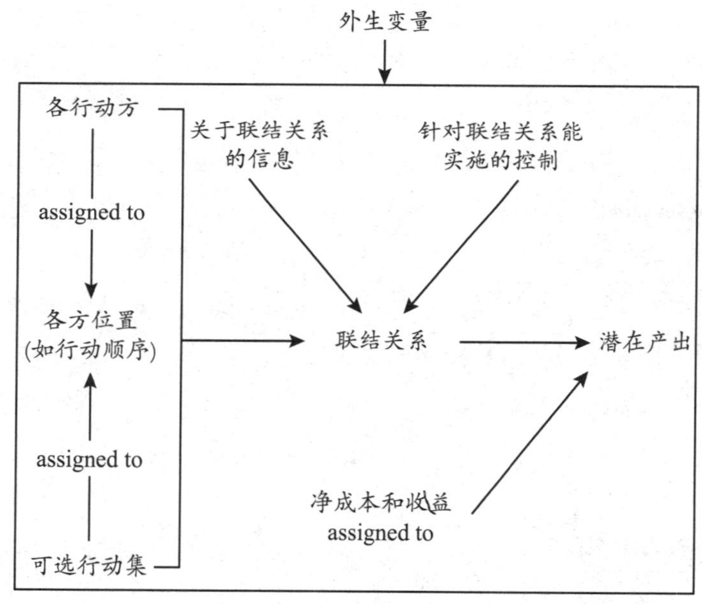

图 2　The Internal Structure of an Action Situation

资料来源： Adapted from E. Ostrom（2005：33）.

用这种行动场景的刻画方法（7 个方面进行标度），可以广泛积累各种不同领域的研究资料。不过，早期在各领域的研究者对记录什么是重要的理解各异，以至原始记录很难把这 7 个方面都反映全面，所以，对 450 个案例的梳理，仅有 47 个灌溉系统和 44 个近海捕鱼的个案样本能够进行上述框架的标度。

针对这样整理的样本，描述性统计表明：农户自己协调管理的灌溉系统中，有75%的系统具有更高的绩效（以产出的收成、成本利润率衡量）；而在政府管理的灌溉系统中，取得较高绩效的比例只有42%，尽管在政府主管的灌溉系统中采用了较先进的工程设施。类似地，非正式的捕鱼团体能够协调各方分配的捕鱼范围、时间和技术方面，以缓解过度捕捞。总之，已有了很多成效。

3.2 CPR 概念的澄清

CPR 作为共有产权资源（common-property resource）的含义，已被广泛使用，不过这种用法混淆了财产权和资源的概念。有必要将共有产权资源这种概念改称为“公池资源”（common-pool resources）与“共同财产制”（common-property regime）。

因为当事人之间实际围绕该资源行使的，是可以识别为五种权利类型混合的整体物权（all real rights），而非理论假定的一种类型。这五种类型分别为“进入权”（access）、“退出权”（withdrawal）、“管理权”（management）、“排他权”（exclusion）和“让渡权”（alienation）。所以，五种权利类型混合的整体关系，可以称之为共同财产制。

当事人之间围绕“公池资源”（common-pool resources）的财产关系，可以是上述五种类型的组合，而不仅仅是可让渡权。

3.3 外生变量的影响——以作用在行动场景上的规则为例

群体成员在各种不同领域的资源使用规则千差万别，这些规则分别适用于他们当地的资源系统。千差万别的情况混杂着怎么办？与标度形形色色案例的内部构成一样，IAD 有助于把这些初看起来混杂的规则，梳理得井然有序。

我们的梳理思路是：一项规则到底作用在行动场景的哪个部分上？于是对应着内部构成，按规则的作用对象划分，就可以清晰地如图 3 所示：

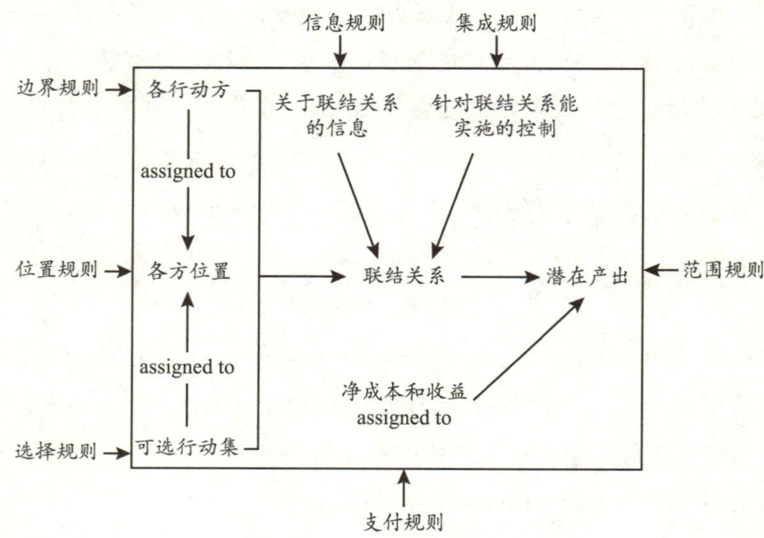

图 3　Rules as Exogenous Variables Directly Affecting the Elements of an Action Situation

资料来源： Adapted from E. Ostrom（2005：189）.

群体成员采用的七种规则中的无论哪种，在实际生活中的变化形式都是无法枚举的：

例如，捕鱼成员边界划分规则，与灌溉系统、与森林保护系统，其成员身份划界规则各不相同。

就收获分配权，之所以不倾向于采用定量规则，往往是基于技术的、地理的或季节的缘故。学者们经常排斥这些本土化的规则，并建议推行私人收获量可交易权的规则。

当地成员采用的规则，经长期演化会适应于当地资源特性。

3.4　长期存续的制度

一旦进行标度研究，我们当时就希望可以找到一套运行稳健的最佳规则，即能够长期存续的而不是那种脆弱的制度。

然而，经过长期的努力，我们认识到这是不可行的，转而致力于那些能够存续多期的成功规则的实践体系，分析其背后的机理。我们将这些机理称为“设置原则”（design principles）。

现在重新审视设置原则的工作，主要是2010年Cox，Arnold和Villamajor发表在*Ecology & Society*［15（4）：38］上，名为“A Review of Design Principles for Community-based Natural Resource Management”的文章。

他们对全球90多项围绕“公池资源”管理原则的经验研究进行了综合，也就是这里所说的设置原则的适应性。综合研究表明：

这些设置原则得到了实质性的经验支持。

同时澄清了理论上的重要问题：生态因素（如资源的物质性边界），不能与社会因素（如群体成员的身份界限）混在一道。澄清了的设置原则（他们自己的表述是给出了新形式）主要有：

- 边界规则（boundaries）现在明确区分了用户非用户边界，与资源本身范围的边界；
- 适应规则（congruence）现在明确区分了适应于当地社会生态条件的规则，与适应于成本利润分配的规则；
- 监督规则（monitoring）现在明确既要包括对资源条件的监督，也要包括对用户行动的监督。

3.5 基于IAD的实验室和田野的经验研究发现

关于“公池资源”的使用者成功摆脱社会困境，并使得CPR获得长期持续存在的大量案例，成功地对主流理论提出了挑战。在田野观察过程中我们发现存在多种同时影响行动产出的因素，为此我们提出了CPR场景下的博弈均衡研究理论，考察哪些变量对理论产出的影响。因而，有必要在实验室条件下检验这些变量组合的对行动产出的影响。

3.5.1 实验室中的经验研究

关于 CPR 的实验室研究是建立在符合 IAD 框架下所发展的博弈理论展开的。通过在实验室中对影响变量进行考察，我们得出这样的结论：

CPR 场景下的匿名成员（实验室研究中的匿名被试）在没有彼此间交流的条件下，其行为所造成的 CPR 的产出要远低于预期产出；但是，成员之间面对面的交流可以提高成员个体间的合作水平，这与 cheap talk 理论所得出的结论基本一致。

如果 CPR 成员可以设计出属于他们自己的接近于完全最优的约束系统，那么这将是对认为资源使用者作为个体无法达成合作的主流理论最大挑战。

3.5.2 田野中的经验研究

在开展了大量的关于个案分析与实验研究，我们同样需要利用 IAD 框架在不同领域中通过对问题的检验分析获得关键性的理论判断。

（1）对尼泊尔农民管理与政府管理的灌溉系统的比较分析

从 20 世纪 80 年代开始，对尼泊尔境内 226 个由专业工程师设计并由政府运营的灌溉系统和由农民建造和运行的灌溉系统的比较研究，我们发现：

农民产生的灌溉系统通常从建造结构上都十分的“原始”（相对于由工程师设计的系统），但是，这些灌溉系统可以促进更好的农作物生长，农民可以更高效的运营他们的灌溉系统，并且灌溉系统的尾端也可以保留更充足的水资源。再一次，这是对主流认为农民不可能实现自我组织理论的挑战。

（2）对全球范围内的森林资源研究

能够对世界范围的森林资源进行研究，主要是通过 IFRI（International Forestry Resources and Institutions）项目开展的，IFRI 项目是全世界唯一跨学科的、长时间的在多个国家范围内对政府、私人组织以及团体所有的森林资源进行研究的项目。

该项目在非洲、亚洲、拉丁美洲预计美国成立研究中心，并且相互之间保持广泛的合作，分布在世界个体的研究中心都采用相同的研究标准，对各地的森林资源进行认真仔细的测量分析（如生物多样性、基本面积等）。

通过考察这些资源使用者是否或如何组织，使用者的行动以及森林资源的生存条件，我们发现：

世界范围中的可持续存在的森林资源中，其使用者都是森林产出水平的主动监督者，森林资源的使用者监督相比于森林资源的所有权类型更加重要。

最近对森林碳贮量水平与其对使用者生计之间的权衡和相互关系的度量分析说明：面积广泛的森林资源能够更有效的提高碳含量和生计，在当地团体拥有规则制定的自主权和监督资源的激励的条件下将更加显著。

4 当前研究进展

当前围绕 CPR 的研究进展业已表明：

（1）理性但却孤立无助的个体理论假说，无法获得经验支持。我们现在正致力于个体选择的行为理论，其要点为（可检验的假设）：

- 个体是有限理性的，但能够通过经历进行学习；
- 对复杂或不完备信息的事情，个体以简便的大致估计认定的方式——启发式（heuristics）来形成认知，但认知会随经历更新；
- 个体会习得规范（norms），其潜在的价值是将会惠及他人（有利于发生或维持合作）。

（2）相互信任（trusting others）是合作成败与否的核心；这种相互信任也受到场景的影响。

4.1 微观场景的合作行为分析框架

社会困境场景中有诸多影响个体间信任，从而影响合作水平的场景影响因素。就研究的发展趋势而言，个体选择行为是理论基础。

基于个体选择行为的分析框架，即“影响信任与合作行为的，社会困境中的宏观环境—个体决策微观场景”，如图 4 所示：

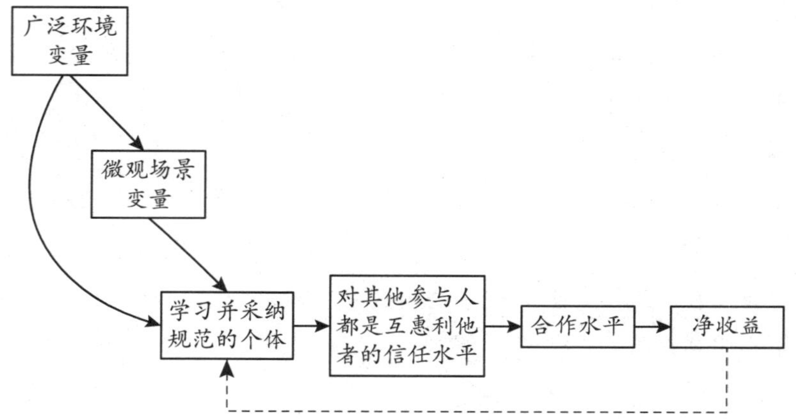

图 4 Microsituational and Broader Contexts of Social Dilemmas Affect Levels of Trust and Cooperation

资料来源： Poteete, Janssen, and Ostrom, 2010: 227. Reprinted by permission from Princeton University Press.

其中的“广泛环境变量”包含着社会困境场景因素，这些变量影响着个体所处的“微观场景变量”（microsituational variables）。微观场景（或者说微观互动场景）是个体以前所经历的场景也是所处的决策场景；所处场景的经历，使个体学习并采纳了某些处理应对事务的规范；个体们秉持的规范影响着他们“对别人都是互惠利他者的信任水平”，例如，如果个体们习得的行为规范就是把互惠利他（即“你合作我合作，你偷懒我偷懒”，或“投桃报李”），当作理所当然天经地义的，那么，他就会相信别人也肯定是这样的；下一步显然，信任水平决定了合作水平；再接着合作水平决定各自的净收益；净收益又对个体的学习过程信念调整行为产生影响。

进一步，就微场景层面探索个体合作行为的理论研究，通过实验室和田野研究，这里可以给出若干项影响 CPRs（Common-Pool Resources）中合作水平的因素（变量—指标）：

- 各参与方之间的信息沟通；
- 参与者们所知晓（看重）的声誉；
- 较高的边际回报；
- 进入的和退出的可能性（参与人是否能够随意进出这个群体）；
- 处于 CPRs 之中的延续时间或重复次数；
- 对不合作或违约行为惩罚机制的赞同程度；
- 有助于提高参与者之间信任可能性、降低坐享其成可能性的所有因素。

4.2 广泛环境：社会生态系统及其内嵌的微观场景

CPRs 困境中的个体同样受到来自宏观环境因素的影响，这种宏观环境即他们交往中的社会生态系统（Social-Ecological Systems，简称 SESs）。

美国与欧洲的同仁正在致力于识别影响不同行动场景的广泛的环境因素的特征（这些是与 IAD 框架相联系的影响微观交往和产出的宏观环境变量），例如：

- 资源使用者的最初组织；
- 新的基础设施；
- 系统的维护；
- 外部干扰的持续性（鲁棒性）；
- 贯穿于森林、渔业、水资源之中的资源可持续性。

现在再看看 SESs 最顶层的构成，如图 5 所示：

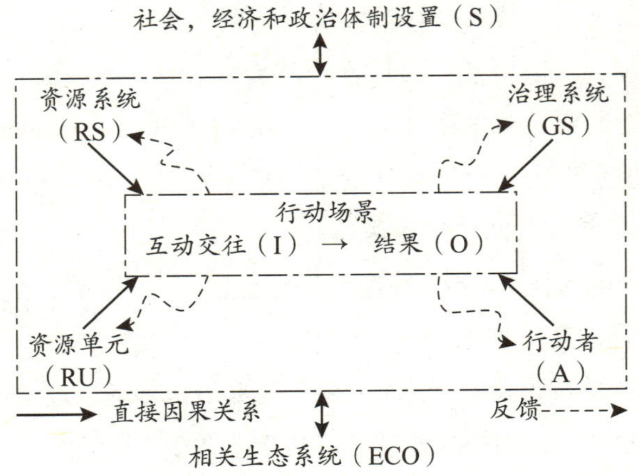

图5　嵌入在广泛SESs中的微观场景

资料来源：Adapted from E. Ostrom（2007，2009）.

这种诊断性的研究框架，便于我们辨认那些作用于个体互动和产出结果的变量。

其中许多变量存在于任何一种（或一组）所关注的SES之中，这种SES（或一组SESs）围绕着，影响着互动的微观行动场景。

因此，有必要将所关注的SES中涵盖的变量分解开（图5中，上部为SES的社会“S”系统；下部为生态“ECO”系统。中框为构成SES的四个子系统），针对不同的问题类型辨认出那些相关的影响变量。于是，要审视下面SES的二级变量（见图6）。

不同的CPRs困境问题，对应于不同的二级变量。为了分析一种资源使用者形成自我组织的可能性，目前的研究已经明确了10种二级变量。

这10种二级变量不是前文中所说的设置原则——这10个二级变量是为了探究哪些变量与初始的自我组织相联系，而不是何种自我组织系统能够长期存续的问题。对此的相关讨论可以参考刊载在《科学》杂志的相关文章，以及前面的内容。

社会、经济和政策环境（S）

S_1 – 经济发展　S_2 – 人口趋势　S_3 – 政治稳定性

S_4 – 政府资源政策　S_5 – 市场激励机制　S_6 – 传媒机构

资源系统（RS）

RS_1 – 资源部门（如，水资源、森林资源、牧场、渔业）

RS_2 – 系统边界的清晰

RS_3 – 资源系统的规模*

RS_4 – 人工建造设备设备

RS_5 – 系统的生产率*

RS_6 – 均衡的财产权

RS_7 – 系统动态的可预测性*

RS_8 – 储存类型

RS_9 – 资源位置

治理系统（GS）

GS_1 – 政府组织

GS_2 – 非政府组织

GS_3 – 网络结构

GS_4 – 产权系统

GS_5 – 运行运转规则

GS_6 – 规则制定的集体参与方式（程度）*

GS_7 – 立宪层面规则

GS_8 – 监督与约束过程

资源单元（RU）

RU_1 – 资源单元的流动性*

RU_2 – 增长或替代率

RU_3 – 资源单元间的互动

RU_4 – 经济价值

RU_5 – 单元的数量

RU_6 – 鲜明的标记

RU_7 – 时间和空间分布

使用者（A）

A_1 – 使用者的人数*

A_2 – 使用者的社会经济属性

A_3 – 使用的历史

A_4 – 位置

A_5 – 领导/企业家身份*

A_6 – 规范/社会资本*

A_7 – SES 的知识/心智模式*

A_8 – 资源的重要性*

A_9 – 使用的技术

行动场景：交往（I）→结果（O）

I_1 – 不同用户的收获水平

I_2 – 使用者间的信息共享

I_3 – 审议过程

I_4 – 使用者间的冲突

I_5 – 投资活动

I_6 – 游说活动

I_7 – 自发组织活动

I_8 – 网络活动

O_1 – 社会绩效衡量（例如：效率、公平、责任、可持续发展）

O_2 – 生态绩效衡量（例如：过度捕捞、恢复力、生态多样化、可持续发展）

O_3 – 对其他 SES 的外部性

相关生态系统（ECO）

ECO_1 – 气候形态　ECO_2 – 污染形态　ECO_3 – 从 SES 的流入和流出

图 6　SES 的二级变量

* 已知与自组织有关的变量子集

5 政策含义

研究表明，使用状态良好的资源，其使用者们都能获得长期利益，因为他们投入了监督、建立了嵌入在多中心系统中的信任。

但是目前许多政策分析者和官员们依然没有吸取主要的教训经验——仍然坚持认为政府保护区的方式，或完全私有化，是解决这些困境的主要办法。

总之，我们必须学会如何去处理这种复杂性，而不是拒绝否定它；我们不能再推荐包治百病的万能良药。

公共资源治理的制度理论及其演进

——2009 年诺贝尔经济学奖得主埃莉诺·奥斯特罗姆的研究及启示

蔡晶晶[①]

2009 年，美国印第安纳大学埃莉诺·奥斯特罗姆教授凭借其在“经济治理，尤其是对公共资源（Commons）领域作出的贡献”获得了诺贝尔经济学奖，同时也成为首位女性诺贝尔经济学奖得主。毫无疑问，对于这样一位持政治学博士学位、从事跨学科研究、长期关注公共资源治理的“非纯粹”经济学家，无论从何种角度阐述、解释其获奖意义都不为过。在金融危机激化，全球经济持续低迷的今天，埃莉诺的获奖似乎产生了“一语惊醒梦中人”的效果，让人们意识到“非市场”机制的巨大魅力。众所周知，诺贝尔经济学奖并不侧重那些目前“流行”、“热门”的学术创造，而是青睐那些已经为长期的经验事实所印证、所运用并产生积极贡献的理论。埃莉诺获奖的重要著作《公共事物的治理之道：集体行动制度的演进》的出版距今已有将近 20 年，其学术思想在一脉相传的同时也在不断发展与完善。本文将在对埃莉诺的学术思想进行完整回顾的基础上，系统阐述其理论主张的演进和最新动态，并分析其获奖的意义和启示。

---

① 蔡晶晶，厦门大学经济学院，研究方向：自然资源与环境经济学、制度分析与可持续发展。电子邮箱：crystalgly@ xmu. edu. cn。地址：福建厦门市思明区思明南路 422 号厦门大学敬贤三 609 室，邮编：361005。

1 寻找地方公共经济的治理基础：早期的实证研究

埃莉诺于1933年出生于美国加利福尼亚，在加州大学洛杉矶分校（UCLA）先后获得了政治科学学士（1954）、硕士（1962）及博士学位（1965）。而她正式的学术生涯，起步于20世纪50、60年代——也即所谓的政治与经济整合研究（如公共选择理论、新制度经济学）开始崭露头角的年代。从1951年阿罗（Kenneth J. Arrow）发表《社会选择与个人价值》之后，政治学和经济学的“叠合”分析遂成为众多学者积极尝试的研究方法，一大批开创性的著作相继问世，如唐斯（Anthony Downs）的《民主的经济理论》（1957）、科斯（Ronald Course）的《社会成本问题》（1960）、布坎南与塔罗克合著的《同意的计算：立宪民主的逻辑基础》（1962）、奥尔森（Mancur Olson）的《集体行动的逻辑》（1965）。可以说，新政治经济学的空气已经开始弥漫，传统的政治学研究正涌动着变革与创新的暗流。在此期间，埃莉诺在丈夫文森特·奥斯特罗姆的影响下，逐渐开始了对城市管理与地方公共经济的政治经济学研究。[①] 从20世纪60年代初期参与洛杉矶市政供水系统的调查项目开始，埃莉诺考察了美国大洛杉矶地区南部一系列地下水流域管理制度的起源与运行。通过对该地区发生的抽水竞赛导致的地下水资源退化，因此而引起的诉讼博弈以及企业家的努力的观察，埃莉诺注意到水资源

---

① 实际上，埃莉诺与文森特的研究是不可切分的，而文森特本人的研究思路对埃莉诺有着十分重要的影响。早在1961年，文森特就和查尔斯·蒂伯特、罗伯特·瓦伦合作撰写了《大都市区的政府组织：理论探寻》（*The Organization of Government of Metropolitan Areas: Theorectical Inquiry*），对通过单一的全面政府单位来管辖任何特定的大都市地区的理论提出挑战，认为多中心的政治体制是权力分散和管辖交叠的基础，也是政府有效提供公共物品与服务的基础。参见：Ostrom, V., Tiebout, Charles M. and Warren, Robert, “The Organization of Government of Metropolitan Areas: Theorectical Inquiry”, *American Political Science Review*, Vol. 55, No. 4 (December 1961), pp. 831 - 842.

生产者为了摆脱恶劣的抽水竞赛，在大量的诉讼无法解决问题之后，终于自主地建立了公共企业，对地下水资源进行适当的管理。加州水务部门、洛杉矶市政府、私人公司、用水协会及其他一些相关利益团体都在水资源的供给中发挥了各自不同的角色，然而没有哪一个是“单中心”的。这样，在多个公共企业基础上，地下水资源治理形成了“多中心公共企业博弈”的格局。这些研究结果正是埃莉诺后来所形成的“多中心理论”（poly-centric theory）的重要思想来源。

同一时期，曼瑟尔·奥尔森《集体行动的逻辑》（1965）面世，埃莉诺亦感到加州地下水案例正反映了这一类似的集体行动难题。不过，通过实证调查，埃莉诺发现案例中各利益相关方能够通过艰难的磨合，寻找共同的解决方案，换言之，加州的水资源管理是一个“斗争”的过程，但不能说是一个没有出路的“困境”。这是因为，人们并不总是需要一个外来的权威来打破困境，互动的个体同样能够相互信任，利用可靠的信息源，通过对决策执行的监督和创建新的工具，人们经常（但并非总是）能够克服这些挑战性的难题。洛杉矶水资源冲突的解决就体现出公共与私人领域的各种行动主体的公共企业家精神（public entrepreneurship）。

通过对加州地下水资源管理案例的实证研究，埃莉诺意识到理论模型在特定的情况可能是有效的，但是未必一定能够提供理想的政策选择方案。实际的制度安排，要比任何抽象的博弈结构要复杂。这意味着，政策分析家除了要进行理论思考之外，还需要认真细致的进行经验研究。在之后的研究中，强调基于具体案例上的实证与经验分析，成为埃莉诺重要的研究方法，也成为政治理论与政策分析研究所的研究特色之一。[①] 在 1969—1970 年间，埃莉诺组织博士

① 当时印第安纳大学政治学系并没有给埃莉诺提供正式的教职，她开始是以“访问助理教授”（visiting assistant professor）身份为大学新生讲授美国政府治理的相关课程。实际上，20 世纪六七十年代，寻找一个正式的教职对于女性而言并非易事。随后，由于自己出色的工作，埃莉诺才被正式授予教职。

生开展了一项以都市治理及公共物品与服务评估为主题的研究项目，着重对市政改革与公共经济的不同研究路径进行对比分析——市政改革理论的倡导者认为，政府规模与公共物品和服务提供的效率及质量成正比，而从公共经济学研究路径出发的研究者则认为，政府规模对物品与服务提供的效果可能是正面作用也可能是负面效果，这主要取决于服务的类型。那些需要面对面提供的，如教育、警察服务、社会福利等，政府规模对服务质量的影响是负面的，而那些需要一定的经济规模的，如高速公路基础设施服务等，政府规模则起到正面作用。（Hirsh 1964，Stigler 1962，V. Ostrom 1971）

为检验以上两种不同理论路径的解释力及公民参与、社区控制等相关因素，埃莉诺开始组织学生在印第安纳波利斯市及芝加哥的各警察部门开展实地调查。1970 年夏，埃莉诺在美国国家科学基金会（National Science Foundation）的支持下，组织非洲裔的黑人学生分别在芝加哥及凤凰城的各个社区进行案例调查，发现小城市的居民与芝加哥的住户相比，同样获得相等的甚至更多的警察服务。由于生活成本存在巨大差别，在受害率相似的情况下，生活在独立的小型社区的居民更不喜欢待在家里以躲避犯罪，希望当地警察部门能够提供满足社区需求的警察服务（E. Ostrom & Whitaker 1974）。初始的案例研究似乎验证了政治经济学理论途径的内部有效性，但还不能说明这一研究结论是否在更大范围的情况下也适用。为了检验理论的外部有效性，埃莉诺随后展开了对 109 个人口超过 10 000 的城市的约 2 000 名住户的实地调查，在美国民意研究中心（National Opinion Research Center）的数据基础上，添加了城市规模与公民消费支出等变量，发现警察部门的规模及警察服务在社区中的人均费用与受害住户的百分比之间存在显著的正相关关系（E. Ostrom 1976），此外，中小型社区的居民能够与当地的政府部门一起合作提供更好的基础设施等公共物品及服务。由此，埃莉诺·奥斯特罗姆进一步对服务的“共同生产”（co-production），生产与提供相分开等公共经济学理论做了更为系统深入的研究（Parks et al. 1981）。在大量实证分析的基础上，埃莉诺在《大都市区警察服务的提供模式》（*Patterns of Metropolitan Policing*，1978）一书中指出，都市治理中“复杂性”与“混乱”是不同的，治理机构的“复杂性”并不意味着秩序的“混乱”，相反，它是孕育复杂公共事务解决途径的制度基础。

总的来说，在20世纪60年代初期至70年代末之间，埃莉诺的研究重点主要是沿着政治经济学的路径，分析地方公共经济（如地下水资源、警察服务）治理有效性的基础。这个时期她的重要理论贡献在于指出通过生产与提供相分离，建立交叠管辖机构（多中心秩序）的治理秩序并不低效，甚至比单一秩序更有效率。这种思想，也即“多中心”理论的重要组成部分，亦对后来的政府改革产生了巨大的影响。值得指出的是，20世纪五六十年代也正是美国政治学行为主义思潮的兴盛时期，也是美国政治学学科框架的逐步完善和学科制度化建设进一步发展时期。在行为主义政治学兴起之前，并没有严格的专门的方法可以用来检验所获得的资料以及所得出结论的可靠性程度，方法——即需要专门的科学规范或研究技巧的领域被看做是不成问题的。二战后的五六十年代，行为主义政治学崛起，并在美国政治学研究中居于主导地位，并持续到七八十年代的“后行为主义”时期。“行为主义主张将经验科学的方法用于政治问题的研究，特别重视经验研究和定量分析方法的应用，力求使政治研究科学化；他们提供了政治研究的‘工具箱’，其中观察、访问、实验、模拟、模型、统计分析、系统分析等成为基本的工具。其次，行为主义将政治学研究的重心由法规、制度的静态研究转向政治制度的运作或政治过程、政治行为的动态研究，并力求建立起可检验的经验理论。”① 正是在这种学术思潮的影响下，埃莉诺将注意力转

① 参见陈振明，“20世纪西方政治学：形成、演变及最新趋势”，《厦门大学学报（哲社版）》，1999年第1期。

到了理论与经验现实之间的可验证关系，她的兴趣关注点更多的是人与社会之间不可分割的联系，试图在研究人类的政治行为的基础上来获得关于人类行为的一般规律（规律性）的认识。

例如，埃莉诺在UCLA学习的时候，政治学系仍然分为公共行政与政治哲学两个方向。她发现，政治哲学的研究——学习霍布斯、卢梭、马基雅维利、洛克等著名哲学家及政治学家的思想和理论——并没有去探讨这些理论是如何被建构的以及理论与经验之间、理论的演进及相互间的关系。公共行政的课程则是按地区及领域划分的，有“美国政府”、“比较政府”、“国际关系”等课程，比较欧洲国家、拉美国家或一些亚洲国家的政治体制，政党的角色依然是要求学生学习的重点内容。当时的政治学者一般都注重于描述现行政治制度与过程，把重点放在依法构成的政府上，并以法律文件及宪法规定作为主要的资料基础，注重对这些情报资料的收集和描述。学生被要求做比较、描述，缺乏规范、思辨的学科训练，并不了解理论A与理论B之间是一种什么样的验证关系。正是基于对这种研究现状的反思，埃莉诺更侧重理论与理论、理论与实践、规则与行为之间的关系与互动研究，寻求从经验研究的路径出发去印证理论的解释力，及其对实践产生作用的可能性。这种研究路径，对当时传统的政治学研究而言，亦是一种巨大的突破。

2 规则、博弈与公共池塘资源：制度分析途径的形成与探索

20世纪70年代，在对都市治理开展实证研究及在政治经济学方面的理论探索基础上，埃莉诺逐渐开始了对制度的探讨，开设了一系列关于制度安排的微观分析的研讨课程，文森特以“国家及国际层面的制度设计对民主行为与结果的影响”为主题开设了一系列课程。由于经常将经济学理论用于政治学的分析之中，奥斯特罗姆夫

妇的课程在政治学系中曾饱受争议。他们感到，应该为有志于制度分析的学生和学者提供一个共同的学术平台，促进相互间的交流和知识的传播。1973—1974 年间，奥斯特罗姆夫妇俩成立了围绕自然资源管理、民主治理、实验研究、人类行为与制度激励等为主题活动的学术研究中心——政治理论与政策分析研究所（Workshop in Political Theory and Policy Analysis）。在其后 30 多年的发展过程中，研究所逐渐成长为美国新政治经济学的大本营之一，其作为布鲁明顿（Bloomington）学派与弗吉尼亚（Virginia）学派、罗彻斯特学派（Rochester）成为美国公共选择理论的三大学派①，此乃后话。

1980 年秋至 1982 年夏，奥斯特罗姆夫妇在德国比勒费尔德大学（University of Bielefeld）的交叉学科研究中心（The Center for Interdisciplinary Research，ZIF）② 参加了持续一年的“公部门中的指导、控制与绩效评估”（Guidance，Control，and Performance Evaluation in the Public Sector）研究小组（参见 Kaufmann et al. 1986）。这是他们学术历程中的重要事件，在那里他们接受了交叉学科的思想碰撞，从多角度研讨和拓展制度分析理论，如公共行政学、经济学、数学甚至化学等。期间，埃莉诺与著名公共行政学家，英国牛津大学克里斯托弗·胡德（Christopher Hood）教授进行了学术交流与讨论，同时也开始接受博弈论的思想和观点。而她的博弈论知识也主要得

---

① 罗彻斯特学派是政治学者所发展出来，以威廉·里克尔（William Riker）为首，着重于政治行为理论的实证研究，又称实证公共选择（Positive Public Choice）或实证政治学（Positive Politics）；弗吉尼亚学派则是以经济学者为主导，以布坎南和塔洛克为首，着重于政治制度的规范探讨，又称为规范公共选择（Normative Public Choice）或宪政经济学（Constitutional Economics）。

② 比勒费尔德大学的交叉科学研究中心（The Center for Interdisciplinary Research，ZIF）是世界著名的从事跨学科合作研究的科研机构，成立于 1968 年。作为一个高级研究机构，它向所有国家的所有学科的科学家开放，组织跨科学计划、会议和研究小组，它还支持持续一年的研究小组和数天的会议。近三年来，ZIF 曾组织过大量的研究活动，如有以下三个主要的年度研究小组：信息传递和组织的一般理论（2002/2003）；冲突解决的程序性途径（2001/2002）；复杂性科学：从数学到技术，到可持续的世界（2000/2001）。从研究状况看，“复杂性科学”研究小组取得了比较令人瞩目的成果。

益于与多位博弈论大师探讨和交流获得，其中包括后来的诺贝尔经济学奖获得者莱因哈德·泽尔腾（Reinhard Selten）以及耶鲁大学的马丁·舒比克（Martin Shubik）教授。据埃莉诺回忆，当时他们面临的一个挑战是，如何发展一种交叉学科的研究途径以“指导、控制与评估公部门的绩效”。由此，她感到迫切需要建立起一门连接社会科学各学科的共同语言。在此期间，埃莉诺应邀参加了泽尔腾在比勒费尔德大学举办的博弈论研讨会，会后与泽尔腾的深入交谈进一步深化了她对博弈论及制度分析框架的思考。随后，埃莉诺与拉里·凯瑟尔（Larry Kiser）合作的论文“行动的三个世界：制度分析途径的元理论集成”（Kiser & Ostrom 1982）在比勒费尔德大学上演讲，在这篇文章中她初步形成了制度分析方法，提出了“行动情境”（action situations）概念①，这为她后来的研究工作奠定了重要的基础（E. Ostrom 1986）。

在埃莉诺看来，“制度”这个词为政治科学和经济学创造了交流的桥梁，也为涉入复杂的政治经济互动情境的法律、公共官僚、市场组织研究奠定了共同的框架（common framework）。在形成制度分析框架的过程中，博弈论扮演了重要的角色。在埃莉诺看来，博弈论能够使研究者发展出特定情境下的数学分析模型，并预测理性个体在这种情境下的行为。在博弈论的启发下，奥斯特罗姆从人类活动的行动情境入手，以公共物品的属性出发，设想一个能涵盖正式与非正式规则的人类行为互动的情境结构，从而形成了七种影响人类行动选择的规则类型：边界规则（boundary rules），影响参与者；位置规则（position rules），影响参与者的位置和立场；选择的规则（choice rules），影响行动；范围的规则（scope rules），影响结果；聚合规则（aggregation rules），影响控制与转换；信息规则（informa-

---

① 行动情境是指人们作出特定行为与选择的背景、场所与结构，主要作用是提供一种共同的语言来描述个体之间的互动及影响其互动结果的结构。

tion rules)，影响信息的流动；收益规则（payoff rules），影响成本与收益。[①]

随后，为了更好地描述行动情境下的规则是如何产生作用的，埃莉诺在借鉴唐斯（Downs 1957）、尼斯坎南（Niskanen 1971）、罗默与罗森塞尔（Romer & Rosenthal 1978），以及麦圭尔（McGuire et al. 1979）等人所提出的政治经济分析（主要是对选举、竞争与公共服务的博弈均衡结果的预测）模型的基础上[②]——对其所提出的七种规则的适用性进行探讨。在她看来，以上学者提出的竞争性模型，同样印证了她所提出的——特定规则下的互动将导致（或可以预测出）特定的结果——的假设。当然，提出特定行动情境下的七条互动规则并非埃莉诺构建制度分析途径的终点，在其后一系列针对公共资源的实证研究中，埃莉诺逐渐发展并形成了完整的制度分析框架，并在公共池塘资源（Common Pool Resources，CPRs）的研究上作出了卓越的贡献。

在此期间（20 世纪 70—80 年代），学者在地方管理者和公共资源使用者如何解决生物学家哈丁于 1968 年《科学》杂志所提出的“公地悲剧”（The Tragedy of the Commons）问题上进行了为数不少的经验研究，也提出了一些实践上成功的解决路径（Berkes 1985，1986；Netting 1972）。学界的讨论也由此引发了美国国家研究委员会（National Research Council，NRC）的关注，他们开始召集不同学科的学者组成“共有产权制度”（common property institutions）研究组，埃莉诺也成为其中的一员。该研究组先后在世界各地开展了至少 1 000 项针对灌溉、渔业等资源治理方面的案例研究。在这一系列

① Ostrom E. *Understanding Institutional Diversity*. Princeton，NJ：Princeton University Press，2005.

② 例如，唐斯预测出选举的博弈均衡结果是最优中位选民——处在所有投票者最优偏好结果中间状态的投票者；尼斯坎南预测出的博弈均衡结果是在全有或全无（all or nothing）竞选中的胜选官员的预算最大化。

的研究中，埃莉诺初步形成了制度分析与发展框架（Institutional Analysis and Development，IAD），见图1。根据IAD框架，政策过程和结果会在某种程度上被以下四种类型的变量所影响：物理世界的属性（attributes of the physical world）、嵌入行动者的社群的属性（attributes of the community within which actors are embedded）、创造诱因和限制特定行动的规则（rules that create incentives and constraints for certain actions）、与其他个体的互动（interactions with other individuals）。

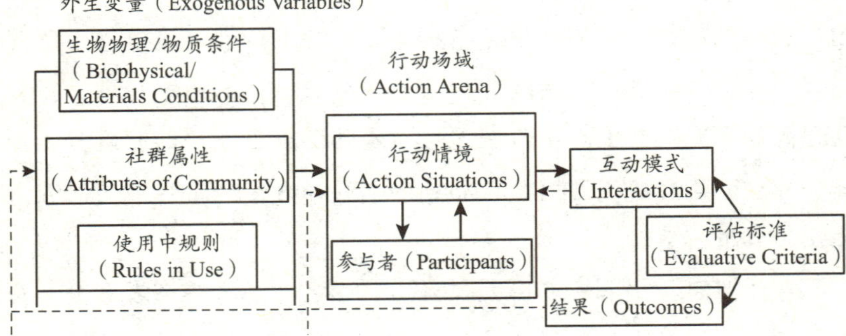

图1　制度分析与发展框架

资料来源：Ostrom，E. et al.，*Rules*，*Games*，*andCommon Pool Resources*，Ann Arbor：The University of Michigan Press，1994.

通过运用IAD框架进行实证研究，埃莉诺发现哈丁所提出的——人们不可能放弃短期利益而追求长期利益，进而导致资源的过度利用——问题并非无解，也并非总是需要利维坦（政府集中控制）或者私有化的方式来解决这一问题。相反，人们可以依靠相互之间的信任来建立行动规则，解决利益纠纷，从而使公共资源获得良好的治理。

这些研究思想，埃莉诺在其后出版的《公共事物的治理之道：集体行动制度的演进》一书中进行了系统的阐述。在这本书中，埃莉诺用公共池塘资源一词概括那些人们共同使用的具有非排他性

（难以或不可能阻止其他使用者使用）和消费的竞争性（每个消费者的边际成本大于零）的自然或人造资源，如鱼塘、地下水、草场、共享性森林和灌溉系统等。按照传统的理解，由于个体追求短期利益最大化、搭便车、机会主义的存在，开放进入（open access）状态下的公共池塘资源势必出现哈丁所谓的“公地悲剧”现象——过度使用而导致衰竭（G. Hardin 1968）。因此，公共池塘资源的管理要么政府集中化管理，要么进行私有化。埃莉诺经过大量的实证分析指出，还存在第三种解决方式——资源使用者在相互信任的基础上通过设计持续性的合作机制来自主治理（self-governance）。在她看来，传统理解公共池塘资源管理的三种主导模型——“公地悲剧”、“囚徒困境”和“集体行动的逻辑”并不全面，他们只可能在高折现率（high discount rates）极少相互信任、缺乏沟通能力等情境下产生，而现实社会并非总是如此，人们在面对复杂的资源困境时，资源使用者经过多次重复博弈，往往能够创造（虽然并总是如此）复杂的规则与制度来规范、指导个体之间的博弈行为。这意味着，资源的使用者愿意组织起来制定共同的行为规范以惩罚违约者，从而使资源得到良好的利用。这种理解，极大地丰富了人们对于公共池塘资源治理的认识，对更大范围内的人类合作的研究也起到了非常重要的启示作用，这也正是埃莉诺之所以获得诺贝尔经济学奖的最重要原因之一。

在埃莉诺看来，之所以要运用制度分析来分析公共池塘资源，就是要破除狭隘的“公共”与“私人”、“国家”与“市场”乃至“政治科学”与“经济学”的二元理解。她认为，正是这种非此即彼的认识，使得部分经济学家发现市场失灵之后，就主张应该由政府接管，而政治科学家或政策分析家发现集中控制的政府难以维持时，就主张私有化，而这些主张，对于那些已经有深厚历史传统、成功自主运行的制度、规范与行动而言，无疑是一种忽视甚至损伤。在这个意义上，埃莉诺的制度分析路径的发展方向——无论是理论研究、实地研究还是实验研究——均是为自主组织或者自主治理理论创造有效、可靠的认识基础。[①] 而这正是在《公共事物的治理之道：集体行动制度的演进》一书出版后的近 20 年里，埃莉诺所在的政治理论与政策分析研究所致力探讨的中心问题。

3 布鲁明顿制度分析学派的研究方法与理论体系：新的发展视野

从 20 世纪 70 年代至今，经过将近三十年的发展，制度分析已经获得了广泛的认可。在这过程中，奥斯特罗姆夫妇以坚持不懈的追求，大胆开拓的创造性，不断推进与扩展制度分析的研究方法、途径与理论体系，使之对持续变化的世界的解释更具有说服力。我们可以把当前埃莉诺所带领的、以布鲁明顿为中心的制度分析学派的新研究进展归纳为以下五个方面：

3.1 实验方法

在 20 世纪 90 年代初对公共池塘资源作出开创性的贡献后，埃莉诺就一直寻求更宽层面、更深层次的经验研究来验证她所提出的理论。在她看来，不经过经验分析与印证的理论假设或模型都是值得怀疑，甚至不可靠的，因此，她非常强调通过实地研究来寻找经验上的印证。例如，她曾经到尼泊尔研究灌溉系统，并发现在那里，由农民自主组织起来创造的灌溉系统往往比那些政府组织管理的保持了更好的运转状态，带来更高的农业产出。可以说，如果没有这些经验研究，她关于公共池塘资源治理的制度分析，将不可能创造如此巨大的贡献。从 90 年代开始，为了更好地检验其理论的适用

---

① Aligica, Dragos Paul, "Rethinking Institutional Anal ysis: Interview with Vincent and Elinor Ostrom", http: //www. mercatus. org/PublicationDetails. aspx? id = 15952.

性，埃莉诺与同事们开始运用实验经济学的方法——通过控制实验条件、观察实验者行为和分析实验结果，以检验、比较和完善所提出的理论假设，实施了一系列关于社会困境中的行为（behavior in social dilemmas）的实验研究（laboratory experiments）。埃莉诺与同事们的研究发现，惩罚的作用在那些可以交流的实验对象中较之不能交流的对象中更为显著，这意味着，人们是可以通过合作与交流建立富有作用的惩罚机制，规制违约行为的，这就为之前埃莉诺提出的理论主张提供了经验和科学基础。在埃莉诺看来，要更好地理解人类中的合作行为，就必须对个体的动机进行更为精致与细微的分析，尤其必须对互惠（reciprocity）的本质与起源进行更深层次的分析（Ostrom 1998）。

3.2 应用理论

应用理论着重探讨把制度理论用来分析、解决实验室之外的复杂现实问题。它着重由不同学科背景的学生和学者，在世界各地寻找那些应用或者尝试应用制度分析与治理（IAD）理念的社区、非政府组织和政府机构。应用理论尝试为适应制度分析理论解决现实世界中的困境提供更好的支持，为终端的使用者（end user）识别、发展更好的治理方法和工具。目前，应用理论通过收集世界各个国家在灌溉、草场、森林资源、水资源、渔业资源等领域的治理案例，重新检验作为制度理论重要政策分析工具的“制度分析与发展框架”（IAD）在分析这类资源时存在哪些优势、劣势、面临的挑战与发展的前景。同时探索将这一政策工具应用于自然资源之外更广阔的实践领域的可能性，并开发相应的数据收集与分析方法。应用理论研究寻求对实际问题的理解与解决，注重理论与实践的关联，从现实当中提炼和挖掘素材，促进理论为社会创造价值。可以说，制度分析与经验研究相结合，是布鲁明顿制度分析学派一个最重要的特点之一。

3.3 社会—生态系统

埃莉诺的制度分析与发展框架在各种学术研究中得到了广泛的应用，尤其是在对渔业、森林、湖泊、草场、地下水等各种自然资源管理的案例比较研究中。然而这一分析途径同时也面临一些知识性的挑战。例如，这一框架及其所隐含的制度分析思想能否在自然资源管理之外的研究中得到推广？该框架各层级的变量与分析单位之间是什么样的联系？对具体的分析单位概念内涵的界定是否足够清楚？该框架更多是一种理论逻辑的模型或结构，更适合于质性方法的研究，那么在不同的分析背景下，或者是量的研究方法下，是否还能使用？在考虑上述问题的基础上，为了更好地应用制度理论来分析复杂的社会—生态系统，对影响人类行为的各种变量和因素进行概念化、模型化和形式化的规范说明，埃莉诺于2009年在美国《科学》杂志上提出并系统阐述了新的制度分析框架——“社会—生态系统”（Social Ecological Systems，SES）资源分析框架，以使制度分析理论在研究目前引起世界各国强烈关注的环境与治理问题上具有更为广泛的应用。目前，埃莉诺正在和来自世界各地的研究学者和研究所的同事，开展名为“社会—生态系统的诊断分析”（A Diagnostic Ontology for Analyzing Social Ecological Systems，DOSES）的研究课题，目的就是为国际范围内的制度分析学者、社群提供更具解释力和适用性的共同概念框架，更好地促进制度理论对水资源、渔业资源、森林资源、城市基础设施等公共事物的分析。

3.4 社会网络分析

社会网络分析（Social Network Analysis，SNA）起源于社会学、心理学和人类学等领域，其主要目的是探讨发生人际互动关系的社会结构对特定个体的影响。20世纪60年代后，社会网络分析逐渐被学者所接受，并被应用来分析各种相关的社会科学问题。社会网络分析研究的焦点集中对各种关系进行精确的量化分析，从而为某种中层理论的建构和验证提供经验基础以及“宏观”与“微观”之间的桥梁。其分析的两大方向为：从行动者之间的同质性或异质性来探讨关系纽带的强弱；根据行动者所处网络的位置结构来探讨关系纽带的优势（如社会资本）。布鲁明顿的社会网络分析的一个重要目标，就是探讨当前流行的社会网络分析工具与软件（如 Pajek，UCI-NET，SoNia 等）的运用方式，在此基础上评估这些工具在分析特定空间、时间下的社会网络位置的适用性。应该说，社会网络分析为布鲁明顿学派的制度理论提供了实证的基础，尤其是对合作关系、合作行动的研究带来了非常重要的帮助。

3.5 民主持续的政治经济学

民主持续的政治经济学（Political Economy of Democratic Sustainability，PEDS）研究主要继承了文森特的学术传统，即探讨如何通过社会的变革实现富有活力、长期持续的民主。从更深层次上来说，它继承了托克维尔的研究传统，即探求那些能够强化社群自主治理的原则和机构、社会合作的艺术、赋予社会意义的共同知识与关系纽带等。PEDS 致力于寻求持续民主的微观基础（micro-foundations），如对民主过程的承诺、对选举结果的尊重、回应性与责任性的相互联结等。其重点目标是对不同情境下的民主决策进行多学科的研究，尤其关注那些新的、正在巩固过程中的民主和自主治理系统，分析那些能够影响更大层面上的民主秩序的过程和结果的特定因素。

4 在政治学与经济学之间：埃莉诺·奥斯特罗姆的获奖启示

毫无疑问，埃莉诺是一位政治经济学家，但是她的研究却在很大程度上偏离了政治学研究的“正统路径”，而是向博弈论、经验分析等经济学传统靠近。在她坚守这条道路的过程中，曾经遇到过种种的疑问、非议甚至排斥，但她一直没有放弃，继续在沿着制度分析的路径不断探索。埃莉诺的获奖启示，至少可以从以下五个不同层面进行解读：

4.1 交叉学科的发展

从某种意义上说，埃莉诺的获奖既不意味着经济学的失败，也不宣告政治学狂欢时代的到来，更多是政治学与经济学整合的胜利，是交叉学科的胜利。埃莉诺对学科的过度分化一直持反对态度，认为实践世界中的问题往往是诸多因素相互叠合，并且以跨学科的面貌出现的，从单一视角、单一学科理解现实世界绝不是一叶知秋，而是管中窥天。在埃莉诺的研究中，我们既能看到经济学视野的制度主义、理性选择、博弈均衡，也能看到政治学视野的政策分析、集体行动、官僚机制，还能看到生态学、数学、信息科学甚至神经科学等前沿学科的影子。在她看来，当前人类社会出现的问题大部分已经超出政治学或者经济学的传统研究领域，需要借助更多的学科知识，如生态学、人类学、政治学、统计学、环境科学等，方能获得恰当的理解与认识。正是在这样的理念下，埃莉诺所在的研究所总能看到地理学、生物学、人类学、历史学、环境科学、经济学、信息科学等交叉学科领域的专家学者进行授课和开设讲座，研究所甚至设有交叉学科实验室（The Interdisciplinary Experimental Laboratory），开发多学科的数据收集和分析技术，如地理信息系统技术（GIS）等。这种研究的方式，对于过于强调学科边界的看法是否是一种警示呢？

4.2 经验—实证的研究方法

尽管埃莉诺可以划分为政治学家，但必须承认的是，她的研究方法更多地遵循了经济学上的实证主义传统。埃莉诺认为，任何的理论假设都需经过实证的检验，而不能将理论模型用来直接分析现实世界。[①] 在她看来，社会科学家的理论模型至多可以当作分析框架，因为“无法在一个模型中容纳下此等复杂的情形。当在模型关系中选择时，往往只能包括一个子变量群，即使如此，通常还会将其中的某些变量再设为零或某个绝对值。典型的假设还包括完全信息、独立行动、利益的完全对称，无人的失误，无互惠准则、监督和实施的零成本，以及环境无自主转化能力。这些假设所导致的是非常特殊的模型，而不是一般的理论”[②]。正是在这种看法下，埃莉诺本人对实地研究以及实验研究倾注了大量的精力。例如，埃莉诺与 2002 年诺贝尔经济学奖获得者、实验经济学之父冯·史密斯（Von Smith）在实验经济学领域就有着广泛的交流，她本人目前也大量使用实验经济学的方法对信任等社会资本对促成人类合作的影响问题进行实验研究。如果不从经济学帝国主义的狭隘认识来理解的话，埃莉诺的研究成就向人们表明了，政治学同样可以做到精致、科学，同样不必囿于思辨、批判与诠释的传统——尽管这样的传统在今天依然是宝贵而弥足珍惜的。不过，必须指出的是，尽管埃莉诺本人用了方法论上的个人主义，用了博弈均衡分析，用了实验分析，但在她的研究中，这些分析的对象是现实生活中的人（human），而非全无感情、严格遵循理性选择的计算器（computer），他们是可以合作和相互交流的；供求机制、竞争机制、价格机制仍然主导市场的运行，但制度结构为市场提供了经济与政治行动者相互

① 此前有国内学者曾认为，埃莉诺的获奖是“经济学回归文学传统，鼓励描述性的研究”，这完全是一种对埃莉诺的研究缺乏了解而导致的错误偏见。实际上，埃莉诺对于经验研究方法的探索与应用可以说是开创性的，例如对于博弈论、实验经济学等前沿研究方法的应用等。而更值得人们学习的是，她使用经验—实证方法研究的对象大多是与经济、政治和社会现实紧密相关的，而不是实际中也许并不存在的概念。

② 毛寿龙，“公共事物的制度基础”（《公共事物的治理之道：集体行动制度的演进》中文版译序），参见埃莉诺·奥斯特罗姆著，余逊达、陈旭东译，《公共事物的治理之道：集体行动制度的演进》，上海三联书店，2000。

理解的信号，制度提供了诱因，也作出了限制。换言之，经验的研究并不是构建空虚、缥缈的象牙塔理论，而是使知识更好地还原现实世界的真面貌，更好地帮助人们理解问题的本质。

4.3 强调知识与实践之间的联系

不可否认，强调理论预设、模型推演与论证规范性是现代经济学的重要根基，也是社会科学走向精确性和科学性的必须途径。但是，也有不少人批评现代经济学过于重视抽象理论的推理与建构，较少关注现实社会，对真实场景的复杂性、多样化的制度安排往往没有进行太多的实地考察，理论研究和应用的对象也更多的局限于市场、企业等组织。例如，科斯（Ronald Coase）就曾经不无忧虑地指出，“现行的经济学就是一个漂浮在空气中的理论体系，与现实世界真实发生的事情鲜有联系”①。在一些研究者越来越满足于在书斋里构建理论的时候，埃莉诺却不断走向现实世界去发现那里的人和社群是如何互动的，去探求那些合作、信任与互惠是如何真实发生的。正如《华尔街日报》在埃莉诺获奖之后当即发表的评论所说，“这是一次实践经济学的诺贝尔”（A Nobel for Practical Economy）②。在麦克·阿瑟基金会、福特基金会、美国国家科学基金会、美国国际开发署等的资金资助下，埃莉诺所在的研究所在世界各地积极开展研究与培训项目，鼓励针对现实问题的政策分析与建议。例如，正在开展的国际森林资源与制度（IFRI）研究项目，就是通过人口统计学、经济学及地理、生物学等的交叉学科变量研究现实社会中森林及人类的关系，及正式与非正式制度在促进人类生存及发展森林经营能力，保护生物多样性及环境可持续发展中的作用。可以说，

---

① Tawni Ferrarini，“Interview with Ronald Coase”，http：//www.coase.org/coaseinterview.htm.

② David R. Henerson，“A Nobel for practical economics”，*Wall Street Journal*，October 12，2009.

埃莉诺的研究具有深厚的实践基础，并能够为实际的决策者提供具有针对性的政策建议。

4.4 公共资源的合作治理

在埃莉诺的制度理论之前，许多分析家均认为，除非彻底私有化，或者通过强权的控制，人类几乎难以摆脱哈丁所说“公地悲剧”或奥尔森的“集体行动的困境”。但是，埃莉诺的研究表明，人类社会中虽然到处都是公共的悲剧，但许多人却自主地摆脱了公共选择的悲剧，从而改善了福利。在她看来，公共资源的使用过程中存在着相互依赖的资源占用者，他们能够把自己组织起来，创建合作机制，进行自主治理，从而能够在所有人都面对搭便车、规避责任或其他机会主义行为诱惑的情况下，取得持久的共同收益。实际上，在现代世界，越来越多的公共资源无法通过政府完全控制或者建立私人产权来解决实际中存在的问题，需要有效的合作机制来处理类似的问题。例如，H1N1 流感等公共健康问题，就需要个体的合作态度；气候变化也需要各国的共同合作来应对。传统的经济学观点认为，在处理集体行动问题上由于搭便车等因素的存在，合作是不可达成的。实际上，在现实世界中这种现象比比皆是。例如，“福布斯”网（Forbes. com）在埃莉诺获奖后的评论文章就饶有趣味地指出，在石油输出国组织（OPEC）成立的 20 世纪 70 年代，米尔顿·弗里德曼（Milton Friedman）认为这样的合作组织是不可能持续的。实际上，OPEC 就成功地达成了合作机制，控制石油产量，甚至直接或间接的引发了当时西方严重经济滞涨问题。直至今天，OPEC 仍然还发挥着作用[①]。这也从一个侧面告诉我们，现实世界中的合作治理是可能的，关键在于如何设计出有效的制度规则与结构。这也许正是哈丁在 1994 年撰文指出 1968 年发表的“公地悲剧”文章名应该

---

① Elisabeth Eaves, “Why Elinor Ostrom Matters”, Forbes. com, October 12, 2009.

是“没有管理的公地的悲剧”（The Tragedy of the Unmanaged Commons）[①] 的一个重要原因吧。

4.5 理解制度的复杂性

作为公共选择学派的重要成员，埃莉诺在方法论个人主义的基础上对现实世界中的制度复杂性（institutional diversity）作出了肯定和积极的认识。在某种程度上，她追随了科斯关于制度的看法——任何的交易都是有成本的，公共资源的政府所有（government ownership）会因为集体行动导致的交易成本而变得无效，但是她认为特定情境下通过制度设计可以减少交易成本，使集体行动得以形成。而这种制度设计并非理论经济学家想像的那么难，那些对搭便车、机会主义没有任何概念的普通人，经常可以在相互信任与互惠的基础上形成具有复杂调适性的制度系统。那么，我们为什么要保持这种多样性的，甚至有点“原始”味道的制度，使之不被现代化的、整体化的机构与体系吞并呢？在这点上，布鲁明顿学派提出了“脆弱性”（vulnerability）的观点：文森特强调了民主社会的脆弱性，例如“公民可能失去他们的自力更生的态度、不再宽容或者同情其他人，公共官员面临着激励，来实施中央集权和过分的党派性”[②]；埃莉诺则关注“社会—生态系统”的脆弱性，例如不可控制的飓风、资源衰竭、环境污染、气候变化甚至军事干涉等。而这些脆弱性都不可能通过政府的单一控制或者市场的产权私有来解决，相反，那些由些由多元利益主体通过自主决策设计、监督和实施群体共同遵守的规则所构建的复杂治理系统往往比那些单一的中央控制系统更稳定，更不容易受到侵害。换言之，在这个日渐被庞大的中央治理体系

---

① G. Hardin, “The Tragedy of the Unmanaged Commons”, *Trends in Ecology & Evolution*, 1994, 9: 199. doi: 10.1016/0169-5347 (94) 90097-3.

② 迈克尔·麦金尼斯、文森特·奥斯特罗姆，“民主变革：从为民主而奋斗走向自主治理”，《北京行政学院学报》，2001 年第 4 期。

“机构化”的社会，保持制度的多样性并不意味着“混乱”，它对于维持现代社会的运行结构以及社会生态系统的稳定性具有重要的作用。相反，一味寻求强制的、统一的、单一的制度秩序，将极有可能导致自然资源的耗竭和对自然环境的严重损害，甚至带来具有大规模破坏性的外战或内战。这正是埃莉诺以及布鲁明顿学派给现代社会治理发出的一个重要警示。

5 结　语

埃莉诺的此次获奖的确令国内外的一些新闻媒体感到意外，甚至有一些媒体问道“谁是埃莉诺”（Elinor Who）。实际上，埃莉诺本人在国内早已为学术界，尤其是政治学、公共管理、政策分析以及制度经济学领域的学者和学生所熟悉。在中国人民大学毛寿龙教授的积极引介下，一系列埃莉诺的著作已经翻译成中文并问世，如《公共事物的治理之道》等。而埃莉诺本人亦曾数次前往中国，接受媒体访问，为中国的治理实践出谋献策。

在此说个小插曲，在诺贝尔经济学奖揭晓之前，已有媒体记者整装待发计划前往芝加哥大学守株待兔，待揭晓后方才如梦初醒赶到布鲁明顿。有好事者曾不无感慨地问，为何诺贝尔经济学奖授予了政治学博士？实际上，诺贝尔经济学奖授予非经济学背景的学者早已有传统——西蒙（Herbert Simon）是集政治学、经济学、管理学、心理科学和信息科学等学科背景于一身的博学大师，而他在卡内基—梅隆大学（Carnegie-Mellon University）工作的院系（管理学、心理学、计算机科学、认知科学）似乎也与经济学沾不上边；又如，科斯没有受过正规的经济学研究生学历教育，纳什（Nash）是数学家，丹尼尔·卡尼曼（Daniel Kahneman）是心理学家，托马斯·谢林（Thomas C. Schelling）既是博弈论专家，也是美国外交事务、国家安全、核战略以及军备控制方面的专家。尽管他们的研究多少有点游离于正统经济学之外，但是，谁能否认他们的贡献呢？由此看来，经济学在“帝国主义”的同时，也在一定程度上被其他学科“帝国主义”了。甚至可以说，学科的相互“帝国主义”本来就是知识发展的一种重要途径，无谓对错之分，大可不必过于紧张。

诚然，埃莉诺的研究及其所发展的制度分析理论并非完美无缺，如制度分析框架中各个层级和场域的制度系统是如何相互嵌套在一起的？各个层次的制度逻辑之间是什么样的联系？如何克服（解构）制度的复杂性使之可以被更好的理解和应用？埃莉诺本人也并不回避这些问题。尽管已经年过七旬，但她仍然活跃在一线的研究阵地上。此时此刻，在被葱郁林木包围着，充满大自然气息的布鲁明顿，在具有手工作坊风格的研究所（workshop）里，她正和一大批具有经济学、政治学、生态学、环境科学、计算机科学、认知科学等多学科背景，来自美国、中国、巴西、印度、墨西哥、德国等多元化国家的学生与学者并肩战斗，为制度分析理论，为现实世界中的公共治理问题继续奋斗。诺贝尔经济学奖只是人们了解其研究的一个契机，如何应用，如何发展，我们仍然面临挑战。

参考文献

[1] Berkes F. The common property resource problem and the creation of limited property rights. *Human Ecology*. 1985, 13 (2): 187 - 208.

[2] Berkes F. Local-level management and the commons problem: a comparative study of Turkish coastal fisheries. *Marine Policy*. 1986, 10: 215 - 229.

[3] Downs A. *An Economic Theory of Democracy*. New York: Harper & Row. 1957.

[4] Hirsch W. Z. Local versus areawide urban government services. *National Tax Journal*. 1964, 17: 331 - 339.

[5] McGuire T., Coiner M., Spancake L. Budge maximizing agencies and efficiency in government. *Public Choice*. 1979, 34 (3/4): 333 - 359.

[6] Netting R. McC. Of men and meadows: strategies of alpine land use. *Anthropological Quarterly*. 1972, 45: 132 - 144.

[7] Niskanen W. A. *Bureaucracy and Representative Government*. Chicago: Aldine-Atherton. 1971.

[8] Ostrom E. *Public Entrepreneurship: a Case Study in Ground Water Basin Management* (Dissertation). University of California-Los Angles. 1965.

[9] Ostrom E. Size and performance in a federal system. *Publius: The Journal of Federalism*. 1976, 6 (2): 33 – 73.

[10] Ostrom E., Whitaker G. P. Community control and governmental responsiveness: the case of police in black neighborhoods. In Improving the Quality of Urban Management, ed. W. Hawley, D. Rogers, pp. 303 – 334. Beverly Hills, CA: Sage. 1974.

[11] Ostrom E., Parks R. B., Whitaker G. P. *Patterns of Metropolitan Policing*. Cambridge, MA: Ballinger. 1978.

[12] Ostrom E. A method of institutional analysis. *In Guidance, Control, and Evaluation in the Public Sector*. ed. FX Kaufmann, G. Majone, V. Ostrom, pp. 459 – 475. Berlin and New York: de Gruyter. 1986.

[13] Ostrom E. *Governing the Commons: The Evolution of Institutions for Collective Action*. New York: Cambridge University Press. 1990.

[14] Ostrom E., Gardner, Roy., Walker, James. *Rules, Games, and Common Pool Resources*. Ann Arbor: The University of Michigan Press. 1994.

[15] Ostrom E. A behavioral approach to the rational choice theory of collective action. *American Politics Science Review*. 1998, 92 (1): 1 – 22.

[16] Ostrom E. *Understanding Institutional Diversity*. Princeton, NJ: Princeton University Press. 2005.

[17] Ostrom E. A general framework for analyzing the sustainability of social-ecological systems. *Science*. 2009, 325 (5939): 419 – 422.

[18] Ostrom E. *A Long Polycentric Journey*, *Annual Review of Political Science*. 2009.

[19] Ostrom V., Ostrom E. Public choice: a different approach to the study of public administration. *Public Administration Review*. 1971, 31 (2): 203 – 216.

[20] Ostrom V. *The Meaning of Democracy and the Vulnerability of Democracies: A Response to Tocqueville's Challenge*. Ann Arbor: University of Michigan

Press, 1997.

[21] Parks R. B. , Ostrom E. Complex models of urban service systems. *In Urban Policy Analysis: Directions for Future Research*, ed. TN Clark, pp. 171 – 199. Beverly Hills, CA: Sage. 1981.

[22] Romer T. , Rosenthal H. Political resource allocation, controlled agendas, and the status quo. *Public Choice*. 1978, 33 (4): 27 – 43.

[23] Stigler G. J. The tenable range of functions of local government. In Private Wants and Public Needs, ed. ES Phelps. New York: Norton. 1962, pp. 167 – 176.

城市基层民主治理研究

——困境与破解①

陈　辉②

1　问题的提出

当下中国城市化进程不断加速，2008 年城市化率为 45.7%，拥有 6.07 亿城镇人口。新中国建国 60 年来，全国人口增长了 1.45 倍，其中城市人口增长了 9.52 倍，乡村人口所占比重由 89.4% 下降到 54.3%，城市人口占总人口比重由 1949 年的 10.6% 升至 2010 年的 49.68%（国家统计局，2011），如图 1 所示。

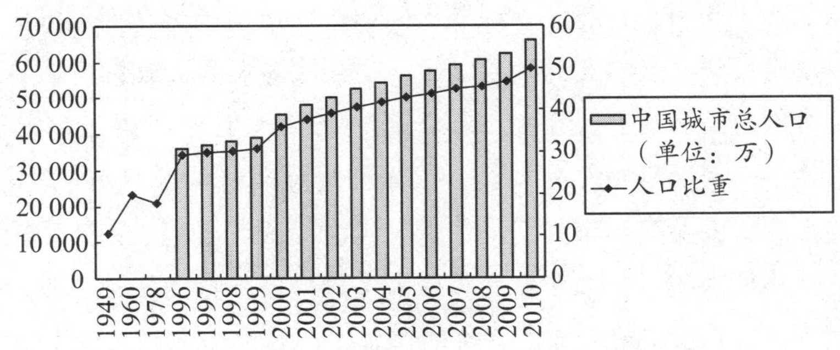

图 1　1949—2010 年城市人口比重

① 本文系教育部人文社会科学研究青年基金项目（批准号：11YJC630016）阶段性成果之一，也是江苏省高校优势学科资助项目。

② 陈辉，南京师范大学公共管理学院。电子邮箱：chenhui@ njnu. edu. cn，地址：南京师范大学仙林校区茶苑 7 栋 302 室，邮编：210046。

城市作为通往“崇高目标的共同生活”[1]，既是社会现代化的重要载体，亦是推进经济持续增长的发动机。城市基层民主成长于20世纪90年代，其发展的动力机制源于全球民主化与国内市场化的交互作用。民主的本质体现为两个重要属性：参与性与回应性。参与性意味着民众对选举、决策、管理、监督的有效参与，此为公意的反映，体制获致合法性的基石；回应性是基于公民权利的兴起与程序化的组织行为，及时回应选民的需求。本研究力图在理论分析与经验研究的基石上探讨我国基层民主的具体进展如何？发展的困境何在？而后以博弈论为分析工具，思考有效破解困境的路径选择。

2 基层民主的制度设计与运行轨迹

中国城市基层民主是扎根于社区，以居民自治为核心，将直接民主与代议制民主有机结合的制度设计。按照共和国宪法界定：城市按居民居住地设立的居民委员会是基层群众性自治组织；居委会主任、副主任和委员均由居民选举产生；居民委员会办理本居住地区的公共事务和公益事业，调解民间纠纷，协助维护社会治安，并且向政府反映群众的意见、要求和提出建议。居委会在此扮演着政府、社区、民众的三重角色，是实现国家与社会良性互动之纽带。

在一个高度组织化的社会，以居委会为载体的社区民主选举、民主决策、民主管理和民主监督则为实现我国城市基层民主治理的合法性路径选择：1998年青岛市四方区瑞昌路街道的第二居委会和第六居委会开启了城市社区直选的序幕；2002年北京九道湾社区居委会直接选举，产生了较大的影响，被认为是基层民主从农村走向城市的里程碑；2003年宁波市海曙区则成为第一个全面实行社区直选的行政区；2005年深圳市盐田区以“议行分设”为理念，建立“一会两站”社区治理模式；2006年上海市启动居委会直选，要求直选比例不得低于40%；2007年西安市12个区县549个社区居委会进行换届，在西北5省中首次实现社区居委会的直选率达到80%，宁波市成为全国首个城市社区全部实现直选的城市。据民政部截至2007年底的数据统计，全国共有80 717个城市社区，直接选举覆盖面为22%，社区居委会成员443 060人，女性成员占48.2%，中共党员占48.4%。

如前文所述，民主的本质体现为参与性与回应性：民众积极参与选举、决策、管理和监督；同时，对选民的需求很敏感，在应用有限的资源解决这些问题的时候富有效率。反观当下社区居民参与的积极性不高，基层民主仍是动员式民主，有序性有余，有效性不足，对选民的回应性低，基层民主的发展存在着两难困境：

首先，社区承载了过多的行政事务，社区自治性组织居委会在现实生活中，主要任务是完成政府所交办的行政事务，公共服务残缺不全。笔者在对36个社区居委会主任访谈时，居委会主任经常说的是："我们其实做的是政府工作，感觉上是公务员，可工资却很低。"南京市2008年居委会主任的月平均工资为1 000元左右，由于收入不高，居委会仍难以吸引到优秀人才。笔者曾对2008年该市M街道第三届社区居委会主任、副主任的结构作了技术统计，M街道共有10个居委会，26位主任与副主任，各社区党组织领导均为居委会主任一肩挑，每个居委会设有1—2名副主任，拥有大专学历的只占19%，如表1所示。

表1　南京市M街道第3届社区居委会主任、副主任结构表

项目／总计	文化程度			性别		年龄			政治面貌		
	大专	高中	初中	男	女	30—40	40—50	50—60	中共	团员	群众
26	5	14	7	7	19	4	11	11	17	1	8
比率（%）	19	54	27	27	73	16	42	42	65	4	31

由于居委会的办公场所，经费、工资、绩效考核皆由当地政府调拨与实施，因此，居委会更类似一级政府组织，承担了大量事

务性的行政职能，对应于街道办的多个口面：党办、政法、民政、城管、综合、社会事务、计划生育、经济发展、物业和劳动保障等，所谓“上面千条线，底下一根针；社区是个筐，什么问题都往里装”。一位居委会主任曾言：“我们的人员编制、工资奖金都由街道定，办公场所与经费由他们拨，不听他们行吗？我们首先要完成‘规定动作’，而后才是‘自选动作’。”这就陷入了两难困境：居委会究竟是向选民负责，还是向上级政府负责？笔者所调研的社区居委会平均每年接受上级检查考评 23 次，起草总结汇报材料 56 份，参加会议 132 次，编制台账 21 类 108 本，最多的达 36 类 256 本。社区居委会主任反映，主要精力用在了参加街道会议、应付检查考评、起草文稿和做电子台账上，而真正基于民意诉求的公共服务、社区自治却变得可有可无了。近年来，一些地方如深圳等地出现的“居站分设”，将行政事务和自治事务分开，社区工作站和居委会分设，社区工作站为政府的下延机构，此举实质是将行政管理的层级进一步扩大，增加了行政成本，未脱离“大政府，小社会”的窠臼，进一步使居委会“空心化”，挤压了社区自治的空间与活力。

其次，从城市社区民众来看，相对于农村社区的熟人社会，村民利益主要集中于社区而言，城市社区是陌生人社会，市民的主要利益集中于工作场所，社区民众对社区民主自治的兴趣并非浓厚。基层民主作为公共产品，一经产生，社会成员无论对其是否作过贡献，皆能享受这一产品所带来的好处。公共产品的性质决定了理性的个体都可能想让别人去为实现目标而努力，自己则坐享其成，出现了搭便车的困境（free-rider dilemma）。

我们以“策略互动博弈模型”为工具剖析居委会与社区居民的行动方式。该模型设定社区居民与居委会是社区民主自治中的利益主体，即局中人（players）。作为理性人，以自身利益的最优化为决策取向。假定居委会、社区居民均以社区公共利益为重，互惠合作于民主自治，则双方各自收益为10；若居委会、社区居民囿于个体利益，进行不合作博弈，他们仍能从街道或单位得益为6；若一方选择合作博弈，另一方选择不合作策略（strategies），并因此得以分享对方的原有利益，选择合作的将损失3个单位的收益，不合作一方因分割对方利益则赢利为8。依据上述模型假定，则形成城市社区中关于居委会与社区居民策略选择博弈的收益矩阵模型：

		社区居民B	
		合作	不合作
居委会A	合作	A 10　B 10	A 3　B 8
	不合作	A 8　B 3	A 6　B 6

纳什均衡（Nash equilibrium）是一种策略组合，n个局中人参与博弈，每个参与者各自选择策略，一旦实现纳什均衡，任何参与者都不再企图改变策略（如果有人改变策略，他所得报酬必然减少），它是基于参与人最优战略（dominant strategy）的组合。一种制度安排要发挥效力，必须是一种纳什均衡，否则这种制度安排便难以成立。在这里，居委会与社区居民皆为理性主体人，博弈的结果对于社区居民而言，不管居委会采取什么策略，不合作的常规行为总是对自身比较有利，因为最坏的结果是至少在单位的收益不变；同样，对于居委会来说，主要把政府交办的事完成好，居委会成员的工资与奖金则有保障了，不合作的常规行为同样是优势策略。因此，（不合作，不合作）的策略选择构成了纳什均衡，一旦被“锁定”（lock-in），则会产生复制动态的路径依赖。

3 基层民主发展的路径选择

需要指出的是，如果社区内部形成互惠信任，民主自治的共识（consensus），在第三方的协调下，居委会与居民达成约束力的默契，（合作，合作）的策略选择是可以实现的，进而实现帕累托最优。此种有效合作会相互支持，相互强化，当扎根为固定的习俗与惯例，基层民主制度则会成熟地运转起来。破解城市基层民主困境的路径选择需从社区外部与内部两个方面来综合考量，有鉴于此，本文提出如下假设：

假说1 转变政府职能，构建服务型政府是完善基层民主的外部运作方式。

当下中国制约城市基层民主发展的外部机制在于政府通过量化的考核指标，检查评比，下达任务等方式在社区的行政边界不断延伸扩大，行政机构实质上进一步膨胀、臃肿，桎梏了市民公共领域的拓展。居委会管理过程形成逆向负责制，即对上级政府负责而非对基层民众负责。政府职能的转变，构建服务型政府是有效推进城市基层民主，破解制度性障碍的基石。政府职能是指政府的职责、角色与边界，即威尔逊所言“政府能够适当地和成功地做什么”。此为行政学研究的首要问题。2000年美国学者罗伯特·B. 登哈特和珍妮特·V. 登哈特在《公共行政评论》（*PAR*）上发表了《新公共服务，服务而不是掌舵》（“The New Public Service，Serving Rather than Steering”）一文，新公共服务理论渐成西方公共行政学理论发展的重要范式。它关注建立一个高效而民主、公正而富有责任心、能有效地利用市场机制而规避市场内在缺陷的政府。新公共服务范式是对传统公共行政学范式和新公共管理范式的知识批判与有机整合。同年，张康之在国内学术界首次提出“服务型政府”的基本理念。

服务型政府是将公共服务、民主治理和公民参与置于中心地位的治理系统，其精髓在于为公民服务以增进共同利益，执行的主要焦点是公民参与和社区建设，须以一种尊重公民权和给公民授权的方式共享权力并且带着激情、全神贯注、正直地实施领导。服务型政府视社区建设与民主自治为公共服务的平台，善于运用公民社会从事社会管理，其职能不同于以往政府的行政职能：既不同于统治型政府的“驭民之器”，亦异于管理型政府的“以市场为导向”。服务型政府以社会公众为本位，在市场经济和民主政治的实践中培育社会自主运行的健全机制，渐行扩大社会民主自治的范围。[9]

基于以上分析，服务型政府注重向社区提供公共产品与服务，诸如良好的制度环境和法律保障，有效的社会激励机制，更加关注民主价值和公共利益，政府与社区组织间形成合作共治，服务公众的善治运作格局，这是有效推进基层民主的外部机制。

假说2　基于协商机制的社会资本建设是优化基层民主的内部运行方式。

社会资本是当代社会科学研究的重要概念和分析工具。帕特南（Putnam）认为社会资本是指：“社会组织的特征，诸如信任、规范以及网络，它们能够通过促进合作行为来提高社会的效率”[10]；布迪厄（Bourdieu）将社会资本视为由社会网络或群体的成员所拥有的资本形式，通过成员之间的联系，成员可以将资本作为信贷使用，它是一种赋予成员信贷的集体财产，当成员在关系中继续投资时，它的功用也得到维持和强化；科尔曼（Coleman）认为社会资本包括两个要素：社会结构的一个层面；在结构内它便利了个体的某些行动。社会资本是从关系中获得的、现实的或潜在的资源。这些社会关系在便利个体行动者的行动中发挥重要的功能，由此形成了社会资本的基石。[11]

上述概念对于社会资本的分析虽然视角不同，内核趋同。笔者将社会资本概括为：嵌入社会关系和社会网络结构中的信任、合作、宽容、恪守规范的心理品质和要素，它是基层民主有效运行的润滑剂。在一个社会资本存量充足的场域，信任、合作、规范在群体中形成共识（consensus）。这些心理品质具有累积性和自我增强性，良性循环会“产生社会均衡，形成高水准的合作、信任、互惠、公民参与和集体福利”，使基层民主得以有效运行。[12]反之，社会资本匮乏的场域，集体行动的困境阻碍了人们为实现民主自治而进行有效合作的尝试，不合作策略是一种稳定的均衡，霍布斯式的解决集体行动困境的方案最终会居于主导地位。欺诈、不合作、搭便车的行为成为社会的常态，约束了民主机制的正常运转。协商民主是由独立而平等的公民基于理性讨论，参与公共协商，产生共识的社会实践。哈贝马斯认为：协商程序的形式是信息和观点交换的过程；协商是包容和公共的，原则上无人受排斥，所有受影响的人都有权参与协商。通过公开的对话、交流，个体之间，个体与组织间，组织内部间相互交换事实、信息、观念与情感，深入沟通，获得深层的理解、合作与信任，从而促进社会资本建设，产生汉娜·阿伦特所谓“交往力量”，亦如伽达默尔所言“知识的融合”（fusion of horizons）。[13]通过协商机制的平台建设发展社会资本，破解基层民主发展的困境。

我们以具体案例验证上述假设。健园社区位于南京市河西地区，紧邻集庆门大街，由6个居住小区组成，现有3 389户居民，9 247人。该社区的特点是多民族聚居，除汉族外主要有维吾尔、蒙古、藏、回等少数民族160多户，400多人。社区成立了“民族之家”，设有议事室、图书室、健身室、学习室、民族艺术团，使社区的少数民族特别是外来少数民族在第二故乡找到了家的感觉，涉及社区的大事要进行沟通、协商、表决，这就有效地增加了社会资本的存量。邻里花苑原是一个公用的小菜园子，后经“民族之家”议事，10个民族的代表要求改建成“邻里花苑”。建成后，花苑内种上了大树和花草，不仅美化了环境，也密切了邻里感情。不久，上级街道拟将社区的邻里花苑改为停车场地，小区居民开始了“用生命捍卫绿地”的集体行动。社区居委会以社情民意恳谈会的方式，由社区居委会、政府职能部门相关人员、政协委员、社区居民参加协商解决，结果意见得到了沟通，政府与居民相互妥协，停车场另选别处，绿地得以保存。

而今，社情民意恳谈会是健园社区定期召开的民主协商会，成为一项不可或缺，受保护的协商机制（protected consultation）。政府、居委会、社区居民、政协委员以此为平台进行公共治理中的协商、对话，建立起不同主体之间的沟通机制。社会管理从过去单向度的行政指令变成多向度的协商互动，在协商的基础上形成共识甚至公意。这既增强了政府与民众间的信任，提升政府的合法性，也开始慢慢改变了社区居民的认知态度与心理，无形中确立了社区共同体具有普遍意义的道德规范，使基层民主成为一个自我维持的良性运行系统。对于难以解决的社区问题，居民首先想到的是向民族之家与社情联系民意点反映，通过协商沟通的方式予以解决，珍视质询的自由，尊重彼此的权利，从而优化了公民基于合作理性的自治能力。

4 结　语

本文的主旨在于为构建社会的长治久安提供一般的理论框架与路径选择。城市在现代社会中起着战略性的引擎地位，由居委会与社区居民的博弈过程我们可以看出，城市基层民主治理的发展是一项系统变革，这其中存在三个交互中心：国家、社区、居民。三者间既相互作用，又相互强化。帕特南论证了建立社会资本是使民主得以运转的关键因素，这一看法在学术界得到了广泛的认同，但在帕特南的理论中却没有说明究竟如何建设社会资本以及社会资本是如何产生的。本文认为民主作为一种默会知识（tacit knowledge），镶嵌于公众与组织的非正式制度网络之中，对于民主传统缺失的社会与民族，需要有合适的载体于实践过程中不断的训练与领悟，才可逐步累积和培养起来。建立稳定而受保护的社情民意恳谈会、民族之家等协商机制所蕴涵的互惠、监督、信任、共识的品质要素恰恰有助于社会资本的产生与建设，从而促进民主健康有效的成长。

费孝通将中国社会的基本结构界定为“差序格局”，类似于把一块石头投入水面上所发生的一圈圈推出去的波纹，构成以己为中心富于伸缩性的网络，与西方“团体格局”不同之处在于此种社会特性体现为偏私，不重视公民权利。此为制约民主在中国扎根的结构性障碍。基于协商机制的社会资本建设有助于克服私人观念的局限性，提升公共决策制定的质量与公民的民主素养。托克维尔曾言：在小事情上都没有学会使用民主的老百姓又如何能在大事情上运用民主？[14]精英竞争式的主流民主理论往往遮蔽了民主实现形式的多样性，随之而来的是不参与，政治冷漠或者是民粹主义鼓噪下的非理性行为，这些与民主的终极目标：责任政府，增进公共利益，保护公民权相背道而驰。作为一个针对性的诊疗方案，协商机制是对选举民主的有益补充与修正。

民主政治的成熟是逐步累积的进程，以改善外部条件入手，推动内部机制的完善。服务型政府的流程再造，初步搭建沟通协商的制度平台，促成国家与社会良性互动的多中心协作治理，为破解当前基层民主发展的困境以至达成社会的长治久安提供了有效的路径选择。

参考文献

[1] 伊恩·罗伯逊．社会学［M］．北京：商务印书馆，1991：736.

[2]［14］托克维尔．论美国的民主［M］．北京：商务印书馆，1988：267—959.

[3] 马克思恩格斯选集（第2卷）［M］．北京：人民出版社，1972：375.

[4] 马克斯·韦伯．经济与社会·下卷［M］．北京：商务印书馆，1997：272.

[5]［7］戴维·赫尔德．民主的模式［M］．北京：中央编译出版社，2008：

149，267.

[6] 约瑟夫·熊彼特．资本主义、社会主义与民主［M］．北京：商务印书馆，1999：395—396.

[8] David Miller. *Political philosophy*. Oxford University Press，2003.

[9] 张康之．限制政府规模的理念［J］．行政论坛，2000（4）：7—13.

[10]［12］罗伯特·D. 帕特南．使民主运转起来［M］．南昌：江西人民出版社，2001：195，208.

[11] 林南．社会资本——关于社会结构与行动的理论［M］．上海：上海人民出版社，2005：22.

[13] 登特里维斯主编．作为公共协商的民主：新的视角．北京：中央编译出版社，2006：8—19.

物业纠纷研究框架

——自发秩序、博弈均衡、制度发展

陈幽泓

1　物业纠纷研究的社会视角

物业纠纷，是因物权的界定和行使发生的争议，中国当前语境下泛指因"建筑物区分所有权"之权属和共同管理事务有关的纠纷。物业纠纷是中国从计划经济时代到市场经济改革过程中因住房私有化、商品化伴随而来的新兴社会现象。物业纠纷几乎在所有住宅小区中都或多或少发生，其普遍性、频发性和激烈性，具有社会冲突的性质。

物业纠纷中的核心方——住房财产的所有者，不分职业、性别、年龄、收入和地域……一切社会属性都被涵盖在业主身份这一标识中。在物业纠纷中的相关方，包括开发商、物业公司、政府部门，其他的组织或个人，甚至包括业主个体或群体内部之间。

物业纠纷中的业主（个体/群体或业主组织）通过自组织起来维权抗争的理念行为与息事宁人、忍辱负重的中国传统伦理道德很不吻合，因此也常常被视为是社会不稳定的因素之一，是"麻烦制造者"。

对因物业纠纷导致的社会冲突，提倡容忍、互让、构建社会和谐的中国传统文化精神是有积极意义的。但是，若无相应影响人类行为的制度构建，良好的意愿难免仅仅成为一种道德说教，因为它无法解决冲突中的复杂利益关系，也不能简单用利己主义或利他主义的理念规范各方行为。

公共政策与管理学者热衷于研究公共精神如何在公共事务中起主导作用，不少学者们也曾试图从对公共负责的角度出发提倡利他主义，但是，如罗伯特·艾克斯罗德指出："事实上，在公共事务方面很难给利他主义予以解释。"他提到，经济学家感兴趣通过研究行为的动机与结果之间的作用，心理学家进行实验研究人的行为背后的心理，对策（博弈）论专家研究相互作用的行为及结果诠释人性，法学家调查研究将救助他人作为法律责任的条件，等等。（1998：107—108）这些研究都对冲突研究提供了研究的有益途径。

1.1 社会冲突功能的两面性

冲突绝非全然是负面的，如霍华德·雷法指出：冲突，如果在适度和有序的途径，会为人类带来乐趣，如体育运动的对抗；能够激发人类的进取心，如商业竞争刺激系统效率。冲突甚至是必不可少的，摩擦、争议、纠纷等社会冲突常常使得事物有所进展，是社会进步的动力来源。（1987：1）因此，进一步的问题是冲突如何是适度和有序？如何具有积极的功能？

杨波的研究引用科塞的理论指出："冲突的积极功能是通过'低暴力、高频度的冲突'来实现的。齐美尔认为：在一个社会体系中权力大小不同的群体之间的冲突越不具有暴力性，则越有可能对社会具有整合作用。相应，冲突暴力度越小，次数越频繁，社会整体越是立足于各部分功能的互赖，冲突的社会整合功能就越强。"（2006：77）杨波概括说，具有积极意义的冲突，能够如科塞所言"提高社会单位的更新力和创造水平；使仇恨在社会单位分裂之前得到宣泄和释放；促进常规性冲突关系的建立；提高对现实性后果的意识程度；社会单位间的联合度和适应外部环境的能力得到提高和增强"（2006：77）。

杨波认为物业纠纷正负两方面的功能是："一方面，冲突具有正面功能，有利于业主之间形成集体维权的动力机制，形成规则，对维护业主权利、协调业主与有关主体的关系、改进政府管理具有积极意义。另一方面，冲突具有负面功能——破坏现存秩序和社会稳定。在不同的制度环境下，冲突的双重功能有所差别。在规则健全的情况下，冲突会促使业主委员会与相关主体之间各自行为的调适，具有更多的积极意义；反之，冲突容易激化，造成社区和一定范围内的社会不稳定。”（2006：24）

关于负面性，杨波认为“业主委员会与政府的冲突会产生严重的负面效果。这种冲突虽然具有促使政府改进管理、维护业主权利等正面功能，但更严重的负面后果是，不但使业主的合法权益得不到保护，而且损害政府的形象和声望，降低了业主对政府的认同感。……业主委员会与政府的冲突则使业主丧失了最后的救济渠道，容易产生信任危机，进而削弱政府的合法性基础……导致业主对政府产生严重的信任危机，甚至可能引发局部性的社会危机”（2006：202）。

综上所述，杨波认为物业纠纷在微观上，正面意义更明显，而在宏观层面，特别是涉及政府合法性方面，物业纠纷中的一些冲突具有负面功能——即破坏现存秩序和社会稳定。他的观点还可以引申为，只有在宪政规则和集体行动层面的行动规则都比较健全的情况下，冲突才会促使相互（权利主体）之间各自行为的调适，而具有更多的积极意义。

1.2 社会冲突与社会进步：转轨中的制度失序与规则重构

虽然杨波阐述了物业纠纷中“业主委员会委员应该遵循的伦理规则，主要是业主自治的核心价值：规则、自生自发秩序、民主自治、法治、合作等”（2006：122）。并且他指出了业主尊奉“规则观念”的意义，说“规则是秩序的核心价值，也是形成和谐秩序的基本前提。业主在共同认可的规则下所实施的行为更可能产生和谐的秩序，秩序的生成很大程度上取决于对规则的共同认可。这种规则既包括自下而上的、自发形成和演进的规则，如业主公约、业主委员会章程，也包括自上而下、由政府制定和推动实施的规则，如《物业管理条例》”（2006：122）。

但是从整体来看，杨波对于物业纠纷于社会进步的判断，在逻辑上存在缺陷，因这缺陷，他恰恰误判了冲突在转轨社会中的特殊意义，即制度失序和规则重构之间的因果关系。事实上，宪政规则的构建就是从社会冲突而导致的旧规则失序的前提下展开的。这样，一方面，因社会冲突而造成的负面作用只是过渡性的；另一方面，从宪政转轨的角度来看，这个过渡时期的失序是不可避免的。如萨克斯、胡永泰和杨小凯（2000）所指出的规则失序在中国转轨中的短期和长期影响。他们指出，中国转轨中的社会冲突都与从一个双轨制的体制“向一个公正、透明、稳定和确定的宪政规则”的体制过渡密切相关。“转轨与双轨制不兼容，双轨制以任意决定的政府权力和不公正、不稳定、不确定、不透明的游戏规则为特征。……双轨制也制度化下列安排：政府官员同时是规则的制定者、执行者、仲裁者和参与者。这与必须使它们分离的宪政原则不兼容。”“从旧体制到新宪政秩序的转轨对经济发展可能具有显著的短期负面影响。……宪政规则的改变对于经济发展的短期影响更可能是负面的。……建立起参与者对游戏规则的信任要花很长时间。”

综上所述，微观层面的秩序构建过程在宏观层面上可能会造成制度失序，尽管这种制度失序是过渡性的，那么，进一步要探索的是，这种微观的秩序构建对于宏观的秩序重构的意义，只有揭示这种意义，才能肯定物业纠纷对于社会进步的积极作用。

2 物业纠纷研究的理论框架

2.1 博弈分析及命题设定

本文研究通过博弈各方的行为特性分析引出命题设定。

2.1.1 物业纠纷中博弈各方的行为特性

从局中博弈各方的行为特性去分析，物业纠纷具有以下特点：

（1）国家和政府不再是基层社区事务决策的唯一或主要单位，不再是物业事务的决策主体；

（2）物业纠纷中的行为主体是无数个分散的个体或者个体的集合，这些分散的个体，天然地既存在利益冲突、也存在价值观念的歧义，他们面临集体行动的选择；

（3）与政治决策不同，物业纠纷中的决策主体多元并分散，而与市场决策不同，物业纠纷中的决策主体所依赖的行为规则较少共性、较多个性。物业纠纷中摩擦与冲突解决过程，不像“政治决策的作出是相对简单而又容易”（詹姆斯·布坎南 2000：2）在权力隶属关系的行政结构下得以运行，也不像市场决策那样的利益交换有如一只“看不见的手”在自然协调；

（4）物业纠纷中的当事人既可以选择合作协议（讨价还价）也可以选择对抗；

（5）研究显示，合作协议的产生，在宪政规则比较健全的情况下较易产生，而在外部制度规则缺乏下，更易于发生对抗，更难于实现合作。

2.1.2 博弈分析的几个命题

一方面，在中国转轨过程中外部规则缺乏，不利于形成合作。另一方面，在中国转轨过程中，过渡性的失序又是不可避免的，因此，这个过程中新游戏规则的确立是秩序形成的关键。显然，通过冲突解决过程建立新游戏规则是秩序演进的主要途径之一。无疑，这种冲突的解决必须是对各方公正的，这样一种解决途径才能确立可信的游戏规则，显然，这样一种游戏只有平等的行为主体之间在公平的博弈下才可能实现。

物业纠纷中的行为主体如何通过公平博弈促进秩序演化，本文试图通过如下命题进行更进一步的探讨：

命题一 物业纠纷是因物权的界定和行使发生争议时最大化“收益”的自利性行为。

物业纠纷中参与方的行为围绕物权，纠纷的性质主要是经济事务和社区民事自治中因物产生的相关事务。各方策略的出发点是自利的，可以用效用收益来评价所得及博弈后果，从而作出价值判断。

命题二 物业纠纷中的各方都是具有独立意志的权利主体、依据理性人的选择作出决策。尽管基于己方信息作出行动判断的“个体”理性存在缺陷，会导致个人理性与集体理性的悖论，但是仍然可以用博弈分析其总收益，从而作出后果的价值判断。

但是业主在物业纠纷中处于核心地位，显示其作为民事主体地位中的一个重要“对手”存在的分量，更不用说其作为物权权利主体的法律地位。在博弈中，强弱会随着局势的变化而变动，从分析的角度，最重要的是在独立意志下可供选择的策略行为。从业主方来分析：

（1）具有法定的地位：无论是业主个体还是集体，都具有法定的权利和义务，业主集体必须依法形成集体决策，才能采取行动。

（2）具有独立的意志：可以在自身事务中表达自己的意愿。

（3）具有自由的选择：可以选择对抗、也可以选择合作。

如前所述，冲突的社会效应可能是负面的也可能是正面的，需要去研究导致正反两面效果的因素，探讨信息（知识）与理性之间的关系。但是，评判所依据的关键是，博弈对手间是否能够形成集体理性从而获得较大总收益（双赢）。

命题三 在自利、有限理性的冲突者之间，在没有外部权威情况下，在博弈方的自利行为中，“在无条件背叛的世界里，只要有交往的机会”，合作能够自发出现、演化并形成如罗伯特等所说的“集体稳定”，“基于回报的合作一旦建立起来，就能防止其他不太合作的策略的侵入。因此，社会进化的齿轮是不可逆转的”（1996：15）。

命题三就如何促使物业纠纷中的各方采取集体理性行为的前提

作出逻辑判断和理论限定。首先，如命题一所定义，物业纠纷中，冲突事件的性质主要是与物权相关的民事活动，当事人置身于自我判断、自主决策的情境中。因此，主要不依赖外部权威的强制力来解决冲突。各方采取的策略行为的出发点是自利的，进一步的问题是，如命题二所示，从自利的行为是否能够引出互利的行为？从个人理性能否形成集体理性？命题三根据博弈论研究从理论上答案是肯定的。再进一步，探讨的问题就是互利的合作行为如何能够出现的条件、如何发展并且形成稳定的集体行动模式的路径，如何形成使个人理性成为集体理性的制度机制。

从本研究的几个命题理得出的推论是，在物业纠纷中的冲突解决和秩序构建过程若经过这样的途径：从自利的效益最大化出发、形成互利的集体理性、最终在互利互动的局势下形成长期的集体稳定模式，这就是一种“自生自发秩序”发生和存续的逻辑过程。

2.2 自发秩序理论

2.2.1 “自生自发秩序”

杨波是最早引入哈耶克的自生自发秩序（简称“自发秩序”）来解释业主自治在秩序方面的贡献的。哈耶克认为“秩序”是“一种事务的状态，在这种状态中，各种各样的要素之间的关系极为紧密，以至于我们可以根据对整体中某个特殊部分要素的认识，去形成对其余部分的正确预期，或者至少是有机会被证明为正确的预期”(Hayek 1973：36)。

哈耶克把秩序划分为“自生自发秩序”和“人造的秩序”。根据哈耶克的理论：

（1）自生自发秩序是在那些追求自己的目的的个人之间自发生成的，即它们是人之行动的非意图的后果，而非人之设计的结果，其合作与协调不是组织集中指导、一致行动的结果。

（2）自生自发秩序与人造秩序这两种社会秩序类型中所依赖的

协调手段是不同的，后者依赖命令与服从，而前者所依赖的是与特定环境紧密相连时所遵循的规则之后果。（邓正来 2004：75—76）

2.2.2 物业纠纷与秩序构建

由于中国社会转型之特性，在民事活动中特别是私人财产权纠纷中据以解决冲突的特定规则尚处于初创阶段，缺乏冲突解决所依据的细则，即前述“与特定环境紧密相连时所遵循的规则之后果”，因为自生自发秩序只能在特定环境下的实践中才能逐渐形成。并且，只有通过这些实践促成自发秩序形成，这是物业纠纷过程对于秩序的贡献，其间逻辑关系恰如哈罗德所言“商人阶级的出现是新商法发展的一个必要前提……商业革命有助于造就商法，商法也有助于造就商业革命。实际上，所发生的不仅是商业的革命性转变，而且还是整个社会的变迁”（哈罗德·J. 伯尔曼 1993：414）。

具体而言，住宅区业主阶层的出现，是物权法（建筑物区分所有权法）等法律产生发展的前提，业主维权和自治同时带来基层社会的变革。在复杂的“私人共有”财产权制度情境下的业主团体，在解决纠纷的同时，事实上正在经历在基层（住宅区）自治中规则从无到有的创立过程，在这一过程中，业主阶层在物权的权属和使用的规则创立，经历自下而上、从内到外、从非正式到正式规则的变化和进步，这也就是自发秩序构建的过程。

但是规则何以会被自愿服从或遵守而不是被违反、无视或取代，换言之，在研究物业纠纷中需要探讨冲突中的各方自愿服从规则而形成的“自生自发秩序”。这方面，借助博弈论中的均衡理论能够很好地予以说明。

2.3 自发秩序与博弈均衡

2.3.1 纳什均衡

从博弈论的角度研究秩序能够更具体地说明问题，进一步，从博弈论的研究角度去考查秩序的“自生自发”的最适用理论就是均衡。当事物处于均衡时，相关量处于稳定状态。在博弈中，每个局中人为使自己效用最大化选择自己的最优策略，当所有局中人策略构成的策略组合为最优策略组成时，当给定别人策略情况下，没有人有积极性打破这种稳定时，即为纳什均衡。

均衡因此就是能够被自愿服从的一种状态，其背后有制度因素的力量在制约。从冲突中的双方来说，所谓制度因素是指不存在外部权威强制命令下的独立行动的双方的互动行为的后果，这种互动行为的出发点是自利的效用最大化的追求，还包含对对方的行为信息的判断。“在没有外在强制力约束时，当事人是否会自觉地遵守这个协议？……如果一个协议不构成纳什均衡，它就不可能自动实施。不满足纳什均衡要求的协议是没有意义的。这就是纳什均衡的哲学思想。”（张维迎 1996：15）

2.3.2　“集体稳定”均衡

但是，“纳什均衡”只说明冲突中的局中人在没有外在强制力下自愿不采取行动的一种“稳定”状态的制度条件，并不意味着集体理性和社会效用的最大化。博弈论学者应用“集体稳定”概念探讨如何能够使人类行为追求集体理性和社会效用最大化的博弈模型，这一模型是引入时间变量后的“囚徒困境”模型的扩展，用以分析能够发生“稳定的集体理性”状态的制度条件。具体到“集体稳定”，这是从生物进化提出的群体行为特征概念，罗伯特·艾克斯罗德解释为“如果一个策略不能被其他策略侵入，这个策略就是集体稳定的……只有集体稳定的策略才能在长期的均衡中保持自己作为大家都采用的策略……重要性在于它能面对任何可能的变异而保持整个群体的稳定。把集体稳定性应用到对人类行为的分析是为了发现什么样的策略能持续被一个群体采用而不致去采用其他可能的策略”（罗伯特·艾克斯罗德 1996：42—43）。罗伯特·艾克斯罗德说，集体稳定可以视为纳什均衡中的一个策略，也可以诠释为对策者的承诺。“假设一个对策者承诺采用某一策略，那么，如果另一个对策者不采用同一策略，他就不会做得更好，当且仅当这一策略是集体稳定时。”（1996：52）换言之，集体稳定的状态就是一种“自生自发秩序”的产生和演化进程。

3 物业纠纷研究的方法模型

3.1 摆脱零和博弈

前面的命题显示，物业纠纷很难因外部的制约和强制力量得到解决。但是，虽然有时局中各方的冲突很激烈，但物业纠纷中各方利益并非全然对立，一方利益的增加也并非一定损害其他各方面的利益，冲突的各方其实存在着很大的合作空间。但是，在当前中国社会的环境下如何使非合作的分散的多元主体之间形成自愿合作、达致“集体稳定”的秩序状态，首先要摆脱“你输我赢”的“零和博弈”的狭窄观念。进一步的研究，用博弈论的语言，就是“去发现合作出现的充分和必要的条件”，特别是在不依靠外部权威强制条件下“自生自发秩序”产生的制度要素。

3.2 零和博弈的扩展：重复无限次囚徒困境

3.2.1 一锤子买卖下的“囚徒困境”

尽管理性经济人并不反对在己方自利的情况下对方也能够获利，但是在囚徒困境中（也在现实中）却似乎陷入了困境无法解脱。纳什均衡对策就是背叛，即无论对方采取什么对策，自己的最佳对策就是不合作（背叛），因此从个人理性导致集体非理性。基本的“囚徒困境”模型讨论的是一次对策情况，就像中国人所说的“一锤子”买卖，在一锤子买卖情况下，“过河拆桥”式的背叛就是常态，或者说是最佳策略。

3.2.2 重复囚徒困境模型中局中人的改变

但是，局中人策略的改变关键在于博弈的次数。当博弈从一次性发展为重复性时局中人的行为特征就会改变，就会开始权衡当前利益与长远利益，就有动机不断改善对策信息，还有积极性去建立一个“好”的声誉。具体而言，局中人仍会有很多的复杂策略选择，重复性对策选择情况下，收益为所有阶段博弈支付的贴现值之和或加权平均值。重复博弈情景下的参与人行为方式的改变为许多合作行为和社会规范提供了解释的制度变量。（张维迎 1996：208—209）即信息和可能的对未来收益的考量。

3.2.3 无限次囚徒困境与自发秩序

但是在何种情况的重复博弈情景下，理论上的合作会“自生自发”的出现、并成为群体性的稳定模式？研究认为，重复次数成为影响结果的最主要因素。博弈的局中人在限定次数的重复博弈中，最后一次的最优选择仍然是背叛，在倒数第二次时，双方还是没有合作的动机。因为他们都预知对方在最后一次会背叛。“如此推理下去，对两位自私者任何已知次数的游戏，从第一步开始就是双方背叛。”（罗伯特·艾克斯罗德 1996：8）“如果对方似乎不再见面，马上背叛比善良（的收益）要好。”（罗伯特·艾克斯罗德 1996：89）“当博弈重复无限多次而不是有限次时，存在着完全不同于一次博弈的子博弈精练均衡，即非唯一的均衡，比如，背叛、背叛是一个子博弈均衡，冷酷战略是一个子博弈均衡（即一旦出现背叛，就永不原谅/永久报复）”（张维迎 1996：213—215），而针对“永久报复”报复的最佳策略“决不背叛”也是子博弈均衡（因为在这种情景下，短期的机会主义行为的所得都是微不足道的，参与人有积极性为自己建立一个乐于合作的声誉，同时也有积极性惩罚对方的机会主义行为）。综上所述，游戏次数的无限次，是自发合作出现的前提。于是，冲突研究进一步就变成了去发现合作出现的必要充分条件了。（罗伯特·艾克斯罗德 1996：8）

3.3 博弈策略与合作出现的条件分析

引用罗伯特·艾克斯罗德可重复的无限次博弈模型，模拟现实中处于冲突情景中的人的行为策略的相互作用如何导致合作产生最终形成“集体稳定”。该扩展模型是囚徒困境模型的扩展：

乙方 \ 甲方	合作	背叛
合作	$R=3$，$R=3$	$S=0$，$T=5$
背叛	$T=5$，$S=0$	$P=1$，$P=1$

表格中：

R 对双方合作的奖励，分值为 3；

T 对背叛的诱惑，分值为 5；

S 对笨蛋的报酬，分值为 0；

P 对双方背叛的惩罚，分值为 1。

这个博弈中有四种可能的结果，从最好到最差的四个结果的排序是：T（5）R（3）P（1）S（0）。其中，背叛是得分最高的选择，在简单囚徒困境模型中，背叛也是最佳策略，虽然这一最佳策略并不能得到最佳收益。即使扩展到重复无限次情况，对策者仍然无法通过轮流背叛来单方摆脱这个“囚徒困境”，即个人最大化的理性追求导致的仍然是双输的结果。因此，只有寻求能够改变双方行为的其他策略来破解这一困境。

策略变换结果可以计算出来，激励要素在于两点：

第一，对“双方合作的奖励”大于“对背叛的诱惑”和“给笨蛋的报酬”的平均值，即 $R>(T+S)/2$；

第二，对于未来值的期望，并且对于未来的期望值要足够重视、换言之要够大。在这样的前提下的无限次博弈中，加上对未来值的计算可以作出博弈者的收益函数，以此可以评价相应策略的收益。

设未来值的变现折扣系数为 ω，可以作出收益函数的计算公式。

例如：假设未来每一步只有前一步的一半的重要性，即：$\omega=1/2$ 一个双方总是背叛只能得到1分的序列，第一步的收益值为1，第二步是1/2，第三步是1/4。这个序列的累积值是：1 + 1/2 + 1/4…即为公式：$1+\omega+\omega^2+\omega^3$，当 $0>\omega>1$ 时，这个序列的简单形式为 $1/(1-\omega)$。（罗伯特·艾克斯罗德 1996：7—10）据此，可以讨论各种策略的收益及各方处于自利情况下的理性选择是如何引出合作的，因为只要采取合作，则 $R>(T+S)/2$，就会促进合作的发展。

根据上述策略的计算公式，在重复无限次情景下显然，若一方对背叛采取"永久报复"的策略，则另一方针对永久报复的最佳策略是"决不背叛"，这样，就得到一个均衡。根据这个均衡策略的知识，第一步就可以引出合作。很可惜，这两种极端的策略"永远背叛"和"永远报复"并不太符合现实中的行为模式，因此需要研究在两个极端行为模式之间的中间状态。设计一个中间状态的"一报还一报"策略，即第一步选择合作，然后就模仿对方上一次的行动，即以合作回报合作，以背叛惩罚背叛。看这个策略是如何在各种自利者寻求己方最大化的典型策略中引出合作的。设 $\omega=0.9$ 时：

（1）V（"总是背叛" | "一报还一报"）（当对方一报还一报时，己方总是背叛），这个序列中己方得分为14：

$$T+\omega P+\omega^2 P+\omega^3 PK \text{ 即 } T+\omega P/(1-\omega)=14$$

（2）V（"背叛与合作交替" | "一报还一报"）（当对方采用"一报还一报"策略时，己方采用"背叛与合作交替"）的这个序列中己方得分为26.3（罗伯特·艾克斯罗德 1996：107）：

$$T+\omega S+\omega^2 T+\omega^3 SK \text{ 即 } (T+\omega S)/(1-\omega^2)=26.3$$

（3）V（"从不背叛" | "一报还一报"），这个序列中己方的得分为30分（罗伯特·艾克斯罗德 1996：98）：

$$R+\omega R+\omega^2 R+\omega^R K \text{ 即 } R/(1-\omega)$$

比较上述三种行为策略，当对方采用“一报还一报”策略时，“总是背叛”策略得到惩罚，得分最低；“从不背叛”得分最高；而采取自认为聪明的相机策略，即“背叛与合作交替”的行为，试图在对方合作后偷偷地偶尔占对方便宜，但是这种策略的得分还是低于老老实实合作的策略。这就引出一个重要的结论，在“一报还一报”策略下，“如果另一个对策者不采用同一策略，他就不会做得更好”（罗伯特·艾克斯罗德 1996：52）。

3.4 策略评价与“集体稳定”

3.4.1 “集体稳定”的最优策略

局中人为理性经济人，行为目的是追求个人效用最大化。但是，从社会的角度，需要计算博弈各方的总收益，以此来评价对抗博弈情景中的局中人行为的社会效用。通过应用可重复无限次条件下的扩展囚徒困境，结论是，“一报还一报”策略是一个引出合作、获得“集体稳定”的均衡，是促进社会效用最大化的策略。如前所述，集体稳定所衡量的群体行为特征是它“能面对任何可能的变异而保持整个群体的稳定”（罗伯特·埃克斯罗德 1996：42—43）。集体稳定可视为纳什均衡中的一个“当且仅当这一策略是集体稳定时，假设一个对策者承诺采用某一策略，那么，如果另一个对策者不采用同一策略，他就不会做得更好”（罗伯特·艾克斯罗德 1996：52）。

3.4.2 “集体稳定”局中人的行为特性

罗伯特·艾克斯罗德总结了形成“集体稳定”中局中人的行为特性，包括善良性、宽容性、快速反应性、惩罚性与行为清晰性，这些行为特征作为伦理学意义上的人性善特征被博弈论的实证研究证明能够在一个充满背叛的世界中生存、繁衍发展，这一研究结论是非常鼓舞人心、极富于哲学意义的。

（1）善良性。即一种行动上的善意，目的在于期望对方的回报，“赢得竞赛不是靠打击对方，而是靠在互动行为中从对方引出使双方有好处的行为，从而使它获得比其他任何策略更高的总分”（罗伯特·艾克斯罗德 1996：92）。实证研究还证明，“如果在博弈中的对手的成功是来自与其他成功相互作用的话，这个成功将孕育着更多的成功，即合作带来合作、成功带来成功。相反，靠占人家便宜成功的剥削者，被其占便宜的傻大头会越来越少，时间一长它就摧毁了自己赖以成功的基础，就像被它占便宜的傻大头一样最终消失了”（罗伯特·艾克斯罗德 1996：39）。

（2）宽容性。博弈中互动行为存在的致命陷阱是，一旦结下仇恨，可能会无休止地继续下去并逐步升级而使当局者难以自拔。因此，具有宽容性的策略有助于避免掉进这样的陷阱。具有宽容性的策略就能够避免或者减少因为误解和错觉带来的损失。“‘一报还一报’策略就是一个有宽容性的策略，在面对错觉时也能表现得很好，因为它乐于宽容，因此有机会重建双方合作。”（罗伯特·艾克斯罗德 1996：139）

（3）快速反应与惩罚性。善良宽容策略要能在自利的世界中生存发展，不仅要对对手的合作行为进行回报，也必须要对其背叛行为进行惩罚。实证研究结果证明了必须快速反应挑战的意义。因为“如果对背叛反应缓慢，就会有一个送出错误信号的危险，使对方得出背叛能够得到好处的结论。这样会让越多的背叛继续下去而不受惩罚。并且，这种模式建立得越强，就越难打破它。适当的宽恕水平与环境有关，如果面对的主要的危险是来自那些专门善于占‘好说话’人的便宜的策略，那么，太多的宽恕就要付出代价”（罗伯特·艾克斯罗德 1996：92）。

（4）行为清晰性。好的策略具有清晰性，即它非常容易被对方理解。在“零和对策”和“非零和对策”之间有一个重要的不同。在下棋（零和博弈）时，让你的对手猜疑你的企图很有用，你的对手越是怀疑，他（或她）的策略就越没效果。但是在“重复囚徒困境”中，你要从对方的合作中得到好处，诀窍在于鼓励合作，一个好的方式就是清楚地表明你愿意回报，以合作对合作以惩罚对背叛的策略。“一报还一报”策略中对任何背叛的一对一的反应是一个意图很清晰的行为模式，而且其未来行为是完全能被预测的，这样，对方能容易地发现应付“一报还一报”的最好方式就是与它合作。（罗伯特·艾克斯罗德 1996：94）

综上所述，在博弈中有利于最大化社会效用的关键因素是使得局中人可以自愿达成协议，以真实可实施的协议促进相互回报，从而促成稳定的合作互惠关系，增进社会福利。这是从博弈论的研究中得出的冲突解决的哲学，重视长期效用，重视回报对手的合作互惠，兼具奖励/惩罚手段，能尽快作出应对反应，总是首先采取合作但是也要能迅速识别并回应对手的背叛行为，具有善良意愿，不首先背叛、不想占便宜也不冷酷，只有这样才能够打破“囚徒困境”，在没有外部权威强制力的自利行为中自发产生合作。当持善良策略的个体形成小群体时，他们就能够形成集体稳定、不被外族入侵，然后逐步扩展、发展。

4 物业纠纷研究的引申：制度发展的三个着眼点

前述的理论框架和方法模型论述了在社会冲突中走出“囚徒困境”达致“集体稳定”的可能性，并试图论证在没有外部权威的强力干预情况下合作可以在自利行为中产生可以出现。但是，自发秩序路径的“集体稳定”理论也有其局限性和适用边界，例如，当博弈对手之间差异很大、遭到背叛的一方没有还手之力去实施惩罚时，或者，当潜在的可供选择的对手数量太多、导致一次性博弈大量存在、从而使得无限次重复博弈的机会变小时，就会引发了很多不合作的行为，使得零和博弈在社会范围内不可避免。如此，社会要保证交易能够进行，需要通过外在的规范防止不合作行为，还要借助法律的惩罚替代局中人的“一报还一报”。（MBA 智库百科，http：//wiki. mbalib.

com/wiki/%E5%8D%9A%E5%BC%88%E8%AE%BA)

可以说，这是艾克斯罗德的自发合作的路径与人工制度设计安排在秩序构建中的交汇点，通过这个交汇点，使我们认识到在研究自发秩序与博弈均衡理论框架和方法模型时必须将其置于所处的具体社会环境形成的制度性结构关系。具体到中国转轨状态下的物业纠纷中关键的制度性结构关系，就笔者视力所及，需要涉及以下三个着眼点：

（1）物业纠纷中外部权威的作用；

（2）物业纠纷中局中人的平等博弈；

（3）物业纠纷解决机制：规则的制度安排。

4.1 物业纠纷中的外部权威的作用

在物业纠纷中的各方，如同所有社会冲突中人一样，对于外部权威寄予极大的期望。如罗伯特·艾克斯罗德指出，很多处身于“囚徒困境”的人都希望有一个法律来防止类似事情的发生。法律、行政部门，都被人们寄予极大的希望，人们希望有外部权威控制双方。但是外部权威的作用是有条件性的，需具体分析。

4.1.1 物业纠纷中外部权威的局限性

如命题二所指出的，物业纠纷中的各方都是在自己法定权限内行使独立意志的行为主体，尽管基于己方信息作出行动判断的“个体”理性存在缺陷，经常会导致集体非理性，但是外部权威在这种情况下的作用通常限于“指导”、“建议”、“劝阻”等非强制力的范畴。2003年北京某城业委会被当地政府强令停止工作、改选并收缴其印章。朝阳区法院对该业委会诉政府干预案件的审理意见判决书中阐释，政府的“行政指导的职能，应通过具有示范、倡导、咨询、建议、训导等性质的行为方式予以实现，该行为不具有当事人必须履行的法律后果，不应带有任何行政强制性”。而本案“带有一定的行政强制性”据此，朝阳区法院判决，政府“《批复》显然已悖离行政指导行为的性质，超越了当时实施的部门、政府规章及规范性文件赋予某某部门的行政指导的职权范围，对此行政行为确认无效”（陈幽泓 2007：111）。

但是，需要说明，由于种种原因，即使外部权威的法定强制性作用，在民事纠纷领域作用也有限：首先，如中国古谚，“法不责众”。换言之，日常事务虽然有法律规范，但是不适用依赖法院来保证日常事务秩序，“因为交易的公平不是靠法律诉讼来保证的，而是由对双方未来的交易的好处的预期来保证的。即使有法律的规定，使用法院处理像保证商业合同等日常事务的费用也使人望而却步”（罗伯特·爱克斯罗德 1996：137）。

其次，法律的滞后性，特别是在处于转轨期中，这个时期的经济关系与财产权制度的复杂变迁，常常是法律形成的前提、而非法律规范的后果。具体而言，虽然 2007 年《物权法》已经出台，但是在物业纠纷中仍然缺乏相应的与物权有关的专业性立法，法官也缺乏相应的知识来处理转型中的经济社会大量涌现的物业纠纷问题。

再次，政府在冲突中并不总是能“超然于物外”，作为外部权威机构的政府很多时候也与企业或其他民间组织处于“重复囚徒困境”的博弈中。此时，政府身兼局中人和外部仲裁双重角色。政府也不得不考虑其双重身份的策略，灵活或强制？考虑每一策略的水平以及相应的成本与收益，并反复衡量其所能够或者意愿支付的执法成本和相应的收益。

由于以上三个方面的原因，注定了外部权威在物业纠纷中作用的局限性。若政府强制粗暴干预，可能在官民之间引起对立和冲突、导致合法性的危机。

4.1.2 物业纠纷中外部权威的非强制性作用：自愿服从

外部权威的作用有时是很微妙的，当政府真正的能够置身于事外、作为起协调作用的第三方来帮助解决纠纷时能起到微妙的作用。但是这需要为社会构建一种基于自愿服从和自我调节的机制，其诀窍在于维持一个这样的机制，强到能够得到最好的社会效益，但又不至于阻碍了大部分情况下的自愿服从。其要点也不是使双方听命，根据博弈论的研究，诀窍在于使双方处于“重复囚徒困境”，让他们在回报的基础上作决定，即，用可靠的承诺做交易，通过促进双方基于回报的稳定合作的模式，来保证长远利益。（罗伯特·艾克斯罗德 1996：119—120）如果各方之间的交易关系能够维系，那么就有较大可能自发地通过协议解决纠纷、保持合作。

从制度激励角度来说，政府虽不能全然改变冲突中当事方的选择，但是若能够对收益参数作一点改变就有助于基于互动回报的合作的稳定。即对折扣系数和四个收益参数 T，R，S，P 的关系，需要的是相当于这四个系数足够大。收益值改变了，情况就可能从不稳定的合作转变成稳定的合作。只要使对双方合作的长期激励大于对背叛的短期激励就行。（罗伯特·艾克斯罗德 1996：102）在物业纠纷中，这样交易关系是由合同来保证的，因此，外部权威的主要作用应该是逐步建立能够在物业领域中确保各方的交易合同行为依法有效实施的制度环境。

4.1.3 物业纠纷中外部权威的强制性作用

外部权威在这样的一种制度环境中首要的是起保障性作用，让各方能够摆脱“囚徒困境”是政府的一个主要的功能。因为，如果交易中的某方因违法的诱惑过大而屡屡背叛、又不能得到惩罚的话，冲突中的“一报还一报”的对策会使各方落入“囚徒困境”的陷阱而无力自拔。只有政府能够通过有强制力的规制对背叛或者不合作的惩罚加大到不管如何选择、合作都是更好的选择。在这种情况下，可以保障社会冲突不至于陷入“囚徒困境”。

简言之，外部权威在民事纠纷中通常是仲裁人、调停人和秩序的维护者等等。作为秩序维护的外部权威主要是通过作为规则的操纵者的方式，促使局中人得以通过平等博弈、解决纠纷、形成合作互惠的稳定关系。

4.2 物业纠纷中局中人的平等博弈

如前所述，物业纠纷的局中人特别是业主共同体，是具有独立意志、可以自我决策的主体，处于相对固定的重复博弈情境中。

首先，物业纠纷核心方——业主共同体面临资源与治理难题。业主共同体在住宅区的财产性质属于经济物品中的混合物品，即奥斯特罗姆夫妇定义的*CPR*资源（*Common Pool Resource*）。在*CPR*资源基础上的私人共同治理，在规模上可比国外一个小市镇，属于奥尔森定义的大集团。更进一步，每一位业主个体拥有法律规定的对于共有部位财产及其附属设施设备的相应财产权的管理和决策权力。因此，这个基于个体决策的“共同体”若非形成有效集体协议，就无能对共有财产进行良好维护，也无能阻止其他人对于共有财产的滥用，就会造成“公地悲剧”。奥斯特罗姆对于*CPR*资源如何能够避免“公地悲剧”走出“囚徒困境”进行了大量研究（埃莉诺·奥斯特罗姆 2000）。

朱宪辰在奥斯特罗姆的理论基础上，用“共享资源”的概念来解读住宅区业主的*CPR*资源，并把其分解为两部分：共享物品、共享事务。“共享资源”为物业小区内全部专有和共有部分构成的一个资源整体，凡是拥有专有部分产权的业主即为这个共享资源的法定权利主体之个体。（2005：4）“共享事务”是因这个“共享资源”的“私人共同管理”而产生的小区公共事务。在“共享事务”方面，除了权利人——业主共同体外，相对方，由于住宅区的建设开发、委托服务以及行政管理等原因、因合同关系或行政关系，包括商业组织、行政组织也经常涉入这个“共享事务”中来，成为博弈关系的局中人。

具体而言，局中人间的关系有两个层面：

（1）作为物权权利人主体的业主个人与业主共同体，主要的关系是如何克服搭便车、形成集体行动。

（2）物权权利人主体与相对方，主要的关系是如何平等博弈。

4.2.1 物业纠纷中业主共同体的“集体行动”难题

业主共同体能否克服搭便车、形成有效集体协议是内/外部物业纠纷解决的关键。关于搭便车的倾向，从物品的属性分析，朱宪辰指出，由有限多个体形成的业主群体，竞争性消费，但是竞争性较私人物品程度为低，对群体外成员具有排他性，但是与俱乐部物品相比，这种排他性要弱一些。基于这种特性，在群体内，在社区公共事务方面，有较多搭便车的可能。（2005：11）从博弈分析，朱宪辰认为，奥尔森实际上把集体行动看做一种“准”囚徒困境，意为：“显然所有成员在获得集体利益上具有共同利益，但是他们在为提供集体物品而支付成本上没有共同利益。每个成员都倾向于由其他人承担全部成本。”（朱宪辰 2005：31）

根据奥尔森的两个逻辑结论和一个重要推论，集团规模越大、集团内个体收益评价越对称，“搭便车”就越严重，例如要求加工资的劳工运动；集团规模越小、集团内个体收益评价越不对称，就越容易出现某些个体采取集体行动，例如卡特尔的情况。关键在于制度激励，例如“非对称的收益”、惩罚搭便车的“负向激励”，等等，如果有了“选择性激励”，即使是大集团也能实现集体行动。（朱宪辰 2005：29）

比较其他 *CPR* 资源，住宅区共享资源的外部边界明确、内部共有部分具有不可分割性，这为应用“可重复无期限的囚徒困境”模型、促进合作的产生和发展提供了较好的资源环境条件。陈幽泓（2005：118）认为：

（1）需要有更多维的损益计算模型，因为在物业小区中只按照集团行动人数/收益分享的计算作为激励因素不足以解释本案中的情境，当物业小区因治理不善或物业纠纷造成损失时，单个业主的损失，难以用集团的人数与损失之比衡量，比如，当小区没有人清理垃圾时，对每个业主家庭造成的损失/伤害不会因人数的大小而减少甚或增加，单个业主之所以会主动采取行动，可能与他们对这种损失/伤害的承受程度/容忍度等直接相关；

（2）需要把大集团内部的人际关系网络作为一个动态关系变量，因为一个物业小区中的业主群体在起初是个“陌生人”社会，但是群体流动性较小，关系相对较稳定，关系网络很有可能向“熟人”社会发展；

（3）需要有多元激励因素的考量，在业主群体网络关系中的积极分子，虽然不论是否付出、不论获得的服务好坏，其在群体中服务收益是无差异的，但是仍然会有相当数量的人群会选择为集团付出巨大的创新成本，而非选择“搭便车”，是由于其价值理念的不同，和作为社区领袖的在集团中所获得的认同感和自我荣誉感，这些都是非常重要的激励因素，在任何一个人类集团中都会存在。

4.2.2　物业纠纷中局中人的平等博弈

局中人地位的对称性是维持冲突各方平等博弈的前提，表现在博弈对手地位的对称和均衡性方面。

（1）局中人地位的对称性。从发生冲突的主体所处的地位，可将冲突分为相同层次主体之间和不同层次主体间的冲突。不同层次主体间、有层次隶属关系的冲突处于有权威状态，冲突中的权威方处于主导地位，可以通过协调或者强制力平息冲突，但是显然不存在通过平等博弈形成合作互利的情境。同层次主体间无共同上级的冲突处于无权威状态，冲突主体之间的地位是平等的。

物业纠纷通常发生在平等的民事主体之间，在这一层次，局中人在理论上可以根据常规的解决机制平等博弈、共同处理问题，即协商、调解、仲裁、诉讼。例如，根据笔者大样本调查数据显示，成立业委会的业主群体首选协商谈判而尚未成立业委会的业主群体首选联名抗议，是否有正式的组织地位直接影响到其在纠纷解决途径的选择。

此外，数据还显示，与业主权利人主体内部之间有共同的利益，有长期合作的制度基础这一特征相比较，权利人主体与相对方，如业主与开发商、物业公司的纠纷较易于陷入“囚徒困境”陷阱。他们之间没有直接的共同利益、缺乏必须再次合作的紧密纽带、没有组织结构方面的共同上级。这时，他们之间的关系状态就处于一种无权威状态，此刻外部权威的介入就很微妙，如果处理得当，外部权威可以起到很好的制度激励作用。但是当外部权威也参加进来成为冲突一方时，就形成难以解决的复杂情况，其间的纠纷实在不能自我解决时，司法成为起关键作用的外部权威。

现实中，处于不同层次的主体，时有卷入物业纠纷成为博弈的局中人。例如行政相对方的政府有关部门，在涉及住宅区自治事务、且不具有行政强制力时，处境很微妙，如同陷入了“囚徒困境”，特别是在政府与作为自治组织的业主共同体“互不买账”时。但是，如果能够意识到官民之间在社区中具有协同治理的关系时，在无限次、可重复博弈中意识到互惠的必要性，他们有可能打破“囚徒困境”、形成良好的合作伙伴关系。

（2）局中人地位的均衡性。在博弈对手之间，当其地位严重失衡时，会更倾向与采取激进对抗行为。未能组织起来的业主个体，比组织起来的业主共同体在行动上更极端。此外，博弈的某一方认为由于政府或法院的不公，使他们与对手之间的地位失衡时，都会更多选择激进对抗行为，以增强己方地位。如一些物业公司在法院裁决其败诉后选择了突然撤离小区、造成小区处于无序状况的应激反应。这佐证了物业纠纷的解决更多地要依赖非强制性机制中当事方的自愿选择和自愿服从的论点。

4.3 物业纠纷解决机制：规则的制度安排

4.3.1 三个层面规则的制度安排

如前所述，当与社会冲突有关的所有行为方不处于同一层次上、不具备平等博弈的基础、或者不处于重复无限次博弈情境时，秩序的形成就需要外部制度安排的作用。从更大的范畴看物业纠纷中的外部权威和局中人关系，需要引入作为规则的制度分析的视角。一般将人类社会的行为规则分为立宪规则、集体选择规则和操作规则，这三个层面的规则之间的关系构造构成制度安排。制度安排对于全部行为者—包括局中人与外部权威，构成总约束。制度安排由制度环境、具体制度安排和实施机制构成。其中，作为基础规则的立宪规则，是为可供选择的制度安排范围所设置的基本界限，为推动制度变迁的外生变量，形成制度环境。立宪规则因而成为制度基础，对政府和个人都具有约束力。立宪规则的形成和变更不能操控在政府和任何权威的手中，而是属于全体公民的基本权利。对于转轨社会来说，立宪规则与集体选择层面和操作层规则的嵌套是否合理和适配，处于动态发展过程中，从制度安排的角度研究规则如何促进合作发展、构成秩序框架。

就物业领域而言，物业纠纷中行为方的稳定关系，需要发展行为规则体系的构建和相应的制度安排，如图1，分解为如下三个层次：

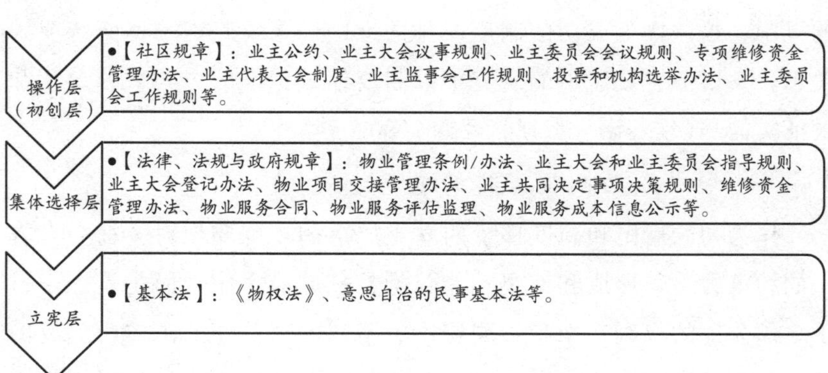

图1　物业领域的制度规则构成

其中，在基层，在物业小区自主治理层面，不仅是作为其他层面规则的执行操作层，关键处是作为自身自主治理事务层面的契约初创者，形成由全部业主个体构成的权利主体的契约规则，对内对外行使治理权。

在集体选择层面，政府作为秩序的维护者、规则的制定者，将各种规则制定为法律法规和规章等，用于约束物业领域的各个行为者、博弈的局中人的行为。

在立宪层面，规定了财产权利、民事权利的基本规则，它对于整个社会包括政府行为都有约束力。

4.3.2 成功制度安排的准则

进一步而言，三个层面的制度规则实际上是为确保不同层次、不同治理范畴的主体能够在物业领域相互契合、协同治理。因此，需要构造能够保证所有的治理主体即能相对独立也要有适当的协调关系的制度环境。具体而言，研究显示，在这样的制度环境下，外部权威对下层治理主体组织的自治权要有最低限度的认可，使得治理主体设计自己制度、进行规则创新的权利不受外部政府威权的挑战。从层次间的协调关系来看，在利益相关者和作为外部权威的地方官员之间，要有能够迅速通过低成本的地方公共论坛来解决冲突的机制，这些作为成功的制度安排的准则，是埃莉诺·奥斯特罗姆关于公共事务有效治理的研究中以制度绩效标准的方式被抽象化和被证实的。(埃莉诺·奥斯特罗姆 2000：144)

4.3.3 形成成功制度安排的成本

作为初始规则和制度环境的立宪层次的规则要想对全社会有真正的约束力，其形成和变更不能仅操控在政府手中，而是真正来自于全体公民的权利，来自不同层次、不同治理范畴的主体所达成的集体一致。进一步的问题是，什么是制度发展（立宪层次规则的形成和变更）面临的障碍？这也是公共选择研究的核心问题。大量研究显示，关于公共选择难题的研究围绕两个要素展开，集体决策的人数和表决问题性质。朱宪辰阐释了表决问题的性质类型对公共选择的影响：

在货币等资产形态的具体表决问题上，总是充满具体复杂的因素，这些因素影响个体的偏好、信念和投票策略。所以在具体利益分配上要取得“一致同意”的难度要远远大于一般性、原则性的表决议题。……从时间顺序上看，共享资源产出/投入分摊的程序性工作表决一般先于具体财产表决，所以个体在规则表决时事先对未来场景因素及偏好如何具有不确定性，个体面对的是 John Rawls 的无知之幕。如此，人们容易按照与自己在收入分配中各自地位无关的准则来投票。（朱宪辰 2005：23—25）

朱宪辰还比较了罗尔斯、布坎南和奥斯特罗姆等人的观点对于在不同的制度层面，对于规则达成难度的不同视角。他指出，罗尔斯、布坎南认为，因牵涉到具体利益格局，所以操作层面的规则难以形成，而在立宪层次的抽象程序公平的规则较易于达成。而奥斯特罗姆从新制度供给的角度，指出在操作层面的规则较易于变更，但是出于提高预期的稳定性的要求，处于较高层次的规则较难以变更。（朱宪辰 2005：41）

根据罗尔斯的“无知之幕”的意蕴，可以用决策中的信息与个人利益的关联度来判定不同层次的制度规则形成与变更的难易程度，从而解读在物业纠纷中围绕“共享资源”权利的各方之间在较高层次（集体选择和立宪选择层次的制度规则）决策中的立场。显然，如果是有关较抽象的政治正义和交易公平的立宪层次规则，较易于达成，但是类似于《物权法》这样直接调整利益关系的规则，较难达成协议。显然，物业纠纷中的争议太多与当事方的利益关系密切相关，因此通过集体选择的途径（立法、协商等）发展这方面定纷止争的规则（制定法律和政策）是较困难的。但是，另一方面，由于达致较抽象的公平正义的规则较为容易，而这类的规则对于规范社会总的观念和行为是十分必要和有益的，所以，应该根据物业纠纷中产生的新兴社会问题与社会现象制定较高层次的抽象规则，如促进诚信、互惠等的规则，形成新的社会规范。

综上所述，物业纠纷反映出我国经济转轨过程中与社会转型中相关规则的缺失，特别是关于物业小区中这种“共享资源”的财产权制度规则的缺失，也反映出公民在维权和社区自主治理过程中在解决纠纷与冲突方面的理念和实践经验的不足。目前物业冲突的解决虽然十分困难，但是从长远的角度来看，冲突解决机制的建立与协作解决纠纷对中国经济转轨、社会转型将作出重要贡献、意义重大。

5 结 论

总结全文内容与论述，笔者认为：

（1）物业纠纷中的冲突解决和秩序构建过程经过“自生自发”的秩序发生和存续的逻辑过程：从自利的效益最大化出发、形成互利的集体理性、最终在互利互动的局势下形成长期的集体稳定均衡模式。

（2）在秩序构建过程中外部权威有作用，但是作用有限。中国社会处于转轨中，这个时期的经济关系与财产权制度的复杂变迁，正是革命性的法律形成的前提，而非法律规范的后果。因此必须用另外的视野、在超出物业纠纷和物业小区的范畴，在更宏观层面的利益关系格局基础上才能看到其前景。并且，只有从全社会的层面，在初创层面对于自主治理权利主体的独立权威的认可、在更高层次（集体选择、立宪选择）上形成促进不同治理主体合作互动的制度规则的发展，才能有效地减少冲突、促进社会秩序构建。

（3）回到冲突本身，在人类社会的发展中，绝非必然是负面的。从中国转轨过程的角度来看，这个过渡时期的失序是不可避免，在失序期间的冲突的积极功能是通过“低暴力、高频度的冲突”来实现的。在这个过程中，宪政规则的构建就是从社会冲突而导致的旧的规则失序的前提下展开的。这样，因社会冲突而造成的负面作用只是过渡性的。

参考文献

[1] 埃莉诺·奥斯特罗姆．公共事务的治理之道：集体行动制度的演进．上海：上海三联书店，2000.

[2] 詹姆斯·布坎南，戈登·塔洛克．同意的计算．北京：中国社会科学出版社，2000.

[3] 陈幽泓．从维权到治理：中国社会转型中的业主组织．丘昌泰主编．非营利部门研究——治理、部门互动与社会创新．台北：台湾智胜文化事业有限公司出版，2007.

[4] 邓正来．规则·秩序·无知——关于哈耶克自由主义的研究．北京：生活·读书·新知三联书店，2004.

[5] 霍华德·雷法．谈判的艺术与科学．北京：北京航空学院出版社，1987.

[6] 哈罗德·J. 伯尔曼．法律与革命——西方法律传统的形成．北京：中国大百科全书出版社，1993.

[7] 罗伯特·艾克斯罗德．对策中的制胜之道——合作的进化．上海：上海人民出版社，1996.

[8] 萨克斯，胡永泰，杨小凯．经济改革和宪政转轨．当代中国研究，2000 (3).

[9] 中评网，http：//www. china-review. com/eao. asp? id = 18840.

[10] 杨波．从冲突到秩序：和谐社区建设中的业主委员会．北京：中国社会出版社，2006.

[11] 张维迎．博弈论与信息经济学．上海：上海三联书店，上海人民出版社，1996.

[12] 朱宪辰．共享资源制度安排——中国城镇住宅小区自发治理案例分析．北京：经济科学出版社，2005.

[13] Hayek. *Law, Legislation and Liberty*: *Rules and Order 1*. The University of Chicago Press, 1973, p. 36.

大都市低碳化治理机制研究

——以上海为例①

范纯增②

人类活动排放的温室气体“继续在改变着大气层，而这将会影响气候”，二氧化碳这一主要的温室气体，其3/4排放来自矿物燃料的燃烧[1]。城市是温室气体的主要排放者[2]。在中国，城市消费了84%的商业能源和75%的全部能源，产生了85%的能源相关的二氧化碳排放，到2030年中国还会有3亿—4.5亿人进入城市，城市碳排放仍有向城市集中的趋势[3]。但城市是低碳技术与人才、资本的密集区，在减排二氧化碳发展低碳经济方面具有巨大的潜力，也是二氧化碳重要减排者[4]。近年来，有许多大都市制定了减排清单，并发布了行动计划，在消减二氧化碳中持有积极态度。1998年以来，伯克利、渥太华、牛津、墨尔本、西雅图、仰光、匹斯堡、多伦多、东京、新加坡等数十个国际大都市分别宣布建设低碳城市。[5]中国的低碳城市建设由中国建设部与世界自然基金会在2008年发起，首先以上海和保定为试点。由于低碳城市建设刚刚起步，其运作机制尚属亟待研究的新领域。

---

① 本研究得到上海市科委课题（08DZ1206200、08692103700）资助。

② 范纯增，上海交通大学安泰经济与管理学院。电子邮箱：czfan@ sjtu. edu. cn，地址：上海法华镇路535号，邮编：200052。

1 大都市低碳化治理的文献分析

减排温室气体是在为全球提供共同的公共物品——质量适构的大气环境的行动，是全人类共同的行动，或者看成不同规模层次的集体或联合行动。全球尺度的温室气体的减排需要国际契约、条约、低碳税费、低碳产业与生活、碳交易等，需要全球利益相关者的集体行动。[6] Ricardo Abramovay 和 Matt 认为减少碳排放仅仅减少能源是不够的，需要行为改变，需要发展全球个人碳减排交易网络[7]。Tina Fawcett 认为个人碳交易是一个很有希望的政策构想。[8] D. McEvoy 等研究发现，要降低家庭碳排放密度，地方当局内部和相互之间的协作及与各类企业和社区的合作十分关键。通过能源供给设施变化减量碳排放需要很长时间，而中短期内可以通过提高能源效率来完成，家庭具有很大的减排潜力[9]。Gill Seyfang，Yacob Mulugetta，Lucie Middlemiss，EvaHeiskanen，Susie Moloney，Snigdha 等研究认为社区层次的行动是降低碳排放的重要途径[10]。

Roy Alexander 等对碳中和项目的研究发现，气候变化虽然由于人类的行动引起，但无法让任何一个人负起责任，因此社区低碳行动需要社区、商业与相关组织及每一个人的集体行动，它会对周围区域、社区低碳化取得明显的效果，但是大部分人主要是被短期的角色而吸引，不能形成支撑参与的邻里治理结构，主要困境是如何将一时的行动热情和推动力，变成参与行为的持续模式[11]。

可见，城市有效的减排温室气体的减排模式是形成多层次政府、私人部门、NGO 和居民的合作[12]。低碳城市建设需要建立低碳理念，需要实行长远战略愿景和合理的综合规划[13]。在缺乏明显的行为变化情况下，即使有突破性技术也无法达到预定的低碳目标[14]。Deborah Salon 主张通过城市碳预算激励构建气候友好社区[15]。Timoth等认为温室气体减排需要植树造林、生物质能源家庭利用、热电联产、个人交通节能器具的利用、风电发电等综合措施。因此，大都市低碳化推进需要变更行为理念、生产生活，需要调动各类组织和力量，集体合力行动，同时需要发展与完善低碳社会建设的法律法规[16]。

Ostrom认为应对气候暖化的根本在于社区层次上的个人、家庭和行为者，决定于他们的物质和服务的生产与消费，需要多中心的集体行动。她指出，传统理论认为必须具有外在权威和协调者行动及有效制裁才能在控制二氧化碳等温室气体排放取得成功，但在没有有效的条约情况下，多中心治理也可以取得成效，并认为应当遵循多中心之道，也就是通过许多形式上相互独立的决策中心，在竞争性关系中相互重视对方的存在，通过合约框架从事合作性活动，或利用和创新机制来解决冲突，在这种机制下，不同规模的政府和非政府组织、企业间充分发挥竞合互动的作用，形成较高绩效[17]。

通过联合行动治理碳排放决定于直接资源成本和组织成本。集团越大，增进集团总收益的份额越小，集体行动得到的报酬越少，集团获得的收益越小；集团成员的数量越多，组织成本越大，大集团在没有强制或独立外界激励的条件下，一般不会为自己提供最小数量的集体物品[18]。而选择性激励是给予个人以诱导，使其参与集体行动、供给一些公共物品或私人物品[19]。它是组织配置资源的手段，它提供了不同于集体收益的私人收益，这为集团成员参与集体行动提供了额外激励。奥尔森认为看不见的手不仅在市场中实现个人利益和公共利益的兼容，它还可以在小集团中发挥作用，促进集体物品的资源供给。选择性激励的目的是使个人利益成为集体利益的保护者，应通过制度变迁的方式将不合作行为转化为合作行为。

总之，低碳城市发展是改善环境大气的集体行动，其运作机制研究不足。本研究力图从集体行动理论的视角，对上海低碳化治理机制进行研究，具有较好的创新性。

2 上海经济发展的低碳化绩效

2.1 碳排放强度不断下降

上海市综合碳排放强度显著下降。1995 年万元产值的碳排量是 1.19 吨，2010 年万元产值的碳排量为 0.46 吨，比 1995 年下降了 61.5%。上海市碳排放强度下降的主要原因：首先，来自产业部门能源强度的下降，其贡献率为 67.6%。其次，是能源结构和产业结构的调整，它们对排碳强度下降的贡献率分别为 18.2% 和 14.2%[20]。能源结构的调整主要体现在天然气和外来电力对传统化石能源的部分替代，石油相对于煤炭的比例大幅提高。如 1995 年上海石油在能源结构中的比重为 27.0%，煤炭的比重为 73.0%，两者的比值为 0.37。2008 年石油的比重为 41.7%，煤炭的比重为 45.4%，两者比值升为 0.92。再次，产业结构调整表现在上海不断压缩双高产业，优化产业结构。如"十一五"期间，上海累计关停了 178.4 万千瓦小火电机组，完成了铁合金、平板玻璃生产全行业退出，累计淘汰落后产能 3 000 余项，节约标煤约 550 万吨，减少二氧化碳排放 2 016.67 万吨。

2.2 产业低碳化及新兴低碳产业项目发展迅速

上海的清洁能源、清洁汽车、节能建筑、节能机械等低碳项目发展迅速。2006—2010 年，上海组织实施工业、交通、建筑、公共机构、旅游饭店等节能改造项目超过 1 000 个，节能约 300 万吨标煤；推广节能空调 164 万台，推广节能灯 2 400 万只，年节电量约 14 亿千瓦时。尤其在清洁能源方面，项目发展很快，效果明显。如由上海申能长兴风力发电有限公司投资建设，项目总投资 2.2 亿元，总装机容量 20 兆瓦的风力发电机组，年上网电量约 4 000 万度，年减排二氧化碳3.5万吨，节约标准煤1.2万吨；总投资达到1.92亿元人民币的崇明风力发电场每年可节约1.5万吨标准煤，年减排二氧化碳4.4万吨；东海大桥风电将减排3.5万吨二氧化碳；崇明县太阳能光伏发电示范工程目前装机容量1 046千瓦，年平可减少排放二氧化碳643吨；华能上海石洞口第二电厂正在建设捕碳项目，年捕捉吸收二氧化碳10万吨；在临港新城、陈家镇等正在建设综合性低碳社区，其热能和电力将通过风能、生物质能、垃圾发电和城市建筑物上的太阳能光伏发电直接获得。

3 上海低碳化发展的机制分析

3.1 多中心、多渠道低碳化治理机制

3.1.1 初步构筑了多元的低碳化治理中心

上海低碳化治理中心主要包括：政府、企业、NGO、家庭/社区、产业区和生态实体等。

政府组织由垂直和水平两个维度分化为具有很强体系化的组织，它是参与都市低碳化活动的核心，它一方面提供各种制度化政策化的安排，制定调整低碳化进程的积极激励性或消极激励性框架与政治文化，同时直接承担着部分低碳化的社会经济类的低碳化活动。如园林建设、公益林、绿化带、保护区、基础性或基础应用性减碳技术等。如闵行2006—2008年政府推动的82个低碳化治理项目，就涉及水18项、大气19项、固废6项、工业13项、农业6项、生态6项文明与监管14项。这些项目建设管理主要分属水务局、环保局、农绿局、建管局、经委、财政局、机管局、房地局、卫生局、教育局、信息委等，通过政绩杠杆，促使各政府部门竞争合作，共同完成。

企业是大都市低碳化治理的主导力量，它既是管理者又是被管

理者。企业通过自身的内部战略安排和生态伦理文化的发展，形成企业内部一致性的、稳定的低碳化治理结构是大都市低碳化发展的关键。这种低碳化治理既包括低碳、节能技术的研发、交易，也包括生产、运输、销售等一系列行为的低碳化，当然也包括其作为合格的企业公民而进行的慈善或公益性的低碳化活动。目前上海的一大批企业加入到了低碳化行动行列。

NGO 作为一种有益的补充力量在大都市低碳化发展中作用不断增大。如上海的低碳协会、环境保护协会、低碳论坛、低碳网、节能协会、节能网（论坛）等，它们往往作为松散的组织在宣传教育、自愿减排、倡导低碳生产生活等方面起到了很好的促进一致活动的作用。

低碳产业区，包括各类开发区、工业区、科技园区等。在园区内的企业或相关组织往往具有大致相近的技术水平、管理水平，具有相近的适应低碳政策的能力，比较易于通过一定的压力或激励制度和政策安排，促使该类型区一致性行动，达到既定的低碳化治理目标。2008 年园区单位工业增加值综合能耗 0.14 吨标煤/万元，远优于国家标准的 0.5 吨标煤/万元。闵行开发区、浦东新区等正在推进低碳化建设。

家庭/社区主要从吃、穿、住、行等诸多层面产生碳排放，进而影响大都市低碳化进程。社区层面上的宣传、教育、引导家庭积极参与，促使社区开展节能、环保、绿化、生态、低碳出行、健康低碳饮食等消费活动，会产生集成式的非常显化的低碳效果。而且，这种集体行动往往立竿见影地产生居家减少开支、小区生态环境改善带来的明显福利，对全球公共物品——气候的改善性影响成为“副产品”，因此具有良好的激励机制。目前上海在社区层次实施了节能灯项目、公共自行车项目等，日益将家庭/社区变为重要的低碳化治理中心。

生态实体主要指生态保护区、湿地公园、生态园等公共资源或纯公共品，具有吸纳二氧化碳和若干污染物的功能。今天，这类生态实体往往在大都市制度的构架下以私人物品性或俱乐部产品性的方式治理，日益成为大都市低碳化发展中不可忽视的力量。上海具有一系列的湿地、生态园、公益林等，形成了多种生态实体。

3.1.2 形成了多种低碳化治理渠道

综合上海低碳化治理渠道可分为：发展清洁能源，如东海电厂、崇明风电广电等风电、太阳能光热发电洁能项目，通过节省煤炭消耗而减碳；有计划的建设生态园、公益林等，形成替代减碳、延迟碳排放、农林固碳等；有机肥生产，秸秆掩埋替代焚烧，如前卫村、东滩低碳农业园区项目；发展碳捕捉项目，如上海石门电厂；完善能源和环境交易中心，引导碳交易，鼓励中外企业间碳排放权交易，减少碳排放，如东滩地区正着手打造东滩生态城，有望成为世界上第一个碳中和区域，上海环交所已在2011年3月1号批准首批9家试点工业企业展开碳交易；加强大型锅炉技术改造，引进电力合同管理，鼓励新型循环技术，宣传新型低碳居家消费等，形成技术减碳、节能减碳；不断压缩淘汰高耗能产业，发展低耗能产业，形成很好的结构减碳效应。

3.2 政策激励与压力机制

上海低碳化发展的基本推动力量在于激励和压力的密集作用，表现为企业在低碳生产的同时可以获得补贴、税费减免，可以获得声誉，并避免高昂的政府管制带来的高成本。若进一步分析这些压力和激励的形成，就会发现其基本的支持在于将减排而生产适构大气环境的供给品划分为：俱乐部产品、公共资源、私人物品、纯公共物品等，企业、政府、NGO、家庭、社区、开发区等不同层次类型减排中心为了利己或利它的目标而努力参与，集体行动。

这主要通过生产与减排挂钩，排污权资源化，将减排温室气体提供改善气候变化的服务变成私人物品生产性质；通过生态村、低碳园、生态社区、低碳企业等认证评比，形成具有竞争性的俱乐部，将减排温室气体的生产和服务变成俱乐部产品；将需要保护的湿地、林地等建成公园保护区等，赋予专门的管理组织，保持其吸碳功能，限制使用方向和力度，将减排温室气体的服务变成具有相对明晰产权的公共资源；将公益林、生态修复工程等所提供的减排温室气体的附带服务变成由政府提供的公共物品，而且厘清不同等级、辖区的政府供给服务，提高集体行动效率。

激励包括经济、社会、心里激励和道德方面的鼓励、表彰等。上海制定了低碳经济活动的奖励补贴措施。如 2010 年符合《上海市产业结构调整专项扶持暂行办法》要求的项目，政府给予每下降 1 吨标煤最高可补助 500 元，最高补助标准为 5 000 万元的奖励；对符合《上海市节能技术改造项目专项扶持实施办法》、《上海市合同能源管理项目专项扶持实施办法》要求的节能技改项目、合同能源管理项目，按照每节约 1 吨标准煤 500 元，单个项目奖励金额原则上最高不超过 500 万元的标准进行奖励；对符合《上海市可再生能源和新能源发展专项资金扶持办法》要求的可再生能源和新能源发展的重点领域的示范项目进行无偿资助或 1—3 年不超过 3% 贷款贴息的资助，从而使得低碳化产品可以更畅销、更高价，形成很好的经济激励。

另外，国家领导人等对取得低碳化发展成效的前卫村等低碳治理中心的考察，国际国内某些组织或职能部门给各类低碳治理中心颁发的各类荣誉称号，形成很好的社会激励、心里激励与道德激励。

压力是指在经济、社会、道德等方面的惩罚与制约。自“十一五”提出低碳化的刚性目标以来，上海相继制定了各类环境保护法规、条例，对高碳化形成制度压力。在此基础上，政府对排碳企业或组织等不断加大税费征收力度，提升其成本压力。如上海 1989 年排污费为 11 500 万元，1990 年为 11 808.9 万元，2006 为 34 692.6 万元。

3.3 多中心竞争与合作机制

上海通过低碳化治理中心促使各类组织、利益集团能够围绕各自低碳化中心，为了各自目标，竞合互动，共同形成直接或间接的低碳化一致行动。

3.3.1 社区为中心，进行低碳社区、低碳开发区、低碳城镇等评比

2002年以来，上海相继进行了“环境友好小区”、“环境优美村”、“绿色小区”的评比建设，发起了8大低碳发展实践区的试点活动，促使组织单元内齐心协力创造良好的绩效指标，参与不同组织单元间的竞争。这首先是为了荣誉和声誉的竞合，也是为了免除管制成本，增加经济收益的竞合。

3.3.2 政府为中心，进行低碳政府绩效评比

低碳化发展有着多重政府绩效的表达。对某一级别的政府来说，在一定时段内其辖区经济的低碳化水平及进步是其政绩的重要表征载体，低碳化在这个意义上存在着竞争和合作。因此不同等级政府组织会针对这个单方难以有效推进的低碳化治理选择合作竞争。

3.3.3 企业为中心

划分低碳企业与非低碳企业并给予差别待遇，促使企业间合争中叠加上低碳化合争的内容。如闵行2008年将162家年报企业进行五级划分，并给予差别待遇，促使企业间竞合互动，促进了低碳化进程。

3.3.4 不同类型中心之间低碳化奖励补贴或投资的竞合

上海对节能减排企业及有关组织实行补贴和奖励制度。为此，各组织单位或利益集团就自觉进行有效的竞争合作，尽力符合政策的奖励和补贴要求，从而获取打破某些低碳化限制门槛，减低低碳化成本，赢得竞争力。同时有关组织单元或利益集团为了获得政府投资支持的低碳技术研发基地、设施，而进行竞争合作。如闵行为

了促使低碳技术研发基地落户本区，不但组织各类企业与大专院校、研究机构联合申请，同时政府给出了许多优惠政策，从而在18区县竞争中胜出。

3.4 多种低碳利益集团培育机制

构造多层面、多种类的利益集团，是推进集体一致共同治理碳排放的关键。上海通过各种政策制定，降低不同利益集团低碳化经营的盈亏点，吸引、动员各类组织或利益集团参与上海低碳化进程。从上海低碳利益集团和集体组构看，主要表现为如下几个方面：以社区为中心推动集体行动减排碳，以政府为中心推动集体行动减排碳，以企业为中心推动集体行动减排碳，以NGO为中心推动集体行动减排碳，以事业单位的创新技术、教育宣传推动集体行动减排碳，志愿者减碳。上海目前正在形成的，以低碳社区、企业、工业园区、卫星城等多中心的集体行动体系，其核心是政府的组织力、激励政策与惩罚政策。最强的中心是政府；其次是企业；再次是园区；社区自组织力有限，个人和NGO作用有限。

4 结论与启示

低碳城市是上海发展的必然选择，上海在发展低碳城市过程中努力策动集体运动，形成了明显的绩效。上海低碳化实践已初步由政府、企业、NGO、家庭/社区、产业区和生态实体等形成了多中心治理体系，其基本思路为发展清洁能源减碳，土壤农林固碳，节能新技术减碳，通过碳中和、碳交易减碳，压缩高碳产业、发展循环经济减碳，宣传新型低碳居家消费减碳等。

低碳化治理的基本机制是多渠道、多中心低碳化治理机制；政策激励与压力机制；多中心竞争与合作机制；多种利益集团培育机制。因此，上海低碳化发展必须构建低碳化集体行动组织体系。

上海的低碳化治理正处于初级阶段，低碳化成本较低，成效显著，但随着治理的深入，成本将会加速上升，今后如何深化和长期保持低碳化的激励和动力，是需要研究的重大问题。政府看得见的手是目前集体行动的主要推动力和治理核心，从长远来看，这种治理模式成本日益增加，终将难以为继，出路在于培养多种核心组织单元，推动多中心的集体行动，发挥亚当·斯密那只“看不见的手”和 Ostrom 提出的公共品生产与供给领域的“另一只看不见的手”的作用。

参考文献

[1] 联合国开发计划署研究中心．全球化之道——全球公共物品的提供与管理［M］．北京：人民出版社，2006：427—439.

[2] John Byrne Kristen Hughes. Can Cities Sustain Life in the Greenhouse?［J］. *Bulletin of Science，Technology & Society*，2006，26（2）：84 –95.

[3] Dhakal，S.. Urban energy use and Cities' CO_2 emissions in China and policy implications［J］. *Energy Policy*，2009，37：4208 –4219.

[4] Pamlin D，Pahlman S，Weidman E.. A Five-Step-Plan for a Low Carbon Urban Development［R］. Ericsson：WWF，2009.

[5] Kei Gomi，Kouji Shimada，Yuzuru Matsuoka. A low-carbon scenario creation method for a local-scale economy and its application in Kyoto city［J］. *Energy Policy*，2010，38：4783 –4796；Li Li. Energy demand and carbon emissions under different development scenarios for Shanghai，China［J］. *Energy Policy*，2010，38：4797 –4807.

[6] 卡兰等．环境经济学与环境管理（第三版）［M］．北京：清华大学出版社，2006：288—304.

[7] Ricardo Abramovay. Decarbonizing the Growth Model of Brazil：Addressing Both Carbon and Energy Intensity［J］. *The Journal of Environment & Development*，2010，19（3）：358 –374；Matt Prescott and Matthew Taylor. Every Citizen a Carbon Trader?［J］. *World Policy Journal*，2008，25：19 –28.

[8] Tina Fawcett. Personal carbon trading: A policy ahead of its time? [J]. *Energy Policy*, 2010, 38: 6868 - 6876.

[9] D. McEvoy, D. C. Gibbs and J. W. S. . Longhurst, Reducing Residential Carbon Intensity: The New Role for English Local Authorities [J]. *Urban Studies*, 2001, 38 (1): 7 - 21.

[10] Gill Seyfang. Community action for sustainable housing: Building a low-carbon future [J]. *Energy Policy*, 2010, 38: 7624 - 7633; Yacob Mulugetta. Carbon reduction at community scale [J]. *Energy Policy*, 2010, 38: 7541 - 7545; Lucie Middlemiss, Bradley D. Parrish. Building capacity for low-carbon communities: The role of grassroots initiatives [J]. *Energy Policy*, 2010, 38: 7559 - 7566; EvaHeiskanen. Low-carbon communities as a context for individual behavioural change [J]. *Energy Policy*, 2010, 38: 7586 - 7595; Susie Moloney. Transitioning to low carbon communities—from behaviour change to system change: Lessons from Australia [J]. *Energy Policy*, 2010, 38: 7614 - 7623. Snigdha Chakrabarti. Public-community participation in household waste management in India: An operational approach [J]. *Habitat International*, 2009, 33: 125 - 130.

[11] Roy Alexander, Max Hope & Martin Degg. Mainstreaming Sustainable Development-A Case Study: Ashton Hayes is going Carbon Neutral [J]. 2007, Vol. 22, No. 1, 62 - 74.

[12] Liu Z, Dai Y D, Changgui, Qi Y. Low-carbon city: concepts, international practice and implications for China [J]. *Urban Study*, 2009, 16: 1 - 12.

[13] Jiyuan Liu and Xiangzheng Deng. Impacts and mitigation of climate change on Chinese cities [J]. *Current Opinionin Environmental Sustainability*, 2011, 3: 1 - 5.

[14] Abigail L. Bristow, Miles Tight, Alison Pridmorec, Anthony D. May. Developing pathways to low carbon land-based passenger transport in Great Britain by 2050 [J]. *Energy Policy*, 2008, 36, 3427 - 3435.

[15] Deborah Salon, Daniel Sperling, Alan Meier, Sinnott Murphy, Roger Gorham, JamesBarrett. City carbon budgets: A proposal to align incentives for climate-

friendly communities [J]. *Energy Policy*, 2010, 38: 2032 - 2041.

[16] Timothy M. Vadas, Timothy J. Fahey, Ruth E. Sherman, Jason D. Demers. Approaches for analyzing local carbon mitigation strategies: Tompkins County, New York, USA [J]. *International Journal of Greenhouse Gas Control*, 2007, 1: 360 - 373; Xie Q. Low carbon city development of China [J]. IOP Conference Series: Earth and Environmental Science [A], 2009, 6: 2320 - 2323.

[17] Elinor Ostrom. Polpcentric system for coping with collective action and global environmental change [J]. *Global Environmental Change*, 2010, 20: 550 - 557.

[18] 高春芽. 理性的人与非理性的社会：奥尔森集体行动的理论研究 [M]. 北京：中国社会科学出版社，2009：89—129.

[19] Pamela E. Oliver. Selective incentive in an apex game: an experiment in coalition formation [J]. *The Journal of Conflict Resolusion*, 1980, 24 (1): 113.

[20] 朱聆、张真. 上海市碳排放强度的影响因素解析 [J]. 环境科学研究，2011，1：20—26.

从自主治理角度看我国城市的黑车合法化治理方式

——基于上海嘉定地区的案例分析

符丽丽[①]

1 上海黑车合法化治理政策概述

截至2000年，嘉定区人口已经达到了48.64万人，公路运输旅客发送量达到2 482万人次，旅客周转量达到了164 433人/公里，载客汽车326 863辆，人均载客汽车拥有量仅为0.672辆[②]，而其中正规出租车仅有约50辆，远远不能满足嘉定人口的出行需要。

而此时，嘉定地区的黑车数量异常庞大，几乎成为上海市黑车的发源地，仅仅是区域性出租车筹备阶段登记过的黑车小奥拓（为当时黑车的主要车型）就达到了4 800辆，还不包括挂靠单位的其他车型等。

虽然，客运管理稽查大队（交通行政执法大队前身）采取了较大的处罚力度，罚款数量高达10 000—20 000元，但是，仍然不能遏制黑车的发展趋势。客运市场秩序非常混乱，由黑车引起的治安事件频发，城市形象也受到极大影响。采用何种方式进行有效治理，

---

① 符丽丽，中国人民大学。

② 数据来源：《上海市2001年统计年鉴》，见http://www.stats-sh.gov.cn/2004shtj/tjnj/tjnj2001.htm。

成为嘉定政府迫在眉睫的市政管理难题。

为解决嘉定地区黑车问题，上海市政府、嘉定区政府以及政协、人大提出多种方案，最终决定采用以区域性出租车为主体、辅之以必要的打击的合法化治理政策。该政策以2001年上海市政府关于组建区域性出租车收编黑车司机的内部文件形式颁布。

黑车合法化治理并不等同于收编，它还包括了打击、规范管理。黑车合法化治理的政策目标群体为嘉定本地的黑车司机，合法化的组织承载体区域性出租车公司，为上海大众、锦江等市内出租车公司在嘉定区的分设公司。以区域性出租车公司为载体，对符合政策规定的部分司机进行收编，并进行规范化管理是黑车合法化治理方式的主体。作为辅助手段，执法部门对部分不符合合法化条件的黑车进行打击，也不可或缺。收编管理与打击是黑车合法化治理政策相辅相成的两个组成部分。其中任何一个实行力度减弱，都会对另一个措施产生影响，甚至影响到整个合法化治理方式的效果。

2　上海嘉定的黑车合法化治理政策的特点

2.1　黑车合法化治理 = 区域性出租车政策 + 有力的黑车打击

以合法的组织对部分符合条件的黑车进行收编，是合法化治理政策的主体、特色，但是，有力的黑车打击措施也是合法化治理不可或缺的组成部分。2001年以前，猖獗的黑车市场，证明了光有严厉打击，而没有合理疏导的措施的失败。而十年以后，由于遭遇执法方式的瓶颈限制，政府打击不力，再次出现蔓延势头的黑车市场，也证明了只有收编，没有打击的思路的不可能性。而2002—2009年间，客运市场相对有序，恰恰证明了打击与部分收编的合法化治理方式两者不可或缺。虽然，目前打击和收编两方面都还存在诸多问题的，但整体而言，嘉定区黑车合法化治理成效比较明显，区域性出租车运行较为平稳。

2.2 政府是黑车合法化治理的主角

在组建之初，以嘉定区交通局牵头，其下设的申嘉汽车服务中心为执行主体，村镇、物价局、工商局等政府部门予以协助，进而引进市内出租车公司，通过在嘉定建立分公司的形式成立区域性出租车公司，政府以参股形式参与区域性出租车公司组建，并委派官员负责区域性出租车公司的重要管理岗位。同时，作为合法化治理的辅助措施，交通局下设的客运管理稽查大队，一方面与交警支队联动，对部分不符合收编条件的黑车予以严厉打击，保障合法化进程的推进，另一方面，也对新建的区域性出租车公司的运营进行规范、督查。

可见，在合法化治理政策实行初期，政府成为绝对的主角，不仅制定合法化的有关政策、引进知名市内出租车公司、打击黑车、规范区域性出租车公司的运营，而且通过参股形式、委派管理人员进驻等方式，直接参与到区域性出租车公司的组建与管理中。这从前文公司组建的流程图中也可见一斑。

再考察现阶段区域性出租车公司所处的管理结构，仍然凸显了政府的主导地位。

接受嘉定区交通局和上海市城市交通行政执法总队双重领导的嘉定区交通行政执法大队是区域性出租车公司的主管部门，在打击黑车（目前主要为外地黑车）的同时，也规范、监督区域性出租车公司的日常营运。嘉定区物价局主要负责制定区域性出租车的价格等，区域性出租车公司每月还需要将运营数据统一上报至交通局。

虽然区域性出租车公司基本是市内出租车公司的分公司（嘉定江桥除外①），但是，与设在市区的分公司相比，相对独立，总公司

---

① 嘉定江桥原先也为市内出租车公司江桥公司的分公司，2005年左右，因经营不善等原因，市内出租的部分被其他出租车公司兼并，使得嘉定江桥的性质发生了转变，由分公司变成了独立运营的纯粹意义上的区域性出租车公司。

对分公司的控制比较弱，相反的，区域性出租车公司更多地受到政府的管理和指导。

易见，无论是黑车合法化治理政策推行之初，还是发展已有十年之久的现时，政府在治理过程中的主角地位一直没有发生改变，黑车司机、乘客等在此过程中，更对地是政策的接受者，而不是政策制定、推行的有力一角。

2.3　合法化治理进程严重依赖政府

从嘉定黑车合法化治理的起源来看，黑车泛滥，政府治理不仅难度大，而且成本高，是促成合法化治理政策主要原因之一，而且，也主要是客运管理稽查大队在执法过程中发现，打击对象一般均为当地的失地农民、下岗工人等弱势群体，进而提出了合法化治理的思路。

从该政策进入政策议题的推动力角度来看，既非民众自身的主动呼吁，也非媒体等力量的介入，而是政策制定者（或者说政府）本身的意识推动。所以，这一合法化治理政策，从制定伊始，即依赖政府。

考察该政策实行的初始阶段，由于区域性出租车为出租行业的新领域，市内出租车公司大都持观望态度，如此，政府主要通过参股形式，介入公司组建，分担风险，进而成功引进知名出租车公司，推动了合法化治理进程。

另外，就现阶段而言，一方面，出租车司机运营成本不断提高，政府又通过油贴等方式，来扶持区域性出租车行业的发展。另一方面，随着区域性出租车司机的保险待遇不断提高，公司运营的负担也日益加重，政府投入社保资金予以资助，也已经成为出租车公司愈来愈高的呼声，被视为是解决运营负担的最好方式。

可见，无论是合法化进入政策议程的推动力，还是在具体的推行以及发展过程中，区域性出租车行业严重依赖政府，政府支持与否成为决定其发展状况的关键因素。

2.4 黑车合法化是政府与特殊利益集团的联合

上海嘉定的黑车合法化治理，主要是政府引进知名的市内出租车公司，以建立分公司的形式，建立区域性出租车公司，进而对部分符合条件的黑车司机进行收编与规范管理。这种方式，一方面，是作为协调与市内出租车公司之间的关系的最优选择，避免了市内出租车公司与区域性出租车之间的竞争性和冲突；另一方面，也是为了利用知名市内出租车公司的品牌效应，迅速建立区域性出租车的形象。

就嘉定引进的三家公司来看，大众、锦江均为国有企业，2005年部分被兼并而彻底转为区域性出租车性质的江桥为私营企业。在黑车合法化治理之前，嘉定黑车司机也并未自发形成组织，在合法化过程中，都是根据所在区域，划归不同的公司，可见，这一组织化、收编的过程，既不是自发的过程，也不是自由选择的过程。

整体来看，这种合法化的治理方式，通过政府与市内出租车公司的联合，既达到了整顿市场秩序的目的，同时也避免了冲突，是个不错的选择。但是，这一过程也充分证明，这仅仅是政府与特殊利益集团的结合，而没有重视司机、乘客自身的资源，不是一个自发的、自由选择的过程。因而，它更多地代表了某一部分的群体的利益，而非整体的，包括黑车司机和乘客在内的多主体的利益。

3 黑车合法化治理政策评估

3.1 黑车合法化治理政策主要成效

毋庸置疑，黑车合法化治理政策作为一种由“堵”到“疏”治理方式的转变，取得了一些显著的治理效果。例如，这一政策有效地解决了一部分黑车司机等弱势群体的就业问题，也有效地补充了公交系统，方便了大众出行。另外，与之前片面的打击手段相比，这种疏堵结合的治理方式也极大地降低了执法人员的压力和执法成本。当然，客运市场的有序，也在一定程度上提升了政府形象。

所以，无论是从政策供给的市、区政府角度，还是从作为政策需求方的黑车、乘客等的角度来看，黑车合法化治理都取得了比较突出的成绩，这也是为什么嘉定区的治理经验被作为成功典范，在上海市其他地区得以推行的原因。

但是，也正如上文所说，由于合法化治理过程为政府主导，并且是政府与特殊利益集团的结合，一定程度上忽视了黑车司机等群体的自治性，因此，无论是在政策实行初期，还是在后续发展中，都存在着一系列的问题：

3.2 合法化治理政策的问题

3.2.1 政府主导下的统一性带来的经济成本问题

嘉定地区的黑车合法化治理由政府推动，通过引进知名的市内出租车公司，合作建立区域性出租车公司，以进行黑车司机的收编。政府出于城市形象等考虑，决定采用统一的车型，并设计统一的车辆外观，以区别于无序、混乱的黑车以及市内出租车。

由于当时黑车的主要车型为奥拓车，政府认为，从长远的角度看，这并不符合城市的形象，而且当时市内出租车均为桑塔纳3000型，因而上海市政府、区政府以及区交通局经过多次协商，最终决定采用普桑型轿车，并决定车体统一使用浓绿色。当然，在发展的过程中，原先的浓绿色已经被橙黄色所取代。

这就带来了两个最主要的经济成本，一即新车辆的设计与购置成本，二即旧有车辆的回收与处理成本。

3.2.2 区域性出租车司机利益被忽视的问题

上海嘉定的黑车合法化治理是政府与特殊利益集团（出租车公

司）的联合，维护的是政府与特殊利益集团的利益，黑车司机以及乘客的利益，在一定程度上则被忽视了。

区域性出租车原本是为解决黑车问题而产生的新事物，但是，由于运作方式与正规出租车类似，即均为政府主导，在一定程度了忽略了司机自身的利益诉求和自由选择性，所以，区域性出租车也呈现出了与正规出租车类似的问题。例如，运营成本高，管理费负担过重，司机也处于超负荷运营状态，工作强度大，最低工作时间达 16 小时/天。

3.2.3 区域性出租车公司发展严重依赖政府

以社会保障为例，区域性出租车政策实行之初，将所有司机全部纳入社保体系，下岗工人仍然享受城市社会保险待遇（简称城保），失地农民纳入农保范畴，而小镇户口的则纳入城镇社会保险（简称镇保）中，但是，2004 年左右，区域性出租车领域实行了参保制度的改革，逐步统一为保险水平低于城保而高于农保的镇保，2004 年以后进入区域性出租车公司的司机均参加镇保，即使是原先是城保，也被要求放弃。本次调查中，绝大部分司机参加的是镇保。

但是，一方面，一部分原先参加城保的司机被迫改成了保障水平较低的镇保，另一方面，司机之间的社会保障水平也不平衡，高低各有差异，因此，司机们要求提高保险层次的呼声，也越来越强烈，2009 年，嘉定大众也曾因为保险问题，而发生了司机上访事件。

更为关键的是，继 2009 年上海市长韩正提出“同工同酬”的要求以后，2010 年，上海市委书记俞正声再次提出，不同职业的职工要“权利义务对等”。而现阶段虽然区域性出租车司机与市内出租车司机承担着同样的义务，却没有享受到同等的社会保障权利，更加加重了区域性出租车社会保障水平提升的迫切性。

事实上，租赁模式下的区域性出租车公司，员工社会保障金的缴纳是其主要的成本支出，据嘉定锦江的内部统计，每年公司为员工上缴的保险金高达300多万，占公司总利润的50%以上。在嘉定大众，情况也极为类似，从区域性出租车成立之初的盈利10%左右，变成了现今的2%—3%，如果再提高社会保障水平，那么大众每年的支出将增加约200万元，公司盈利微乎其微。又由于管理费已经成为司机与公司的一个分歧点，如果因为社会保障层次的提高而再增收管理费，极有可能引起二者之间的激烈矛盾。

在此背景下，出租车公司普遍认为，政府提供社保资金支持是最优的解决方案，而且政府提供与否，直接决定了黑车合法化的治理政策能否继续推行。

3.2.4 外地黑车何去何从？

《上海市出租汽车管理条例》第十一条第一款规定的出租车司机从业资格即为“有本市常住户口”，这也就决定了外地黑车司机是被排除在外的。

区域性出租车作为收编本地黑车司机的举措，着实在很大程度上缓解了黑车问题，尤其是在2001年黑车司机主要为本地人的情况下。但是，在推行的这十年间，黑车主体构成已经发生了很大大变化。在黑车聚集的嘉定汽车站、长途汽车站等地，我们发现，约70%的黑车为安徽车辆，而嘉定本地的黑车仅有几辆。据交通行政执法大队的不完全统计，目前约有80%的黑车司机为外地人。

不少人提议，将外地黑车也纳入区域性出租车，但是，政府和公司还存在一些顾虑：第一，目前区域性出租车公司的规模是否足以消化数额庞大的外地黑车？第二，由于没有本地户口，如何才能让出租车公司及乘客与其建立信任关系？因而，将外地黑车纳入区域性出租车的举措似乎仍然旷日弥久。

由此可见，现阶段的合法化治理政策更多的是在维护本地司机的利益，而没有兼顾外地黑车司机的利益，是存在较大的局限性的。而且，这一局限性也正给合法化治理政策带来了越来越大的挑战。

4 基于自主治理理论的黑车治理方式思考

综合前文来看，上海嘉定作为全国率先试行黑车合法化治理的地区，其治理方式已经取得了一定成效。但是，由于这一过程的政府主导性，以及其本质是政府与特殊利益集团的结合，因而，实行过程中也出现了诸多问题，这些问题影响着该政策的治理效果，甚至对政策的未来发展方向也有深刻影响。

那么黑车问题，究竟该如何解决呢?

基于实地调查，并结合奥斯特罗姆教授自主治理理论的思考，我们认为，自主治理或许不失为一种选择。

从事物结构的角度来看，出租车行业可以被视为一种动态的公共池塘资源。在自然状态下，他具有非排他性，即一个从业者的进入，并不能阻碍另一个从业者也进入该行业，但同时，他也具有竞争性，客流量在某个时间截面上，是相对固定的，因此，多增加一个从业者或者是每个从业者多占有一些资源，都会以其他从业者的利益损失为代价，这里并不存在所谓帕累托最优。

为避免这一领域的公共地悲剧，现时采取的方式是政府干预，通过行政手段限定进入门槛，进行数量管制，然而最大的问题就在于，这种方式下，各方利益并没有得到很好的协调。2001 年嘉定本地黑车司机的大量出现是鲜明的印证，而将对政策进行调整，将本地黑车司机纳入以后，外地黑车的庞大阵容出现，则是对利益协调失败的又一次深刻而现实的写照。

在此基础上，我们认为，应当构建以社区为操作主体，政府宏观监管的体系，充分发挥黑车司机自身的自主治理性，并通过乘客的自由选择提升司机组织之间的竞争性，从而优化服务，达到整顿客运市场秩序的目的。

第一，从现实条件上来看，2001 年上海嘉定地区的黑车司机并没有形成相应的组织，而十年之后，司机们的自主组织性已经大有提升，上海嘉定的黑车大都以户籍为划分界限，形成了若干黑车组织，北京密云则是形成拥有自己的电台、调度电话的地下出租车公司，虽然这些组织目前被认定为非法，特别嘉定的这种组织，甚至带有一定的黑社会性质，但这却都说明了黑车司机自主治理性的提升，和自主治理的可行性。

第二，社区对本辖区内的黑车状况熟悉，可以作为司机自主治理的良好平台。社区可以作为本辖区内的司机表达利益诉求、相互协商、作出可信度承诺的平台，进而建立为本社区内的司机所共同接受的组织（或者说制度）。在日常运作中，社区还扮演内部监督者的角色，以及内部冲突协调者的角色。

第三，政府应扮演外部的监督者、协调者和宏观管理者的角色。与现有的政府与区域性出租车公司之间的主导、利益联合关系有所区别，政府应当扮演的是不同社区出租车组织之间的冲突协调者的角色。同时，正如奥斯特罗姆教授所认识到，离开监督的可信度承诺也是无力的，因而除了司机相互监督以及社区监督这两种内部监督，政府还应当扮演外部监督者的角色，同时，针对该行业，进行宏观管理。

第四，乘客是推动自主治理质量不断提升的重要力量。与现有的公司或者政府强制性规定相比，乘客的自由选择带来的竞争性，对于提升司机的服务质量和态度，不仅效率更高，而且成本更低。

由此，通过司机自身、社区、乘客以及政府的分工、配合，进而形成黑车治理的良性互动，达到整顿客运市场秩序的目的。

参考文献

[1] 文森特·奥斯特罗姆．美国公共行政的思想危机［M］．上海：上海三联书店，1999.

[2] 埃莉诺·奥斯特罗姆．公共事务的治理之道［M］．上海：上海三联书

店，2000.

[3] 奥斯特罗姆，帕克斯和惠特克．公共服务的制度建构［M］．上海：上海三联书店，2000.

[4] 毛寿龙．公共事物的治理之道［J］．江苏行政学院学报，2010（1）：100—105.

[5] 高轩，神克洋．埃莉诺·奥斯特罗姆自主治理理论评述［J］．中国矿业大学学报，2009（2）：74—79.

[6] 匡小平，肖建华．埃莉诺·奥斯特罗姆公共治理思想评析［J］．当代财经，2009（11）：32—35.

[7] 张鑫．奥斯特罗姆自主治理理论的评述［J］．改革与战略，2008（10）：212—215.

[8] 杨斌，于吉安．公共治理范式研究［J］．求索，2010（8）：76—78.

[9] 上海市2001年统计年鉴．

个体间差序格局对共享资源合作治理的影响分析

——以南京住宅小区业主自治为例

关宏宇，朱宪辰，周彩霞，李涛，夏茂森[①]

1 引言

随着我国经济体制改革的推进，原由政府包揽的诸如住房医疗教育等各项服务和产品供给的义务相应的治理责任，逐渐向基层决策单元——家庭和企业——分解下放。这一市场化、产业化、企业化的改革过程对于那些“可分割”成排他性、竞争性的私人物品领域来说是平稳的，对于涉及诸多个体共有、共用、共享的“不可分割”的公共事物（产品和服务）时，供给和治理问题都出现了一定的问题。其中城镇住宅小区——既非家庭私有又非社会公有的、被一定范围内私人共享的“共享资源”（common pool resource）就是一个典型。

房产改革前，我国城市基层结构的主要特征是社区与单位高度

① 关宏宇，南京理工大学经济管理学院；朱宪辰，南京理工大学经济管理学院，电子邮箱：zhuxianchen@gmail.com；周彩霞，南京理工大学经济管理学院，电子邮箱：zhoucx99@yahoo.com.cn；李涛，南京理工大学经济管理学院，电子邮箱：taolee@sohu.com；夏茂森，南京理工大学经济管理学院，电子邮箱：xmsen2000@163.com。地址：南京市孝陵卫200号南京理工大学经济管理学院，邮编：210094。

重叠（李玉连、朱宪辰，2006），在此情况下，小区业主之间的交往仍属于熟人间的交往，亦即人格化交往，而且，单位制小区事实上不存在严格意义的社区，并没有个体参与共享资源自发治理的需求和制度发育。随着住房商品化和单位办社区的瓦解，商业化的城市小区所确立的私有房产和公共部位引发共享资源的自发治理问题逐渐浮出水面，而通过买入商品房而连接在一起陌生的业主间交往格局——即匿名非人格化交往——转变也随之增加了这一问题的复杂性。

小区共享资源治理的问题简单地说就是个体理性与集体理性的冲突问题，就如奥尔森（Olson，1965）的“零贡献理论”（zero contribution thesis）[①] 和哈丁（Hardin，1968）的“公地悲剧”（tragedy of the commons）[②] 所揭示的道理一样。奥斯特罗姆（Ostrom，1990）将其概括为“一种涉及个人利益与公共利益（common good）对资源分配有所冲突的社会陷阱（social trap）”[③]。这种困境用博弈论的语言表述，非合作是个体的严格占优策略，所有个体都不合作是该博弈唯一的纳什均衡结果，传统理论对此给出的解决之道[④]在这一问题面前的局限已成为共识。然而，近年来大量的经验工作表明，自愿的集体行动和共享资源合作供给制度的确在不同层次上都有可能发生，如：农田灌溉系统（Kikuchi，1984）、牧场、社区基础设施（如医院、学校、公共电视）（Ferejohn，Noll，1976）以及大学图书馆（Schoumaker，1977）等。

---

① 理性的寻求自身利益的个体不会为了达成他们共同的或团体的利益而采取行动。

② 有限资源注定会因自由取用和不受限的要求而被过度剥削，意味着无论在什么时候什么情况下，只要是许多个体共同使用或享有一种有限资源，必定会导致该资源的枯竭。

③ 转引自埃莉诺·奥斯特罗姆，余逊达、陈旭东译：《公共事物的治理之道：集体行动制度的演进》，上海：上海三联书店，2000。

④ 一是共享资源彻底私有化，从而使外部性问题内部化，即所谓的“内部人控制管理”［罗伯特·J. 史密斯，1981；韦尔奇（Welch），1983；Sheshinski，López-Calva，2003］；二是由一个外部强权机构（国家）出面控制使用，并通过征税提供对资源的维持（如霍布斯，1651；奥普尔斯，1973；迈克尔·泰勒，1987）。

为了解释理论研究与经验研究之间的矛盾，更为了探索共享资源合作治理的条件及过程，提供集体行动困境的解决之道，管理者和研究者都从各方面做了大量工作，也取得出色的研究进展。其中，很多研究者在考察合作形成过程中指出存在个体间的有偏配对过程，即个体更愿意同与自己相似或是与自己同属于同一群体的个体合作。事实上，对这这一问题的关注可追溯到休谟（Hume，1978：538）给出的经验性观察“互为邻居的两户人家会合挖一条共用的牧场排水沟，因为他们很容易了解对方的想法，并且肯定都意识到放弃这个排水项目即刻就会给自己带来损失”①。那么，究竟是什么原因导致个体间的有偏配对合作过程，这一过程又是如何影响共享资源合作治理过程的，以及如果个体间相似程度高会提高群体合作水平，那如何解释其与异质性对合作水平的看似相矛盾的影响。

对此，本文拟从个体具备的信息角度出发，对个体之间的“差序格局”——相近程度及连接方式，对共享资源合作治理制度安排形成的影响机制进行考察。本文余下内容的各部分安排为：第二部分，相关研究工作的简单回顾；第三部分本文的理论框架和猜想；第四部分具体的理论模型构建；第五部分结合典型案例做简单分析；最后是结论与讨论。

2 相关研究工作回顾

2.1 共享资源自发治理

为解释共享资源自发合作治理的理论研究与经验研究之间的矛盾，研究者从各方面做了大量的工作。博弈理论和行为实验以及跨

① 转引自朱宪辰：《共享资源制度安排——中国城镇住宅小区自发治理案例分析》，北京：经济科学出版社，2005。

学科研究领域，更多的关注个体层面影响合作的微观机制研究，如异质性的引入、利他主义及内化道德对个体偏好的扩展、声誉机制及监督、社会资本等角度。（McCabe，Rassenti and Smith，1996；Rabin，1993；Fehr and Schmidt，1999；Selten，1991；Bowles，1998）经验研究调查工作也更为广泛深入的展开，积累了大量集体行动和自发合作的案例，考察影响群体合作水平的因素。（Ostrom，1990；Feeny et al.，1990；Baland and Platteau，1996）如Lewis和Cowens（1983）通过对一组渔民每一时间段联合使用海洋渔场的案例的考察，归纳出了在缺少外部强加解决方案下共享资源的使用者通过自愿合作行为实现无限制的合作均衡的条件①。Ostrom（1990）在其“多中心治理之道”中结合大量的实际案例，提炼出用以解释集体行动能否维持的五个变量，设计出了共享资源自发治理的八个原则②。

2.2 异质性对共享资源自发治理的影响

对于异质性讨论，仍要从Olson（1965）的奠基性贡献说起，其研究表明：一旦差异导致占优个体出现，那么诸如工会、农场合作社、商业协会甚至农业季节工等这样存在共同利益的群体间集体行动问题的外部性就可以通过内部化的方式得以缓解。

与奥尔森结论相反，Bardhan（1993）指出，“对于具有相似需求的小群体来说，合作将更加容易和有效率”，但是“从共享资源中获得的私人效用不均等的程度增大时，就会导致某些个体从原有的合作中脱离”。Kanbur（1992）支持此观点，讨论了公共财产资源管

---

① 包括充分信息，直接的、未扭曲的交流条件，对称条件，实施条件，监督条件。

② 五个变量包括群体成员人数、能够产出有效供给要求必须达到的参与者最低人数、个体关于远期效用的预期、个体之间利益的相似性、成员中是否有些个体的权力或资本特别大。八项原则包括明确界定边界、收益与成本对称、集体选择安排、监督、分级制裁、冲突解决机制、组织权利的最低认可以及分权制企业。

理中的合作很难在有高度个体差异的情况下发生。另外，Baland 和 Platteau（2002）提出，异质性与共享资源自发供给之间是一种“U型曲线”的关系，即在异质性程度较低和异质性程度较高时供给水平最高，中等的异质性水平将显著减少个体的共享资源捐赠。

可见，关于个体异质性对共享资源治理及集体行动的影响问题，学者们的意见目前尚存在很大分歧，一致的同意仅限于异质性对共享资源捐赠存在密切的影响关系。具体如表1[①]：

表1　异质性对共享资源影响的理论研究

影响的具体方向	理论依据	主要贡献	不足之处
正相关关系	异质性能够区分个体的类别利于匹配	异质性导致个体行为差别	分析前，异质性本身和共享资源属性界定不清晰；分析过程中，研究方法不统一
负相关关系	异质性不利于达成一致同意的契约	合作均衡需要达成一致同意的契约性规则	
U型曲线关系	异质性有利于一些个体的供给，但不利于群体共同的努力	不同角度异质性影响的具体方向不同	

2.3　个体间合作的行为机制研究

谢林（Schelling，1960）在《冲突的策略》（*The Strategy of Conflict*）中，考察了人们个体间交往匹配的过程，提出了聚点（focal point）[②]，指出当博弈行为人之间没有正式的信息交流时，他们存在于其中的“环境”往往可以提供某种暗示（clue），使得他们不约而同地选择与各自的条件相称的策略（聚点），从而达到均衡。对此Sant 学派的 Camerer 和 Fehr（2002）指出，人们之间的这种“匹配”

① 宋妍：《基于偏好异质性的共享资源捐赠水平研究》，南京：南京理工大学博士论文，2009。

② 聚点可以解释为博弈局的所有行为人都认可的历史的、文化的或者其他的一些具有突显特征（property of salience）的偶然因素。

程度可以用来解释群体内“shared understanding”以及“cultural homogeneity”。

Bowles 和 Ginits（1998）在考察共同体[①]道德经济（moral economy of communities）时提出个体间的有偏的（biased）配对过程——“物以类聚，人以群分”减少了合作问题的产生，提高了参与者的收益。进一步提出解决共同体内的合作问题的声誉效应（reputation effect）、报复效应（retaliation effect）、分割效应（segmentation effect）以及地方观念效应（parochialism effect）。[②]

另一个与此相关的研究领域是对群体身份（group identity）的考察。社会心理学实验已证明群体身份认同会影响个体行为，个体与群体内和群体外个体打交道会呈现不同的行为模式。（Henri Taifel, John Turner, 1979；Shih, Pittinsky and Ambaby 1999；Daniel J. Benjamin, James J. Choi and A. Joshua Strickland, 2006）经济学对于这一问题的关注开始于 Akerlof 和 Rachel（2000），他们延续新古典范式，通过将社会分类及对应的行为预期纳入效用函数构建了社会规范内生模型，系统度量了社会偏好中的身份效应，考察了社会认同对个体行为的影响，如教育问题（Akerlof and Rachel, 2002）、互惠合作（Akerlof and Rachel, 2005）问题等。

更深入机理层面的研究是考察群体内偏爱（ingroup Favoritism）以及地方观念（parochialism）[③]，研究表明个体对群体内成员更为友

---

① 共同体是指一种社会互动结构，具有很高的进入和退出成本，并且成员之间互相认识。如同生物学中的“族群”，其内部成员间的交往比外部成员的交往更加频繁和广泛。不同于公司，它没有以成员为基础的中央集权式的决策机构；它也不同于经济学中常常被讨论的俱乐部，俱乐部具有相对较低的进入和退出成本，且具有一个常规的决策机构，并提供公共物品。

② 不同于前三种效应直接通过亲社会性偏好来提高合作水平，地方观念效应是通过强化前三种效用来实现的。

③ 人类学中称之为“乡土观念”，经济学中也有将其翻译成“狭隘观念”。为避免词语的感情色彩所产生的优劣评断，本文采用中性的“地方观念”，对应于住宅小区问题将其称为“社区观念”。

善，而对群体外成员冷淡、不信任甚至是敌对（Goette，Huffman，Meier，2006；Charles Efferson，et al.，2008）。对此，Helen Bernhard，Ernst Fehr 和 Urs Fischbacher（2006），以及 Lorenz Goette，David Huffman 和 Stephan Meier（2006）分别改造独裁者实验和囚徒困境实验进行了实验室考察，实验结果显示，由于群体内偏爱以及地方观念的存在，被试对组内成员表现出更为强烈的利他倾向，且对组内成员的偏离行为的惩罚更为严厉，由此导致群体内合作水平较高。

3 理论基础及猜想

3.1 相关概念界定

费孝通（1947）在《乡土中国》一书中提出“差序格局”概念，形象地概括了中国传统社会的社会结构和人际关系的特点：“我们的格局不是一捆一捆扎清楚的柴，而是好像把一块石头丢在水面上所发生的一圈圈推出去的波纹，每个人都是他社会影响所推出去的圈子的中心，被圈子的波纹所推及的就发生联系，每个人在某一时间某一地点所动用的圈子是不一定相同的。”这个概念说明中国社会结构的基本特性是以“己”为中心，像水的波纹一般，一圈圈推出去，愈推愈远，也愈推愈薄。这种向外围扩展既可能是因血缘亲缘而进行，亦可能是因地缘业缘而进行呈现团体格局性。类似的，何梦笔（Herrmann-pillath，1992，1994）将华人社会经济方式概括为具有网状多边关系的“家庭的外貌特征”，并认为这种在统一符号体系下的高度灵活机动性结构能够为在地域上人口流动和在社会意义上外生变化提供个体和群体的调适整合。他进一步指出，中华传统为个体提供了一种天才的符号机制来避免高风险的陌生环境中的社会复杂性，个体间“建立网络的典型步骤是，先找出共同点，即中国人说的‘同’，这是双方接近的基础，然后通过相互给予的物质好处，逐步使双方关系感情化……通过这些方法，双方在社会关系里的‘同’不但被发现了，而且本质上还被创造了出来，比如根据不同环境，通向可以是同村、同一个县或同一个省，但不管同乡指的是什么，同乡关系总是促进相互的信任”。

这其中暗含着地方/乡土观念（parochialism）的问题，人类学中所谓的乡土观念，本意是指长期以来形成的，以地域为依托的具有鲜明地方特色的地域文化。对乡土文化的认同包括服饰、饮食、建筑、语言、节日、风俗、生产方式乃至于价值观念的认同，是对共同起源、共同荣誉、共同信仰的认同。在人类学的视野中，乡土与乡土观念是由当地人的自我认同和他认同构成的。简单地说，一是与个体生活经历（文化传承）、“心灵”的归属感、相同的价值判断等复杂的文化因素联系在一起的，个体内省于心的认同；一是社会的认同，也就是个体被外界得以“类型化”识别的认可。

用经济学的角度看，处于相似情境中的人常常（选择）采取不同的做事方式，他们的选择依赖于他们居住的地方，及他们经常与之打交道的人。这些环境因素引起各群体（groups）内部行为的一致、整体上在各群之间形成差异，这些差异大多可以显而易见地归因于“文化”或“规范”上的差别。也就是说，在特定的区域或社群内部，会出现全体一致的应对环境情景的行为反应方式，呈现局部一致整体差异的行为模式，行为因地域而异（Geographical variations in behavior）。（Mary A. Burke et al.，2004）

在此借用人类学的两个概念，引入小区内部差序格局用以研究小区业主间自治问题，具体指小区内部每个个体以己为中心、逐渐向外推移的，超血缘的特殊地缘、业缘关系为主的交往格局下，小区里的每一个个体通过一定的兼具个体特色的行为习惯和地方文化性质的社会规范嵌入到小区系统中，因个体间个体特质方面的某些相似以及个体特质与小区内部群体交往秩序的互适，而相互之间产生的对于彼此的积极预期的一种社会秩序。可以看出，这一概念的引入包含了两层含义，一是关于小区个体间的交往结构，人与人的连接方式、打交道的格局，即差序距离；一是关于小区内部业主间形成的不同于其他小区的氛围、行为规范、社区观念等，包含地方观念的含义。

在正式的理论分析开始之前，针对看似矛盾的个体间差距距离（相似性）与异质性对共享资源合作治理影响，首先对应下文个体间差序距离讨论，对个体异质性做具体分层，如图1。

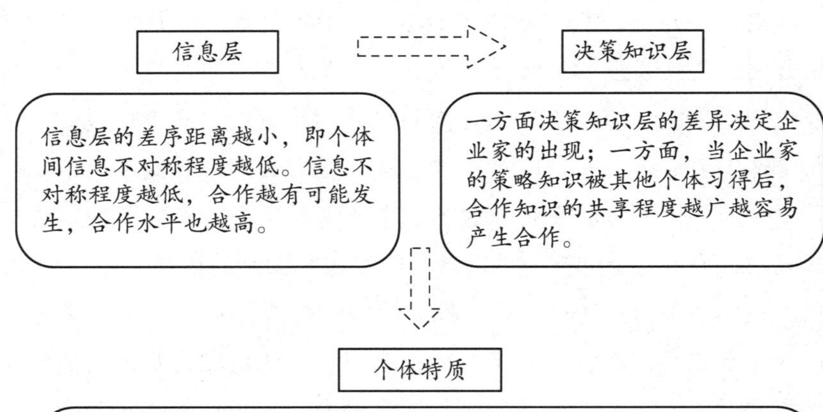

图1　个体间异质性分层

注释：其中箭头所指方向代表较内层的异质性。

本文重点在于个体特质层第二部分，即知识完备且存在信息不对称情况下，考察引入反映个体相近程度的“差序距离”后个体间合作状态的改变，及其对城镇商业化住宅小区的共享资源合作治理的影响。需要特别指出的是，此分层并不是相互独立分割的，而仅仅是出于分析方便而作的高度简化；另外，从前面的分层讨论可以看出本文所讨论的"差序距离"并不是与异质性相对的含义，本文仍是在承认个体异质性存在的前提下进行分析。

3.2 理论基础

商业住宅小区业主间因单个个体与开发商之间的购买合约，不仅拥有其购买的成套商品房的居住权和使用权（私有产权），而自动拥有了小区共有部分，包括所有建筑物的主体结构、外墙、大堂、楼梯以及小区内道路、广场、绿地等的共有产权，这样业主间自然连成具有地缘关系差序格局，个体之间往往是通过符合特定要求的社会资本存量[①]来相互识别并进行互动。除了通过重复博弈或动态博弈产生的声誉型社会资本，用以显示并维系自身在社区中的"身份"，初次打交道的个体如若具有某些相似偏好、相似禀赋、相似特质或者对某事务有着相同的解读，则为个体提供了"天然"的交流机制，这些相似的个体，或者说这些差序距离相对较近，一方面更容易感同身受为对方着想，从各采取付出一定成本但对双方都有利的合作行动；另一方面，更容易缓解群体内的信息不对称性，使个体在群体内建立起共同的认知，形成相对一致稳定的应对环境情景的行为反应方式，从而影响共享资源合作治理。也就是奥斯特罗姆（Ostrom，1990）提到利益相关者群体完全充分利用"地方性"知识与本土资源优势通过自我组织的契约性途径实现共享资源的治理。

为分析问题的需要，类比于人类学乡土观念分析中的自我认同和他认同，本文把住宅小区合作治理中个体间差序格局的影响机制分为两个层面：个体间差序距离，即个体特质的相似性和个体特质与群体交往格局的匹配性。作用过程见图 2。

---

① 科尔曼（Coleman）认为社会资本是指个体通过其成员资格在社会网络、社会组织或更宽泛的社会结构中获取稀缺资源的能力。识别俱乐部成员的一个显著标志就是个体是否具有专属于该团体或组织的社会资本。

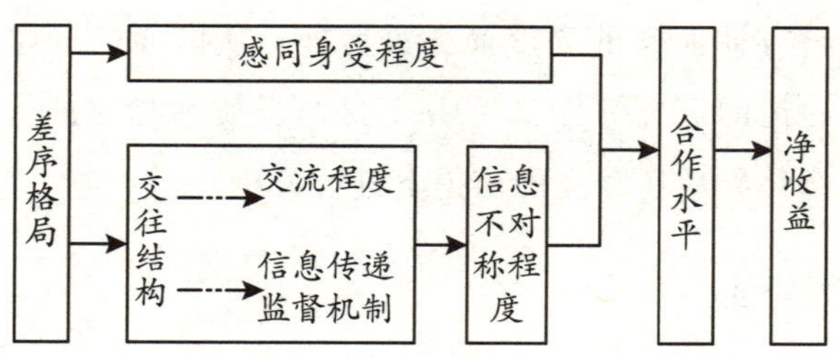

图 2　差序格局影响合作水平过程

个体间特质的相似性——标识了个体之间的同情心启用、感同身受的能力，这是差序距离对个体交往、共享资源合作治理的直接影响。斯密（1759）在《道德情操论》一开始就指出，“无论人们会认为某人怎样自私，这个人的天赋中总是明显地存在着这样一些本性，这些本性使他关心别人的命运，把别人的幸福看成是自己的事情，虽然他除了看到别人幸福而感到高兴以外，一无所得。这种本性就是怜悯或同情，就是当我们看到或逼真地想像到他人的不幸遭遇时所产生的感情。……这种情感同人性中所有其他的原始感情一样，绝不只是品行高尚的人才具备”。这一思想与孟子的“人皆有不忍人之心”不谋而合。毫无疑问，这种“不忍之心”会因对方是“同类”而能产生更为强烈的感同身受（其强化作用）。因此，不同“类”关系会影响参与人的感同身受的能力和程度。如综述中提到的，大量的经验工作和实验室考察已证实个体存在群体内偏爱的偏好倾向。

个体与群体交往格局的匹配性——标识了个体获取信息、处理信息的情况（学习经历问题）这是差序距离对个体交往、共享资源合作治理的相对间接的影响。大量的研究工作证明，社区中人们合作行为的产生并不仅仅是同一群体内个体突破自利天性而采取利他行为所能解释的，相对封闭的群体内部个体间的差序格局——个体间相对稳定的交往格局、相对的“文化一致性”① ——对应于文化

① 不是与“异质性”相对的概念，其重点在于强调群体内部相对的同质性，享有相同的或相近的“文化信念”。

心理学家称之为文化系统或地方文化模式（意义和实践）（Aoki，2001）——改变了人们交往中的信息结构，降低交流困难程度，提高信息质量进而改变了人们的行为模式，从而使个体间突破囚徒困境实现合作成为可能[①]。

人与人之间的交往格局的差别除去具体形式的不同，其实质差别在于：交往中的信息结构（社会网络、信任、声誉机制）、群体认可的价值、个体间行动信号的解读、监督惩罚机制的作用效果等等。这也是Bowles和Gintis（1998）界定如小区性质的“共同体”（community）——指一种社会互动结构——这一概念所体现得更为实质的内涵，“人与人之间的联系而非感情才是构成共同体的最主要特征”。这种联系更多的体现为同属于某特定群体的个体共享一定的不同于其他群体的信念、行为规范和行为预期（Charles Efferson et al.，2008）。因此要研究这种有偏的配对过程，我们必须关注这个群体的交往结构，以及个体为何在不同场景下（不同的交往结构中）呈现不同的偏好取向、社会资本水平与类型。个体之间交往结构，一方面是长期以来，个体经历的“信念体系”与“非个态历经环境”的互动，形成所知、所持的“传统—共享知识”的相对均衡状态；另一方面它是当期该群体内部成员共同秉持的生活习惯所遵循的全部思想，是群体内部成员应对自己将面对的任何新发生的事件的既有的可调用的反应方式。它决定了个体间交流的方式及难易程度，群体间信号分布及信号质量等，都是影响个体间任意匹配的交往（非人格化匿名交往）合作秩序形成——这其中又分为合作形成前初次打交道个体间相互识别判断，以及合作初步达成后进一步群体间承诺合作行动的执行与监督——的关键因素。然而上述信念、规范与预期是无法直接观察的，打交道的个体通过一些特定的个体特质、符号化

① 这一过程类似于地方观念不直接通过亲社会行动者的利他或互惠行动而是通过加强改善该群体内部的信息结构，强化关联博弈（如声誉、信任）的作用。

特征来对彼此身份进行分类识别，从而决定其自身的行为决策。如综述中提到的，大量的经验研究和实验工作都证实了这一观点。

在这一层面本文侧重于个体特质与该群体交往格局相匹配的程度对个体交流信号质量和社区交往博弈中对个体监督惩罚力度的影响。

3.3 理论假设

综上，本文提出以下理论假设，下文理论模型证明即从这两个方面分别进行的。小区共同体内部，在个体都处于完备决策知识和支付知识的情况下[①]，共享资源的合作供给量取决于个体间能否通过承诺合作达成有效供给，而承诺是否可信，个体是否会选择搭便车则取决于个体之间的“差序距离”。由此可从个体信息角度给出基于参与方差序距离的合作产出假设：

假设1 个体间差序距离越近，即个体间特质越相似，那么个体“感同身受”的能力就越强，越能够地体会到对方的痛苦和喜悦，那么水平合作越有可能发生。

假设2 个体与群体交往格局的匹配性越高，人们获取关联性信息的能力越强，他们越能够“设身处地”地推测对方在关联博弈中的决策，且社会交换域的监督激励（或惩罚）越为有效，那么水平合作越有可能发生。

4 理论模型

4.1 差序格局乡土观念的刻画表征

参考 Bowles 和 Gintis（2004）的工作，设某一相对封闭的群体

---

① 屠海良（2009）：考察给定偏好、禀赋等异质性条件下，若“集体行动及合作收益的知识状态”在个体间分布较广，则集体行动达成可能性及合作产出水平都将提高。

G，每个个体有一系列个人特质，如性格、收入、偏好、学习经历及职业等，分别为特质 $\alpha = \{\alpha_1, \alpha_2, \alpha_3, \cdots, \alpha_n\}$，或分别表示个体具有或不具有特质①，设表示个体个体间差序距离相近程度或者乡土观念（parochialism）程度，σ 越大，即某个体具有越多的特质或者个体间具有越多相同特质，则被认为差序距离越近，或者更具有“乡土观念”。如前所述，σ 可以看成是一个多维的变量，用向量表示为：$\delta = (\delta_1, \delta_2)$，$\delta_1$，$\delta_2$ 分别表示个体间特质的相似程度和个体特质与群体交往格局的匹配性程度。

这里需要特别指出的是，为了处理的方便，决定个体归属于某一“类（格局）”的特质集是外生给定的；社区内决策和信息交流是完全分散匿名的，以此强调社区网络不同于存在中央集中决策的团队或组织，同时群体内的全部信息对于每个成员而言都是国公开的；只考虑个体间一次性的交往，以此排除基于重复交往个体为了长期利益最大化而实现的合作，当然这并不是说小区内业主个体打交道的一次性交往具有经验基础，而只是为了强调住宅小区个体间差序格局及社区观念对共享资源最重要的影响意义在于，个体能够以较低的成本获得关于其打交道的个体的信息。

我们延续 Bowles 和 Gintis（2004）的设定群体规模 N 是关于 σ 的减函数，交流困难程度亦是关于 σ 的减函数②。以下仅对囚徒困境模型进行扩展，具体考察 δ_1，δ_2 如何影响自利个体实现贡献资源的合作治理。更为细致的作用机理见图 3。

---

① 引用 Bowles 和 Gintis（2003）的例子说明：如三个二元个体特质“语言”“国籍”“种族”具有某特质赋值为“1”，反之为“0”。设定 $a = 111$ 表示讲法语的欧洲裔白人，则 $a = 000$ 就表示不讲法语的非欧洲裔的非白种人。在仅有三个特质的情况下，$p = 3$ 则表示最高程度的乡土观念或相似度。

② 具体证明过程，参见 Samuel Bowles 和 Herbert Gintis，2004。

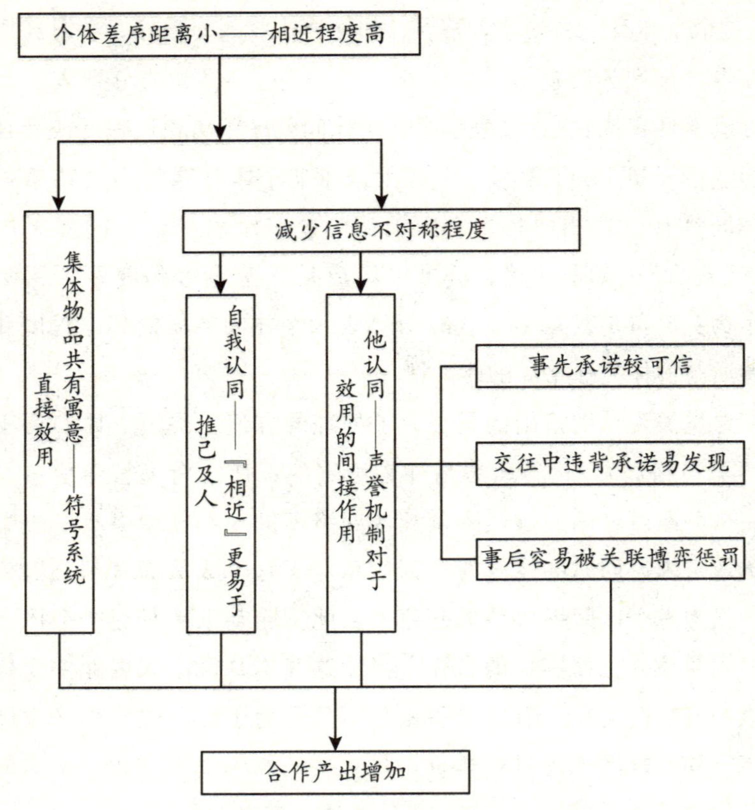

图 3　差序距离影响合作产出作用机制

4.2　模型构造

4.2.1　个体间差序距离的直接考察——个体间特质的相似性

考虑小区自治共享资源（如绿地保护、电梯维护等）问题，以两人世界为例：两人均在（投入，搭便车）策略集进行选择，其博弈用支付矩阵如下：

共享资源域博弈

		参与者 2	
		投入	搭便车
参与者 1	投入	τ，τ	$\hat{\alpha}$，$\hat{\beta}$
	搭便车	β，α	0，0

对于共享资源，如果两个参与者都合作供给，那么分别将得到支付 τ；若一方供给，另一方违约，那么违约方将获得支付 $\beta > \tau$，同理有 $\hat{\beta} > \tau$，即单方违约获得的收益超过需要付出成本的合作供给。显然，当参与者面临一次博弈时，该博弈为典型的“囚徒困境”模型。因此，参与者都会选择零供给均衡（不供给，不供给），不存在合作的条件。以下引入参与者的“差序距离”考察合作供给的可能性。

设两人博弈的一般结构为：$G = (S_1,\ S_2;\ u_1,\ u_2)$ 在考虑在个体间特质存在相似性的情况下，用来表征个体感同身受能力的 δ_1 可以用来表示参与者 1 对参与者 2 的在意程度，参与者 2 的效用成为参与者 1 效用函数的一部分，参与者 1 的支付变为 $u'_1 = u_1 + \delta_1 u_2$，参与者 2 的支付变为 $u'_2 = u_2 + \delta_1 u_1$。因此，新博弈矩阵如下：

引入参与者的“差序距离”共享资源域博弈

		参与者 2	
		投入	搭便车
参与者 1	投入	$(1+\delta_1)\ \tau$，$(1+\delta_2)\ \tau$	$\hat{\alpha}+\delta_1\hat{\beta}$，$\hat{\beta}+\delta_1\hat{\alpha}$
	搭便车	$\beta+\delta_1\alpha$，$\alpha+\delta_1\beta$	0，0

合作供给的条件为：

（1）$(1+\delta_1)\tau \geqslant \hat{\beta}+\delta_1\hat{\alpha}$

（2）$(1+\delta_1)\tau \geqslant \beta+\delta_1\alpha$

可以解得合作条件为：

$$\delta_1 \geqslant \max\left\{\frac{\beta-\tau}{\tau-\alpha},\ \frac{\hat{\beta}-\tau}{\tau-\hat{\alpha}}\right\}$$

推广到 N 人的情况，设有一般结构的博弈为 $G=(S_i,\ u_i)_{i=1}^{N}$，考虑边际效用函数的相近程度 $\delta_{2\cdot ij}$，则有对于任意参与者 i，其支付为 $u'_i = u_i + \sum_{\substack{j=1 \\ j\neq i}}^{N}\delta_{2\cdot ij}u_j = \sum_{j=1}^{N}\delta_{2\cdot ij}u_j$，其中 $\delta_{2\cdot ij}=1$。因此，新的博弈可以表示为 $G=(S_i,\ u_i)_{i=1}^{N}$，其中 $S_i=\{C,\ V\}$（C 表示合作，V 表示违约），$u_i=\sum_{j=1}^{N}\delta_{2\cdot ij}u_j$。如果对于每一个参与者 i，并且对于一切的 $C\in S_i$，$u_i(C)\geqslant u_i(V)$，那么相互合作是博弈的纳什均衡。并且，可以从 $u_i(C)\geqslant u_i(V)$ 解出合作条件。

4.2.2 个体与群体交往格局的匹配性

差序格局中的个体影响合作水平的另一个原因，即个体特质与该群体交往格局下社区观念的匹配程度，不是针对群体成员个体偏好进行扩展，而是侧重于信息对称程度，群体内部相对一致的文化格局改变了个体间打交道的信息结构，主要表现在信息质量和承诺监督及惩罚激励力度两方面：

（1）信息质量

单就信息质量而言，设该群体内有两种类型个体，被认为是值得信赖的个体为合作型个体（cooperator），不值得信赖的个体为背叛型个体（defector）。每个个体知道成员中知道其他 e 个人类型。个体 i 初次与个体 j 打交道，i 想要知道 j 的类型，就会随机询问群体中其他成员关于个体 j 类型的信息，关于 j 类型的信息准确传递的概率为 ε，ε 随着 $\mu(\sigma)$ 的变化而变化。由此个体 i 知道关于个体 j 类型的准确信息的概率，或者说是个体准去识别对方的概率 $p(\sigma)$ 可以表示为：

$$p=e/N+(1-e/N)\ q$$
$$q=\varepsilon e/N+(1-e/N)\ q$$

q 表示个体 i 不认识个体 j 时，通过交流或是询问其他成员而得

到关于个体 j 的类型的信息是准确的概率。

e/N 表示个体 i 恰好了解个体 j 的类型的概率，（$1-e/N$）则表示个体 i 不了解个体 j 的类型的概率，也就是需要向其他成员，如个体 x，进行询问，而个体 x 了解个体 j 的类型的概率为 e/N，同时成功地将关于个体 j 的类型信号传递的概率为 ε，然而，如果（$1-e/N$）的概率下个体 x 也不了解个体 j 的类型信号，个体 i 就要咨询其他个体，如此进行下去，这样有：

$$p(\sigma)=e/N(\sigma)+[1-e/N(\sigma)]\varepsilon(\sigma)$$

在 $N(\sigma)$ 是关于 σ 的减函数，$\varepsilon(\sigma)$ 是关于 σ 的增函数的情况下，$p(\sigma)$ 随着 σ 提高而提高。

由此可见随着 σ 增加，群体内部信号、信息的质量变高了，这样一来打交道的个体间识别彼此的可能变大了，二来群体内部社会交换博弈域中，交流的准确直接提高了可供群体成员参考的公共信息规模质量，这样，行动承诺的监督惩罚都变得容易了。至于具体的个体差序距离近（相似度高）在社会交换博弈域放宽了合作的激励约束的分析见下。

（2）承诺监督及惩罚激励力度

假设该社区成员，同时参与小区自治共享资源（如绿地保护、电梯维护等）博弈 G_1 和社会交换域博弈 G_2。共享资源博弈中，对于共享资源或公共事务属于集体活动，每个个体都被要求向共享资源的建设作出捐赠，个体可以在（投入，搭便车）的策略集中进行选择，具体博弈支付矩阵同上“共享资源域博弈”。

在此引入 δ_2，这里的匹配程度或差序距离，意味着人们能够对同一信号作出相近的解读，因此相近的个体更容易了解对方在其他关联事件中的支付结构，即知道哪些做法对对方有利或有害，同时，“差序距离”近的个体能够在后续关联博弈中给予对方强有力的惩罚或奖赏。因此，“差序距离”强化了个体在社会交换域的激励能力，从而影响了与社会交换域关联的共享资源域的激励约束。

在关联博弈中，由于相近的参与者之间能够作出有效的后续回报，因此相近程度 δ_2 将影响施加给对方违约的惩罚 ρ①，因此有关系式 $\rho(\delta_2)$，且 $\frac{\partial\rho}{\partial\delta_2}>0$，进一步设两者存在简单的线性关系，实际惩罚力度 $\rho=\delta_2 p$，其中 P 为个体付出固定成本 η 能施加于对方最大的惩罚。因此直接考察关联性惩罚，社会交换域博弈过程如下：

社会交换域博弈

		参与者2	
		合作	背叛
参与者1	合作	0，0	$-\hat{\eta}$，$-\delta_2\hat{P}$
	背叛	$-\delta_2 P$，$-\eta$	0，0

这意味着，如果参与者在主博弈一方违约，那么违约方将在关联博弈中被施加惩罚 $-\delta P$ 或 $-\delta\hat{P}$，同时施加惩罚的参与者将付出成本 η 或 $\hat{\eta}$。

当在考虑“相近程度”的条件下，参与者的决策建立在共享资源域和社会交换域的关联博弈基础上，博弈具体过程如下：

关联博弈

		参与者2	
		供给	不供给
参与者1	供给	τ，τ	$\hat{\alpha}$，$\hat{\beta}-\delta_2\hat{P}$
	不供给	$\beta-\delta_2 P$，α	0，0

由此可知，当“差序距离”很大或者说“差序距离相近程度”为零时，博弈退化为“囚徒困境”，不存在合作解。当符合条件：$\tau/$

① 事实上，按照我们的设定，惩罚力度仍受到表征个体感同身受能力的影响，即个体会因对方效用受损以及自己未能履行承诺而感到愧疚，还有个体间信息交流的准确程度影响等。

$2 > \alpha - \delta_2 P$ 和 $\tau/2 > \hat{\alpha} - \delta_2 \hat{P}$，即当 $\delta_2 > \max\left\{\frac{\alpha - \tau}{P}, \frac{\alpha - \tau}{\hat{P}}\right\}$时，将实现合作均衡。因此，当个体之间的“相近程度”超过某一特定值时，合作是可能发生的，并且，若参与者之间的“相近程度”越高，那么合作可行性越大。

(3) 结论

经过上述分析讨论，可得出以下结论：

第一，当不引入“差序格局”或“差序距离相近程度”为零的情况下，参与者之间的博弈退化为典型的囚徒困境，不存在合作的条件；在“差序格局”框架下，当相近程度符合条件 $\delta_2 > \max\left\{\frac{\alpha - \tau}{P}, \frac{\alpha - \tau}{\hat{P}}\right\}$时，将实现参与者之间的合作供给。且参与者之间的“差序距离”越近，合作供给越可能发生。

第二，“差序格局”强化了个体在关联博弈中获得信息的能力，通过连接社会交换域和共享资源域，放宽了合作的激励约束。

5 案例分析：以南京市住宅小区为例[①]

5.1 数据样本及变量指标设置

围绕小区共享资源治理问题，研究团队特定选取小区共享资源电梯的费用承担情况问题作为考察点，在南京市质量技术监督局特种设备处抽取了2004年以前的所有未年检的电梯，我们以这些电梯所在的小区为考察样本点，样本调查分对小区共享资源客观情况的

---

① 案例来源：在2009年9月，由和谐社区发展中心（GOCO）以及南京理工大学应用经济研究所（IAER）举办的和谐社区建设之业主培训公益讲座上，首次获得了本文选取的南京市汉中门大街23号住宅小区和一品嘉园小区的相关情况，后又两次对该小区进行了实地调查和访谈。弓箭坊高层住宅小区是研究团队连续两次（2007，2009）问卷调查都进行取样的小区，此次分析主要以2009年的问卷调查数据为主。

访谈记录[①]和对业主关于小区共享资源的主观认知的问卷调查[②]两部分。结合研究内容及理论框架，只选取问卷调查中的两个典型小区，结合公益讲座上的典型案例，提取与本文相关的变量指标进行考察。其中，汉中门大街23号小区和弓箭坊51号均发放问卷32份，分别收回28份和30份。具体“变量—指标—对应问卷问题设置”见表2：

表2　标量指标设置

变量	指标	对应的问卷问题设置
个体间差序距离	信息对称程度	1.2　您熟悉自己单元的邻居吗？ A很陌生　B比较陌生　C一般 D比较熟悉　E很熟悉 1.4　您感觉小区业主间关系怎么样？ A非常融洽　B比较融洽　C一般 D有些隔阂　E互相猜忌
	业主之间的信任水平	5　如果住户们协商决定了出钱方式，您觉得之后会不会有业主不遵守协议？ A完全不会有　B较少　C一般 D较多　E很多　F不清楚
企业家与其他业主间差序距离	企业家与其他个体的差序距离	6.4　如果贵小区有业主牵头，您认为您与牵头人在职业、收入、受教育程度等方面差异大吗？ A基本没有差异　B差异较小　C一般 D差异较大　E差异很大　F不清楚
	其他业主对企业家的信任程度	6.3　如果贵小区有业主牵头（或业委会成员），召集协调凑钱更新设备，您认为牵头业主可信吗？ A完全不可信　B不太可信　C一般 D比较可信　E完全可信
个体连接联系方式	个体间交流与信息平台	6.5　业主商议小区事务时是否有便利可行的信息沟通渠道（告示栏、网站、会议室等）？ □是　□否
合作联合是否形成	业主自治	5. 是否形成业主自治联合体？（访谈表）

① 针对物业以及业委会的调查，采取的形式是访谈，主要向其了解小区整体情况以及电梯运行、费用情况。

② 针对住户的调查，采取的是发放调查问卷的形式，调查对象限定为乘坐指定电梯的住户选定指标的案例考察。

5.2 小区基本情况

5.2.1 汉中门大街23号小区

该位于南京市汉中门大街23号，建筑面积为12 000平方米，于1997年建成并投入使用。该小区由1栋10层住宅楼组成，每层5单元，共80户。其中30户住户为工商银行的职工，剩余50户通过购买商品房入住。1—2楼为门面房，电信公司和工商银行分别拥有产权并使用。3—10楼为住宅用房，其中包含少量的公司。长期住户的比例约为90%。由于该小区占地面积较小并且建立年代较早，小区内部没有绿地、景观以及休闲设施等。共用空间包括880平方米的地下仓库以及21个停车位，共用设施包括下水管道、落水管道、电梯等。物业费按照老旧小区的标准缴纳，为0.3元/平方米。小区共享资源使用收益包括：21个停车位，每个每月收取150元费用；880平方米地下仓库出租，每平方米每月13元。综上，该小区共享资源使用收益为每年大约在13万元。

2002年以前该小区物业管理由工商银行下属的物业公司负责，中间更换为清华物业，最后由好景物业进行管理。2007年，小区共享资源损耗比较严重，房顶漏水、电梯出现故障。当时的好景物业不能很好进行维修，最终因无利可图退出该小区，并留下5名工作人员，包括保洁人员与保安。

小区出现无人负责的情况时，该小区本想寻求外界帮助，但各方面始终未能成行[①]。

寻求无果之后，业主自发成立了临时的管理小组，由8名成员组成。2007年12月9日，现任业主委员会主任徐先生接任工作，徐为工

① 由于该小区共享资源使用收益并不是很高，对于物业公司和开发商而言，该小区的潜在利益并不能吸引他们进驻经营；政府和原单位银行又都不愿负责任，银行当时的说法为“背不起这个包袱，甩都甩不掉”；小区的开发商——经贸开发商已经于2005年解体。

商银行退休职工，徐先生接管之后组织成立了业主委员会筹委会，之后一家一户做工作，上门进行交流、沟通及宣传，计划组织召开业主大会投票选取业主委员会成员，成员候选人采取自愿报名的办法，公开其简历以及工作设想。以上工作得以顺利开展，于2008年5月成立了业主委员会，并进行了备案。目前业主委员会由7个人组成：其中徐负责组织安排工作，一人负责管理账务，一人负责管理开支，一人为保安和保洁人员的组长，负责对其工作进行监督。至调查结束时，业委会成立之后整改了地下仓库，扩大地下仓库面积①，增加小区停车位至21个，统一收取停车费用，更换了小区电梯。

目前小区还存在顶层房屋漏水的情况，现阶段小区维修基金缴纳情况混乱，并且调用维修基金需要时间较长，且当前共享资源使用收益已经支出，故不能支付该笔费用。此问题正在与业主进行协商。

5.2.2 弓箭坊高层小区

秦淮区弓箭坊小区建于20世纪90年代中期，共有4幢高层居民住宅，每幢30层，分别为弓箭坊小区47、49、51、53号，有住房974套，总建筑面积81 041平方米。该小区于1998年11月由秦淮建设开发总公司建成并投入使用，多为房改房和拆迁安置房，既有从其他地方拆迁过来的住户，也有原来就住在此楼位置的居民。

该小区由开发商下属的南京城南物业有限公司进行物业管理，2006年11月该物业公司更名为南京佳业物业管理有限公司。小区内的物业公司是隶属于原开发商，业主委员会已成立，但基本上还未开展过任何活动，业委会对业主的影响还不大。目前月物业费为0.45元/每平方米；电梯月使用费是老年人4元/每人，其他居民一律为8元/每人。

本次小区调查随机选取51栋作为此次调查的目标楼，51栋的电梯安装并投入使用于1997年，共有3台，但有一台已经损坏一年多

① 由之前的500多平方米，增加至880平方米。统一租用价格为每平方米13元/月，并与租用者签订标准的书面合同。

(无法正常使用)。由于电梯费远远达不到已损坏电梯更换零件的要求，且大多居民不愿交纳额外维修费用，故至今仍无法修复。主要原因是，部分居民认为自己原来的住房根本用不着电梯，是政府强令拆迁到此楼，使用电梯实际上也是政府强制自己用的，故有关电梯的一切支出应有政府承担。

5.2.3 一品嘉园

南京市一品嘉园小区位于夫子庙风景区琵琶东街，由中北房地产开发公司于2001年立项开发，2002年建成投入交易使用。小区由13栋住宅楼组成，建筑面积为68 879平方米，其中住宅面积为47 218.45平方米，商铺面积为8 527.07平方米，可出售地下室面积为1 643.18平方米，共446户住户（其中住宅397户，商铺49户）。目前小区基本实现业主自治，运转良好。主要表现在小区共有部位维护良好，共享资源收益稳定，以及小区成立业主委员会并成功地进行了换届选举，小区公共事务运转状态良好。具体为：

（1）一品嘉园小区内部绿化率达到40.03%，包括休闲设施以及景观等。共用空间包括地上红线范围内停车位19个，地下仓库停车位120个以及地下储藏室面积约1 000平方米。该小区还拥有两间门面房的产权，每室每年租金约为6.5万元。该小区共享资源使用收益还包括楼顶等广告牌出租，年收入约为20万元。并且该小区通过努力将70%的维修基金4 037 413.26元存入银行，为五年定期，到期收入将增加1 162 175元。以第二届业主委员会就任的三年来看，该小区共享资源使用收益总收入为1 245 127元，至2009年底换届选举时余款为505 938.36元。

（2）该小区于2003年9月在柳寅书老先生等业主牵头带领下成立了业主委员会并进行了备案。并与2006年9月和2009年年底进行了两次换届选举。业主委员会成立至今，已成功通过招标方式两次聘用专业前期物业公司进行小区物业管理。通过召开业主大会商议，对小区内部公共设施如房顶、道路、地下室、下水道、防护栏、单元楼道等进行了整修与维护。同时通过各种方式增收共享资源使用收益，用于共享资源维护成本支出。现阶段业主投票率达到70%以上，物业费缴纳率高达90%，可见该小区共享资源自发治理制度已经达到稳定均衡状态。

5.3 案例分析

在指标变量问卷问项设置基础上，根据基本的问卷数据统计，并结合访谈中的情况，三个小区案例对比分析见表3。

表3 小区案例对比分析

指标	汉中门23号	弓箭坊51号	一品嘉园①
信息对称程度	64.71%的业主认为小区业主熟悉或比较熟悉（其中35.3%的业主认为是比较熟悉）；只有5.88%的业主认为小区业主间有些隔阂，其他业主均认为小区关系融洽或比较融洽。	14.28%的业主认为邻居较为陌生，71.43%的业主认为业主间关系一般。	小区规模较小，虽然业主间深入交流并不多，但见了面都比较熟。老年活动室的退休人员常在一起娱乐，比较熟识。
业主之间的信任水平	52.94%的业主认为对于已达成的业主协议会有较多或很多业主不遵守。	32.14%的业主认为对于已达成的业主协议会有较多或很多业主不遵守。	小区自治刚开始时，业主间由于开发商挑拨存在矛盾，早期参与业委会筹备的却并未当选业委会成员的业主有不平衡的心态，存在一定程度的不信任。随着业委会成员对人对事反复接触宣传，小区自治收益的持续稳定，通过多次经历学习，业主间达成一定范围的一致，尤其是对公共事务协商治理程序的认可，信任程度大大提高。

① 由于一品嘉园并未发放问卷调查，表格中只填写访谈中涉及的问题，具体内容整理自2010年1月27日对该小区第一届和第二届业委会主任柳先生的访谈记录。

续表

指标	汉中门23号	弓箭坊51号	一品嘉园
企业家与其他个体的差序距离	82.35%的业主认为自己与企业家之间差距一般或较小。	25%的业主认为自己与企业家差异很小，17.85%的业主认为自己与企业家差异很大。	
其他业主对企业家的信任程度	没有业主认为牵头人完全不可信，5.88%的业主认为不太可信，其他业主认为较为可信。	10.71%的业主认为牵头人不太可信，一般可信占32.42%；57.14%认为牵头人可信。然而具体的访谈中发现，目前小区业委会工作难以开展主要是因为小区业主对业委会成员信任度不够、工作不予支持。	业主对原业委会主任柳先生及现任业主委员身份①都较为认可；尤其是对于柳先生，小区业主看到其不顾自身安危②，真心为小区谋福利十分敬重。
个体间交流与信息平台	2/3的业主认为小区有便利的事务商议渠道，访谈中业委会成员提到目前小区事务进行一家一户进行宣传，上门沟通交流。	59.26%的业主认为小区没有便利的事务商议渠道。	小区事务商议采取送达和讨论相结合的方式，其中送达上门进行一对一交流为主③；业委会不定期发放简报，公开业委会和小区事务；业主可通过意见箱、单元业主代表或直接联系业委会表达意见建议；小区在西祠胡同设有一品嘉园讨论版。

① 一品嘉园业委会主任柳先生在南京邮电大学任职；现任业委会共9名成员，以退休人员为主，现任业委会主任原为大学退休教师，副主任原为街道工作人员。

② 在于开发商、物业公司协商谈判中，柳先生不仅私人物品（如电动车房门等）遭到破坏，人身安全也受到威胁。

③ 访谈中柳先生还特别说道，选择送达的方式，是因为业主对此还是不太关心，采取送达的方式，面对面进行沟通与劝说，把相关事情与利益解释清楚，对小区事务的投票签字等回收率比较高。

续表

指标	汉中门23号	弓箭坊51号	一品嘉园
业主自治是否实现	是。业委会基本得到业主的认可，小区自治工作初步展开。	否。业委会形同虚设，小区公共事务处于停滞状态。	是。该小区目前共享资源自发治理状态已达到相对稳定均衡状态，小区公共事务有条不紊地开展。

经过对比可以看出，三个小区分别处于共享资源合作治理的不同阶段，通过对其基本情况及共享资源治理过程的描述，结合变量指标分析，基本吻合了本文的模型分析。

弓箭坊51号由于业主差异较大，信任度不够，又缺乏畅通的信息交流机制，小区共享资源合作治理工作迟迟未取得进展。其小区业主差异情况除表3中显示外，调查问卷中对业主间收入差距、效用偏好和长远贴现率的问项的回答结果分析也有体现：（1）业主间收入差距，汉中门23号和弓箭坊小区均认为小区业主彼此间收入差距不大，但对于小区物业费的收费水平的评价，有1/3弓箭坊业主认为较高，而汉中门23号业主全部认为收费适中①；（2）业主对共享资源的效用偏好、长远贴现率，弓箭坊51号业主对于电梯等其他公共设备的故障对生活的影响程度评价较为分散，21.43%的业主认为极不方便，39.29%的业主认为比较麻烦，32.14%的业主认为有点麻烦或稍微不方便；对于公共设施的维护50%的业主认为越早越好，32.13%的业主认为还不急，甚至没必要考虑，而对此项汉中门小区调查结果显示92.31%的业主认为小区共有设备故障影响甚至严重影响自己的生活；93.33%的业主认为小区共有设备相关问题需要尽早考虑，其中60%的业主认为越早考虑越好。

汉中门大街23号小区，尽管调查中显示的业主间信任水平低于

---

① 关于收入差距的考察，问卷既正面考察了个体主观对于小区收入差距的认知，也从侧面通过业主对小区物业费水平的评价进行考察。

弓箭坊，但其他指标均高于弓箭坊51号，尤其是小区间信息交流畅通，业主可及时获知公共事务信息及业委会运转情况，信息不对称性降低，有利于小区自治制度的发育，但小区由于维修基金混乱、资金不足及自治工作刚刚起步，还面临很多困难。

一品嘉园小区随着小区公共事务的展开，业主熟悉信任程度加深，通过多轮的经历学习，不仅磨合实现了小区的共享资源的自发治理，更为今后解决小区公共事务奠定了何梦笔所谓“同”的基础、达成了业主间对问题解决程序的认可，这一点从小区业委会平稳改选和公共事务有序运转均可得到体现。

6 结论与讨论

本文考察个体间差序格局如何影响共享资源的自发治理，通过引入个体特质的相似性和个体特质与群体交往格局的匹配性来表征小区内部差序格局，对个体间合作达成及共享资源合作治理制度安排的形成过程进行了简单的模型构建和初步分析，结果表明：当不引入“差序格局”或“差序距离相近程度”为零的情况下，参与者之间的博弈退化为典型的囚徒困境，不存在合作的条件；在“差序格局”框架下，当相近程度符合一定条件时，将实现参与者之间的合作供给。且参与者之间的“差序距离”越近，或因为个体越容易启用“感同身受”，或因为“差序格局”强化了个体在关联博弈中获得信息的能力，通过连接社会交换域和共享资源域，放宽了合作的激励约束，合作供给越可能发生。同时这在几个方面较好地解释了南京三个住宅小区共享资源合作自发治理的现实案例。最后，本文探讨的个体间的差序格局问题，进一步拓展延伸为个体交往的“有偏”匹配问题，这是考察个体如何做决策，如何与人打交道的关键，也是从亚当·斯密的“看不见的手”和“同情共感”（empathy，1759）到哈耶克“扩展的秩序”（the extended order，1952）再到诺斯的“Open-Access Orders”（2009）研究思想的关键。于是，个体究竟如何通过特定的标志、符号化认同等来对彼此身份进行分类识别和匹配，以及这些标志、符号化认同是如何在群体内扩散共享并进行代际传递的，最终形成相对稳定的交往模式、合作秩序，是接下来需要进一步思考的问题。

参考文献

[1] 李玉连、朱宪辰．业主自治的本质与实现的制度经济学分析［J］，华东经济管理，2006（6）：35—39.

[2] Olson，Mancur. *The Logic of Collective Action*：*Public Goods and the Theory of Groups*［M］. Cambridge，MA：Harvard University Press. 1965.

[3] 埃莉诺·奥斯特罗姆著，余逊达、陈旭东译．公共事物的治理之道：［M］. 上海：上海三联书店，2000.

[4] Kikuchi M. Economics of Community Work Programs：a Communal Irrigation Projects in the Philippines［J］. *Economic Development and Cultural Change*，1984，26：211－225.

[5] Ferejohn JA，Noll RG. An Experimental Market for Public Goods：The PBS Station Program Cooperative［J］. *American Economic Review Papers and Proceedings*，1976，66：267－273.

[6] Schoumaker F. Revelation des Preference Set Planification：Une approache st rategique［J］. *Recherches Economiques de Louvain*，1977，43：245－259.

[7] 朱宪辰．共享资源制度安排——中国城镇住宅小区自发治理案例分析［M］. 北京：经济科学出版社，2005.

[8] McCabe，Kevin A.，Stephen J. Rassenti and Vernon L. Smith. Game Theory and Reciprocity in Some Extensive Form Experimental Games［J］. *Proceedings of the National Academny of Sciences*. November，1996（93）：13431－13428.

[9] Rabin，Matthew. Incorporating Fairness into Game Theory and Economics［J］. *American Economtic Review*，1993（83）：1281－1302.

[10] Fehr，Ernst and Klaus Schmidt. A Theory of Fairness，Competition，and Cooperation［J］. *Quarterly Journal of Economics*，1999，114（3）：817－868.

[11] Selten, Reinhard. Evolution, Learning, and Economic Behavior [J]. *Games and Economic Behavior*, February, 1991, 3 (1): 3 - 24.

[12] Bowles, Samuel. Endogenous Preferences: The Cultural Consequences of Markets and Other Economic Institutions [J]. *Journal of Economic Literature*, 1998, 36 (3): 75 - 111.

[13] Feeny, David, Fikret Berkes, Bonnie J. McCay and James M. Acheson. The Tragedy of the Commons: Twenty-Two Years Later [J]. *Human Ecology*, 1990, 18 (1): 1 - 19.

[14] Baland, Jean-Marie and Jean-Philippe Platteau. *Halting Degradation of Natural Resources: Is There a Role for Rural Communities?* [M]. Oxford: Clarendon Press, 1996.

[15] Lewis T. R., Cowens J. *Cooperation in the Commons: An Application of Repetitious Rivalry* [M]. Vancouver: University of British Columbia, Department of Economics, 1983.

[16] Bardhan P. Symposium on Management of Local Commons [J]. *The Journal of Economic Perspectives*, 1993 (7): 87 - 92.

[17] Kanbur R. Heterogeneity, Distribution and Cooperation in Common Property Resource Management [J]. Policy Research Working Paper, World Bank: Washington DC, 1992, WPS 844.

[18] Baland J. M., Platteau J. P. Collective Action on the Commons: the Role of Inequality [A]. In Baland J. M., Bardhan P., Bowles S., eds. *Inequality, Collective Action and Environmental Sustainability* [M]. Oxford University Press, 2002.

[19] 宋妍. 基于偏好异质性的共享资源捐赠水平研究 [D]. 南京：南京理工大学博士论文，2009.

[20] Thomas C. Schelling. *The Strategy of Conflict* [M]. MA: Harvard University Press, 1980.

[21] Camerer, C. F. & E. Fehr. Measuring social norms and preferences using experimental games: A guide for social scientists. Henrich et al. *Foundations of Human Society-Experimental and Ethnographic Evidence from 15 small-scale Socie-*

ties，Oxford：Oxford University Press，2004.

[22] Samuel Bowles and Herbert Gintis. The Moral Economy of Communities：Structured Populations and the Evolution of Pro-social Norms [J]. *Evolution & Human Behavior*，1998，19（1）：3 –25.

[23] Tajfel，Henri，and John Turner. An Integrative Theory of Intergroup Conflict. In Stephen Worchel and William Austin，eds.，The Social Psychology of Intergroup Relations，Monterey，CA：Brooks/Cole. 1979. 24. Shih，Margaret，Todd L. Pittinsky，and Nalini Ambady. Stereotype Susceptibility：Identity Salience and Shifts in Quantitative Performance. *Psychological Science*，1999，10（1）：81 –84.

[25] Benjamin，Daniel J.，James J. Choi，and A. Joshua Strickland. *Social Identity and Preferences*. http：//www. arts. cornell. edu/econ/dbenjamin/，2006.

[26] Akerlof，George A.，and Rachel E. Kran ton. Economics and Identity [J]. *Quarterly Journal of Economics*，2000，115（3）：715 –753.

[27] Akerlof，George A.，and Rachel E. Krant on. Identity and Schooling：Some Lessons for the Economics of Education. *Journal of Economic Literature*，2002，40（4）：1167 –1201.

[28] Akerlof，George A.，and Rachel E. Kranton. Identity and the Economics of Organizations [J]. *Journal of Economic Perspective*，2005，19（1）：9 –32.

[29] Goette，Lorenz，David Huffman，and Stephan Meier. The Impact of Group Membership on Cooperation and Norm Enforcement：Evidence Using Random Assignment to Real Social Groups [J]. *American Economic Review*，2006，96（2）：212 –216.

[30] Efferson，C.，Lalive，R.，and Fehr，E. The coevolution of cultural groups and ingroup favoritism [J]. *Science*，2008，321：1844 –1849.

[31] Bernhard，Helen，Ernst Fehr，and Urs Fischbacher. Group Af filiation and Altruistic Norm Enforcement [J]. *American Economic Review*，2006，96（2）：217 –221.

[32] 费孝通．乡土中国 [M]．上海：上海人民出版社，2007.

[33] 何梦笔．网络、文化与华人社会经济行为方式 [M]．太原：山西经济出

版社，1996.

[34] Burke，M. A.，Fournier，G. M. and Prasad，K. The emergence of local norms in networks [J]. *Complexity*，2006（11）：65－83.

[35] 亚当·斯密．道德情操论［M］. 北京：商务印书馆，2009.

[36] Aoki. *Towards a Comparative Institutional Analysis* [M]. Cambridge：The MIT Press，2001.

[37] 屠海良．参与人水平合作的产生条件——基于共同知识的分析［D］. 南京：南京理工大学硕士论文，2009.

[38] Samuel Bowles and Herbert Gintis. Persistent parochialism：trust and exclusion in ethnic networks [J]. *Journal of Economic Behavior & Organization*，2004，1（55）：1－23.

[39] F. A. Hayek. *The Sensory Order*：*An Inquiry into the Foundations of Theoretical Psychology* [M]. Chicago：The University of Chicago Press，1999.

[40] Douglass C. North，John Joseph，Wallis Barry R. Violence and the Rise of Open-Access Orders [J]. *Weingast Journal of Democracy*，2009，20（1）：5－68.

大学的多中心治理

——以建设世界一流大学政策为切入点

郭春发①

大学治理改革的路径到底应该是怎么样的？本文从建设世界一流大学政策为切入点，阐述我国大学治理去行政化的必要性和基本路径。

1 建设世界一流大学的制度变迁分析

建设世界一流大学的政策的初衷是希望在国家财力有限的情况下，选择几所大学，集中财力，争取能建设成培养人才的大学模式。可以看出，建设世界一流大学政策的提出，反映的是计划经济条件下的资源配置方式。而这种制度一旦形成，在实践中又会成为一种惯性或惯例，制约了大学治理的自主性。

毫无疑问，建设世界一流大学的制度安排规定了谁有权从公共池塘资源（教育经费）提取一定资源的权利。按埃莉诺·奥斯特罗姆的经验研究表明，公共池塘资源要合理的一代代延续下去，必须满足七个设计原则：清晰界定边界、使占用和供应规则与当地条件保持一致、集体选择的安排与监督、分级制裁、冲突解决机制、对组织权的最低限度的认可、分权制企业。[1]在这些原则中，首先要解

① 郭春发，中国人民大学公共管理学院，电子邮件：gchf@ ruc. edu. cn。

决的问题就是制度供给问题，也就是有多少参与者？群体的内部结构如何？制度如何修正？制度安排决定了个体的行动，从而也改变了个体组织的决策。

“创建世界一流大学”本来是中国一两所大学的发展目标，从学校目标到国家政策也经历了一个发展过程。1985 年，清华大学第七次党代会就提出“要逐步把学校建成世界一流的具有中国特色的社会主义大学”。1986 年，北京大学在总结改革建设工作时明确地提出，要把“创办世界一流大学”作为学校的发展目标。1993 年，清华大学提出了要在有限时间内把清华大学建成世界一流大学的奋斗目标，并把建设综合性、研究型、开放式的世界一流大学作为办学的思路。1994 年 7 月，北京大学第九次党代会首次确定了把“创建一流大学”作为学校的整体建设目标。实际上，建设世界一流大学的制度安排，还是由政治领导人来推动的。

1998 年 5 月 4 日，江泽民在庆祝北京大学建校 100 周年大会上的讲话，明确提出我国要建设世界一流大学。他指出：“为了实现现代化，我国要有若干所具有世界先进水平的一流大学。这样的大学，应该是培养造就高素质的创造性人才的摇篮，应该是认识未知世界、探求客观真理、为人类解决面临的重大课题提供科学依据的前沿，应该是知识创新、推动科学技术成果向现实生产力转化的重要力量，应该是民族优秀文化与世界先进文明成果交流借鉴的桥梁。”[2] 1998 年 12 月，教育部公布了《面向 21 世纪教育振兴行动计划》，提出继续并加快“211 工程”建设，同时重点支持部分高校创建世界一流大学和高水平大学，简称为“985 工程”。“985 工程”于 1999 年开始实施，首期重点建设 9 所高校即北京大学、清华大学、复旦大学、上海交通大学、西安交通大学、南京大学、浙江大学、中国科技大学和哈尔滨工业大学，其中北京大学和清华大学在 3 年内分别从中央得到 18 亿元人民币的投资，其他 7 所大学每所分别由中央和地方各出资 6 亿元人民币，共 12

亿元。随后，“985 工程”重点支持建设院校扩大到 34 所。2004 年“985 工程”第二期开始，又增加了中国农业大学、国防科技大学、中央民族大学和西北农林科技大学 4 所，数量扩大到 38 所大学。

假如我们把建设世界一流大学政策资金视为是公共池塘资源[3]，从 1998 年开始启动的“985 工程”，一直到现在，各种层次的学校都为强占公共池塘资源展开了博弈。集体行动的结果是从 2 所发展到“2 + 7”“2 + X”模式，参与的主体除了大学以外，还包括了地方政府和中央相关部委。建设世界一流大学的政策博弈涉及了大学治理的所有利益相关者，这些利益相关者大体可以划分为内部权力关系和外部权力关系，由此构成了多中心治理网络（见图 1）。外部权力关系主要包括政府、市场、社会和传统这些资源所形成的权力关系；内部权力关系主要是由党组织、教师、大学行政机关和学生等主体所形成的政治权力、学术权力、行政权力、民主参与权力[4]。大学谋求提高层次，一方面可以通过“升格”来保障其在高等教育行政序列中的位置，并以此与地方政府和社会讨价还价的资本，争取到更多的人、财、物的资源。从理论上讲，政府代表的是公共利益领域中的权力中心，体现着公共权力对高等教育的基本要求和目标，但是在实践中难免会出现利益部门化、地方化的困境。争办世界一流大学也是市场机制对办学效益和办学目标的要求，市场代表的是一种对于利润的诉求，世界一流大学对人才市场、技术市场、文化市场和资本市场都有推动作用。从社会角度看，建设世界一流大学也是社会通常是高等教育服务的对象和参与者对高等教育的服务质量和效果提出的要求。因此，建设世界一流大学不只是大学之间的竞赛，而是影响大学办学资源的一系列内外部权力关系所形成的利益链条争夺公共资源的无法停止的竞赛。

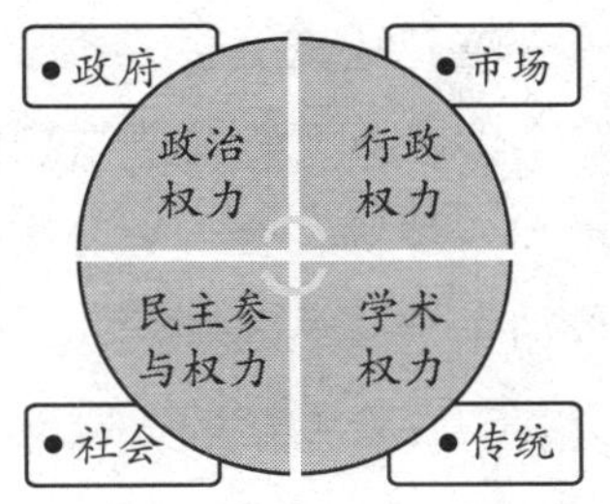

图 1　大学权力关系结构图

2　建设世界一流大学的制度失败分析

公共资源治理失败的原因是多种多样的，有产权边界问题，有冲突解决机制问题，也有对组织权认可的问题。世界一流大学是需要长期的学术积累和文化积淀，有了政策资金的扶持，并不必然产生一流大学。正如有学者指出："整体来说，中国政府对教育资金的拨款是远远不够的，但是，我们要看到，这几年来政府也还是对少数几所顶尖的大学给予了特别的财政支持……相对于所获得的这么巨大的资源，他们所取得的成绩远远不够，而且在这个过程中还产生了许多问题，包括假冒伪劣在内的广义的学术腐败，包括对资源的利用不当或浪费。"[5]因缺乏对资金投入的监管，没有形成一套有效的冲突解决机制，这项制度政策的初衷开始走向了政策的反面，不仅恶化了教育生态，而且造成了高等教育发展的不平衡和教育冲突的加剧。

2.1　高等教育扩张无制度约束性，教育效益低下

由于建设一流大学的教育经费是计划型配置资源的方式，也容易产生公地悲剧的效应。每所高校都希望扩大中央的投资，扩大学校规模，不计成本。实施"985 工程"后，中央直属高校的经费三年内增长了 2 倍以上，增长速度过快，不仅远远高于 GDP 增长速度，

也远远高于政府财政收入增长速度。中央投资扩大投资—扩招—再扩大投资—再扩招—滚球式的发展引发了高校的财务风险。中国社会科学院发布的《2006 年：中国社会形势分析与预测》指出，2005 年以前，我国公立高校向银行贷款总额达 1 500 亿—2 000 亿元[6]，几乎所有的高校都有贷款。厦门大学邬大光教授的调查表明：我国公立高校贷款规模高达 2 000 亿—2 500 亿元。九三学社中央副主席邵鸿认为高校债务保守估计为 4 000 亿元[7]，而吉林大学自曝负债 30 亿元，这都促使人们更多地思考这个问题。高校投资的软预算约束，说明了高校投资体制存在的极大弊端。

2.2 高等教育制度设计的不公平，生均教育经费差距拉大，教育不公平现象加剧

教育行政部门掌握着高等教育资源的分配权，行政力量在我国教育资源的配置，起着绝对的主导作用，这种直接配置资源的方式所带来的影响是：高校的拨款很少经过一定的公开程序，缺乏透明性，其竞争性则更难体现。由于排除了市场的介入，学校之间缺乏竞争机制，政府通过地方行政部门、教育行政部门等环节将资金拨给学校。教育资源分配“行政力”在区分高校的层次和水平，在资源的配置中起着重要的作用。由于这种行政性的选择，使得那些是知名大学获得国家重点培养的机会就越多，而那些非知名院校得到国家特别拨款的机会就越少，从而产生了一个恶性循环，这也是高校财政投入的“马太效应”。在学校发展，学生的学习机会和就业机会等方面，知名学校比非知名学校都获得了绝对的优势。[8]与中央有关部门所属高校相比，地方高校生均教育经费支出存在较大差距；不同地方高校的生均教育经费支出也存在相当大的差异，部分地区普通高校生均经费太低，难以保证基本的教育质量与正常的教学秩序。从 2008 年全国各地高等学校预算内教育事业费和公用经费来看，各省市的高校生均经费很不均衡，北京、上海、广东位居高位。

（见表1、图2）从中央属高等院校和地方属高等院校1999—2008年教育经费支出比较看，中央属的院校生均经费和预算内的生均教育经费都大大超过了地方院校的水平。（见表2、图3）

表1　2008年全国各地高等学校预算内教育事业费和公用经费

（单位：元）

地区	高等学校生均预算内教育事业经费	高等学校生均预算内公用经费	合计
北京市	24 380.4	15 418.47	39 798.87
天津市	9 826.92	4 490.68	14 317.6
河北省	5 008.76	1 107.88	6 116.64
山西省	5 222.33	1 411.67	6 634
内蒙古自治区	6 728.42	2 565.11	9 293.53
辽宁省	4 923.15	1 909.57	6 832.72
吉林省	6 891.74	3 393.73	10 285.47
黑龙江省	6 103.06	1 920.72	8 023.78
上海市	15 349.2	9 494.3	24 843.5
江苏省	8 156.83	4 108.39	12 265.22
浙江省	8 771.4	2 835.17	11 606.57
安徽省	4 078.57	1 164.65	5 243.22
福建省	6 311.9	2 770.41	9 082.31
江西省	4 236.33	1 426.07	5 662.4
山东省	5 459.48	1 135.52	6 595
河南省	4 099.88	1 411.77	5 511.65
湖北省	3 713.46	1 031.5	4 744.96
湖南省	4 531.27	1 095.89	5 627.16
广东省	10 622.18	5 133.69	15 755.87
广西壮族自治区	6 139.38	1 911.63	8 051.01
海南省	6 085.64	2 073.82	8 159.46
重庆市	5 583.69	2 707.59	8 291.28
四川省	4 000.78	2 068.18	6 068.96
贵州省	5 243.47	1 157.96	6 401.43

续表

地区	高等学校生均预算内教育事业经费	高等学校生均预算内公用经费	合计
云南省	7 554	4 046.21	11 600.21
西藏自治区	13 794.79	2 943.78	16 738.57
陕西省	5 448.21	1 983.13	7 431.34
甘肃省	5 979.94	1 750.03	7 729.97
青海省	8 916.98	1 532.64	10 449.62
宁夏回族自治区	12 310.86	4 910.26	17 221.12
新疆维吾尔自治区	5 984.27	2 411.4	8 395.67
总计	7 577.71	3 235.89	8 395.67

资料来源： 2008 年全国教育经费执行情况统计公告。

表 2　中央属高等院校和地方属高等院校教育经费支出（1999—2008）

（单位：元）

年份	中央属高校生均教育经费支出	中央属高校生均预算内教育经费支出	地方属高校生均教育经费支出	地方属高校生均预算内教育经费支出
1999	20 292.24	11 961.99	15 231.24	8 914.94
2000	22 617.38	13 010.38	15 974.32	8 625.65
2001	24 483.38	13 368.20	15 445.23	7 793.44
2002	23 903.27	11 990.76	15 119.56	7 021.06
2003	24 106.36	11 733.20	10 776.28	4 293.80
2004	24 916.12	11 301.31	12 126.88	4 809.87
2005	27 098.99	10 868.45	15 025.47	5 940.77
2006	27 103.28	11 950.32	11 909.85	4 774.79
2007	28 469.17	12 261.98	12 709.02	5 462.41
2008	32 903.67	13 634.65	13 925.68	6 834.80

资料来源： 中国教育经费统计年鉴（2000—2009）。

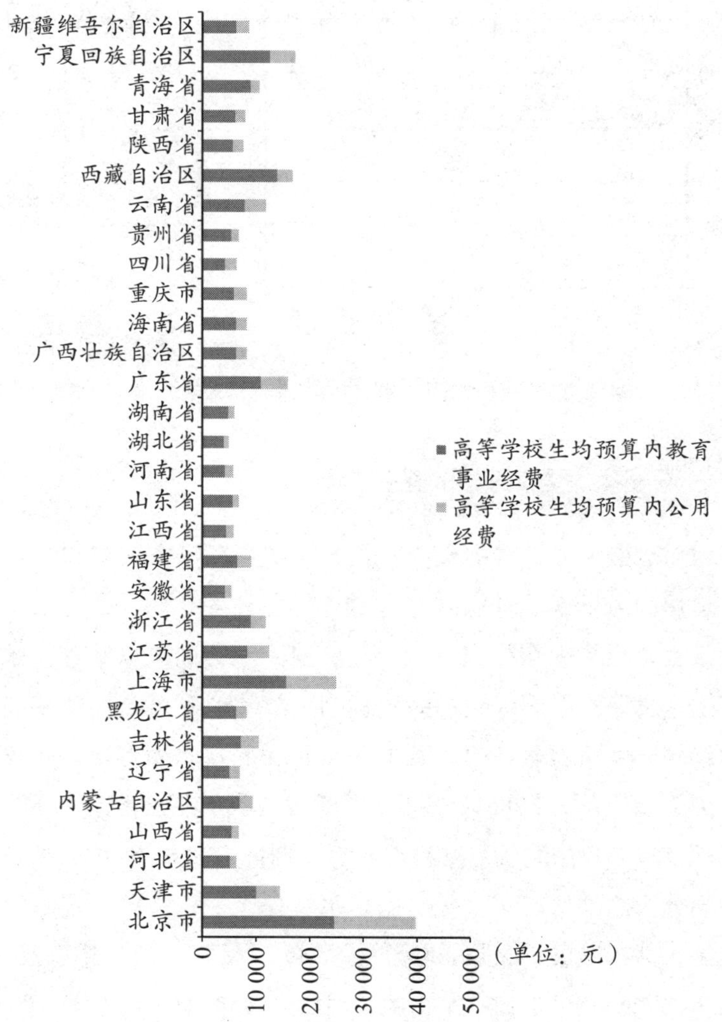

图 2　2008 年全国各地高等学校预算内教育事业费和公用经费比较

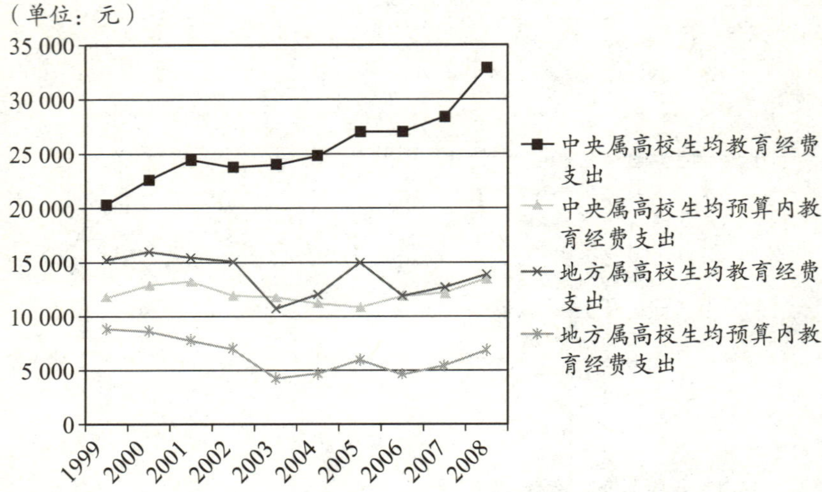

图3　中央属高等院校和地方属高等院校教育经费支出（1999—2008）

2.3　高等教育等级化和利益集团化

面对这些无偿划拨的资源，各个大学都有极大的动力去运用一切可运用的力量谋求进入这些项目。因各种各样原因，有限的公共高等教育资源集中在少数重点学校，使大学之间难以平等竞争。在客观上，也形成了等级化的高校体制。学校的等级化，学校领导的行政级别分类预示着高等教育的等级化和利益集团形成。高校的等级分为2+7学校、985学校、211学校、具有博士授予权的院校、具有硕士授予权的院校、本科院校、高职院校（见图4）；高校的行政领导分为副部级、正厅级、副厅级、处级、科级等。按陈学飞的观点是，高校形成了一个强有力的“985工程”政策支持联盟（Advocacy Coalition）。他们有基本的共同的“政策信仰”、隐性或显性的共享利益、正式或非正式的组织联系，其中联盟的纽带是共同的“政策信仰”，联盟的基础是“共享利益”，而“组织联系”则是“信仰”和“利益”的基本保障。[9]奥尔森认为，任何集团或组织都是分利集团[10]。分利集团的分利活动会降低社会的经济效益和社会总产出，因为他们的分利活动需要耗费社会资源；同时也会降低社会经济增长率，因为他们为了维护其成员的既得利益，会阻碍经济改革，阻碍新技术的开发和应用，阻碍资源的流动和重新配置，阻碍新成员的进入。大学争取“985 工程”科研资金，各个学校闹得不可开交，都列出种种理由决策者在分配经费时向自己倾斜。在这里，大学是作为一个整体性的分利集团存在的，它们所关注的是如何从政府多得到资源，而不是如何为社会多创造资源。因为没有合理的冲突解决机制，为了争取升格、争取博士点、争取进入“985”、“211”，很多学校不惜采取诉讼或非诉讼方式抗争[11]。抗争并非都有结果，政策的大门随时都有关闭的可能。最近，教育部部长袁贵仁表示，“985”、“211”已经关上大门，不会再有新的学校加入这个行列[12]。对已经是“985 工程”成员的大学来说，这是一大利好；对那些还在争取的学校来说，无疑给组织内部上上下下的成员当头一棒。还有一种博弈的方式不是从中央争取经费，而是利用地方的经济优势，以图获得举办世界一流大学的合法性地位，从而以一种反体制的路径来实现这样的跨越式发展，南方科技大学就是这样的案例。[13]

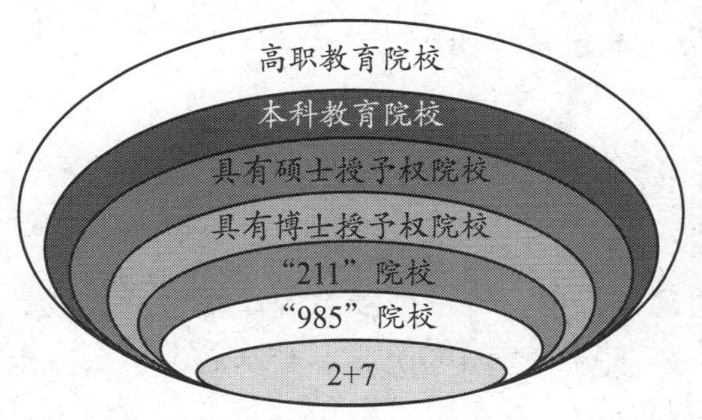

图 4　高校的等级

2.4　高等学校内部治理的行政化

建设一流大学政策沿用的计划体制配置教育资源，这也相对强化了中央政府对重点大学直接干预和控制。有学者批判道，在高校的内部管理权力之中，不区分行政权力与学术权力，用行政权力替代学术权力，才会出现学术管理活动中的行政化现象[14]，大学行政化的原因在于“体制瓶颈”[15]。正如阿特巴赫所指出的：“过于强调获得世界一流大学的地位，可能会损害某一特定的大学或院校系统。这样做有可能使得精力和资源偏离更重要并且可能更现实的目标。它或许会使人们以牺牲大学的入学率与为国家服务为代价，将精力过多地投在了建设研究型大学也就是精英大学上。它也可能导致提出一些不现实的期望，以致有损教师的信心和工作表现。”[16]他所说的可能性如今成为现实性。高校的行政权力的膨胀突出表现在教育腐败上，特别表现在学校基础设施建设、教学用具购置以及学生入学等方面，党员干部经常利用手中掌握着的权力去做交易，搞暗箱操作。[17]2003 年，北京大学提出改革方案，拟采取教员实行聘任制度和分级流动制，学科实行“末位淘汰制”，在招聘和晋升中引入外部竞争机制，招聘和晋升中引入“教授会评议制”等规定，引发激烈的争论。多种矛盾顿时爆发了，争论的焦点从“聘任制”转向了学校财务问题，有人提出“应该公开财务预算，公开政府额外追加给北大的 18 亿元资金的流向”。[18]

3 大学多中心治理的路径

在大学治理过程中，每一个权力主体都有其权威性领域，在这一领域中拥有权威的发言权。因此，各个权力主体之间只存在着所拥有资源类型的不同，而不存在地位和层级上的差异，从而形成基于资源交换基础上的依赖共生关系。从大学的外部权力关系来看，要解决的是谁来决定大学的发展？从大学的内部权力关系来看，是谁来决定学校的运行？从上文分析中我们看到，大学治理的单中心化，不仅仅导致了资源利用的低效率，而且引发了社会的各种冲突。从单中心向“多中心”转化，就意味着“许多在形式上相互独立的决策中心——它们在竞争性关系中相互重视对方的存在，相互签订各种各样的合约，并从事合作性的活动，或者利用核心机制来解决冲突，在这一意义上大城市地区各种各样的政治管辖单位可以以连续的、可预见的互动行为模式前后一致地运作”。[19]在多元治理主体的大学体制中，高等教育的协调发展应该是政府、市场及学术寡头三种力量平衡的结果。[20]以此，我们认为改革方向应该是大学决策主体的多中心化：大学办学权向学校转移；大学教学权向教师转移；大学选择权向学生转移；大学管理权向国家转移；大学评价权向社会转移。

3.1　明确大学与政府的关系，确立现代大学法人制度，保障大学依法行使办学权

政策的目标与政策价值之间的背离，说明了实施政策所需要的制度供给不足。取消大学的等级制，按现代法人制度来改造大学。公共资源的边界和有权提取一定资源的单位也需要明确。我国大学从形式上讲是法人，但是还未按大学法人制度来运行。大学法人地位，等于给政府权力对大学的影响设置了明显的“边界”，这种边界就是政府干预止于大学外部事务，止于教育自由，止于大学自治，止于学术自由。[21]大学自治是中世纪大学以来长期形成的一个重要的传统和惯例，它是联系大学内外部网络关系的非正式制度的长期演进的结果。自治是大学在长期发展中形成的一个基本理念，是影响大学发展的意识形态因素，从这个意义上来说，大学自治本身就应该归属于大学社会资本［资源］的一个内在范畴；大学自治程度的强弱，也同时反映了大学社会资本存量的多寡。[22]大学自治，绝不意味着大学只有权力没有责任，真正意义上的大学的自治表现为大学能履行自己的职责和承担相应的责任。

3.2　尊重学术自由，坚守学术责任，正确行使学术权力

大学内部的运行主要依靠学术权力，这也是大学生命力所在。

学术权力和行政权力之间的矛盾并不是必然的，学术问题不能通过行政权力来解决，而大学行政权力也不能扩张至学术领域，要充分发挥学术权力在学科建设、学术评价和学术发展中的重要作用。取消大学行政人员的行政级别，用服务行政的理念来改革大学的内部行政体制，真正形成教授治学，校长治校的合理结构。伯顿·克拉克认为，只要大学还是正式的组织，它就是控制高深学问的场所。[23] 15—18 世纪的传统大学，在宗教和世俗权力的双重挤压下，大学学术自由丧失殆尽，大学只能够偏居一隅，与社会之间关系断绝，成为远离世俗的“象牙塔”。19 世纪初期，德国洪堡进行了大学改革，创办了柏林大学，倡导学术自由，重新恢复了大学的生机和活力。19 世纪中后期，美国大学把德国学术自由的传统与本土的实用主义思想进行了有机结合，打破了基于“纯粹知识”探索学术的疆界，提倡大学主动为社会服务。大学回归学术，不是要将大学重新塑造成一个象牙塔，也不是将学术自由绝对化，而是让大学在适应社会的过程中不断建构自身价值，不断地履行自己的学术责任与学术使命。

3.3 保障学生学习自由权，将大学学习的选择权向学生转移

建设世界一流大学的主体并不只是教师的行动，也是大学建设的另一资本力量。将大学教育选择权回归学生，这不仅是大学培养人才的需要，也是大学投资者的权利。我们首先要从宪法的高度认识学生学习自由权的意义。国外对学习自由的法律规定既有宪法层面的，也有普通法层面的。德国学者认为，德国《大学基准法》第三条第四款对研习自由的规定，就是学习自由的规定。日本主流观点认为，学习自由为宪法上关于学问自由的一部分。[24] 我国宪法和教育法律、法规都没有明确规定学习自由。2010 公布的教育发展纲要指出，（培养学生学习）要坚持能力为重。而要成为学习型组织、

学习型社会，学习自由权是至关重要的。按学者的概括，受教育权的历史形态经历了宗教化范式、国家化范式、社会化范式和个性化范式等五个阶段，其中个性化范式的阶段，个人不仅是受教育权的权利主体，也是受教育权的权力主体。[25]受教育权从权利主体向权力主体的转变，意味着学习者对学习的内容的决定权。2005 年修订的《普通高等学校学生管理规定》对学生选课、转专业、休学等事项作了规定，在一定程度上认可了学生的学习自由权。从立法角度看，还需要完善考试制度、学习制度和自由选课制度。美国高等教育学者克拉克提出，学习的自由就是“允许他们（学生）从各种不同学科所提供的材料中自由的选择，当他们喜欢的时候可以变换大学，当他们感到准备好考试的时候参加毕业考试”[26]。大学教育应该以学生为本，把学生正当利益放在第一位，不能在划分学校等级基础上又划分学生的等级，保障学生公平的入学机会和要求公正的教育评价权，真正实现大学教育的平等保护。

3.4 实现地方教育分权，建立教育拨款机构，注重绩效，政府管理高等教育从直接管理转向间接管理

在全球化背景下，高等教育领域中政府角色要从政府控制模式向政府监督模式转变，要实现行政权力的去中心，寻求行政力量与市场驱动的平衡；重新定位政府角色，从“掌控人”转变为“监督者”；从“管制型”政府转变为“服务型”政府，主要通过立法、规划、拨款、监督等手段实现对高等教育的管理。[27]在划分中央与地方的教育权时，在中央不断加大对地方政府在投资管理权限的分权力度的同时，尽量减少由中央直接控制管理的大学数量，或改为地方管理，或中央与地方共建，这样既能硬化大学预算，提高投资效率，又能促使大学更好地为所在地区服务。根据奥茨（Oates）分权定律，在具备相当财政能力的地方，高等教育由地方提供将比由中央提供更为有效率。政府对高等教育的投入不能直接干预高校的

治理方式，政府对教育的管理应该是间接的法治化管理。在投入的方式上，应该成立专门的高等学校拨款机构，在业务上接受政府的指导，在运作上具有相对的独立性。从国际高等教育拨款模式的经验来看，这种“基金制”式的拨款组织具有双重角色特征，在政府和高等学校之间起到了重要的“缓冲器”（buffer）的作用。一方面，它是政府的助手，帮助政府把相应的责任施加给高等学校；另一方面，它又是高等学校的代言人，帮助学校向政府提出要求。成立专门的高等学校拨款机构有利于在落实高等学校学术自主权的同时，确保政府拨款的有效利用，促使高等学校恰如其分地履行其社会职责。[28]树立以绩效为导向的投入产出理念，逐步将财政拨款与高校绩效考核挂钩，提高财政资金使用效率和效益。[29]高等教育投资在不同科类、不同层次、不同教育形式中的分配，应区别对待，突出重点，建立分级分类管理的高等教育投资体制。

3.5 建立大学评估标准，将大学评价权向社会转移

要建立一套科学的大学评价标准，让大学评价权力交与社会。在大学评价过程中，应该制定出一个较为科学合理的大学设置评价标准。大学评价的内容除教学科研水平、教师队伍结构、设施设备、管理机制、财政经费、学生就业状况等之外，还必须包括社会评价方面的内容。大学评价的主体应该是多元的，形式应该是多样的，既有全国性的大学评价机构，也应该有专业性的大学评价机构。

4 结 论

本文给出了中国大学治理制度趋行政化的形成机制，指出只有通过协调大学中政府、市场及学术等力量，才能在多元平衡来实现大学自治，大学自治是决策主体多中心化的必然结果。

参考文献

[1] 埃莉诺·奥斯特罗姆．公共事物的治理之道［M］．上海：上海三联书店，2000.

[2] 江泽民．江泽民文选·第二卷．北京：人民出版社，2006.

[3] 奥斯特罗姆在《公共事物的治理之道》所提出的概念，同时具有非排他性和非竞争性的物品。

[4] 秦惠民．我国大学内部治理中的权力制衡与协调——对我国大学权力现象的解析［J］．中国高教研究，2009（8）.

[5] 丁学良，龙希成．中国能不能办成世界一流大学．http：//www. edu. cn/20040810/3112554. shtml.

[6] 江小惠．"十一五"高等教育投入保障机制及相关问题策略研究．中国高教研究，2006（10）.

[7] 高校债务不该由政府买单．http：//www. gmw. cn/content/2007－03/13/content570243. htm.

[8] 王靖．从"211"和"985"看政府对高等教育财政投入的"马太效应"．长春工业大学学报，2009（4）：58.

[9] 陈雪飞．理想导向型的政策制定［J］．北京大学教育评论，2006（1）：113—114.

[10] 奥尔森．国家兴衰探源．北京：商务印书馆，1993.

[11] 2006年6月15日，郑州大学升达学院公布了2003届、2004届毕业生不再发郑州大学的毕业证，而改为升达学院毕业，引发骚乱。事件暴露高校管理混乱，大学扩招巧立名目，名实不符引发争议，见http：//www. csuchen. de/news。徐州师范大学申博失败，全校师生作出疯狂举动。见"徐州师大申博失利，十余教授停教始末"，载《南方都市报》，2009－03－14。"西北政法大学申博失利，提出质疑申请行政复议"，见http：//www. cnr. cn/newscenter/gnxw/200904/t20090429_505317559. html。

[12] 袁贵仁．985与211已关门，改革要向地方学校放权．中国青年报，2011－03－08.

[13] 南方科技大学想一步到位建成高水平的研究型大学，挑战了既有的教育制度，也挑战了政府现行的审批模式，对当下的中国而言，他们成功的

可能性很小。见“南方科技大学筹办3年半仍未获教育部正式批复”，载《人民日报》，2010－10－20。

[14] 秦惠民．我国大学内部治理中的权力制衡与协调——对我国大学权力现象的解析．中国高教研究，2009（8）.

[15] 陈超．中国重点大学制度建设中的政府干预研究．广州：广东高等教育出版社，2009.

[16] 菲利普·阿特巴赫．世界一流大学的成本与收益．北京大学教育评论，2004，（1）：28—31.

[17] 中国新闻网（http：//unit. xjtu. edu. cn）。

[18] “北大人事制度激进变革”，载《南方周末》，2003－7－10。

[19] 奥斯特罗姆，等．公共服务的制度建构——都市警察服务的制度结构．上海：上海三联书店，2000.

[20] 伯顿·克拉克．高等教育系统———学术组织的跨国研究．杭州：杭州大学出版社，1994.

[21] 朱新梅．大学的公共性与政府干预．复旦教育论坛，2006（1）：49.

[22] 胡钦晓．大学社会资本论．南京：南京师范大学出版社，2008.

[23] Burton R. Clark. *The Higher Education System*：*Academic Organization in Cross-National Perspective*. Berkeley：University of California Press，1983.

[24] 周志宏．学术自由与大学法．薇理法律事务所．1989.

[25] 孙霄兵．受教育权法理学．北京：教育科学出版社，2003.

[26] 伯顿·克拉克．研究生教育的科学研究基础．杭州：浙江教育出版社，2002.

[27] 钱伟．WTO与政府的高等教育管理．高教探索，2007（1）.

[28] 石旭斋，李胜利．高等教育法律关系透析．长春：吉林大学出版社，2007.

[29] 唐万宏．绩效评价：高等教育机制投入的政策导向．中国高教研究，2007，（7）.

奥斯特罗姆八项设计原则在我国灌溉系统的适用性研究

——基于青铜峡灌区用水户协会的分析[①]

黄滨茹，张思宁[②]

1 引 言

自奥斯特罗姆的自主治理理论提出以来，就被世界各国的学者用于对渔场、草原、灌溉系统等公共池塘资源的研究中，为公共池塘资源治理中的两难困境找到了一条为实践所证明有效的选择性道路[③]。而她提出的“长期存续的自主组织和自主治理的公共池塘资源系统的八项制度设计原则”，也在实践中被广泛应用，成为衡量自主治理组织可持续发展能力的重要依据。目前在世界上很多国家推行的“参与式灌溉管理”制度，也可以认为是对公共池塘资源自主治理的一个例子。奥斯特罗姆关于公共池塘资源的八项原则，也被广泛地应用于参与式灌溉管理组织的构建和运行中。“参与式灌溉管理”制度，是一种从农户角度考虑的需求管理制度，强调“用水户

① 本文为北京市大学生科学研究与创业行动计划基金项目“灌区用水户协会的参与式管理模式研究——以青铜峡灌区为例”后续研究成果之一。

② 黄滨茹，张思宁，中国人民大学公共管理学院，邮编：100872。

③ 丁宏．E．奥斯特罗姆著《公共事物的治理之道：集体行动制度的演进》[J]．学海，2004（4）：199—201.

参与”，通过农户自主建立具有法人地位的用水户协会，接受政府移交的灌排管理权力和责任，充分考虑灌区的特殊要求，农户自主参与灌区规划、施工建设、运行维护等方面事务，使灌区良性运行①。20 世纪 90 年代中后期以来，我国的参与式灌溉管理制度也开始迅速发展。仅就用水户协会的数量而言，2003 年已发展到 2 000 多个，而 2006 年更达到 2 万多个②。

但与其他国家不同的是，我国用水户协会的初期构建并不是农户的自发行为，而是一个自上而下的强制性制度变迁过程。③ 政府是协会初期的构建主体，而农户在初期除了接受宣传外，自主参与程度很低。这种特殊的构建过程，造成了这八项设计原则在我国自主治理灌溉组织中的适用性问题——影响我国用水户协会可持续发展的设计原则，可能与奥斯特罗姆通过对西班牙、菲律宾灌溉社群的研究得出的八项原则有一定的差异，而具有一些特殊的特点。

在国内以往运用自主治理理论对用水户协会的研究中，大部分学者只是应用了“自主治理”这一思想，只有小部分学者结合了这八项设计原则对我国的灌溉系统进行研究。其中，姜东晖等（2007）通过将这八项原则与山东省 SIDD 试点区用水户协会情况的对比，说明用水户协会的运行中也实行了这八项原则④。而在周杰（2007）对浙江省诸暨市水利会的研究中，是结合这八项原则，将奥斯特罗姆的理论作为先验的判断标准，对水利会制度中存在的问题做了分析⑤。而对于这八项原则在我国的适用性和具体化，却鲜有研究。

---

① 冯广志．用水户参与灌溉管理与灌区改革［J］．中国农村水利水电，2002（12）：1—5.

② 水利部农水司．全国农民用水户协会发展迅速［J］．中国水利，2006（24）：20—21.

③ 刘芳．流域水资源治理模式的比较制度分析——以新疆塔里木河流域治理为例［D］．浙江大学 2010 年博士学位论文．

④ 姜东晖，胡继连，武华光．农业灌溉管理制度变革研究——对山东省 SIDD 试点的实证考察及理论分析［J］．农业经济问题，2007（9）：44—50.

⑤ 周杰．农村水利参与式管理机制研究——以浙江省诸暨市水利会为例［D］．浙江大学 2007 年硕士学位论文．

本文使用宁夏回族自治区青铜峡灌区30个用水户协会和140户灌溉用水农户的一手调查数据，探讨影响青铜峡灌区用水户协会可持续发展的因素，并将实际分析的结论与奥斯特罗姆提出的“八项制度设计原则”作对比，以期得出一个适用于中国具体情况、有青铜峡灌区特色的公共池塘资源的设计原则。

2 变量及模型设定

2011年1月，我们在宁夏青铜峡灌区的银川市和青铜峡市进行了关于用水户协会可持续发展的相关调查。青铜峡灌区是宁夏引黄灌区的一部分，由于年均降水量不足200毫米而蒸发量达1 300毫米，因此其灌溉完全依靠从黄河引水。根据方便抽样的结果，调查小组在银川市和青铜峡市对30个用水户协会及其所辖渠系内的140位农户进行了调查。一方面通过对协会管理人员的访谈、协会章程的阅读及对农户的访谈，了解关于协会运行制度和绩效的相关情况；另一方面通过对农户的问卷，了解农户对协会运行各方面制度的满意度，及对协会未来发展状况的看法。共发放农户问卷140份，收回有效问卷129份，有效率92.1%。

在因变量对用水户协会可持续性的设定中，本文应用了农户对“您对用水户协会的可持续发展的前景持什么样的态度”这一封闭式问题的回答，调查要求在“非常悲观（1）”、“有些悲观（2）”、“一般（3）”、“有些乐观（4）”和“非常乐观（5）”之间作出选择，这是一个由低到高排列的有序变量，需要使用有序因变量的回归模型（Ordered Regression Model，简称ORM）。

在原始模型自变量的设定时，本文基于奥斯特罗姆研究得到的八项长期有效的“公共池塘资源自主治理的设计原则”，在青铜峡灌区用水户协会可持续发展的影响因素实证模型中，引入了农户对协会在八项原则实施情况上的满意度作为自变量，分别用1、2、3、4、5表示“非常不满意”、“不满意”、“一般”、“基本满意”和“非常满意”。这些自变量的选取，是在奥斯特罗姆八项原则的基础上，根据青铜峡灌区的实际状况进行适当的具体化的结果。具体的自变量如图1：

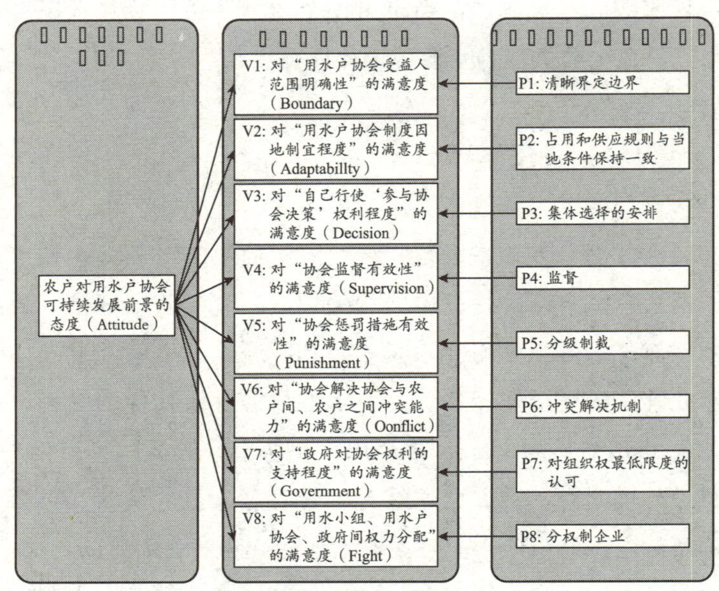

图1　本研究中的自变量

由于自变量均为分类变量，因此本文使用了Logistic回归的方式进行实证模型的模拟。具体将模型的形式设定如下：

$$\text{logit}(P_{\text{对前景的态度}=j}) = \text{logit}\frac{(P_{\text{对前景的态度}=j})}{(1-P_{\text{对前景的态度}=j})}$$
$$= \alpha + \beta_i V_i (i = 1, 2, \cdots, 8, j = 1, 2, 3, 4, 5)$$

其中，“$P_{\text{对前景的态度}=j}$”表示农户对用水户协会可持续发展所持不同态度的概率。其中j的取值即为研究中因变量的取值，V_i是农户对协会八个方面制度的满意度变量，即研究的自变量。

3　原始模型实证结果分析

对129个农户样本的横截面数据，用Logistic的方法进行ORM

回归分析。以下给出了农户对用水户协会可持续发展前景态度的ORM模型回归结果。从表1似然比检验的结果，可以看到回归方程的显著性水平为0.025，说明方程是高度显著的，拒绝所有自变量的偏回归系数均为0的假设。

表1 模型的显著性检验

Model	-2Log Likelihood	Chi-Square	df	Sig.
Intercept Only	2 234.231			
Final	2 123.272	110.959	32	0.025

表2的Pearson和Deviance拟合优度检验的结果分别显示，模型能解释因变量变化的百分比为33.2%和30.7%，能解释的程度比较小。

表2 拟合优度检验结果

	Chi-Square	df	Sig.
Pearson	3 204.165	107	0.332
Deviance	1 965.438	107	0.307

从回归系数的估计结果（见附录）可以看到，自变量Adaptability，Decision，Supervision，Punishment，Government偏回归系数的Wald检验结果有统计意义（显著性水平Sig. <0.05），可以认为它们对用水户协会的可持续发展起到一定的作用。而其他自变量的取值5个水平的Sig. 均大于0.05，因而认为它们是不显著的自变量，可以剔除。

由对原始模型的实证分析可以发现，在青铜峡灌区，“占用和供应规则一致”、“集体选择的安排”、“监督”、“分级制裁”及“对组织权最低程度的认可”这几项原则对用水户协会的可持续发展起到了重要的作用。

4 青铜峡灌区实际同八项原则的比较

由上面的分析可知，奥斯特罗姆提出的八项原则中，有三项没有进入青铜峡灌区用水户协会可持续性的回归模型，这在一定程度上说明了影响青铜峡灌区用水户协会长期成功运行的因素，与奥斯特罗姆的八项原则既有一致之处，也有一定的差异。下面结合我国用水户协会构建和运行过程的特殊性具体进行分析。

4.1 与八项原则的差异

4.1.1 清晰界定边界

在对青铜峡灌区的实证检验中，“清晰界定边界”原则所对应自变量 Boundary 的偏回归系数在统计上并不显著，似乎表明它对用水户协会的可持续发展作用不大。但我们在调查中发现，用水户协会所管理的小型水利设施并不是不需要清晰界定的产权——表现在有个别不出义务工、不缴纳协会维管费，却享受了协会提供的无排他性的抗旱、防汛资源的企业搭了协会的便车，这时这个协会范围内的用水户会联合起来向企业抗议，要求其缴纳一定的管理费用。这说明，用水户对协会水利设施、协会提供服务的受益者范围是有明确的界定的。进一步分析后我们发现，该原则没有进入模型的原因在于，大部分农户对于用水户协会的边界划定满意度较高，自变量的取值范围较为集中，因此没有对解释因变量的变化起到显著的作用。

用水户协会的最佳组建模式是跨越行政边界而依照水文边界，而在我国，用水户协会的组建还是多以村、乡为单位。以青铜峡灌区银川市贺兰县为例，2010 年该县共有用水户协会 56 个，其中乡级协会和村级协会共有49个，依照渠系组建的协会仅有7个[①]。在这种情况下，用水小组大会大多就同生产队内部的小会一起召开，而每个用水小组内的水费就由生产队长收取。这种状况，一方面导致了协会与生产队、村委会基本是一套班子，对用水户打破村组织的界限、实现真正意义上的自主管理造成了一定阻碍，但另一方面反而使得协会的受益者边界虽未明确界定，却仍然很清晰，不容易出现搭便车的情况，从而用水户对协会边界界定的满意度较高。而在依渠系边界组建的协会中，出现偷其他协会水的搭便车现象也较少，这是由于从其他渠系引水较为困难，偷水的成本很高。

4.1.2 “冲突解决机制”原则

按照奥斯特罗姆的“冲突解决机制”原则，公共池塘资源的运行中，需要有低成本的地方公共论坛等机制，来解决占用者之间或占用者和官员之间的冲突。在青铜峡灌区的用水户协会中，并没有出现类似于奥斯特罗姆研究的西班牙韦尔塔奥古斯水法庭这样解决冲突的专门机构，农户之间的用水纠纷一般通过协会和村委会协调得以解决。因为协会的管理人员多是生产大队队长和村委会中有威望的人，农户之间的涉水事务上的冲突一般无须外部力量的介入，冲突解决机制以非正式的形式存在并持续。因为协会管理人员可以通过社会网络和资源以非正式的手段有效协调协会内部的用水冲突，所以农户认为并没有必要建立专门而明确的冲突解决机制，表现在回归结果中“冲突解决机制”所对应自变量Conflict对协会可持续发展的作用不如其他因素那么明显，没有进入上文建立的模型。

此外，我国农民自主治理的观念仍然较弱也导致了“冲突解决机制”对协会发展的影响较小。农户在一定程度上仍将用水户协会看做有行政权力的管理组织而非自治组织，因而他们一方面认为，

---

① 贺兰县水务局．贺兰县2010年农民用水协会运行管理情况汇报［R］. 2007年7月11日．

其他农户没交水费的问题协会一定能够协调解决甚至强制解决——从而农户之间的冲突较少，另一方面认为对协会的规则应该采取服从为主的态度，仍把自己视作被管理者——农户与协会之间的冲突就也较少发生。既然冲突较少，“冲突解决机制有效程度”的重要性也就降低了。

4.1.3 “分权制企业”原则

“分权制企业”原则，要求“对占用、供应、监督、强制执行、冲突解决和治理等活动的组织，在一个多层次的分权制企业中进行”。具体到我国的用水户协会来说，在其最初的一段试点和摸索期，就出现了湖北长江水资源项目的“供水公司+用水户协会+用水户”等比较成功的分权模式，而由于我国各地协会建立的初期都由政府引导、组织学习，并由上向下强制性地试点、推广，因此后来建立的协会也基本都参照了以前协会的分权式管理的经验。用水户协会、供水公司、用水户、政府之间，及用水小组大会、用水户代表大会基本依照确定的模式分配权力和职责。就其形成的过程来看，用水户协会应该具备“分权制企业”的特性。但根据我们在青铜峡灌区的访谈，发现用水户协会系统的这一分权关系还是属于类行政管理的“科层制”——以政府和协会的权力关系为例：两者确实有不同的决策权，但协会的决策权范围由政府决定，政府的决策范围不仅限于渠系资源系统整体的配置、管理，还时常涵盖协会内水资源的配置、管理方式，如水费中用于修理小渠道的费用所占的比例——这些应由用水户根据协会内渠道状况的实际自主讨论决定的内容。

也就是说，我国的用水户协会并没有形成实际的分权制。但上文实证分析的结果显示，这一因素对协会可持续发展的影响也并不大。经过进一步分析我们发现，造成这一现象的原因可能是：协会的权力范围虽然由政府决定，不具备分层相互制约的关系，但协会、政府、供水公司三者的权力边界仍然是清晰的，这使得协会的运转比较平稳，农户也由此对分权情况的满意度较高。再加上我国农村社区以权力为中心的差序格局，使得村管理层掌握着水管理的实权，用水户协会的管理人员很多时候也是村委会成员。对农户而言，协会、政府基本是一体的，而非分权关系，导致农户认为分权制对于协会持续运转影响不大。因此，尽管用水户协会形式上具备分权制企业的特性，但实证中该因素并未进入模型。

由上面的分析可以发现，这三个因素未进入青铜峡灌区的实证模型，一定程度上都是由我国农村地区对行政管理的强烈依赖性造成的。农户的民主管理意识较为淡薄，知道自主管理这个概念，却没有积极地付诸实践，导致用水户协会实际上和村委会成为一套人马，从而没有真正起到农户自主管理的作用。

4.2 与八项原则的一致性

4.2.1 占用和供应规则一致

在上文的实证检验中，“占用和供应规则与当地条件保持一致”这一因素（Adaptability）进入了模型，表明其对协会的可持续发展有重要的作用。

从我们的访谈中也发现因地制宜在协会规则构建中的重要性。能够灵活地调整其规则的协会，农户的满意度普遍较高。如一些协会范围内的农田地势差距较大，因此亩均用水量的差异也较大，但由于目前我国的技术尚不支持“计水到户”，因此同一协会内的亩水价是一致的，这造成了一定的不公平。对此，部分协会采取了将土地重新分块发包的方式，每户承包的田里都既有高地势田，又有低地势田，因此每户的用水量基本上相同了。这样因地制宜的规则，变不公平为公平，提高了农户的满意度。而一些协会在规则的因地制宜性上做得不够，造成了农户满意度的降低。如一些协会在干旱期，并未按照作物的缺水程度制定合宜的灌溉顺序规则（如统一每户先只保证最缺水作物的灌溉），而仍按照上游灌完下游灌的方式，造成了下游农户作物的缺水。这时农户对协会的满意度自然降低了。由此看到，这一原则对协会持续运行的作用是重要的。

4.2.2　集体选择的安排

这项原则要求“绝大多数受操作规则影响的个人能够参与对操作规则的修改，而不仅仅是规则的被动接受者”。而这与上文中对青铜峡灌区的实证分析结果也是一致的：“集体选择的安排”原则对应自变量（Decision）的偏回归系数在统计上十分显著，说明这对协会的可持续发展有着重要的作用。

虽然在我国，农户对协会决策参与的实际程度仍然较低——表现在我们调查的129位农户中，有91位表示自己所在用水小组“从未召开过用水小组大会”或“召开了用水小组大会，但只是走形式”。但农户们同时认为，农户们自由发表意见、自主决策对用水户协会这一自治组织的长期发展有着重要的作用。他们知道农户参与的重要性，有建议想表达，但由于没有表达的途径，或对自己能够参与协会决策的信任程度不够，因此没有将自主管理的意愿付诸实践。

4.2.3　“监督”和“分级制裁”原则

在青铜峡灌区现存的监督与制裁机制中，农户之间监督与制裁涉及面最广，事实上它也包含了协会管理人员对农户的监督与制裁（用水户协会管理人员也是农户，并不具备行政强制力量）。比如，在青铜峡灌区，拖欠水费的现象时常存在，农户们普遍对个别不交水费的村民表示非常愤恨，但由于农村社区的人情关系，多数农户并不会当面谴责拖欠水费者，催交水费等事宜完全依靠协会工作人员进行协调，效果不佳。

在自主治理组织中，监督和制裁的一个重要基础是组织成员的社会资本，而制裁大多通过对违规者舆论上的集体歧视，使其地位和被信任程度下降来实现。监督和制裁缺乏规范而强硬的制度保障，如果自发的监督和制裁效力不足，就可能影响到协会的持续健康发展。在奥斯特罗姆的例子里，由于灌溉区有自我管理的历史，农民之间形成相互制约、自我监督的传统，自主监督成本比较低，因此制裁也可以相对松弛。而青铜峡灌区用水户协会所存在的渠系级、村级单位，虽然也是一个基于血缘和地缘关系、社会资本发挥重要作用的熟人社会，但社会资本降低似乎对监督违规者的威慑力较大，反而对违规者的威慑力较小，这使得农户不能形成有力的自发监督和制裁力量。但同时，由于缺乏制度化、强制性的监督和制裁措施，农户对协会运转的满意程度也降低了，这影响到了协会的长期运行。因此在模型中，监督和制裁因素（Supervision，Punishment）的偏回归系数统计显著。

4.2.4 “对组织权最低限度的认可”原则

奥斯特罗姆的“对组织权最低限度的认可”原则，是指公共资源占用者设计自己制度的权利，不受到外部政府威权的挑战。具体到用水户协会，政府必须尊重和支持农户自己制定的规则，而不能把协会当成政府的一个下属机构，恣意越权地为协会作决定。调查中，部分用水户协会的管理人员认为，由于水务部门对协会具体事务参与较多，降低了农户对协会的自主决策程度，影响了农户对协会的满意度和参与的积极性。这与上文 Logistic 模型的结果相符。

但从实践过程看，我国政府对用水户协会事务的过度干预并不是主动的，而更多的是“没找好时机退出”。我国用水户协会的构建和发展历程基本为“试点→发展→推广”，在这一过程中，协会本身对政府高度依赖，反过来促成了政府对协会的活动过度参与的状况。农户参与式管理的理念刚刚进入我国时，政府以行政机制“强制性”地构建用水户协会模式，建立了各级科层执行组织负责试点区的确定以及用水户模式构建工作的宣传、讲解和执行工作。这种自上而下的层级决策和执行过程，影响了用水户参与灌溉管理的积极性，导致协会在构建之初，就存在着明显的政府参与过多的现象。在发展期，为降低获得政府资金、技术扶持和组织农民等成本，用水户协会又聘任相关政府部门人员参与管理，这使得政府参与用水户协会决策的程度进一步加深。而在推广期，新建的协会往往模仿已有协会的模式，先行灌区的协会都是由政府进行构建的，政府参与过多的问题几乎难以避免，而在绩效责任影响下，后行灌区在模仿过程中，大多采用“少创新，多照搬”的方式，导致这一问题被继续延续和传播。

4.3 具有中国特色的原则构建

综上所述，宁夏青铜峡灌区用水户协会的建立、发展和延续过程中，对奥斯特罗姆的八项原则有一些调整和改变。这是因为中国农村的具体情况和自主治理的传统不同于奥斯特罗姆总结的西班牙、菲律宾等案例。从模型来看，没有进入模型的三项因素——清晰界定边界、冲突解决机制、分权制企业，集中体现了基于中国国情的基层自治组织的特色。农户认为这三项原则对于协会的持续运行没有显著影响，是因为在实际操作中，这些原则所要解决的问题已经通过其他手段得以实现，即村委会的工作人员（通常是村长）兼任用水户协会的主席，协会管理层与村管理层高度重合。

从协会内部管理来讲，协会主席首先必须对协会管理人员的能力有足够的了解，并组织合适的人选分片负责各用水小组的管理与协调；其次，他要对整个灌溉区域内的渠道有一个充分的了解和估计，以便有准备地组织足够的力量处理日常维修和突发问题。从协会与政府之间的关系处理上来讲，他起到了一个承上启下的作用，一方面协会需要与基层政府部门相联结，获得和利用政府的各种资源，更好地处理涉水事务；另一方面基层政府也需要通过协会主席去更多地了解用水小组和农户的用水状况。因此，对用水户协会主席人选的要求是极其严格的，他不仅需要得到一般农户的认同与尊重，还需要有足够的能力与基层政府进行协调与沟通，一般由协会灌溉区域内社会资本积累足够多的村民担任。

在奥斯特罗姆的分析中，也强调协会管理者应该由具备丰富社会资本的当地居民担任。在宁夏青铜峡灌区，用水户协会的主席基本都兼任（或曾经担任）村委会工作人员，他们不仅具备丰富的社会资本和较高的声望，而且一个突出的特点是扮演着行政管理和自主治理的双重角色。这与我国缺乏基层自主治理的传统，村委会管理机制的长期运行，农民受教育程度不高、参与管理能力有限，农村人情社会的风俗习惯等等方面密切相关，集中反映了我国现阶段农村自主治理的发展现状。下面将“由村委会成员兼任协会主席”（Chairman）这一因素加入自变量中，重新用 Logistic 回归的方法进行估计。与其他 8 个自变量不同，该变量并不是满意度变量，而是根据各协会实际情况取值的 0—1 变量。

再次对 129 个农户样本数据进行回归。由表 3 似然比检验的结果证明，含 9 个解释变量的模型在统计上是显著的，显著性水平 0.003。

表 3　模型的显著性检验

Model	-2 Log Likelihood	Chi-Square	df	Sig.
Intercept Only	3 158.872			
Final	3 108.967	149.905	36	0.003

表 4 的 Pearson 和 Deviance 拟合优度检验的结果分别显示，模型能解释因变量变化的百分比为 77.8% 和 67.9%。这比前面模型的拟合优度有了大幅度的提高，因而可以认为这种提高不仅是因为数据丰富度的提高引起的。

表 4　拟合优度检验结果

	Chi-Square	df	Sig.
Pearson	3 325.963	118	0.778
Deviance	2 944.198	118	0.679

而在解释变量的 Wald 检验中，可以看到上文中进入模型的变量未发生变化，同时 Chairman 变量的检验具有统计意义因而也进入了模型。（见表 5）

表 5　新模型中 Chairman 变量的偏回归系数及检验

	Estimate	Sig.
Chairman = 0	-0.043	0.030
Chairman = 1	0 (a)	

模型检验的结果证实了“协会主席由村委会成员兼任”对协会可持续发展的重要作用。就当前而言，“选举”村委会工作人员担任协会管理人员有利于提高协会执行力和工作效率，而较高的工作效率能够提高协会在农户中的公信力；但从长期发展来看，用水户协会是农民自治组织，村委干部兼任协会管理人员不利于协会“去行政化”，成长为与政府分权、参与多中心治理的主体。所以，为了协会的健康持续发展，实现真正的自主治理，还是要遵循“集体选择的安排”原则，政府逐步退出用水户协会日常事务的管理，落实用水户大会制度，提高农民的参与自主治理的意识和能力。

5　结　论

本文的研究表明，在奥斯特罗姆对自主治理组织可持续发展的八项设计原则中，对青铜峡灌区用水户协会起到显著作用包括占用与供应规则一致、集体选择的安排、监督、分级制裁及对组织权最低限度的认可。由于我国用水户协会组建、发展中的特点，奥斯特罗姆提出的其他三项原则所要解决的问题，在实际操作中已经通过其他手段得以实现——村委会成员兼任用水户协会主席，从而达到协会管理层与村管理层高度重合以提高协会执行力的效果。因此，

“由村委会成员兼任协会主席”这一原则，是根据我国当前实际得到的影响用水户协会可持续发展的另一项重要原则。

参考文献

[1] 埃莉诺·奥斯特罗姆. 公共事物的治理之道 [M]. 上海：上海三联书店，2000.

[2] 李萍，岳红芳，郗皎明. 二期抽黄灌区农民用水者协会可持续发展的探索 [J]. 内蒙古水利，2009（5）：39—41.

[3] 罗兴佐. 治水：国家介入与农民合作——荆门五村农田水利研究[M]. 湖北：湖北人民出版社，2006.

[4] 刘芳，许迪，史晋川，章少辉. 参与式灌溉管理模式科层化问题分析 [J]. 水利学报，2010（2）：211—220.

[5] 谢永刚. 水权制度与经济绩效 [M]. 北京：经济科学出版社，2004.

[6] 穆贤清. 农户参与灌溉管理的制度保障研究——基于我国农民用水者协会的案例分析 [D]. 浙江大学2004年博士学位论文.

[7] 赵永刚，何爱平. 农村合作组织、集体行动和公共水资源的供给——社会资本视角下的渭河流域农民用水者协会绩效分析 [J]. 重庆工商大学学报，2007（2）：5—9.

[8] 马培衢，刘伟章. 灌区农户灌溉行为的实证分析——基于中国漳河灌区微观数据的研究. 2006年全国青年农业经济学者年会会议论文.

[9] 徐志刚，王金霞，黄季焜，Scott Rozelle. 水资源管理制度改革、激励机制与用水效率：黄河流域灌区农业用水管理制度改革的实证研究 [J]. 中国农业经济评论，2004（4）：415—426.

同构大都市低碳化的基础与能力

——上海低碳文化发展研究①

姜　虹②

随着二氧化碳为主的温室气体的过量排放，人类赖以生存的大气环境受到了严重的污染。气候不断暖化，极端天气和灾害日趋频发，给人类的生产和生活带来了巨大的损失，亟待加强治理。然而，大气环境是典型的全球公共物品，具有很大的外部性，其提供不是某一组织或个人所能完成的，需要集体行动。文化由大众创造和消费，是引导和推动集体行动的重要力量。研究大都市低碳文化建设，对控制温室气体排放，构筑低碳城市，具有重要的理论与实践意义。

1　上海碳减排的现状分析

1.1　上海碳减排取得的成效

1.1.1　能源强度明显下降

20 世纪 90 年代中期以来，上海产业部门的能源强度不断下降。如 1995 年上海产业部门的能源强度为 1.56 吨/万元，到 2008 年下降到 0.76 吨/万元，其中第一、第二产业部门分别从 1.32 吨/万元下

---

① 本研究得到上海大学人文社会科学研究发展基金（A10－0116－08－402）资助。

② 姜虹，上海大学社科学院，邮编：200444。

降到0.8吨/万元，2.31吨/万元下降到1.05吨/万元。尽管第三产业部门的能源强度略有上升，但并不能逆转其总体下降的趋势。[1]

1.1.2 低碳实践产生了良好的低碳效应

2006—2010年，上海组织实施工业、交通、建筑、公共机构、旅游饭店等节能改造项目超过1 000个，节能约300万吨标煤；推广节能空调164万台，推广节能灯2 400万只，年节电量约14亿千瓦时；关停了178.4万千瓦的小火电机组；累计建成了1 412万千瓦机组的脱硫设施。[2]这些项目的实施收到了或即将收到良好的碳减排效果，许多项目具有很好的示范、推广价值。如年减少碳排放1万吨的上实东滩低碳农业园区，年减少碳排放3.5万吨的崇明前卫村，年捕捉二氧化碳10万吨的华能上海石洞口第二电厂，年减少碳排放3.5万吨的上海申能长兴风力发电有限公司投资建设项目等。

1.1.3 低碳行动的集体性层次不断提高

近年来，上海各级政府在低碳化发展过程中打造了一批社区低碳项目，如闵行区的免费公共自行车项目、在社区发放节能灯项目，以及崇明低碳岛、陈家镇生态城镇、临海新城、低碳南桥新城、虹桥商务区等综合性的低碳化建设试点区。与以往的单企业、单项目的低碳发展方式相比，这些项目的出台无疑在使集体行动的发展模式走入低碳城市建设，因之所涉及的治理碳源更多，低碳效能也有了进一步提高的可能。

1.2 上海面临的低碳化发展压力

尽管近年来上海在碳减排方面取得了显著的成效，但是就碳排放的绝对值来看，上海的能源强度依然很高，污染总量仍在不断加大。如从碳源来看，1993—2007年上海碳源排放由5 979万吨增加到13 296万吨，增长了122.38%，同期碳汇非但没有增加，反而减少了167万吨，净碳源由5 002万吨增加到12 682万吨，增长了153.54%；从碳源结构看，上海的碳排放主要由化石燃料排放，主要来自工业、交通运输和居民生活；从增长速度来看，增长较快的主要是服务业、建筑业、交通运输业等[3]。由于上海远没有进入后工业化阶段，上海的经济增长仍在快车道，GDP 在不远的将来还会翻番；因此，今后工业发展仍是重要的产业活动，服务业、建筑业等部门也将继续快速增长，其在碳源中的比重会迅速上升，社会经济发展中的相对碳排放强度会有所下降，但绝对数量难以控制到当前或更低水平。所以这些，都为上海的温室气体排放治理带来了诸多困难和压力。

1.3 高碳文化思维定式主导使上海碳减排陷入困境

现代经济的发展是在一定意义指导下的实践，文化不仅贯穿于人们实践的始终，而且指导和规定着人们社会实践的价值和意义，人的实践活动一刻也离不开文化[4]。而长期以来，主导社会经济发展的高碳耗特征，已经成为上海发展中的基本文化构象，也自然成为指导和影响人们经济活动和排碳行为的惯性力量。因此这种文化氛围下的基本发展趋势是排碳的增长远远大于减碳的增长。如 2007 年，上海的 GDP 为 12 188.85 亿元，CO_2 排放量为 20 690.17 万吨，CO_2 排放强度为 1.6975 吨/万元，而伦敦、纽约、东京的 GDP 分别是上海 2.7897 倍、3.8135 倍和 5.2384 倍，可 CO_2 排放量分别为上海的 0.1970 倍、0.1323 倍和 0.0875 倍，CO_2 排放强度则仅相当于上海的 0.1161 倍、0.0779 倍和 0.0515 倍，足见上海社会经济发展的高碳化现象之严重[5]。

如果按照文化价值理论[6]，它是通过一种“文化超积累”的方式形成了一个碳文化定式，约束着低碳文化的发育，顺延当前的发展趋势。在人们必须面对强制的减碳选择时，行动的导向性内容中，思考的首先是寻找谁是碳源的主力，然后努力地关闭一些能够关闭或迁出的碳源，而不是排碳方式的变革。如在 2006—2010 年，上海就关闭或迁出了 2 873 个碳排放源，累计关停或搬迁调整 149 家危化企业，节能 480 万吨标煤[7]。但这种末端治理没有触动高碳文化的根本，呈现一种治标不治本的逻辑后果，必将是一个难成长效的作为，会形成一个“排放越多—治理越多—排放越多……”的恶性循环。

同时，由于没有深刻理解碳文化支持系统，没有深刻理解碳排放是个人行为、企业行为、政府行为、NGO的行为及其他各类组织力量综合作用的结果，需要不同的碳文化主体的一致行动，目前上海低碳化治理的合力不足，实践中主要由政府组织、政府推动，个人的低碳文化行为意识淡薄，企业低碳行为和意识在被动地接受和亦步亦趋地回应着政府的命令，具有低碳化文化内涵、能充当低碳化治理角色的NGO及相关组织微乎其微。所有这些，也使上海的持续的低碳化治理十分困难。

2 低碳文化建设与上海的低碳化发展

2.1 低碳文化发展是构建大都市低碳社会经济新秩序的内在要求

Roy Alexander等对碳中和项目的研究表明，大部分人主要是被短期的角色而吸引，但不能形成支撑参与的邻里治理结构，主要困境是如何将一时的行动热情和推动力变成参与行为的持续模式[8]。这一结论，在马尔默（Malmo）的零碳社区等项目建设中被进一步证实。那么，如何实现这一突破呢？塑造新型文化，以之驱动人们的世界观和价值观的改变，无疑具有重要的意义。

就广义而言，文化是人类所创造的精神文明和物质文明的总和，是“人类改造自身、改造社会、改造自然的一切活动及其获得的成果”[9]。世界上的所有民族都有属于自己的文化，而这些文化在不同的时代亦会有不同的内涵和特征。如此，作为社会个体的个人，无不脱胎于某一种文化。受此文化熏陶和型塑，其个人的存在方式会“在不同程度上体现为自觉（心理）和存在性限制，即心灵秩序和社会秩序”。这种心灵秩序和社会秩序是人类社会进步的重要保证。因为“每一种文明或文化发展都需要一定的秩序。有秩序才有生活，人民对生活秩序的追求不仅是社会共同体内部的阶级统治对秩序的要求，也是人们在社会生活中形成文明或文化存在方式的基本要求”。因为这种需要，人类会“去创造社会规范体系从而生活在认为的秩序中”[10]。

就现今而言，低碳化发展正是人类生活需要创造的一种新的秩序，而低碳文化正是这种秩序生发所需要的土壤。因此，要想进行有效的低碳化发展，形成社会经济新秩序，大都市必须构造新型的低碳文化体系。

2.2 低碳文化价值体系是构建大都市低碳化的基础与能力

低碳城市建设需要建立低碳理念，需要实行长远战略愿景和合理的综合规划[11]。有效的温室气体的减排模式，是形成政府、私人部门、NGO 和居民的有效合作[12]，是所有人的行为方式的转变。否则，即使有突破性技术，在人未发生行为变化的情况下，也无法达到预定的低碳目标[13]。

文化对人的行为有着决定性的影响，因为文化现象是一个包含着意义的世界，是一个需要特殊理解或了悟的世界。任何文化包含着人的意义和价值，体现为人们对创造的需要、目的、动机等；文化包含的经验知识、意义、价值等以一种历史积累和历史遗产的方式而存在着，并构成一定社区或社会的特殊的经验知识、意义、价值体系。作为社区或社会成员虽然可以积累、创造新的文化和价值体系，但他首先必须理解、了悟这些既存的经验知识、意义、价值体系，然后才能创造[14]。而这种理解和瞭悟必须通过实践的感受、认知。因此，大都市的低碳文化可首先为人们提供一个对低碳化发展的认知和接受的基本机制，是低碳化发展的重要的基础。同时，低碳文化价值体系一旦被大部分人群接受，相当于建立起了一个共同的低碳理念、共同的低碳价值观念、共同的低碳生产和消费偏好。这样就可以表现为自觉一致的能力，良好的聚焦能力和凝集能力，成为驱动低碳化发展的内在动力。

2.3 低碳文化的凝聚力、感召力、约束力是大都市低碳化发展的保障

文化具有超强的凝聚力和感召力，它是“独特的能力及认同的来源，是将组织凝结在一起的胶水”。同时，文化又具有巨大的约束力，“共同的哲学思想、信念、价值、观念与想法等，深植于社会成员心中，并对社会成员产生一股无形的行为约束力”[15]，这种约束力不仅在影响着人们的行为方式，也使其以此区别于其他社会群体，并影响着其他社会群体对它的认知和评价。在此影响下，同一文化下的个体或组织的社会责任感有可能被激发，进而发挥其带头和示范作用。

低碳文化是人类的新文化，它所具有的凝聚力、感召力和约束力无疑将使同一文化下的个体或组织紧紧地凝聚在一起，以低碳理念指导自己的行为方式，进而主动减排温室气体，供给合格的公共物品——质量合格的大气环境，以应对气候暖化和气候灾害的发生。因此，低碳文化是大都市低碳发展的内在支撑。“相较于属于低碳文化产品的低碳技术、低碳能源等在场的有形的东西，不在场的无形的低碳文化观念更重要。”[16]

3 大都市低碳文化建设的内容、系统结构与动力机制

3.1 低碳文化建设的基本内容

低碳文化包括观念层次的文化、制度层次的文化和行为层次的文化。

观念性低碳文化包括人们在生产、生活中具有的低碳理念、低碳伦理、节碳意识及各种低碳习俗等等；制度性文化包括各类鼓励和支持低碳生产生活的法律、法规和诸多准则，是文化契约构筑的低碳文化服务供给，是相关主体竞争合作的基本保障；行动性低碳文化包括低碳技术研发、低碳产业发展、低碳设施构建等，也包括各类行动主体在具体的生产生活中，在不同的组织单元和场合，具体实施低碳活动而表现和沉积所形成的低碳文化，如生产中大力发展文化产业、压缩高碳产业、推行节能建筑、发展沼气等生物质能、地热、光伏光热、风能等新能源、选择自行车公交车出行，建设生态村、生态社区、绿化、倡导素食文化、精神消费等。

观念性低碳文化是支持制度和行动型低碳文化的基础，制度性低碳文化能规定行动性文化的合理性，行动性低碳文化则是检验、修正、丰富低碳制度文化和低碳观念文化的直接推动者。一旦这三个层面的低碳文化建立起来，而且具有足够好的组织主体、组织机制和组织力量，低碳文化就会形成自我发展力，不断彰显低碳文化系统的功能。

3.2　大都市低碳文化建设的基本要素系统

大都市低碳文化系统包括低碳的生产文化、低碳的消费文化、低碳理念和制度文化以及低碳的科技与产业经济文化等四大要素群。在本地化与全球化、专注与综合、竞争与合作、个体与集体行动中，其以激励与压力为综合的力源模式，形成复杂的系统。大都市低碳生产生活的激励和压力及其强度、结构、效能是低碳文化建设的标准化动力。如何构建合理的低碳文化系统是保证大都市低碳文化建设速度和效应的关键。

3.3 大都市低碳文化建设的动力机制

大都市低碳文化发展的动力集中表现为激励和压力，这首先表现为政府政策的激励和压力。如政府依靠其权利资源，对低碳行为个人或集体组织进行补贴等物质奖励、荣誉等精神奖励等，也可以通过税费的征收与惩罚、配额、许可审核、禁止、限期整改和各种限制及名单批评等方式形成压力。理念性低碳文化会形成大众式的鼓励和压力，超前的消费方式会形成低碳文化发展的激励，而庸俗的低碳消费会形成低碳文化发展的负向力。低碳科技研发和低碳产业经济及相关建设是低碳文化生产的重要载体和升华为低碳文化的原料，可以通过符合低碳文化要求的经济效益的高回报或低回报，甚至血本无归，形成发展低碳文化的激励和压力。低碳科技产业产出的往往是核心的低碳文化产品，而理念性制度性低碳文化产品可谓辅助性低碳文化产品，会以激励或压制的方式，加速、延缓核心文化产品的生产，低碳消费文化以反作用的方式对生产形成激励或压力。

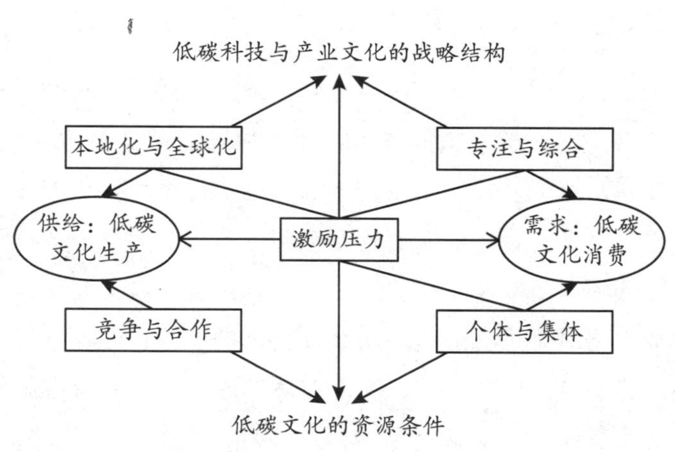

图1　低碳文化系统简构模型

3.4　大都市低碳文化建设与集体行动

低碳文化要求我们注重低碳因素、自然规律，碳环境对人类社会的价值和影响，它具有超阶级性、普遍性、有限性、系统性和整体性等特征。低碳文化本身具有很大的外部性，低碳文化的消费和生产还会促进温室气体的减排，这两者都是提供全球公共物品的行动。根据公共选择理论，全球公共物品的供给需要集体行动：如区域集体行动与全球集体行动、专注于某一方面的低碳文化与全部低碳文化的集体行动、各类生产中心的集体竞合以及个体为核心与不同规模集体为核心的集体行动。因此，低碳文化建设不是在构建一个孤立封闭的系统而是开放的系统，需要动员各类力量，进行集体行动，需要多中心治理方能取得成效[17]。

4　上海低碳文化系统有效建构的对策建议

4.1　完善低碳文化系统建构

基于既有的生态文化、循环文化、制度文化，以科技、产业文化为驱动力，以低碳文化产业为中心，加强制度性低碳文化建设，通过经济利益的彰显、制度政策性的激励与压力，并以教育、宣传为辅助，促使人们尽快确立低碳意识和低碳行动理念，最终形成低碳生产与低碳消费基本文化构架。同时，注重低碳文化建设中的全球化与地方化的关系，个体与局部及整体的关系，专注与综合考虑的关系，竞争与合作的关系，促使上海形成一个具有自我发展能力的低碳文化系统。

4.2　构造高绩效的机制

调节税费系统，减少合并既有重复税项目代之以低碳税费项目，支持低碳技术和低碳产业活动，催发低碳科技产业文化的发展；选择不同层次和规模的低碳性集体参与项目作为突破口，形成以点带面的效果；发展家庭低碳账户管理及各类组织团体的低碳认证与低碳激励机制；继续加大低碳技术研发、低碳技术产业发展的资金支持、税费减免，促使该类行动主体具有可观的收益，激发和保护这类低碳文化主体的发展热情，同时逐步推进对高碳活动的惩罚和监管力度，形成有效的压力激励机制，推进低碳文化的发展；大力发展志愿者组织和队伍，发掘低碳利他主义，形成推动低碳文化建设的重要辅助力量。

4.3 加强低碳文化的实践性

在学校、社区、家庭、公益文化设施——图书馆、科技馆、博物馆、公园等处加强教育宣传和示范，充分发挥广播电影电视、报刊、互联网等主流媒体对低碳文化的宣传和创造功能，构筑完整的低碳知识体系，“武装”各层人群和组织的低碳观念意识，形成城市社会空间中低碳文化观念充溢的局面；继续推进以节能、节水、节地、资源循环利用、可再生能源技术等为重点的节能减排技术的研发与应用，推进新能源汽车的示范应用，加强国际间的合作交流，积极探索碳捕捉与碳封存技术的开发；加大低耗能的产业发展，增加捕捉、吸收碳排放的技术和产业部门，加强碳交易、碳中和服务设施和平台，发展低碳账户管理及各类组织团体的低碳认证服务，形成低碳服务文化；积极推进文化产业的发展，增大其规模和水平。

4.4 采取多元化推进的战略

继续发挥政府核心作用，制定和完善低碳制度建设，推动清洁发展机制和碳交易制度的建立和完善，提升企业的社会责任，倡导公众实行低碳生活方式，营造全民应对气候变化的良好环境；建构企业低碳伦理文化，促使企业关注和重视其在经济活动与竞争中造成的碳排放及其带来的影响，强化自身的资源循环的和综合治理观念；发挥NGO在低碳文化建设中的作用，发展低碳志愿者支持系统，凸显公共物品型低碳文化建设中“看不见的手”的作用，降低组织成本，提高效率；加快低碳城市实践区的建设，特别是以崇明生态岛和临港新城为核心，探索低碳发展模式，并将低碳模式尽快升华为低碳文化，丰富低碳文化建设。

5 结 论

本文给出了大都市低碳化发展的一种思考。认为：

全球大气污染问题产生的根源在于高碳文化盛行，低碳文化不发育而导致的人类思想或人类哲学深处不确定的自然观和人地关系，在这些文化观念的指导下，人类的发展观、伦理观、价值观、科学观和消费观无一不存在根本性高碳化的缺陷和弊端。大都市社会经济低碳实践中表现出来的非稳定性、随机性和非系统性，亦与缺少低碳文化的支持密切相关。

在大都市低碳化发展的过程中，应将低碳文化变成大众文化，使人们在低碳问题上形成统一的价值观、发展观、消费观、资源观等，并内涵于不同社会经济活动主体的生产生活中。在此过程中，为保持低碳文化的发展动力，要努力塑造其经济价值、服务价值和福利价值，努力以低碳文化促进碳减排。

低碳文化建设就是要努力构建自我发展的低碳文化体系，并通过各种措施提高其运行绩效。低碳文化建设的关键在于大力发展文化产业，基于传统文化，发育低碳成分，加强教育，加强示范；同时充分运用基础资源与条件，注重低碳工业、低碳生活的发展，用物质文化定型和架构低碳文化基调，大力发展低碳伦理文化、生态文化。

参考文献

[1] 朱聆，张真．上海市碳排放强度的影响因素解析 [J]. 环境科学研究，2011，1：20—26.

[2] 上海市节能减排和产业结构调整工作会议召开 [OL]. http：//www.shdrc.gov.cn/main? main_colid = 359&top_id = 316&main_artid = 18440.

[3] 杨鹏，陶小马，崔风暴．上海市碳排放量及碳源分布 [J]. 同济大学学报(自然科学版)，2010，9：1397—1401.

[4] 司马云杰．文化价值论 [M]. 济南：山东人民出版社，1990.

[5] 刘新宇．上海低碳经济发展及城市间比较 [J]. *Environmental Economy*，2010，6：23—29.

[6] 司马云杰．文化价值论 [M]. 济南：山东人民出版社，1990.

[7] 本市召开节能减排和产业结构调整工作会议 [OL]. http：//www.sepb.gov.cn/news.jsp? intKeyValue = 22844.

[8] Roy Alexander，Max Hope & Martin Degg. Mainstreaming Sustainable Development—A Case Study：Ashton Hayes is going Carbon Neutral [J]. *Local Economy*，2007，Vol. 22 (1)：62 – 74.

[9] 刘吉发，等．文化产业学 [M]. 北京：经济管理出版社，2005.

[10] 张国启．秩序理性与自由个性——现代文明修身的话语体系与实践机制研究 [M]. 北京：人民出版社，2010.

[11] Jiyuan Liu and Xiangzheng Deng. Impacts and mitigation of climate change on Chinese cities [J]. *Current Opinion in Environmental Sustainability*，2011，3：1 – 5.

[12] Liu Z，Dai Y D，Changgui，Qi Y. Low-carbon city：concepts，international practice and implications for China [J]. *Urban Study*，2009，16：1 – 12.

[13] Abigail L，Bristow，Miles Tight，Alison Pridmorec，Anthony D. May. Developing pathways to low carbon land-based passenger transport in Great Britain by 2050 [J]. *Energy Policy*，2008，36：3427 – 3435.

[14] 司马云杰．文化价值论 [M]. 济南：山东人民出版社，1990.

[15] 富立友．知识视角的组织文化 [M]. 上海：上海财经大学出版社，2010.

[16] 封泉明．关于中国低碳经济发展的文化思考 [J]. 云南社会科学，2010，

5：107—110.

[17] Ostrom E. *Governing the Commons：The Evolution of Institutions for Collective Action* [M]. New York：Cambridge University Press，1990.

[18] Ostrom E.，Schroeder，L. & Wynne，S. I*nstitutional Incentives and Sustainable Development：Infrastructure Policies in Perspective* [M]. Boulder：Westview Press，1993.

[19] Ostrom E.，Walker，J. & Gardner，R. *Rules，Games，and Common-Pool Resources* [M]. Ann Arbor：University of Michigan Press，1994.

自由主义框架下的道德观

李海默

2002年版《辞海》对“自由主义”的释义中提到，“主张个人活动和发展完全自由，提倡个人权利，实现毫无拘束的企业主的自由竞争，拥护有财产限制的选举权和两院制议会”[①]，且不论这个释义是否准确，却足以折射中文语境下对自由主义一般性的理解。其中，“拥护有财产限制的选举权和两院制议会”，在某种意义上正是自由主义在中国语境长期受到攻击与反对的一个主要理由，因为这种“拥护”使得“自由主义”与“大同”政治理想产生了区隔。不可否认确有一段时间，财产是作为一种准入性的门槛限制。但自主体而言，实情则如刘军宁所指，财产权与民主的相关性，根本一点在于，财产权改变了公民与国家的关系，开辟了属于公民私人的自治领域，在这一领域之内，公民可以享有自由，而政府不得任意侵入。或如海外某些学者所归纳的：第一，不同政党皆可自由与公开地行事；第二，建基于自由选举权与参政权liberal franchise之上的选举自由；第三，司法独立；第四，人民享受自由而大众传媒不受政府限制。[②]“毫无拘束的企业主的自由竞争”则成为一个靶子——企业主治下的人们必将受竞争之害，而无法实现基于个人权利的“个人活动和发展完全自由”。但是，平

① 夏征农主编：《辞海》，上海：上海辞书出版社，2002年，第2285页。

② Archna Chaturvedi：*Comparative Politics. Commonwealth Publishers.* 2006，p. 121.

心而论，长期以来对“自由主义”的排拒并不占据理论上的真正优势，正如美国学者凯克斯（John Kekes）所指的那样：“统一自由主义的不同版本的共同预设就是，一个自由主义的国家应当受反映合理的良善生活观念的多元性的价值的指导，保证其公民的自由和平等，并坚持对公民追求他们自己的良善生活观必需的利益的一种公正的分配。这些预设被自由主义者们当作公民拥有权利的利益，而且假定，当公民在他们的权利所保护的私人领域中自主地行动时，他们能够而且应当自己决定他们自己要度过的良善生活的观念。”[①] 这样，实际上公民与国家都负有应当履行的责任，而所有的知识与制度，都旨在落实这“双方性”的责任。良善生活观究竟是什么呢？何以如此重要？香港的周保松教授则指出：“自由主义认为政治和道德密不可分。政治生活的最高目的，不是权术斗争，不是区分敌我，不是人压迫人，而是根据正义原则建立一个道德社群，保障人的基本权利，实现人的根本利益，并使得政治权力的行使具有正当性。因此，自由主义肯定人的理性能力和道德能力，并相信人能凭借这些能力建立一个公正社会。诚然，怎样的制度才能满足正义的要求，可以有不同意见，要点是我们必须将‘道德的观点’放在制度评价的第一位置。”[②] 周教授说的准确而深刻，“自由主义肯定人的理性能力和道德能力，并相信人能凭借这些能力建立一个公正社会”，要真正理解自由主义，必然要从道德观入手体察，而近代中国的知识建构过程，则无疑或多或少误解了这至为关键的一点。因此“主张个人活动和发展完全自由”，往往形同一句苍白的空话。

金观涛、刘青峰先生曾指出，1900—1915 年，“权利”二字的意义比较接近西方文化中的原有含义，而五四时期“权利”概念日

---

① ［美］约翰·凯克斯：《反对自由主义》，应奇译，南京：江苏人民出版社，2005 年，第 6 页。

② 周保松：《什么是自由主义》，《读书》，2009 年第 12 期。

益道德化，人们甚至用道德的种种属性来评判权利，这种意义演变是以《新青年》为代表的部分知识分子抛弃自由主义，认同马克思主义的一个重要原因[①]。“权利”概念日益道德化（moralization），这是很敏锐的一个观察。而针对五四时期输入的“穆姑娘”（道德，morality）概念，鲁萍先生曾进行专门研究，认为在五四学生运动爆发后，社会关注的重心再度转向群体和国家，个人的呼声逐渐衰减，道德伦理革命也随之淡化，“穆姑娘”的提出即与道德革命在五四后期的走向直接相关[②]。“穆姑娘”概念无法提振道德伦理革命，与“权利”概念日益道德化实出于一源，人们自信已把握住“道德”这杆大旗，故无须“革命”，且可用这杆大旗“裁夺万物”。而实际上，人们挥舞的“道德”基本无关于“个人”，无关于“个人权利”。乃是一种泛化的律令，一种僵化的教条。

同样，在五四旗手之一陈独秀的思想轨迹中我们也能发现这一脉络。罗志田先生曾指出，陈独秀在20世纪20年代中共创立过程中，基本还维持着心目中原有“革新与守旧的区分”，并不像后之研究者那样了解和重视马克思主义与自由主义的差异，陈独秀那时并不看重两者的对立，毋宁说他还更注重两者互补的一面[③]。而到了陈独秀晚年，在其晚年民主思想里，宪政对于个人权利的保障之上，犹存在着一个价值位阶更高的信念，是为“无产阶级政权之下民主制”的最高构成原则，亦即是无产阶级政权正当性的来源。对晚年陈氏而言，宪政的意义依旧是在于保障人民的权利（包括反对、抵抗政府专权的权利），而不在于对权力（包括政府的与人民的权力）

---

① 见其《近代中国“权利”观念的意义演变——从晚清到〈新青年〉》，《“中央研究院”近代史研究所集刊》，第32期，1999年12月。

② 见其《“德先生”和“赛先生”之外的关怀——从“穆姑娘”的提出看新文化运动时期道德革命的走向》，《历史研究》，2006年第1期。

③ 罗志田：《“五四”与西学：与“自由主义”相关的一个例子》，收入童世骏主编：《西学在中国：五四运动90周年的思考》，北京：生活·读书·新知三联书店，2010年。

做制度性限制[①]。

由此，我们可以推知，道德作为一种与“个人”密切捆绑的社会性因素，不仅在整全主义盛行[②]的过去是核心问题，而且在极深的层次蕴涵了观照“自由主义与近代中国”这一重要课题必需的理据。在自由传统（liberal tradition）中，通常认为国家是必须的。原因在于：第一，国家因提供特定的益处而必须存在；第二，这些益处对于现代社会值得接受的（可以接受的）生活而言是必需的[③]。对道德与个人之间复杂关系做统筹性安排的良善生活观（培根已说过“德以善为首，此乃上帝的特性”[④]），甚至是自由主义框架下国家存在的终极理据。勾勒出个人与道德之间富有包容力的解释框架，是我们概念厘定工作所应起始的出发之点。

关于一个法律或一个公共政策的道德合法性（moral legitimacy），不能仅仅通过显示它是“经由民主制度的程序而得到施行”，就被建立起来。民主是别样的珍贵，因为它体现了别的选项所无法全面体现的那样一个原则：关于公民的根本性道德平等[⑤]；或者用三个核心关键词来阐释：公开性（openness）、自反性（reflexivity）、流动性（fluidity）[⑥]。康德曾宣称自由是一种既为他自己又为别人的自由的意志，并认为形式和普遍性（无例外性）足够构成一种道德，萨特（Sartre）肯定前者，而否定后者，在他看来，实情则是道德的内容

① 杨芳燕：《道德、正当性与近代国家：五四前后陈独秀的思想转变及其意涵》，收于丘慧芬编：《自由主义与人文传统：林毓生先生七秩寿庆论文集》，台北：允晨文化，2005年，第371—373页。

② 可以用柯尔律治（S. T. Coleridge）的话进行阐释：In the organic，the whole is everything and the parts are nothing，while in the inorganic，the whole is nothing more than a collection of the individual parts.

③ 参阅 George Klosko：*Political Obligations*，Oxford University Press，2005，pp. 17–18.

④ ［英］培根：《培根随笔集》，张和声译，广州：花城出版社，2004年，第36页。

⑤ Robert P. George：*The Clash of Orthodoxies*：*Law*，*Religion*，*and Morality in Crisis*，ISI Books，2001，p. 128.

⑥ 可参阅 Mark E. Warren 为 Alan Keenan 的 *Democracy in Question*（Stanford University Press，2003）一书所撰相关评述。

是变动的，但这种道德的某一种形式却是普遍的[①]。西蒙娜·薇依（Simone Weil）也曾说过，自由的从来就不是一个人，而是人类，自由是偶在的反面（在基督教的创世论图景中，“偶在”有一种深刻的肯定性意涵，关于此点，具体可参阅 Ernst Troeltsch 的著作[②]），因为它的结果至少在道德上是确实无误的（但不是可预见的）[③]。道德的内容虽然变动，却存在着普遍的某一种形式，自由的结果，正是在道德“普遍的某一种形式”意义上确实无误，但由于道德的具体内容存在变迁，故而不可预见。政治哲学家斯坎伦（Thomas Scanlon）认为，一套行为原则唯有在其他人不能合理地反对的情况下才能成为道德原则，他在陈构契约主义（contractualism）的时候诉诸合理性（reasonableness）的概念，而不是理性（rationality）[④] 的概念，合理性是有道德内容的[⑤]。道德的具体内容方面之变迁，关系到自由的不可预见性，然而现实需要“为自由而计划”（planning for freedom），同时区隔与抵御极易与之混淆的“为不断干涉而计划”

---

① 萨特：《存在主义是一种人道主义》，周煦良等译，上海：上海译文出版社，2005年，第28页。

② Toshimasa Yasukata：“Ernst Troeltsch：Systematic Theol ogian of Radical Historicality”，*American Academy of Religion Book*（AAR），1986.

③ 西蒙娜·薇依：《西蒙娜·薇依早期作品选》，徐卫翔译，上海：同济大学出版社，2007年，第32—33页。

④ 正如美国乔治敦大学政治学教授 Joshua Mitchell 的 *The Fragility of Freedom：Tocqueville on Religion，Democracy，and the American Future*（The University of Chicago Press，1995）一书所述，见其 Preface Ⅺ：Tocqueville understood that human beings are not，essentially，rational maximizers；nor are they agencies of a dialectic of history that will lead to the New Kingdom. Rather，they are beings capable of moderation provided th at certain institutional mechanisms are in place to assist them；they are，as well，beings capable of bearing the responsibilities of living in a history the contours of which are defined by the movement toward equality. In this history humankind has been granted the opportunity eitherto live freely or amid servility. We may freely choose—at least for a time.

⑤ 可参阅应奇主编：《当代政治哲学名著导读》，南京：凤凰出版传媒集团，2010年，第136—137页。

(planning for constant interference)[1]，因此斯坎伦诉诸有道德内容的合理性，深意或即在不因道德的具体内容方面之变迁，而对自由的不可预见性取全盘无作为态度。他的路径，尊重了在道德“普遍的某一种形式”意义上确实无误的“自由的结果”，同时借助合理性干预了道德内容的变动，与自由的不可预见性。民主将在这里被引入，“关于公民的根本性道德平等”（即其他人不能合理地反对），乃至 liberal-democracy，将是诉诸合理性的契约主义（contractualism）的最佳展现。

牛津大学政治学教授 David Robertson 指出：“自由主义是质疑标准的‘左/右’政治模型的适用性的最好理由之一，因为它既包含了左派关于平等的承诺，也包含了右派对于人类个体努力与自由的充分肯定，在这种意义上，自由主义经常被视为居于政治光谱之中间，不左不右，但大多数自由主义者都会争辩，他们实际上是非常激进的，希望大规模地改变社会，而远非‘中间立场’或者‘温和、稳健’的。”[2] Robertson 的见解，某种程度上与法国政治哲学家莫内（Pierre Manent）不谋而合，莫内曾指出自由主义的计划，因其欲求将自身建立在“天然的”平等之上，因此从本质上说是面向历史的：即人通过主权人为建立“天然的”平等，由此按照合理和有意识的方式（呼应了合理性）建构合法性的政治秩序的努力和进步的历史[3]。开明的进步主义者，保守的传统主义者，以及革命的社会主义者，他们对许多问题的看法固然不同，但在其学说当中却仍然有一些重要的共同之处，尤其在政府与社会（认为政府属于行政机构，目的在于执行独立组织起来的社会道德价值，因此有必要否认政府

① 可参阅哈耶克 1939 年撰写的论文《自由与经济制度》，罗斯托（Eugene V. Rostow）还有专书，名字就叫《为自由而计划》。

② David Robertson：*The Routledge Dictionary of Politics*，Routledge Publisher，2004，pp. 283 – 284.

③ ［法］皮埃尔·莫内：《自由主义思想文化史》，曹海军译，长春：吉林人民出版社，2004 年，第 155 页。

的道德自主[1]）个人与社会这两对重要的关系上。自由主义的理论家促使人们注意这些共同看法，并使他们相信，议会行动是协调分歧看法的适当手段。[2]

柯林伍德（Collingwood）曾指，当具体的或者历史的观念得以达成时，通过承认并且因此超越科学观念，新的状况（condition）将成立，在这种情况下，具体的或者历史的思维是对个体性的发现，而个体性就是自由，普遍不是被包含在特殊之内，而是被抛弃在特殊之外：决定特殊的东西不是特殊自身，而是普遍[3]。普遍可以决定特殊，不过，自由的不可预见性将持续存在，实际也就是，个体性的不可预见性将持续存在。自由停留在道德伦理抉择问题上，而政治范畴应对的是权力的问题，权力在道理伦理意义上是中性的，既非社会目标，也不是道德伦理原则[4]。要应对自由的不可预见性，需要从政治范畴入手分析。据意大利政治哲学史家巴比奥（N. Bobbio）的见解，从自然状态到公民社会的过渡并非基于事物本性（the nature of things）的必然性而发生（类似的话中国学者蒋廷黻也曾说过，他曾分析，西洋近代史充分证明政治的自由绝对不会自然的、不费力的、变为经济自由，一个民族可以享受政治的自由，而同时遭遇经济的压迫[5]），而

---

① 乔治·索雷尔曾坚持，只有在进步观念以及孕育这一观念的社会制度不再存在的情况下，道德的重生才是可能的，因此必定不能把道德仅仅看做是各种历史力量的产物，而要赋予它某些自主性，赋予道德观念一定的独立性，可参阅美国学者 John Stanley（已故，曾任职于 UC Riverside 分校）相关论述文章。笔者认为，“赋予道德观念一定的独立性”与“有必要否认政府的道德自主”，两者不但不矛盾，而且恰为一体之两面。

② ［美］沃特金斯（Frederick M. Watkins）：《西方政治传统——现代自由主义发展研究》，黄辉等译，长春：吉林人民出版社，2001 年，第 150—151 页。

③ ［英］R. G. 柯林伍德：《精神镜像：或知识地图》，赵志义等译，桂林：广西师范大学出版社，2006 年，第 213 页。

④ ［美］彼得·德鲁克（Peter F. Drucker）：《工业人的未来》，余向华译，北京：机械工业出版社，2006 年，第 106 页。

⑤ 原载《世纪评论》第 1 卷第 17 期，1947 年 4 月 26 日南京出版，收入《蒋廷黻选集》（第四册），台湾：传记文学出版社，1978 年。蒋氏还指，“不过全部人类历史，并无一点事实可以证明，政治自由是经济自由的障碍”。

是通过一个或几个约定（conventions）而发生[①]。这种约定是那些想脱离自然状态的个体的自愿的（voluntary）和审慎的（deliberate）行动，公民社会会被设想为一种“人为的”（artificial）存在，“文明”（culture）的产物而非“自然”（nature）的产物[②]。“天然的”平等是一个目标，“人为的”存在是实现目标需经由的途径。

美国布朗大学政治学系 Sharon R. Krause 教授曾指出：如果人类并非天性上容易犯错的，如果我们不是天然地被局限在我们的同情与关心的范围之内，我们将不会需要自由民主的制度，也不需要那样一种实践，以培养公正的判断所需要的广泛的道德情操（moral sentiment）。如果关于自由与平等的那些自由民主制的原则是可以自我证成（self-justifying）与自我驱动的（self-actuating），如果自由民主制度是可以自我导航，为自身指引前程的，我们就不会需要公正的慎议，事实上，我们两者都需要，而且互为对方之依赖[③]。自由民主制度（liberal-democratic institutions）与公正慎议（impartial deliberation）的同等重要性与彼此相关性，的确值得着重注意。从约翰·斯图亚特·密尔到罗伯特·达尔（Robert Dahl）的民主理论家都断言：“民主的重要特征就在于政府不断地对其公民的意愿作出回应。”[④] 因之，自由民主制度也许是最优化的一种策略选择，但无论什么制度，怎样按照民主原则进行权力分配，权威依然能透过机制

---

① 协议（covenant）问题对所有社会契约理论来说都是巨大的绊脚石。可参阅［法］乔治·索雷尔（Georges Sorel）：《进步的幻象》，吕文江译，上海：上海人民出版社，2003年，第147页。笔者认为，契约主义（contractualism）诉诸合理性，是其胜于一般社会契约理论，并得以超越这一绊脚石的重要理由。

② 可参阅林国基：《神义论语境中的社会契约论传统》，上海：上海三联书店，2005年，第93—94页。

③ Sharon R. Krause：*Civil Passions*：*Moral Sentiment and Democratic Deliberation*，Princeton University Press，2008，p. 25.

④ 帕特南（Robert D. Putnam）：《使民主运转起来》，王列等译，南昌：江西人民出版社，2001年，第72页。

渗漏到受法律保护的公民身上[①]，同时就人类而言，对社会的天然欲望（naturalis appetitus socialis）以及人类自我保护以不受恶人侵害的必要性导致了社会和政治统治权的形成[②]，因之公正慎议（impartial deliberation）的重要性完全体现。正是基于以上的判断，有理由相信从“民主的加总模型”（aggregative model of democracy）到“民主的审议模型”（deliberative model of democracy），不能全盘推倒，另起炉灶，而必须系统检视何以需要所谓的“审议转向”（deliberative turn），并从这个意义上重新省思如罗伯特·达尔的“多元民主理论”（theory of polyarchal democracy）等核心课题[③]。

在此，我们需要对“道德合法性”进行界定和分析。它至少可区分为形式道德合法性和实质道德合法性（即道德上的可接受性）。民主大体上只能体现形式道德合法性，因为民主类似于罗尔斯所谓的“不完善的程序正义”［罗尔斯的政治自由主义以合乎情理的多元论（reasonable pluralism）为前提[④]］，它并不能确保我们一定能获得道德上可接受或只得接受的结果，最典型的就是纳粹暴政问题。我们对民主的推崇更多的是对民主背后的“人民主权”理念的向往，但如何将这种理念推进至制度和实践层面正是西方现代政治哲学一直在纠结的问题。因此，相较自由、平等等价值，民主是最容易受到质疑的政治价值——有人（比如赵汀阳）甚至认为民主根本就不是一种政治价值[⑤]。在价值应当先于判断，决定判断，而不是决定于

---

① 可参阅［意］阿冈本（Giorgio Agamben）：《例外状态》，台北：麦田出版，2010年。亦可参阅香港彭砺青先生所撰相关书评。

② 詹姆斯·塔利（James Tully）主编：《重思〈近代政治思想的基础〉》，胡传胜等译，上海：华东师范大学出版社，2010 年，第 131 页。

③ 可参阅郭秋永：《多元民主理论：公民审议的一个理论基础》，《台湾民主季刊》，第四卷第三期，2007 年 9 月。

④ 可参阅谭安奎：《慎议与民主的张力：慎议民主中的能力平等问题》，收入《“第五届中国青年政治学论坛”暨“民主治理与国家建设”学术研讨会论文集（B 册）》，南京大学政府管理学院承办，2010 年 10 月。

⑤ 这些宝贵见解，得之于与复旦大学社会科学高等研究院孙国东讲师的通信。

判断[①]的语境下，民主难于进行有效的政治决断。

美国纽约州立大学Stony Brook分校政治哲学荣休教授Dick Howard曾指出，“道德情操”与“道德责任”等概念是现代的，它们最初自用社会契约理论解释国家的合法性（在此之前从未被质疑过）的尝试而产生，同时它们也是国家未能发展出一种关于责任的严肃理论的相关表现[②]。从形式道德合法性，向实质道德合法性的进展，其实即是沿着社会契约理论上溯，重构“一种关于责任的严肃理论”，试图从历史的维度来深度解析“个体性的不可预见性”。“关于公民的根本性道德平等”（即其他人不能合理地反对，以至进一步——“天然的”平等），不仅是过去所失落的，而且是未来所不易获得的（但也只有在人类共同体之中，实现道德生活才是可能的[③]）。罗素曾在20世纪40年代末《权威与个人》的长篇演讲中指出：历史上道德的革新者，开创道德进步的先知和圣贤首先尝试将道德变成一种普遍的，而不仅仅是部落层面的事情，他们在他们所处的时代多半不会受到尊敬，但尽管如此，他们的工作也不会被禁止，而在现代极权主义国家里，即便以最伟大的英雄气概，一个道德革新者也不会产生任何影响，极权主义体制对每一种道德进步都必然有多么的致命[④]。现代极权国家压制道德革新[⑤]，但以赛亚·伯林已指出：由于人性有与生俱来的曲木性质，我们不能依照一个标

---

① ［俄］别尔嘉耶夫：《自由的哲学》，董友译，桂林：广西师范大学出版社，2001年，第69页。

② 可参阅Howard教授*The Primacy of the Political: A History of Political Thought from the Greeks to the American and French Revolution*（Columbia University Press，2010）一书。另参阅Howard教授2011年2月10日致笔者电子邮件。

③ ［英］拉兹（Joseph Raz）：《自由的道德》（*The Morality of Freedom*），曹海军等译，长春：吉林人民出版社，2006年，第417页。

④ ［英］罗素（Bertrand Russell）：《权威与个人》，储智勇译，北京：商务印书馆，2010年，第42—43页。

⑤ 穆勒曾说过：一个为了使人民成为它手中顺从的工具而阻碍人们发展的国家，即使为了有益处的目的——也会发现卑微的人不会真正办成大事。

准范式的蓝图来塑造人类社会，哪怕这个蓝图宣称已调和了各种各样的善的多元性，并因而具有能够改造人性曲木特质的要素①。因此，现代极权国家本身不具备解决“关于公民的根本性道德平等”的能力，更遑论直面处理“个体性的不可预见性”。我们在概念方面的失败会造成实践上的后果，随之推动革命和极权主义构成了历史危机的两个孪生的政治表现形式②。“普遍的道德”，在道德“普遍的某一种形式”意义上确实无误的“自由的结果”，这些基本要素都将遭受侵袭与撼动，实质道德合法性将继续远在天边。奥克肖特（Michael Oakeshott）曾在《巴别塔》（*The Tower of Babel*）一文中区分了两种形式的道德：“作为友爱的习惯和行为的道德”和“作为对道德标准的反思应用的道德”，并认为“习惯的”道德可以与“反思性”道德相分离而存在，但事实很可能并非如此③。“习惯的”道德与“反思性”道德共同组成并型塑着实质道德合法性，而现代极权国家正是在很大程度上过分夸大前者，并钳制与削弱后者，进而消弭道德的“普遍性”，所谓“习俗专制”④，也正是成立在这个意义之上（再次呼应了，有必要否认政府的道德自主）。文化传统的价值，在于它本身的道德功能，但并非反之亦然，道德行为不可能

---

① 肖澜，李海默：《人性这根曲木：伯林的三个面向》（书评：《扭曲的人性之材》），《法治周末》（中国法制日报社），2010年8月5日，23版“深度阅读”（原载《读品》，第97期）。《扭曲的人性之材》书名借用的是康德的名句“Out of the crooked timber of humanity, no straight thing was ever made”。翻成中文，一般即说是“人性这根曲木，决然造不出任何笔直的东西”，在伯林眼中“没有哪个思想家比康德对不加约束的热情、骚动的情感、狂想的反对更为强烈”。

② ［加］菲利普·汉森：《政治、历史与公民权：阿伦特传》，刘佳林译，南京，江苏人民出版社，2004年，第252页。

③ 可参阅［英］彼得·温奇：《社会科学的观念及其与哲学的关系》，张庆熊等译，上海：上海人民出版社，2004年，第58—59页。

④ 可参阅李海默：《慎防“习俗专制”成为关键缺环》，收入“东方学术文库第二十八卷·上海市社会科学界第七届学术年会文集”《中国的立场：现代化与社会主义》，上海，上海人民出版社，2009年。同文亦刊于［学灯］网刊总第14期，2010年。

是自我中心的，它会自动地考虑到同伴们的合法利益[①]。

自由民主制度（liberal-democratic institutions）与公正慎议（impartial deliberation）协作，将毫无疑义是促使“反思性”道德茁壮萌生的温床，并遥遥指向在道德“普遍的某一种形式”意义上确实无误的“自由的结果”[②]。而且，作如此推断，从另一个层面上来说也是准确的，1916—1920年间在法、德等国快速发展的具虚无主义特征的达达主义（Dadaism），其主要精神之一即为“审慎的非理性”（deliberate irrationality）[③]，非理性恐怕也是不关切（甚或没有）道德内容的，有的达达主义者这样表述：Morality creates atrophy like every plague produced by intelligence，the control of morality and logic has inflicted us with impassivity in the presence of policemen[④]，或者指 Dadaism 为 an amoral and spontaneous sense of “life”[⑤]，因此将诉诸合理性与公正慎议（impartial deliberation）相结合，在某种意义上也是抵御虚无主义（nihilism）的一个法门。

实质道德合法性也许无法完全达至，但作为一种理想与追求，理应得到适足的强调（enough and appropriate emphasis）。实际上，现代性的特殊意图乃是尽可能地将现代哲学—科学理性与现代自由

---

① 可参阅葛保罗（Gregor Paul）：《全球伦理与中国资源》，收入刘述先主编：《第三届国际汉学会议论文集·中国思潮与外来文化》，台湾：“中央研究院”中国文哲研究所，2002年。

② 罗素已说过，我们不能证明空间、时间、物质和恶的非实在性（insubstantiality），因为这是黑格尔根据这些事物的片断的性质和关系的性质演绎出来的，见其《哲学问题》（何兆武译）一书。

③ 可参阅丘为君：《现代时期的“后现代”声音——梁启超的“西洋文明破产论”》，载于《郑钦仁教授七秩寿庆论文集》，台湾：稻乡出版社，2006年。

④ 可参阅 Robert Motherwell 等编：*The Dada painters and poets*：*an anthology*. Harvard University Press，1981，p. 81.

⑤ 可参阅 http：//www. the-art-world. com/网站收录的“André Breton and The Death of DADA”一文。

政治秩序结合起来①。如麦金太尔（A. MacIntyre）② 所指的那样，古典观念中道德的功能乃是指导从（1）人之实然状态（man as he happens to be）转进到（2）人一旦实现其本质之后可望进入的状态（man as he could be if he realized his essential nature），启蒙以后所有为道德准则寻找证明的企图都失败，因为它们都丢开了（2），而丢弃（2）正是现代性的特色，而且往往丢弃了（2）之后，道德准则对（1）作要求和指引，无疑是说，人的现状要接受道德的管制，可是管制的目的却不在考虑之列③。“道德管制的目的”提醒着居于现代性中的人们，不能仅仅沉醉于形式道德合法性，否则注定失败。

也许马基雅维利会在许多场合被视若开启近世“哲学王”之路的始作俑者，不消说大名鼎鼎的《君主论》，就连其传世的一部小说《曼陀罗》都被解读为“在马基雅维利的共和政体中，共和国乃是一个不择手段的新君主和旧道德的杂交种”④。然而，正如许多学者，尤其是以迈内克（Fridrich Meinecke）为代表所指出的那样，当考虑国家能够采取的各种不同形态时，马基雅维利采用了一种相对主义观点。《君主论》中的君主主义偏向与《论李维》的共和主义色调截然相反，但这反差纯粹是表面上的。存在于一国人民中间的

---

① 格林：《现代犹太思想流变中的斯特劳斯》，游斌译，收入刘小枫选编：《施特劳斯与现代性危机》，上海：华东师范大学出版社，2010 年，第 281 页。

② 有些学者认为，麦金太尔和其他社团主义思想家预先假设权利属于个人，而不依赖于他们与任何共同体的联系的传统的权利观，并在这种假设的基础上形成对个人权利的消极评价。可参见［美］贝思·J. 辛格：《实用主义、权利和民主》，王守昌等译，上海：上海译文出版社，2001 年，第 165 页。

③ 可参阅钱永祥：《儒家与自由主义的离与合》，《东吴哲学学报》，第十八期（8，2008）。

④ 可参阅 Melisa. M. Matthes：*The Rape of Lucretia and Founding of Republics*，The Pennsylvania State University Press，2000. 另可参阅姚云帆所撰相关书评：《男性共同体：共和女神的孽子》，《中国图书评论》，2009 年第 7 期。据说，马基雅维里研究专家阿兰·吉尔伯特曾断言：“不读《曼陀罗》就不懂得《君主论》!”

“美德”之多寡决定究竟是君主制还是共和制更适切[①]。当然，反对和质疑声音从未消失，如昆廷·斯金纳曾指出，“研究马基雅维利政治思想，不应当仅仅局限于追溯他从1513年完成《君主论》到1519年写成《李维史论》期间的思想发展，观念史家的任务在于为马基雅维利建构一套信仰规划，可以普遍化为《君主论》的学说，能够将其扬弃（aufgehoben）在《李维史论》当中，那些表面的矛盾之处将迎刃而解”，这种认识是建立在历史谬误基础上的，是荒诞和不可采信的[②]。列奥·斯特劳斯的观点相对比较折中：他清楚已呈流行的观点，即在《君主论》中，马基雅维利仅仅探讨了一个特殊的极端情势，《君主论》隶属于《论李维》，但认为两书之间关系依然隐晦不明，他指出一个关键的区隔就在于《君主论》是写给一位实际在位的君主的，而《论李维》则勾勒出一部长远的规划，需要从容准备，假以时日，以期使古代的精神，得到复兴或再生[③]。就连那些对马基雅维利不怎么友好的政治学学者们也得承认，虽然马基雅维利率先提出一个“有秩序的共和国”，取决于一个能够在一个社区之内掌控不受限制的权力的中央权威的创造与产生，但并非是他起头断言，每一个政治社区或者国家之内都必须有一个确定的至高无上的权威，其权力是决定性的，并且通过社区获得确认，作为权威的正确性（或者说是合法性）基础[④]。认为“马基雅维利以权力观念为中心的政治科学学说基本上是由史实归纳而成的，其价值往往令人怀疑”的《布莱克维尔政治学百科全书》也称，马氏的整体观点

① ［德］迈内克：《马基雅维里主义》，时殷弘译，北京：商务印书馆，2008年，第104页。

② 昆廷·斯金纳：《观念史中的意涵与理解》，任军锋译，收入陈新等主编：《思想史研究（第一卷）：思想史的原问题》，桂林：广西师范大学出版社，2005年，请特别参阅第47—57页。

③ 列奥·斯特劳斯：《关于马基雅维利的思考》，南京：译林出版社，2003年，第11—12、18页。

④ David Held: *Political Theory And The Modern State.* Cambridge UK: Polity Press, 1989, p. 219.

是："尽管在国家初创和改革时，一般需要有单一的统治者，但一旦国家建立之后，共和制政府则更有利于维护国家"，因为"共和政体对于最高执政者来讲更为可取，因为共和政体能使范围更为广泛，更能适应不断变化的环境的特定人物进行统治"[①]。即使马基雅维利的共和国真是"一个不择手段的新君主和旧道德的杂交种"，但他似乎更侧重于"能适应不断变化的环境的特定人物进行统治"的效应性，"旧道德"是要使"新君主"的"哲学王"倾向受到约束，不仅"新君们，往往发现建国初期被他们怀疑过的人反而比起初受信赖的人更为忠实和有用"[②]，而且意在保障存在于一国人民中间的较多的"美德"，进而保障共和主义的基础。《论李维》第1卷第16章曾说道，"一个习惯于生活在王公统治下的民族，倘偶然获得自由，是很难维持长久的"，这引起了迈斯特的感慨："没有哪一个尚无自由的民族能使自己获得自由。"[③] 在《论李维》之后，马基雅维利写了《论战争艺术》和《佛罗伦萨史》，"再一次让人们懂得，只有在法治之下借用武力，消弭派系斗争的祸害，才能更好地捍卫自由"。[④]

我们不妨认为，存在于一国人民中间的"美德"，约等于"习惯的"道德，这部分道德不可与"反思性"道德相分割的核心理由就在于它既可以使"新君主"的"哲学王"倾向受到约束，也有可能构成"习俗专制"，杜威（John Dewey）曾说，洛克（John Locke）很乐观地假定了，当盲目的习惯、强制的权威和偶然的联想等重担

---

① David Miller Basil Blackwell Ltd.，主编：《布莱克维尔政治学百科全书》，邓正来主持翻译，北京：中国政法大学出版社，1992年，第436页。

② 马基雅维利：《君主论》，英汉对照本，方华文编译，西安：陕西人民出版社，第132—133页。

③ 迈斯特：《论法国》，鲁仁译，上海：世纪出版集团，2005年，第71页。

④ ［意］毛里齐奥·维罗利：《尼科洛的微笑：马基雅维里传》，段保良译，上海：世纪出版集团，2008年，第243页。

被解除了的时候[①]，科学和社会组织的进步就会自发地出现，洛克所倡导的哲学的经验主义，任务是帮助解除这个重担，而令人摆脱这个重担的最好方法，是教人明白，与那可恶的信条和习惯结合着的观念在人心中的起源和生长的自然历史[②]。因而需要“习惯的”道德与“反思性”道德并举。在《社会契约论》中，卢梭描述了一种比摆脱强制的自由（the freedom of slip the leash and also jump the traces）更高层次的自由，这种自由有着更高层次的利益追求，希望在一个统一的公共社会中享受道德生活的欢娱[③]，率先尝试将尊敬、对个人权利的保护与民主结合起来[④]的卢梭，在此所想像的即是“习惯的”道德与“反思性”道德并举的“道德生活”，只是他提供的路径似乎绕了很大的弯子，以至于甚至距离“摆脱强制的自由”都仍有路程。曼斯菲尔德也指，马基雅维利的意图是为世界引入新的方式与制度，其新的方式与制度建立在获取的基础之上。获取不再是亚里士多德主张的维持道德的必要工具而成为目的本身，因而获取的压力或人主宰他人的欲望成为主导人的活动以及为他们的活动订立新的评价标准的事物[⑤]。

---

① 但这个“解除”的过程不太可能是自发的，在洛克理论中，自由不仅是指不存在约束，它也是积极的自由。可以从消极的角度，把自由定义为仅仅处在经国民同意而建立的立法权力的支配之下，也可以从积极的角度，把自由定义为从政治和社会管理中逐渐消除专横霸道行为，洛克尤其坚持这个积极的方面，他坚持政府不可以成为一个私人物品，一个意志的问题，而必须总是一个制度的问题，法律的问题，洛克诉诸信托（trust）的概念，诉诸天赋政治美德学说（doctrine of natural political virtue）。可参阅［英］彼得·拉斯莱特（Peter Laslett）：《洛克〈政府论〉导论》，冯克利译，北京：生活·读书·新知三联书店，2007 年，第 143—144 页。

② 杜威：《哲学的改造》，许崇清译，北京：商务印书馆，1958 年，第 44 页。

③ 关于此点，可参阅苏珊·邓恩：《姊妹革命：美国革命与法国革命启示录》，杨小刚译，上海：上海文艺出版社，2003 年。

④ 在 2011 年 2 月 20 日致笔者的邮件中，美国布朗大学政治学系 Corey Brettschneider 教授指出：“He is often thought to be an enemy of individual rights but in my view he is a guide in how to merge the respect and protection of individual rights with democracy.”

⑤ 曼斯菲尔德：《新的方式与制度》，贺志刚译，北京：华夏出版社，2009 年。另可参阅贺志刚：《谈马基雅维利的几个概念——依据〈新的方式与制度〉》，《现代哲学》，2009 年第 3 期。

"获取＝维持道德"这一目的本身（列奥·斯特劳斯就曾指，近代的自然法学说尽管将道德建立在激情之上，但却没有公正地对待人类激情的全部，真正与激情一致的道德从激情的"共同而自然的流露"中获取其标准①），与卢梭"在一个统一的公共社会中享受道德生活的欢娱"的愿景②不谋而合，道德的"普遍性"，实际也说的正是这么一回事儿，但究应如何实现？

马基雅维利划时代性地指出了道德规范与政治学③之间的基本分歧：我们已经学会靠多元论生活，尽管这个事实令人不安。在精神生活和物质生活之间，在我们的道义价值和实践价值之间，存在着固有的矛盾，而我们依靠的多元化，正是包括接受这种一分为二并承认它的能力④。多元论是一个重大而且持续（everlasting）的现实，无法回避，好的方面是一个自由主义的国家应当受反映合理的良善生活观念的多元性的价值的指导⑤，而危险亦随之。直面这种危险⑥，摆脱 spectatorial orientations，去一意求索实质道德合法性（也是求索"天然的"平等），重绎"道德管制的目的"，是现代自由主

① 可参阅列奥·斯特劳斯等：《政治哲学史》，李洪润等译，北京：法律出版社，2010 年，第 546 页。

② 彼得·拉斯莱特（Peter Laslett）也曾指，洛克与卢梭在某些原则性立场上相趋近，他们都认为，人被迫自由，被他们同意建立的立法机关的法律所强迫而自由。

③ 关于此点，可参阅 Don Dombowsky：*Nietzsche's Machiavellian Politics*. Palgrave Macmillan，2004.

④ ［美］斯特拉森：《美第奇家族：文艺复兴的教父们》，马永波等译，北京，新星出版社，2007 年，第 234 页。

⑤ 尤其以 John Hopkins University 的 William E. Connolly 教授为代表，他将多元主义理论从一种关于秩序的保守理论，转变为一种关乎民主性竞争与约定的激进理论，认定多元化乃是一个目标，而不仅仅是一种事物的状态。可参阅其 *Pluralism*（Duke University Press，2005）一书。

⑥ 可参阅 Richard Boyd：*Uncivil society*：*the perils of pluralism and the making of modern liberalism*. Lexington Press，2004. "The perils of pluralism"，was a fundamental factor in the shaping of the institutional and intellectual form of Anglo-American liberalism. 这是本书核心观点之一。

义的基本任务之一。政治自由主义必须亮明自己的道德立场[①]，而学界对西洋政治思想史上诸大家的“衡评月旦”也当有一贯之标准，即道德优先性此一原则之考虑[②]。自由主义框架下的道德观，值得吾人再四反思。

① 见查尔斯·拉莫尔：《政治自由主义的道德基础》，应奇译，《马克思主义与现实（双月刊）》，2010年第1期。该论文还指出：对罗尔斯而言，自由主义的正当性原则之所以要强调合理的同意，其根源在于尊重人的原则；对哈贝马斯来说，商谈原则所享有的政治权威同样来自尊重人的原则。

② 可参阅黄俊杰：《萧公权与中国政治思想史研究》，收入东吴大学人文社会学院编：《二十世纪人文大师的风范与思想（前半叶）》，台北：学生书局，2007年。

美国州级气候治理多中心演化及其启示

——一种二元互构型治理范式

郦　莉①

早在20世纪50年代，迈克尔·波兰尼（Michael Polanyi）就在《自由的逻辑》一书中提到多中心（polycentric）治理的可行性（manageability）问题。当多中心复杂问题被作为一个数学问题提出时，指机器人实现大量中心相互调整的任务，必须采用连续近似法（successive approximation），在一定时间里只考虑一个中心，然后调整其与其他部分的关系，如此一个接一个取定中心，才能使每部分解答得到重新调整。[3](153—154)社会治理当中的多中心，可以理解为多个拥有管辖权的决策中心，要使多中心治理具备可能性，必须确定一种测量标杆（benchmark），并且通过自下而上的自发演化过程实现对公共事务的治理。

本文拟通过回顾美国东北部新英格兰地区康涅狄格州和加利福尼亚州的州级气候政策成长历程，分析这一进程中出现的不同于以往公共事务治理的新趋势，并尝试从中得出有益于治理理论的经验与启示。

---

① 郦莉，外交学院，地址：中国北京市西城区展览路24号，邮编：100037；康涅狄格大学，美国康涅狄格州斯托斯市，06268。

1 研究问题的提出

1.1 核心问题与研究框架

在推动气候治理制度进化的过程中，很多创新性想法是要通过尝试和修改逐步确立的。在多数情况下，创意与落实之间的距离往往是遥远的，都是在充满不确定性的状态中进行的试验。如何在不确定状态中的进行有效治理？怎样的制度可以有效内化公共物品治理过程中的外部性？自下而上的气候治理实践动力何在？本文拟通过考察美国康州和加州的气候治理实践，尝试回答以上问题。

1.2 基本前提与研究假设

基于全球气候正在经历温室气体暖化效应这一科学前提和人类面对气候变化可能带来的后果有合作能力的前提，笔者提出一个"二元互构型治理范式"的研究视角。这一视角的考虑过程如下：

诺斯（Douglass North）在其制度变迁理论中提出，制度变迁的一般过程可以分为五个步骤：第一，形成推动制度变迁的第一行动集团，即对制度变迁起主要作用的集团；第二，提出有关制度变迁的方案；第三，根据制度变迁的原则对方案进行评估和选择；第四，形成推动制度变迁的第二行动集团，即起次要作用的集团；第五，两个集团共同努力去实现制度变迁。[1](8),[24](953—970),[25](777—803),[26](118—125),[15](131—149)

在近年来应对气候变化的治理实践中，出现了一种基于地方语境和治理试验、自下而上探索制度进化可能性的现象。每一次政策或法律的确立或制度创意的实现，都与某一位或几位政策企业家（policy entrepreneur）的推动密不可分。政策企业家本身往往就是决策者，他们属于诺斯理论当中第一行动集团的特征，是对制度变迁起主要作用的行为体。他们提出针对解决温室气体减排和气候变化适应问题的政策方案，通过有效交往建立互信、传播理念。

在观察气候治理的发起过程中，政策企业家之所以能够在制度设计过程中提出大胆倡议，与科学家、学者、媒体等为他们提供智力支持的群体密不可分，他们与1972年约翰·鲁杰（John G. Ruggie）引入国际关系研究中的“知识共同体”（knowledge community）概念相符。20世纪80年代末90年代初，《国际组织》杂志刊载了彼特·哈斯（Peter M. Haas）编写的有关知识共同体的一系列论文，指出：跨国知识共同体成员能够通过直接为决策者界定国家利益或指明与某一事件显著相关的要素。而使决策者间接作出判断而影响国家利益。[10](4) 知识共同体是第一行动集团对制度设计方案进行评估和选择所不可缺少的。通过知识共同体对方案进行评估和选择，从而达成治理过程中的共识和认同，知识共同体成为新认同的创立者，是创立国家、市场、人权和国际组织等的性质与作用含义并促进其具体概念形成制度的重要推动力。[20](1—35),[4]

与政策企业家共同推动政策制定和制度进步的，是为气候治理理念的落实提供经济资助的基金会、非政府组织、企业家等，他们的投入是地方实验的经济保障，在自下而上制度创新当中发挥着次要但不可缺少的作用。

鉴于此，气候这种全球公共物品的治理过程可能是一种治理结构中动态进化的两条轨道，一条是原有的治理轨迹，另一条是被赋予了政策生命、由利益相关者基于本土实践进行自主创新、通过竞争不断实现进化的制度生命轨迹。“最佳实践”在行为体之间的共享和竞争，使得多中心复杂问题可解。于是，一种自上而下气候规范社会化与自下而上的多中心行为体自发演化相结合的二元互构型治理范式随气候风险的增大而浮现。

1.3 文献梳理与观点创新

全球治理是在没有一个权威性国际政府的情况下，为解决各国共同面对的全球性问题而设立的规则体系或国际秩序。早在 1992 年，詹姆斯·罗西瑙（James Rosenau）就将全球治理的特征总结为：由共同目标支撑；包含非正式机制、非政府组织和个人为满足需求而开展的活动。[27](4—6) 国际社会的无政府状态实际上是一种无效治理，而无效治理不仅存在于国际层面，也经常性存在于国内。因此，治理实际上是一种平等权利、权力分化和多中心的秩序，[28](11) 它的概念大大超过了政府治理的范畴。

理解全球治理与政府管理的区别与联系并非难事，但跳出政府管理的视角来看全球治理问题却面临挑战。在现有的全球治理文献当中，更多的仍是自上而下的国际官僚体制和规范社会化的差序思维定式。特别是在涉及全球性议题的应对方案与制度设计过程中，国际组织仍在沿用国内政府管理的思路，认为全球治理终将是一种自上而下的规范社会化过程，国际组织作为治理中心，担负着“教会”国家如何参与国际秩序的责任。玛莎·芬尼莫尔（Martha Finnemore）认为，国际组织与国家之间实际上是“教”与“学”的关系；[16](565—597) 杰弗里·切克尔（Jeffrey Checkel）则在此基础上提出国际组织在“教授”国家规范时的三种机制，即：角色扮演、奖惩机制和规范劝服，这三种机制有助于规范在社会化的过程中能够“因材施教”，也使国家能够摆脱被动“学习”，在参与式学习的过程中体会规范，达到“知其然、并知其所以然”的教学目标[13](553—588)；阿米塔夫·阿查亚（Amitav Acharya）则进一步加入了地区层次这一变量，说明国家之所以对规范“有所学，有所不学”，是因为地区规范在起作用。[7](239—275) 然而，这些有关国际组织规范社会化的研究，都没有摆脱以国际组织为中心、自上而下的国内政府管理理念，忽视了行为体自身创造规范、完善规范的能动性。当前全球气候治理进程受阻的主要原因也在于此。

全球气候变化正在将人类带入一个充满“人为不确定性”的风险社会。全球风险使决策者不得不对工业现代化带来的负面效应进行反思、将专家和民众的意见纳入决策，乌尔里希·贝克（Ulrich Beck）认为，以自下而上的决策进程为特征的“全球风险亚政治”正在形成。[8](120) 目前各国的国内气候治理实践似乎在验证这一预言，但自下而上的决策进程往往缺乏动力和动机，其推动力往往来自自发性、外部风险压力和多个管辖权力中心之间的竞争与淘汰。因此，撬动自上而下治理的理念大厦、向自下而上治理进程逆转的支点，可能出现于与现有差序理念运转方向相反、但可与其共存的全新的治理结构中。这种治理结构，在当前的气候治理实践中，体现为自上而下气候规范社会化与自下而上多中心行为体自发演化相结合的二元互构型治理结构。

多中心理论是奥斯特罗姆夫妇（Elinor Ostrom and Vincent Ostrom）共同创立的。早在 1954 年，保尔·萨缪尔森（Paul Samuelson）就注意到，当物品是公物（public goods）时，依靠自发的市场竞争难以实现如私益物品所实现的优化水平，因此，公物应当用集权的方式实现资源优化配置。但是，集权虽然高效，却不足以促进公平。要实现效率与公平的最优结合，则需要一种中间方式，以推动公物得到有效治理，这种中间方式是将政府与市场的优势加以结合的准市场机制（quasi-market mechanism）或公共企业（public/nested enterprise），通过将公物划分成拥有产权、可测量、可交易的单位，确立公物治理的最佳实践（best practice）或标杆（benchmark），鼓励多中心竞争，最终实现大规模的治理目标。

2 州级气候治理实践

2.1 康州的气候治理实践

美国东北部新英格兰地区包括缅因、新罕布什尔、佛蒙特、马塞诸塞、罗得岛和康涅狄格六州。从 2001 年开始，康涅狄格州就积极参与到应对气候变化的治理进程当中。在康州的带动下，新英格兰其他各州也参与进来，成为全美最先从州级政府开始气候治理政策制定和立法的地区。其政策主要在减缓（mitigation）和适应（adaptation）两方面展开。减缓政策旨在减少导致气候变化的六种温室气体（二氧化碳、甲烷、氧化亚氮、氢碳化物、全氟化碳和六氟化硫）；适应政策旨在对易受气候变化影响的生态系统和经济设施进行有效预防和提高复原能力。

2001年，康涅狄格州州长约翰·罗兰德（John Rowland）签署了由美国东北部新英格兰六州州长和加拿大东部五省省长会议（New England Governors/Eastern Canadian Premiers Conference，以下简称“NEG/ECP会议”）倡导的NEG/ECP气候变化行动计划（CCAP），为新英格兰和加拿大东部地区温室气体减排提供了路线图，该计划成为全球首个国际性、跨州（省）的气候行动计划。[14]

罗兰德州长之所以能够签署该份气候变化行动计划，与位于康州纽黑文的艾米丽·特里梅因基金会（Emily Hall Tremaine Foundation）主席斯图尔特·哈德森（Stewart J. Hudson）的大力推动密不可分。[31]哈德森主席曾向罗兰德州长负责经济与社会发展的署长阿瑟·戴德里克（Arthur Deidrick）建议在气候变化方面签署协议。戴德里克署长于是召集康州环保署、公共事业规划署、交通署、农业署、政策规划办公室和清洁能源基金会六个部门的负责人举行会议。面对气候变化涉及的跨行业具体问题，不同的政府行政管理部门所掌握的专业知识和话语体系不同。共和党和民主党对于气候变化问题的视角也不同，共和党人更多地从实用性角度看待气候变化问题，将其看做是提升康州竞争力和能源安全的经济发展引擎。[13](10)

2002年，在特里梅因基金会和洛克菲勒兄弟基金会的资助下，康州气候变化行动计划会议（Climate Change Action Plan Summit）在纽约举行。会议创立了由康州六个部门负责人组成的州长气候变化指导委员会（GSC），[29]发布了一份题为《榜样的力量：康涅狄格州合作实施温室气体减排目标》的报告。[18]基于美国国会1990年通过的一项关于对美国16个地区进行气候变化评估的法案，新英格兰地区气候变化评估报告（NERA）被作为政策制定的科学依据。同时，报告还运用联邦环保局的方法对康州1990年和1995年发布的温室气体排放清单（CT GHG Inventory）进行评析，对康州温室气体排放量和排放源进行测量，以获取新英格兰地区气候变化和温室气体排放的确切数据和产生原因。

2003年，康州州长气候变化指导委员会开始研究以利益相关者为中心的《康州温室气体减排计划》，聘请东北部各州空气管理协调机构（NESCAUM）负责编写康州温室气体排放清单，并加入了2008年启动的“区域温室气体减排计划”（RGGI）。该计划采用基于强制碳市场的“总量控制和交易”（cap-and-trade）规则，目标是2018年前将各州电力行业温室气体减少10%。[30]

在最初阶段，州政府参与气候治理，是受到联邦政府部门的抵触的。[10]然而，由于已经确立了减排目标和率先垂范的决心，并且拥有足够的知识支撑和决策者支持，康州最终成为美国气候变化领域的先行者。2004年，联邦环保局（EPA）将“州级与地方气候与能源”项目研究成果——气候变化经济效益风险评估模型（COBRA）——作为一种检测工具，应用于康州对气候治理政策收益率的计算当中，将人的生命与健康安全与气候变化建立逻辑关系，有助于利益相关者从个体的排放与个体的疾病及死亡之间的因果关系有更为直观的理解，为气候治理提供了重要的智力支持（见图1）。[32]

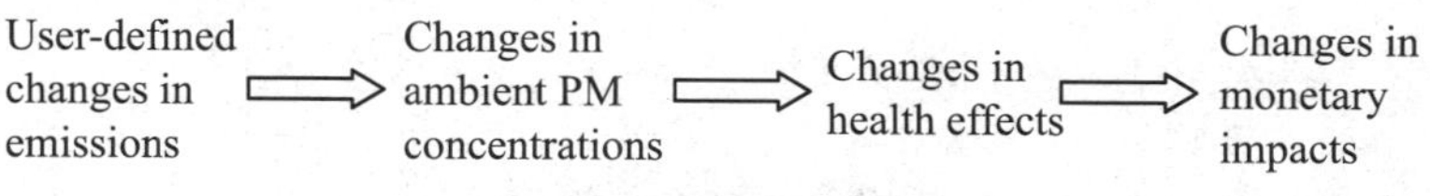

图1　COBRA模型分析思路

资料来源：United States Environmental Protection Agency. User's Manual for the Co-Benefits Risk Assessment（COBRA）Screening Model（Version：2.3a）［R］，for Climate Protection Partnerships Division State and Local Climate and Energy Programs. p. 4. ［2011－11－10］http：//www. epa. gov/statelocalclimate/documents/pdf/COBRA_manual. pdf.

值得一提的，是康州169个市政府为州政府提供的有关气候变化脆弱性、政治文化、收入水平及其他决策所需的数据和分析，这为州政府制定政策提供了重要实践依据，并且提供了各级政府共享的公共“最佳实践”。[32]

同年，《康州气候变化利益相关者对州长气候变化指导委员会的建议》报告围绕康州“2010年将温室气体排放总量减至1990年水平，到2020年再减10%”的目标，提出了55项建议，为2005年康州提交并签署《康州气候变化行动计划》、采用加州汽车温室气体排放标准（Pavley Standards，“帕夫雷标准”）电力行业清洁能源补贴等举措奠定了基础。这一年，联邦环保局为康州州长气候指导委员会颁发了2005年环境保护奖。

2007年，美国最高法院就“马塞诸塞州等诉联邦环保局”一案作出判决，认定二氧化碳属于空气污染物。[23]2009年12月7日，联邦环保局发布了关于温室气体污染的两个重要认定：一是确认温室气体造成人类健康和福利危害；二是认定温室气体是导致威胁公众健康和福利的空气污染物。[17]从政策成长的角度看，最高法院在美国气候减缓政策方面起到了推动作用，并为未来将落脚点转向气候适应政策提供了政策空间。[10]

综上，康州充分发挥了州级次国家行为体的优势，汇聚熟悉地情的专家和精英，积极参与区域和国际气候治理行动，这本身就是多中心行为体偏好一体化的过程，也是联邦、法院和基金会提供科研、立法与资金支持的重要原因。

2.2 加州的气候治理实践

位于美国西海岸的加利福尼亚州是美国经济增长的引擎。1990—2001年间，加州的经济增速居全美之首，但其温室气体排放也面临相应的压力。加州在美国各州中的温室气体排放量仅次于得克萨斯州。据加州能源委员会（California Energy Commission）《1990—2004

年温室气体排放与碳汇清单》统计，加州2004年温室气体排放量高达4.92亿吨二氧化碳当量[9]，将这一数字平均到加州2004年的3 590万人口当中，年人均温室气体排放量约为13.3吨二氧化碳当量。加州的气候治理实践从2002年开始，尽管受到联邦立法的限制，但创立了自己的发展模式，治理成效显著。

2002年7月，加州州长格雷·戴维斯（Grey Davis）签署了1493号众议院法令（AB1493），要求加州空气资源委员会（CARB）针对2009年之前生产的客车和轻型卡车制定“最可行，最经济”（maximum feasible，cost effective）的温室气体减排目标，这使加州成为美国最先对汽车行业进行温室气体减排的州。该法令获得通过时，戴维斯州长称其为“美国应对21世纪最严峻的气候变化这一环境挑战的首部立法”。[21](15)

加州民主党参议员弗兰·帕夫雷（Fran Pavley）作为该法令的起草人，发挥了举足轻重的作用。2004年9月和2005年10月，加州空气资源委员会分别通过了加州汽车温室气体排放标准（帕夫雷标准）及其执行计划。据此，加州短期（2009—2012）温室气体减排将比2002年减少22%，中期（2013—2016）减排标准将在此基础上再减少30%（见表1）。

“帕夫雷标准”不仅制定了减排目标，而且对其进行了技术解释和成本计算。该减排目标的实现奠定在几项新型汽车技术的基础上，包括：离散可变阀门升程或无凸轮气门驱动技术；涡轮增压发动机和优化改进式空调系统。[11]技术改进将会提高乘用车成本（如表2所示），但使用过程中的成本会降低，照此计算，每月可节省3.50—7美元。温室气体减排还将有助于刺激消费、增加投资和就业、提高收入水平，这些经济效益又会反过来影响汽车售价，使中低收入家庭在汽车方面的花销每月可节省4.5—6美元。[11](5)

表 1　加州空气资源委员会温室气体减排及平均燃油经济性标准

期间	年份	温室气体排放标准（g/mi）		CAFE 等效标准（mpg）	
		PC/LDT1	LDT2	PC/LDT1	LDT2
短期	2009	323	439	27.6	20.3
	2010	301	420	29.6	21.2
	2011	267	390	33.3	22.8
	2012	233	361	38.2	24.7
中期	2013	227	355	39.2	25.1
	2014	222	350	40.1	25.4
	2015	213	341	41.8	26.1
	2016	205	332	43.4	26.8

资料来源：安锋，Amanda Sauer. 世界各国乘用车燃油经济性（CAFE）及温室气体排放标准对比［S］. 2004 年 8 月，第 8 页．http：//www. pewclimate. org/docUploads/Fuel%20Economy%20paper. Chinese%20final. pdf.（g/mi 为每英里温室气体排放克数，mpg 为每加仑汽油可行驶英里数）

表 2　采用新技术后增加的初始成本

期间	年份	平均控制成本（美元）	
		PC/LDT1 （Passenger cars and small trucks/SUVs）	LDT2 （Large trucks/SUVs）
短期	2009	17	36
	2010	58	85
	2011	230	176
	2012	367	277
中期	2013	504	434
	2014	609	581
	2015	836	804
	2016	1 064	1 029

资料来源：California Environmental Protection Agency & California Air Resources Board. Climate Change Emission Control Regulations. *Fact Sheet*. Dec. 10，2004. p. 2，www. arb. ca. gov/cc/factsheets/cc_newfs. pdf.

2003—2011 年，施瓦辛格（Arnold A. Schwarzenegger）担任加州州长，为加州争取更为合理的气候政策空间作出了巨大贡献。主要表现在四项举措当中：

第一，2005—2009 年，施瓦辛格向联邦环保局申请更为严格的加州汽车尾气排放标准法定豁免权并获得成功。根据美国 1970 年颁布的《清洁空气法案》，各州应遵循全国统一的汽车尾气排放标准，除非能够证明该州不采用这一标准就可以创造“令人折服和不同寻常”（compelling and extraordinary）的减排效果。2005 年，加州空气资源局向联邦环保局申请豁免权，遭到环保署拒绝。2006 年，加州接连两次申请。2007 年，施瓦辛格州长面见环保局官员，效果也不明显。于是，2007 年年底，加州对环保局提起诉讼。[21](15) 2008 年 3 月，该诉讼被否决。2009 年 1 月，施瓦辛格州长向奥巴马总统和联邦环保局局长莉萨·杰克森（Lisa P. Jackson）寄信，希望联邦环保局能够重新考虑授予加州豁免权。奥巴马总统随即签署备忘录，要求环保局进行评估。杰克森局长认为：“该豁免权与过去 40 年一直在使用的《清洁空气法案》的精神是一致的。美国 13 州及哥伦比亚特区都表示将效仿加州制定本州的汽车尾气排放标准。”[33] 2009 年 5 月，奥巴马政府宣布，联邦环保局将效仿加州最先实施的新标准，颁布一项适用于全国的机动车排放标准。[12] 6 月，加州获得法定豁免权。

第二，施瓦辛格 2005 年签署州长执行令 S-3-05，通过州级行政指令的方式明确了加州温室气体总量控制目标。S-3-05 指定加州环保署统领全州气候治理实践活动，并负责组织撰写基于气候变暖科学知识的双年度报告，同时组建由政府各部门负责人成立的气候变化行动小组（Climate Action Team），致力于实现州长的温室气体减排目标。围绕 S-3-05 的各项安排进展顺利，由于加州减排目标融入了特勒斯研究所（Tellus Institute）的研究成果，并结合了环保署发布的双年度报告《我们变化着的气候：加州气候变化风险评估报告》，[22] 因此具备切实的可行性，但唯一缺少的就是强制执行的立法依据。

第三，面对强制执行困境，施瓦辛格州长在加州众议院议长费边·努内（Fabian Nunez）的协助下，于 2006 年 9 月签署了由萨克拉门托市（Sacramento）提交的《加州应对全球气候变暖法令》（AB32），从而确立了以《加州清洁空气法案》为依据的温室气体减排方案，构建了美国国内第一个州级强制减排的“总量控制和交易”行动框架，确立了加州截至2020年的温室气体排放控制在1990年水平的目标，使加州成为美国首个对工厂、发电厂及冶炼厂温室气体实行强制控制的州。[6]这一巧妙运用联邦和州权力划分、行使州立法权的气候治理模式，被称作“加州模式”。[21](16)

第四，施瓦辛格州长非常重视气候治理的国际合作。自2008年开始，“加州州长全球气候变化峰会”每年举办一届，吸引了世界各地包括发展中国家的省长参会。在2009年10月洛杉矶举行的第二届州长全球气候峰会上，加州与江苏省签署了《新能源与生态环境合作协议》，这是中美首个省州间新能源与节能减排合作协议。[2](28)

加州申请豁免权受挫的阻力却成为“州”立法框架下创立“加州模式”的动力，2007年加入“西部气候倡议”（WCI）更提升了加州的影响力。加州的气候治理实践似乎产生了一种“鲶鱼效应”，为故步自封、因循守旧的其他各州带来了竞争压力和向高标准看齐（race to the top）的效应。

3 结 论

本文通过分析美国康州和加州在推动气候治理过程中所产生的多中心演化效应，发现在国际和联邦治理僵滞的情况下，州级次国家行为体自下而上推动制度进化的努力需要具备这样五个步骤：第一，认同并推动气候治理的政策企业家，这是对气候治理制度进化起主要作用的第一行动集团。第二，他们依据知识共同体的有力论证，提出有关制度变迁的可行性方案。第三，基于气候治理利益相关方的策略权衡对方案进行评估、选择和试验。第四，获得第二行动集团的支持。在康州案例中，该集团包括特里梅因基金会、联邦环保署和最高法院；在加州案例中，该集团则包括奥巴马政府、萨克拉门托市和西部气候倡议。第五，政策企业家与第二行动集团将实践经验融入新制度当中，实现规范进化和制度创新。

气候治理制度的进化，是决策者自身对战略目标进行权衡、将目标与手段进行转换的过程。这使得气候治理与其他治理范式区分开来：之前的全球治理规范往往是相对固定的，治理的过程只是使行为体按照既有规范去合作，而气候治理的规范本身已经发生了很多调整：从强制碳市场到自愿碳市场、从国际层面到地方层面、从减排战略到适应战略，看起来像是人在自然面前的不断妥协，实际上是对自然的更深了解。规范自身的进化也是一元治理范式与二元互构型治理范式的区别所在，后者的治理主体在目标、手段和战略优先性方面必须不断进化。当前，在多种不确定性存在的情况下所自发形成的二元互构型治理范式，能够较为有效地推动阶段性共识的达成，直至新的治理规范和制度的生成。

致　谢

本文是在外交学院导师周永生教授的悉心指导下，结合2010年中美富布莱特联合培养博士项目申请书《美国多中心气候治理实践及其对中国的启示》写成的。2011年8月至今，美国康涅狄格大学的导师马克·波义耳（Mark A. Boyer）教授给予我论文精心的指导，康大的跨学科氛围和海量数据资源也使我更有动力继续此项研究。感谢“自主治理，多中心与发展”会议主办方对本文的认可！

参考文献

[1]［美］道格拉斯·诺斯．经济史中的结构与变迁［M］．陈郁罗，华平等译．上海：上海三联书店，上海人民出版社，1994.

[2] 甘钧先．地方自主减排的范例——美国加州的气候治理及其对中国的启示［J］．国际论坛，2010年5月第3期．

[3]［英］迈克尔·博兰尼．自由的逻辑［M］．冯银江，李雪茹译．长春：吉

林人民出版社，2002.

[4] [美] 詹姆斯·G. 马奇，约翰·奥尔森. 国际政治秩序的制度动力 [M]. 载 [美] 彼得·卡赞斯坦，等. 世界政治理论的探索与争鸣. 秦亚青，等译. 上海：上海世纪出版集团，2006.

[5] [德] 乌尔里希·贝克. 世界风险社会 [M]. 吴英姿，孙淑敏译. 南京：南京大学出版社，2004.

[6] Air Resources Board, California Energy Commission, Environmental Defense. *History of California's Involvement in Air Pollution and Climate Change* [R]. (2010 - 03 - 18), [2010 - 04 - 14] http://www.climatechange.ca.gov/background/history.html.

[7] Acharya, Amitav. How Ideas Spread: Whose Norms Matter? Norm Localization and Institutional Change in Asian Regionalism [J]. *International Organization* 58. Spring 2004, pp. 239 - 275.

[8] Beck, Ulrich. Giddens, A. and Lash, S. *Reflexive Modernization: Politics, Tradition and Aesthetics in the Modern Social Order* [M]. Cambridge: Polity Press, 1994.

[9] Bemis, Gerry and Allen, Jennifer. *Inventory of California Greenhouse Gas Emissions and Sinks: 1990 to 2002 Update* [R]. prepared in support of the 2005 Integrated Energy Policy Report. California Energy Commission. Dec. 2006.

[10] Boyer, Mark A. Global Climate Change and Local Action: Multi-Centric Governance and the Connecticut Experience [J]. forthcoming in *International Studies Perspectives.*

[11] California Environmental Protection Agency & California Air Resources Board. *Climate Change Emission Control Regulations. Fact Sheet* [S]. Dec. 10, 2004. www.arb.ca.gov/cc/factsheets/cc_newfs.pdf.

[12] Center for Climate and Energy Solutions. *Vehicle Greenhouse Gas Emissions Standards Has Adopted CA Vehicle Standards. US Climate Policy Maps* [R]. http://www.pewclimate.org/sites/default/modules/usmap/pdf.php? file = 5905.

[13] Checkel, Jeffrey. Why Comply? Social Learning and European Identity Change [J]. *International Organization* 55 (3). 2001: 553 - 588.

[14] Committee on the Environment and the Northeast International Committee on En-

ergy of the Conference of New England Governors and Eastern Canadian Premiers. *Climate Change Action Plan* 2001 [R]. August 2001, see www. iclei. org/documents/USA/NEG-ECP_CCAP. pdf.

[15] Davis, Lance, North, Douglass C. Institutional Change and American Economic Growth: A First Step Towards a Theory of Institutional Innovation [J]. *The Journal of Economic History*, vol. 30 (01), March 1970, pp. 131 - 149.

[16] Finnemore, Martha. International Organizations as Teachers of Norms: The United Nations Educational, Scientific, and Cultural Organization and Science Policy [J]. *International Organization* 47 (4), 1993: 565 - 597.

[17] Goldenberg, Suzanne. *US Climate Agency Declares CO_2 Public Danger: Environmental Protection Agency Declaration Allows It to Impose Emissions Cuts without Agreement of Reluctant Senate* [OL], Dec. 7, 2009, [2011 - 11 - 10], http: //www. guardian. co. uk/environment/2009/dec/07/us-climate-carbon-emissions-danger.

[18] Governor's Steering Committee. *Leading by Example: Connecticut Collaborates to Reduce Greenhouse Gas Emissions* [R]. Rockefeller Brothers Fund, Inc., 2003. [2011 - 11 - 10], http: //ctclimatechange. com/wp-content/uploads/2009/03/RBF_Report_2002. pdf.

[19] Haas, Peter M. (Ed.). *International Organization* [C]. Winter 1992. vol. 46, no. 1, Stanford: The MIT Press.

[20] Haas, Peter M. Introduction: Epistemic Communities and International Policy Coordination [J]. *International Organization* 46, 1992: 1 - 35.

[21] Hogan, Mary E.. California Climate Change Initiatives Leading the West and the Nation [J], *Natural Resources and Environment*, 2008, 22 (3).

[22] Luers, Amy Lynd. et. al. *Our Changing Climate: Assessing the Risk to California.* California Energy Commission's Public Interest Energy Research (PIER) & California Climate Change Center [R]. July 2006. California Energy Commission - 500 - 2006 - 077. http: //meteora. ucsd. edu/cap/pdffiles/CA _ climate _ Scenarios. pdf.

[23] Meltz, Robert. *The Supreme Court's Climate Change Decision: Massachusetts*

v. *EPA* [R], Congressional Report Service Order Code RS22665, May 18, 2007.

[24] North, Douglass C. Institutional Change and Economic Growth [J]. *The Journal of Economic History*. vol. 31 (01), March 1971. pp. 118 – 125.

[25] North, Douglass C. Thomas, Robert P. The Rise and Fall of the Manorial System: A Theoretical Model [J]. *The Journal of Economic History*, pp. 777 – 803.

[26] North, Douglass C. Sources of Productivity Change in Ocean Shipping, 1600 – 1850 [J]. *The Journal of Political Economy*, Vol. 76. No. 5. pp. 953 – 970.

[27] Rosenau, James N. and Czempiel, Ernst-Otto, eds. *Governance without Government: Order and Change in World Politics* [M]. Cambridge: Cambridge University Press, 1992.

[28] Rosenau, James N. *Turbulence in World Politics: A Theory of Change and Continuity* [M]. Princeton, New Jersay: Princeton University Press, 1990.

[29] Rowland, John G. *A Connecticut Report on Climate Change: Leading by Example: Connecticut Collaborates to Reduce Greenhouse Gas Emissions* [R]. [2011 – 11 – 10], see http://ctclimatechange.com/wp-content/uploads/2009/03/2002_Governors_Letter.pdf.

[30] RGGI, Inc. *Regional Green House Emissions: An Initiative of the Northeast and Mid-Atlantic States of the US* [R], [2011 – 11 – 10], http://www.rggi.org/home.

[31] Tremaine Foundation. *Environment Program: Climate Change* [R], [2011 – 11 – 09], see http://www.tremainefoundation.org/Content/Environment_Programs.asp.

[32] United States Environment Protection Agency. *Co-Benefits Risk Assessment (COBRA) Screening Model: A Screening Tool That Estimates Health Effects* [S], State and Local Climate and Energy Program. [2011 – 11 – 10], http://www.epa.gov/statelocalclimate/resources/cobra.html.

[33] Vehicle Emission Control Center. *EPA Grants California GHG Waiver* [OL]. July 3, 2009. [2011 – 11 – 11], http://www.vecc-mep.org.cn/eng/news/news_detail.jsp? newsid = 33711#.

民间合作金融的内生机制探讨

——以苏北某镇打会为个案

刘琦，王飒[①]

1 问题的提出

近年来民间金融特别是民间借贷备受关注。有震惊全国的吴英"非法集资案"，有温州地下钱庄的高息放贷，2010 年江苏黄桥镇有着百年历史的民间合作金融——"打会"也演变成民间"非法集资"。难道民间金融最终都会"变质"？带着这个问题我们课题组走访了黄桥镇，深入民间考察黄桥镇民间合作金融的历史，了解在"变质"前的黄桥镇打会是如何形成的，考察他们究竟靠什么或者说有什么机制能够保证黄桥镇"打会"——这种民间合作金融持续多年并稳定地传承下来。民间小额资金的需求一直存在，但是在我国正式的金融制度下，他们基本上得不到正规金融的资金支持，于是出现了很多自发的民间合作金融组织。黄桥镇"打会"持续了上百年历史，直到近十年才"变质"。我们感兴趣的是：在黄桥镇打会的历史长河中，一个个打会组织是如何运作的？或者说一群委托人，即打会的参会人员，如何将自己组织起来解决制度供给、可信承诺和相互监督问题。

---

① 刘琦，王飒，南京理工大学经济管理学院，邮编：210094。

对于民间合作金融研究的文献很多，国外学者主要是从合会的普遍性、作用和绩效方面进行研究的。Kimuyu（1999）对肯尼亚中部的115户调查显示：45%的家庭参与了合会。[1] Dekle 和 Hamada（2000）类似合会的银行机制在现代的日本仍然很流行。[2] Anderson 和 Baland（2002）通过对肯尼亚某个地区的合会数据进行分析，表明参与合会是已婚女士用来保护家庭储蓄来应对丈夫即时消费的一种策略。[3] Klonner（2008）运用理论和实证的方法研究了利他主义如何在一个私人的信息环境中提高分配，结果表明，有效的领导能力和标会内部的差异性与竞标人的利他主义有很大关系，从而导致更有效的标会内部配置。[4] Baland 和 Moene（2009）构建了合会的理论模型并且评价了合会的可执行性。[5] Tomomi 和 Quang（2010）研究了参与合会是否与时间贴现、风险规避以及信任水平和互惠主义相互作用。实验结果表明固定合会的参与者比标会的参与者更常常意识到自我控制以及更低的贴现率；固定合会的参与者更值得信赖和更低的贴现率；结果表明金融制度的设计需要有关潜在参与者的偏好和动机的信息，偏好的测量方法可以提供对制度设计的深刻理解。[6] 国内研究的兴趣点多数都集中在对其现状及发展中存在的问题等的关注。如张建英（2002）对农村合作金融组织发展的现状进行了分析，认为农村的经济发展需要合作金融组织，如何建立符合合作制原则的农村合作金融组织问题值得深入的探索与思考。[7] 张淑芳（2010）对我国农村金融供给短缺的现状进行了分析，并进一步对资金供给短缺的原因进行了深层次分析，认为要改变这种现状需要改革我国金融机构的经营模式或者引入具有金融包容性的中介，如发展社区性的金融组织等等。[8] 朱喜（2006）对互助会已有的研究作了一个综述，首先分析了互助会的运作方式，及其在国外和国内所发挥的作用；其次探讨了关于互助会经久不息的五种经济学模型；接着对互助会的持续能力和竞争力进行了研究；最后指出对于互助会这样的民间借贷，应当看到其的优势，并加以规范和引导，让它们更好的发挥金融服务。[9]安春梅（2009）分析了发展农村民间金融的优势，并提出了发展农村民间金融的几点制度安排。[10]

本文基于黄桥镇打会这一民间合作金融的个案，试图通过实地调研和理论研究（理论模型另文讨论），尝试解释黄桥镇民间合作金融持续稳定发展的制度安排，为民间合作金融健康发展提供参考。

2　一个民间合作金融组织——黄桥镇的打会

我们课题组在黄桥镇通过实地走访、座谈会、个别访谈等形式对历史上无利息运作的黄桥镇打会情况进行了调查。我们去的时候正是黄桥镇打会出现问题的时候，有些人因为在打会中借助于高利贷使参与打会人的利益受损，导致民间合作金融误入歧途。因此采访中我们都很谨慎，生怕触痛黄桥镇上老百姓的这根神经，然而采访中却出乎我们的意料，大多数受访者都流露出对持续上百年历史的、无利息的打会这种民间合作金融组织形式的好感和期待。据一张姓老人介绍，他的爷爷奶奶也曾参与过打会，打会在当地持续了大概 106 年，之前的打会一直是互帮互助形式，对他们的生产、生活发挥了重要的作用，近十几年，打会的性质才发生变化，开始出现了用标息高低来决定得会的形式，也就是所谓的标会。一位 70 岁陆姓受访者回忆起自己小时候经常看到父母、亲戚“来会”，是通过抓阄形式决定每次得会对象，这种形式在民间持续了很多年，给民间急需小额资金的个人、家庭真正解决了融资问题。在这里，我们感兴趣的是，究竟是谁有积极性来提供这种组织制度？有多少人会参与？又是什么因素使得这样的民间合作金融组织可以延续下来，一直持续多年？

2.1　苏北黄桥镇的案例

在所调查的 96 户村民中，其中有 79 户曾参与了黄桥镇无利息运作的打会，大概占到调查户数的82.3%。作为一种自发的民间互助金融组织，这一模式的运作受到了人们的普遍欢迎。在座谈会中，我们了解到，最初是一张姓人士由于经商缺本，于是向自己的4个兄弟求援，每人借10元钱，并约定每半年付10元，共分两年还清，此后，便慢慢的演变成了打会的形式。打会大多成立于亲朋好友等熟人之间，基于血缘和地缘关系聚在一起的，一般一个打会的人数在10人左右，通常情况下不会超过12人。打会大部分都是当地村民在生活中遇到缺粮、婚丧嫁娶、小本经商等为解决资金困难而发起的，会金从5元到100元不等。

一位蒋姓老人向我们讲述了其组织打会并圆满结束的情况。他的打会以其亲戚和同事关系为主：11个成员中有5个是自己的亲戚，6个是自己的同事。打会会金为50元，约定每3个月缴纳一次会金，首次由其得会，随后根据个人的家庭情况来轮流得会，在打会运作期间，遇到突发状况大家一起协商解决。打会运作了近3年的时间，亲戚同事都按时缴纳会金，大家都积极配合他的收缴会金工作，重要的是每个参与者都在这个会中得到了实惠，特别是那些急需小额资金周转的参与者。问题是什么人缺钱都可以组织一个会吗？其他参与者凭什么相信会头？会头靠什么来约束每一个参与人在面对搭便车、规避责任和机会主义行为诱惑的情况下，依然能够成功地达成合作协议，从而使打会持续稳定发展？

2.2 案例分析

事实上，在我们的走访中也了解到，并不是所有打会都会持续很久，也有的打会没有正常操作下去，即使能够运作的打会，也会持续几年后就结束了，如果其中还有一些人还想“来会”，那么他们就可能参与到另外的打会组织中，正是这样，黄桥镇民间打会合作金融这种组织持续了上百年的历史。这里的问题，在一个打会持续运作的几年期间，这一群利益相关的委托人如何将自己组织起来，如何解决了这三个难题，本文试着在黄桥镇打会案例中找到解释的依据。

2.2.1 制度供给问题

制度供给问题，即是由谁来设计自治组织的制度，或者说什么人有足够的动力建立组织？[11] 对于黄桥镇来讲，基本上大多数人的收入都是靠种地获得，人情支出对于礼尚往来的村民来说占了他们生活支出的大部分、婚丧嫁娶、盖房子、买种子、树苗等急需小额资金的事情，都是和村民的生活息息相关的。这里的人们借贷方式比较单一，多是向亲戚朋友寻求帮助或者是向高利贷借款，而高利贷的高息问题是让人望而生畏的，在这种情况下，人们只好转向自己的亲朋好友，在农村人们经常会遇到急需用钱的事情，打会或者来会就应运而生。作为一种救急机制，一些急需用钱的村民可以组织打会，但不是所有的人都可以组织和参与打会。对于组织打会的会头来讲，他的信用和声誉是他组织打会成功的决定因素，对于会脚（参与者）来讲，该打会的人员构成及参会人员的信用和声誉也都是他考虑入会的重要因素。作为理性人，会头及会脚都是趋利的，各方当事人都追求收益最大化，打会是一种寻利行为，这一制度创新的成本很低，且由大家共同承担，提高了人们的潜在利润，因此，人们都有积极性去参与其中来获得收益。而合作的实现则依赖于一系列规则的保证，打会的规则都是会头与会脚共同选择的和在以后的过程中自发演进的结果，首先它规定了参会人员的条件，陌生人和信用度低的村民是不被接受的；其次是会金的大小及间隔周期及打会规模，根据当地人的生产和生活的实际条件制定，有利于打会的顺利开展；再次对会头及会脚的权利和义务进行了相关的规定，例如会头的权利是首次获得会金等，会脚的义务是按时缴纳会金等；最后是惩罚机制以及会头与会脚之间的契约关系等等规则，这种契约关系主要表现在得会人需要在会头的会单上签字确认，会员缴纳的会金由会脚和会头记录。这些规则对于人们避免囚徒困境，实现合作发挥了重要的作用。正如一些制度经济学家所说，组织的会员之间通过习惯、传承、经验和教育等方式形成了大家都默认的规范，达到了在正常情况下无反应地、自发地服从的程度，而且将许多规则转化成了个人偏好，内化在自己行为之中，并始终一贯地遵从着这种规则。[12]打会规则在多年的运作过程中，已经变成约定俗称的了，成为大家的内在规范，这也是其持续多年的原因之一。

2.2.2 可信承诺问题

一定的制度设计和制度安排是可信承诺的前提和基础，Kenneth Shepsle 指出：有两种意义上的可信承诺，一是动机意义上的，指符合当事人的激励相容条件，可自我实施的可信承诺；另一种是强制意义上的，指通过一个外在的约束或压力使得承诺符合激励相容条件。[13]根据 Kenneth Shepsle 的这种分类，我们认为黄桥镇的打会是第一种意义上的，也就是内生的可信承诺。在黄桥镇，村民之间的关系具有稳定性和持续性，参会人员之间的博弈是一种重复博弈。对于一次性囚徒困境博弈来说，背叛是双方的最佳策略，但在重复的囚徒困境博弈中，博弈被反复的进行，一个参与者本期的行为就会影响其他一个或多个参与者下期及随后期的行为，一方一次的不合作行为将会得到对方永久的惩罚，这将要求双方为了各自的利益寻求合作解，背叛的动机可能被受到惩罚的威胁所克服，从而导致一个合作结果的出现。打会的群体内部结构比较稳固，不吸纳陌生人入会，是一个“熟人群体”，人们在共同生活中建立了互信关系，打会的存在对于一部分人来讲解决了他们的实际困难，对于另外一部分人来讲使资金积少成多，发挥了更大的效用，这种互助合作是一种“利己”与“利他”相互融合的行为，因此，人们希望加强来往来作出可信的承诺，促进合作的进行。打会的惩罚规则也使参会人员选取合作的策略，如果某一参会人员违约，他不仅要接受大家对他的道德谴责，还会向外界传递自己的不良声誉，受到大家的孤立，他本人或者其亲属参与打会的权利也可能被永远排除。这一惩罚措施是严厉的，极大程度的约束了人们的机会主义行为，促使人们作出可信的承诺。因此，理性的参会人员为了维持自己的声誉，总会一直遵守承诺选择合作，毕竟这是一个有利的策略，采取这一策略的长期收益要远远高于采取不合作策略的短期收益。

2.2.3 相互监督问题

监督机制的存在使得组织行为朝向既定的目标发展，实现互相监督需要两个前提条件：每一个成员的行为会影响其他成员的利益，使得成员间有互相监督的积极性；成员的行为能够对整个群体的利益产生影响。[14]对于打会来讲，其目的是互帮互助，大家具有共同的需求和利益，一个人的恶意违约行为影响到组织内其他成员的利益，从而影响了整个参与打会的成员的利益，因此成员间有积极性对其他人的行为进行严厉的监督和制裁，这种自我利益在一定程度上便能引导他们进行相互监督和自我约束。相互监督机制可以有效地减少实施费用和监督费用等交易成本，从而使对于一组委托人遵守规则的情况进行监督是非常重要的。由于所使用的规则的作用，在打会的运作过程中，监督成本是很低的。例如，在打会运作期间，参会人员经常有小聚会，一般是一个月一次，大家聚在一起交流自己的经济状况及探讨打会的相关问题，实现信息共享，这种方式使得会头与会脚之间的信息交流十分的高效，几乎不需要支付什么信息成本，就可以解决参会人员之间信息不对称的问题，大大增强了人们相互监督的能力。由于环境的不确定性，参与人员的道德风险和机会主义都会破坏制度的实施，规则中的连带责任也促进了参会人员之间进行互相监督，如果某一会脚违约，首先，其他没有得会的会脚的利益受到损害，这将促使会脚之间的相互监督；其次，会头需要为此承担连带责任，因此会头也有积极性去监督会脚；再次，违约者的亲戚朋友也会受到牵连，所以亲戚朋友也有动机去监督其行动，促使其合作；这种连带责任的惩罚机制促使参与打会的村民相互之间进行有效的监督，既保护了自己的利益不受侵占，也提高了合作的效率，从而保证了打会运作的稳定性。

2.3 小 结

从上面的分析中我们看到，黄桥镇持续上百年“打会”的历史有着它独特的形式：第一，人数少，现实中一般在10个人左右，不超过12个人；第二，参会人员通常是亲戚、朋友、同事等具有良好声誉的熟人，熟人社会的信息成本、沟通成本相对较低，风险易于控制。从最近两年黄桥镇打会的现实情况来看，一个突出的问题就是打会的人数急剧增加，一个打会少则50人，多则100多人，且对参会人员没有任何限制，陌生人的进入、人数的增加，出现会头与会脚以及会脚之间信息不对称，不同的入会目的、高额的利息等最终导致了打会的信用链条断裂，从而发生了严重的倒会事件。因此，民间合作金融持续稳定发展的必须条件：（1）适度规模，参会人员越少，会脚之间就越容易了解和熟悉，相互之间信息对称，遭受逆向选择和道德风险危害的几率就小。（2）高度的合作精神，合作精神是合作金融的精髓，是合作组织能够存在和发展的基础，只有参会人员具有高度的合作精神，才能充分发挥合作金融的优势，从而取得共同利益。（3）良好的声誉，声誉机制的存在促使参会人员作出合作的策略选择。（4）严厉的惩罚机制，很大程度上可以制约参会人员的违约行为。（5）合作金融组织应明确目的，是互帮互助不以盈利为目的，所以参会人员取得会金的经营活动范围应该是低风险的行业。

3 结 论

金融市场的存在可以提高社会的整体效益，对于几乎没有任何正规金融机构的农村来讲，民间金融的成长是对我国金融体系的一种补偿机制，同时民间金融自身的制度优势也在一定程度上解决正规金融信息不对称和贷款机制等问题。打会这种互助形式的民间合作金融可以发挥正规金融无法发挥的金融功能，丰富了农村的金融市场。我们应该理解这种合作金融组织的存在，从历史上黄桥镇的打会运作情况我们可以看出，打会的规模大小、会员之间的信任度、声誉机制、惩罚机制、会头与会脚之间的信息对称程度及参会的目的都是影响打会顺利运行的关键因素。如果把这些因素控制好，那么像打会这样的互助会形式，不仅可以改善农村的经济，还可以提高农民的生活水平。故政府应该对这种合作金融组织给予必要的引导，通过制定一些标准，如限制参会人数、融资规模、利息率高低及违约人员所受惩罚等，来减少和避免倒会现象的发生。还可以建立农村的民间金融行业自律协会，增强内部控制和自我监管的能力，来更好的规范和引导民间合作金融的发展。

参考文献

[1] Kimuyu, Peter Kiko. “Rotating Savings and Credit Organizations in Rural East Africa” [J]. *World Development*, 27 (7) 1999: 1299 - 1308.

[2] Dekle, Robert and Koichi Hamada. “On the Development of Rotating Savings and Credit Associations in Japan” [J] . *Economic Development and Cultural Change*, 2002.

[3] Anderson, Siwan, and Jean-Marie Baland. “The economics of roscas and intra-household resource allocation” [J]. *Quarterly Journal of Economics*, 117 (2002): 963 - 995.

[4] Klonner, Stefan. “Private information and altruism in bidding roscas” [J]. *International Journal*, 118 (2008): 775 - 800.

[5] Jean-Marie Baland and Karl ove Miene. “Enforcement in informal saving groups” [J]. *Journal of Development Economics*, 90 (2009): 14 - 23.

[6] Tomomi Tanaka and Quang Nguyen. “Committing the Uncommitted: Rosca as a Saving Commitment Device for Sophisticated Hyperbolic Discounters” [Z]. working paper series, 36.

[7] 张建英．我国农村合作金融组织发展的现状与理性思考［J］．经济师，2002（5）．

[8] 张淑芳．促进我国农村非正规金融进一步发展的对策［J］．中国商界，2010（6）．

[9] 朱喜．互助会的经济学观点［J］．当代财经，2006（6）：24—30．

[10] 安春梅．发展农村民间金融的优势与制度安排［J］．学术观察，2009（3）．

[11] 柯武刚，史漫飞．制度经济学—社会秩序与公共政策［M］．北京：商务印书馆，2000．

[12] 范宁．农村社会转型背景下的村民集体行动研究［J］．合作经济与科技，2010（7）．

[13] Kenneth Shepsle. "Divided Government in the States," in The Politics of Divided Government［C］. GaryW. Cox，SamuelKernell. eds. Westview Press，1991.

[14] 涂晓芳，汪双凤．社会资本视域下的社区居民参与研究［J］．政治学研究，2008（3）．

[15] 曼瑟尔·奥尔森．集体行动的逻辑［M］．上海：上海三联书店，1995．

[16] 埃莉诺·奥斯特罗姆．公共事物的治理之道：集体行动制度的演进［M］．上海：上海三联书店，2000．

[17] 张维迎．博弈论与信息经济学［M］．上海：上海三联书店，1996．

[18] 胡必亮．村庄信任与标会［J］．经济研究，2004（10）：115—125．

[19] 张翔，邹传伟．标会会案的发生机制［J］．金融研究，2007（11）：129—142．

[20] 陈柳钦．我国农村民间金融的运行形式、存在的问题及其规范发展［J］．经济研究参考，2006（72）：35—41．

[21] 朱宪辰．共享资源制度安排——中国城镇住宅小区自发治理案例分析［M］．经济科学出版社，2005．

[22] 王晓耕．我国农村民间金融存在的问题及对策［J］．经济研究导刊，2009（2）．

[23] 刘乐山．对农村民间金融问题的探讨［J］．金融与经济，2002（1）．

[24] 李红枝，付彦霞．农村民间金融发展方向探析——基于博弈的角度［J］．

现代商贸工业，2010（5）.
[25] 张晓艳，刘明．农村民间金融契约治理机制探析［J］．经济问题，2009（7）.
[26] 薛艳丽．由“农村金融之谜”探讨农村资金互助合作金融的构建［J］．金融理论与实践，2009（7）.
[27] 徐昕．为什么合作？——华南一个民间收债个案的分析［J］．中国制度经济学年会论文集，2003.
[28] 张杰．解读合作的制度基础［J］．中国制度变迁的案例研究，2005.
[29] 陈胜勇，马斌．温州民间商会：自主治理的制度分析［J］．中国制度变迁的案例研究，2006.

多中心治理理论及其对我国环境治理的启示

毛彩菊[①]

多中心治理理论自提出以来，一直受到了广泛关注，2009年，这一理论的提出者——埃莉诺·奥斯特罗姆获得诺贝尔经济学奖，人们对这一理论的探讨也越来越热烈。那么，多中心治理的主要内容是什么？对我国环境治理又提供了什么启示？本文主要针对这两个问题进行探讨。

1　多中心治理的缘起：对市场和政府的超越

合作问题是人类社会面对的一个永久的话题。对合作问题的解决通常有两种方式，一种是市场的方式，按照平等、自愿、竞争的原则，遵循价值规律来进行；另一种是政府的方式，即由政府制定一系列合作规则，给人们设定相应的权利义务，并通过国家强制力量来确保实施。这两种方式在分别解决人类所需的纯粹个人物品和纯粹公共物品上都体现出了一定的效率。

所谓纯粹的个人物品，是指那些具有明显排他性和竞争性的物品。比如我们个人消费的食品、衣物。对于这类物品，一般是由市场来提供，市场在提供这类物品时也显示了其优越性。因为在市场

① 毛彩菊，中国人民大学公共管理学院，邮编：100872。

领域，利润是最强烈的刺激，它能刺激企业家进行投资、创新、以低廉的价格将物品提供给顾客。

而纯粹的公共物品，则是那些具有明显非排他性和非竞争性的物品。所谓非排他性，就是说一个人使用的时候不能排除他人同时使用；所谓非竞争性，则是指一个人使用并不会减损该物品的效用，或者说，多一人使用不会增加该物品的边际成本。这类物品典型的有我们的国防、公共安全、基础教育、公共卫生等。因为这类物品的非排他性，所以我们一般很难界定每个人的使用边界，因而也就很难确定每个人应付的成本。在这种情况下，“搭便车”行为油然而生。而以利润为追逐目标的企业家/市场是显然不会做这种“赔本”生意的。所以，政府便出面提供。

另外，除了纯粹的私人物品和公共物品之外，我们的生活中还存在一种物品，它们不能排他，大家都可以共同使用，但是，一个人的使用却会减损该物品的效用，即兼具非排他性与竞争性，也就是奥斯特罗姆所说的“公共池塘资源”。比如说，公共山林、公共水资源、公共牧场等。哈丁曾针对这种资源的使用情况，提出了著名的“哈丁悲剧”的论断，即在这种产权不明，谁都可以使用，但谁又都不用按自己的用量付费的情况下，只有一种可能，那就是大家都不停地竭力地进索取，一直到这一资源最终匮乏为止。

那么，对于这样一种物品，我们该如何提供和保护？市场论者主张将其产权私有化。但是，私有存在的问题是：第一，私有界分困难。就像有人说的，如果对水资源还可以划定流域界限的话，如何将一群在山林里奔跑的鹿区分开来？第二，产权私有之后，大家依然会存在搭便车行为。心存侥幸的人会认为，自己所占有的一部分只是整体的一个微小部分，所以，如果过度索取，甚至破坏了，只要别人不都破坏，资源就不至于消亡。在这种情况下，资源的最终匮乏依然不可避免。政府论者则主张由政府来统一进行管理。但是，政府同样会“失灵”，表现之一即使政府工作的低效率；表现之二就是政府工作人员的寻租行为。布坎南就认为，政府工作人员同样是理性经济人，因而不能奢望他们比市场中的人更有道德，所以，他们会利用他们手中的权力为自己谋取私利。这对社会发展往往带来灾难性的后果。

正是在对这一问题的思索中，对“市场失灵”和“政府失灵”的双重认识中，奥斯特罗姆提出了另一种思路——多中心治理。

2　多中心治理理论的主要内容

2.1　多中心治理理论的基础——公共物品理论

公共物品理论是多中心治理理论的基础，多中心治理关注所有公共物品的提供问题（包括纯公共物品和准公共物品）。奥斯特罗姆认为，只有确认物品的属性，才能更好地在各个层次上对其进行提供。奥斯特罗姆按使用的共同性和排他性将物品分为私益物品、公益物品、收费物品和公共池塘资源。

表1　物品的类型[1]

		使用或者消费的共同性	
		分别使用	共同使用
排他性	可行	私益物品：面包、鞋、汽车、理发、书等	收费物品：剧院、夜总会、电话服务、收费公路、有线电视、电力、图书馆
	不可行	公共池塘资源：地下水、海鱼、地下石油	公益物品：社群的和平与安全、国防、灭蚊、空气污染控制、消防、街道、天气预报、公共电视

公共物品的最重要的一个特征就是其非排他性（也即外部性），也正是这一特征，导致了公共物品的供应过度或者供应不足。排他性原则提供了把大多数公益物品与私益物品区别开来的一个标准，但并不能完全以此来确定公共物品的提供模式。如果我们把公共物

品看成是一群具有相同偏好的消费者的共同意志表达，我们就可以把他性原则从单个的消费者扩展到制定范围内某个领域的所有居住者。比如说，在一个人口众多的家庭之中，当每个成员走出家庭与其他人交往时，每个人的行为都会对其他人产生影响，也就是说，每个人的行为都具有外部性，这时，若要衡量每个人行为的后果将是很难的。但是，如果我们以“家庭”为单位来衡量，工作则容易得多。以此类推，当我们以一个有着共同偏好的群体为对象进行公共物品的提供，就比较容易核算其中每个人的成本收益。其实质也就是将公共物品的外部性内在化。“把地方政府单位的边界看做是提供公益物品的‘包’，这样在这一范围之外的人就被排除在公益物品的使用之外，我们就可以说，那里的公益物品在适当的边界范围内适当地打包了，公益物品就已经被成功地内部化了。”[2]公共物品的属性并不是一成不变的，当我们扩大或者缩小观察的视野，所得出的结论也会不一样。

2.2 多中心体制的含义

“多中心”一词最早由迈克尔·波兰尼提出。波兰尼认为多中心的秩序是“这样一种秩序，在其中许多因素的行为相互独立，但能够做相互调适，以在一般的规则体系中归置为相互关系”[3]。奥斯特罗姆在此基础上提出：“多中心的特点是存在许多决策中心，它们在形式上是相互独立的……其最重要的定义性特质是许多官员和决策结构分享着有限的且相对自主的专有权，来决定、实施和变更法律关系。在多中心的政治体制中，没有一个机关或者决策结构对强力的合法使用拥有终极的垄断。”[4]

2.2.1 多中心体制的行动主体

多中心治理的主体是复合主体，包括政府、企业、公民社会、非营利组织、国际组织等。奥斯特罗姆将其划分为三个类别：(1) 寻求某种公益物品或者服务的集体消费单位，比如居民小区、社群、政治管辖单位和其他某种人群；（2）生产某种公益物品或者服务的实体，比如私人企业、非营利部门、公共机构或者集体消费单位；（3）作出安排以联结生产者或者消费者的中介，比如单个公共企业家、公共机构或者集体消费单位。[5]

与单中心只存在一个权威中心相比，多中心认为，最终的权威并不是只有一个，政府、市场、社区在各自的范围内都能发挥自己的作用。但多中心并不是说只要政府内部存在多个权威中心就行了。“仅仅存在多个权威中心，并不意味着存在多中心。关键不在于管辖单位的数量，而在于同时存在多个机会，据此参与者能够在不同的集体性实体之间确立或终止联系。……在由多个政治单位构成的体制中，每一个单位都为其自己的公民直接生产所有的公益物品，多中心的充分潜力就得不到实现。”[6]多中心也不是简单的市场化。“多中心秩序不应该被贬斥为简单的市场类比。显然，不可能指望市场本身来生产或提供公益物品，因为市场是用来利用具有私益物品特色的资产的。……通过允许公益物品多个生产者以及可替代的服务提供者存在，这就有可能近似地取得市场竞争的收益。然而，多中心有自己内在的特征，不能看做是对于私人市场的准确的类比。”[7]它也不等同于简单的“社区治理”。我们现在所讲的社区治理，也只是多中心治理的一个方面，社区，也只是多中心其中的一个“点”。

2.2.2 多中心体制的结构

多中心体制是一个混合搭配的结构，它允许消费、提供和生产单位在不同的综合层次混合和搭配运作。在多中心体制中，公益物品或者服务不必由同一个行为者或者组织来生产。在集体消费单位和提供单位之间，提供者与生产者之间可能不是一一对应的。提供者，经常可能是一个政府机构，可以与私人企业或者另外一个公共机构签约来生产公益物品或者服务，或者把生产进程整合进他们自己的权威范围之内。集体消费单位可以决定直接解决某些共同的问题，他们可以决定他们要什么，然后与其他某个组织签约来提供这些服务，他们可以决定某些问题最好留给更具有包容性的政府单位，或者通过创造类似于市场的安排来解决。多中心体制强调个人或者社群在可替代的公共服务生产者之间进行选择。在有些情况下，社群能够为自己做所有的事情，不需要联结生产者与消费者的中介的存在，社群可以自主决定与生产者签约或者由社群自己生产公共物品或者服务。

多中心体制又是一个嵌套的结构。不同规模不同层次的参与者都嵌入到一个比自己更大的系统之中。大量平行的小的单元嵌入到比之稍大的系统单元之中，而这些较大的平行的系统单元嵌入到更大的系统之中。如上所述，参与者可以自主决定与另外的参与者的关系。而且，不能保证相互嵌套的网络的任意一个节点都能取得成功。嵌套的结构可以通过比某个节点层级低或者高的形同来弥补该节点的失败。如此众多的中心，就像无数个实验室，用无穷的智慧探究解决集体行动的方法，这些成功可能会成功，也可能会失败。不论是成功或者失败，邻近的中心都可以通过学习、模仿，借鉴成功经验，吸取失败的教训。相对于，单中心因失败造成的巨大灾难而言，嵌套网络中某些中心的失败造成的损失相对较小。无数的实验让多中心更具适应性与创造性。

2.2.3 多中心体制的运行模式

多中心体制的有效运行取决于充分竞争、协作生产和有效的冲突解决机制。

在多中心体制中，各个中心是自治的，又各有不同需求，它以自我的需求为目标追求自我利益的最大化，这就使得各个中心在半市场环境下，展开竞争。组织生产者有若干选择，包括与私人签约购买特定物品和服务。集体消费单位和生产单位之间的关系通过契约安排、竞争性安排和冲突解决机制来协调。在公共经济中没有一个单一权力中心来负责协调所有关系。类似于市场的机制可以发展竞争性压力，其产生的效率高于组织为唯一垄断者的并且为精巧的官僚机构管理的企业。[8]在多中心体制下，消费者有着广泛的选择机会。个人或者社群可以“用脚投票”，从一个管辖区向另外一个管辖区移居，以获得更为理想的公共物品或服务。

在一般的市场交换中，生产者和消费者之间只有在交换发生时才产生联系。在生产阶段，消费者不能以任何直接的方式来保证产品的质量。但是，消费者的这种被动等待的行为显然是对其自己不利的。而多中心治理非常强调消费者与生产者的协作生产。协作生产，“是指这些情况，在其中消费者的积极介入是高质量物品或者服务生产的必要投入”[9]。对于某些种类的物品和服务来说，比如教育和卫生，学生或者是病人要获得高质量的教育或者良好的健康，积极介入非常重要。在这些情况下，消费者积极介入是高质量物品或者服务生产的必要投入。比如小区治安，需要群防群控。而多中心为公益物品和服务的协作生产提供了理想的背景。在多中心体制下，社群不应该指望被动地等待政治权威的赏赐，而应该扮演积极的角色，安排所希望的公益物品和服务的协作生产。

不同主体之间为了追求自身利益必然会存在冲突。在多中心体制下，特别强调不同主体首先通过协商解决冲突，而不是立即将冲突交由集权的政府机构来解决。冲突主体之间可以通过广泛的协商或者建立新的机构使外部性内部化。在这些方式均不奏效的情况下，才利用政府来解决冲突。

3　多中心治理理论对我国环境治理的启示

首先，从物品的属性上来说，环境是一种典型的公共物品。但是，其非排他性和非竞争性却是不一样的，因而，在其外部效应的内部化上，其难度也是不一样的。比如说，固体废气物的治理后，人们可以非排他非竞争地从这一结果中受益，但是，在一定的区域范围内，我们却可以将这一外部效应内部化。就是说，我们可以用

“打包”的形式确定使用者边界、进而对“包”内各主体的成本收益进行核算，实现成本收益的对应，这样，因为利益共沾的缘故，大家都能更好地实现对环境的保护。这在我国体现为各种“社区治理”。而对水资源来说，对其保护最直接的受益者就是水流域附近的居民，因而，如果对其打“包”的话，其主体则包括水流域流经的所有区域。所以，对其保护则涉及地方政府之间的合作。而诸如空气、温度等环境要素，对其保护则会产生更大范围的效用，其结果往往超出一国范围之外，因此，对其保护往往涉及多国之间甚至全球之间的合作。

其次，从参与主体来说，环境参与主体是复合性主体，包括社区、政府、企业、非政府组织、国际环境保护团体等。他们既是环境这一公共物品的集体消费者，同时他们也可以成为良好环境的提供者和生产者。而以往，政府往往被当作环境治理的当然提供主体，而公众和企业则被当作“被管制者”而存在，而且，在政府内部，环境治理的权力也是自上而下的集权体系，这种模式被有的学者称为“行政主导环境治理体系”。[10]而实际上，有关环境治理的信息却往往是分散在各群体、各部门尤其是基层群体和部门之间的，而且，环境也是不断发展变化的，以这样集权、固化的模式来解决环境问题显然是不够的。从生产主体的角度来说，环境保护的生产也有多种选择，它既可以由居民自己生产，比如自己拔除杂草、清理固体废弃物，也可以由企业来进行生产，比如由保洁公司、绿化企业等单位来生产，政府部门则可以通过经营自己的生产单位、与私人公司签约、确立服务的标准，让每一个消费者选择私商，并购买服务、向家庭签发凭单，允许他们从任何授权供给者购买服务、与另外一个政府单位签约的方式来提供环境治理服务。[11]

再次，从结构上来说，环境治理的结构是一个复合嵌套结构。多中心意味着决策中心不只有一个，各自独立的决策主体能自己决定自己的事情，选择自己认为合适的任何方式。比如，对某一社区内部的固体废弃物的处理问题，居民既可以自己进行处理（在这种情况下，居民自己提供、自己生产）也可以委托某一保洁公司来处理（在这种情况下，居民自己提供、企业生产），当然，也可以由政府通过与某个企业签约来提供、或者由政府制定行业标准，允许居民自行选择企业来提供（在这种情况下，政府提供、企业生产）。就政府来说，其权力也应该是分散的，即各基层政府享有环境治理的自主权。但就需要将环境问题的不同规模与环境治理的不同单位相匹配和协调，使得治理单位与问题单位相一致。比如，一个环境问题涉及全省，那么省级单位应该是治理该问题的合适治理主体，而一个环境问题只涉及一个市，或者一个县，那么市政府或县政府应该是该环境问题的合适治理主体，如果一个环境问题跨越两个县或者两个市，那么首先应该寻找这些不同单位之间横向合作的可能性，在横向合作不可能的情况之下，可以考虑由纵向部门来推动合作。

最后，从运行机制上来说，环境治理需要处理好竞争、协作、与冲突问题。竞争意味着对于社群来说，有充分的选择机会，因此，这就需要有发达的公民社会；协作意味着消费群体对自己事情的关注，社群不仅应督促政府提供相应的环境治理制度安排，还应监督企业的生产行为；冲突在多中心治理中也是不可避免的，因为多个中心都有着自己的独立利益追求，冲突解决的关键一是及时，二是协商。

参考文献

[1] 迈克尔·麦金尼斯. 多中心体制与地方公共经济［M］. 上海：上海三联书店，2000.

[2] 同上。

[3] 同上。

[4] 同上。

[5] 同上。

[6] 同上。

[7] 同上。

[8] 同上。

[9] 同上。

[10] 朱德米. 从行政主导到合作管理：我国环境治理体系的转型 [J]. 上海管理科学，2008（2）：61—65.

[11] 迈克尔·麦金尼斯. 多中心体制与地方公共经济 [M]. 上海：上海三联书店，2000.

权力、市场与城市治理

毛寿龙

理论上来讲，城市应该是自由的、平等的、开放的，以市场为基础的城市治理是基于不动产的多中心的治理，而不是对人进行身份制管理的单中心的治理。市场开放性城市实行以市场为基础的治理，权力开放性城市因权力而开放，但也容易因权力而封闭。以权力为基础的城市治理，面对高房价和拥堵，会从单中心的角度来界定城市问题，并采取越来越多的限制性的政策，这会引起很多策略性行为，并需要新一轮的严格管制。而以市场为基础的城市治理，面对高房价和拥堵，会从多中心的角度来界定问题，并尽可能避免限制性措施，避免策略行为，尽可能让多中心的选择来自我调整购车和用车以及买房和租房等行为。

本文将探索城市的权力性和市场性，权力性的城市治理是以治人为基础的，而市场性的城市治理是以治不动产为基础的。权力性城市是管制的、等级的、封闭的，市场为基础的城市治理是自由的、平等的、开放的。权力性城市可以在策略层次实现开放，并进而促进城市的自由、平等和发展。但在治理层次的权力性，在问题的性质发生变化的时候，会使得城市重新走向管制、等级和封闭。城市需要治理层次的治道变革，而不仅仅是策略层次的治道变革。

一、自由和开放是城市的本性，市场是城市的核心

城市是“城”加“市”，是一个城，也是一个市（场）。在过去，城市往往是“城”，城往往是带有城墙防御设施的聚居点，位于交通要道，并且是政治中心，有一定的政治军事或者行政级别。由于聚居点在军事政治活动之外，往往也有大量的商业活动，于是城就成了“市”。在政治军事越来越让位于经济的时代，好多城市往往是市，其核心的意思是，有一个市场，很多人聚在一起，自由交易。如果人很少，就是一个简单市场，如果人很多，是一个复杂的市场，需要多方面的公共服务，于是就有了政府，就有了城。

城市，无论是“城”，还是“市”，都是移民的聚居点，不像乡村，往往由一个家族组成，世世代代住在一起，人与人之间有着紧密的血缘等社会关系，有着自然的社会等级。在城市这样的移民聚居地，人与人的关系，如果是政治性的城市，往往有明显的等级关系，但是作为市，聚居地的移民之间的关系是简单的交易关系。血缘等级、权力等级、地域等级，包括种族、肤色、宗教、长相、个子，在简单的和大数量的交易关系中消失。而且连家族仇恨都消失了。在城市里，人们摆脱了血缘的束缚，权力的束缚，土地的束缚，以及其他种种束缚，从而获得了市场的自由。只要你有能力，有一技之长，或者有资金，或者有管理能力，即使没有土地，没有房产，只要有点机会或者运气，也可以在城市谋求幸福生活，而且是自由地呼吸空气，可以选择自己喜欢的生活方式。

在这样的地方，每个人需要多样化的服务，这些服务，绝大部分可通过市场解决。但也有很多需要通过集体机制，或者非营利机制，或者立法、行政和司法途径来解决。因此，需要建立城市政府，有立法机构，行政执法和司法机构，也需要提供公共服务的机构。

在这样的城市里，城市的私人事务，和公共事务具有自然的分

界域。私人事务，具有私人性，具有私隐的权利保护结构。公共事务，是开放的事务，具有开放性的治理机构。

正是城市的自由和开放的本性，它即使有政治或者行政级别，即使不同的城市，其行政上的发展机会和空间不一样，但在自由和开放的发展过程中，一些城市自然而然地会发展很快，成为高等级的城市。比如，在我们国家，城市有省部级的直辖市，副省级的计划单列市和省会城市，地区级的地级市，县级市，还有镇级市，其发展空间往往与其政治行政级别有关，级别越高，发展空间越大。但是，随着市场经济的发展，很多一线城市并不一定是直辖市，而东部沿海的县级市，其房价也可能高于中西部的副省级城市。根据百度“城市”条目的说法，国家一线城市有北京，天津，上海这三个直辖市，广州和深圳不是直辖市，但列在国家一线城市里。国家二线城市有直辖市重庆，杭州、福州、南昌、长沙、南京、成都、武汉等省会城市，此外，还有宁波、苏州、厦门、大连、青岛、海口等非省会市。目前，城市行政级别虽然和市场级别依然有很多重合的地方，但已经出现了差异，很多行政级别低的城市，已经通过市场获得了更多的发展机会。①

如果城市的本性是“城”，那么城市就只能在其级别所允许的空间内得以发展。如果城市的本性是“市”，是自由和开放的，那么城市就可以超越其行政等级的空间，得到自由的发展。其实，越是自由开放的城市，其发展也越快。中国很多一线城市，都是外来人口高度集中的城市。中国沿海县级市，很多本地人口才五六十万，或者 100 万，但外地活动人口就有 100 多万。而亚洲城市之星迪拜，更是 90% 以上人口都是外来人口，而且是来自印度、巴基斯坦、孟加拉和阿拉伯世界的外国人。②

---

① http://baike.baidu.com/view/17820.htm#sub17820，2011 年 4 月 23 日。

② 见 Syed Ali：Dubai：Gilded Cage，New Haven and London：Yale University Press，2010.

二、以市场为基础的城市

这些快速发展的城市，往往是以市场为治理基础的。在以市场为治理基础的城市里，人员高度流动，资本，物流，也因此而是自由流动的，是开放的。注册企业，物流运输，资本进出，不需要身份和权力等级限制，也与种族，肤色，宗教无关。这样的城市，是典型的开放社会，在其中，每一个人都是自由、平等地和他人进行交易。[①] 在这里，如果不想合作，就可以退出，而且还可以选择与其他人进行合作。这样的城市显然也是多中心的城市。[②]

在开放的城市里，人们是不需要户籍的。在很多开放性的城市里，即使有本地户籍，外地人和本地人区别也不大，而且很可能外地人比本地人还要多，如迪拜，外国人是本地人的9倍。浙江义乌，外地人是本地人的两倍，而且还有阿拉伯一条街，比很多省级城市还要具有国际化特点。市民和外地人的区分，是封闭性城邦的特征，而不是开放性城市的特征。实施开放性政策的城邦，或者城市国家，即使有本邦人和外地人的国籍的区分，很多本地人在外地，很多外地人在城市里居住，生活。对此，即使想严格控制，其成本也很高，因为开放性制度安排，越来越丰富，很容易突破控制。

城市的公共事务，不仅仅是人身权利和财产权利的保护，更主要的是公共服务的提供。人身权利和财产权利的保护，其实质也是

---

① 参见博兰尼：《自由的逻辑》，吉林人民出版社，2002年。博兰尼在书中探讨了科学的、市场的和社会事务管理的多中心等。

② Michael Dean McGinnis：Polycentricity and Local Public Economies：Readings from the Workshop in Political Theory and Policy Analysis（Institutional Analysis），University of Michigan Press，Nov 23，1999. Polycentric Games and Institutions：Readings from the Workshop in Political Theory and Policy Analysis（Institutional Analysis）；Polycentric Governance and Development：Readings from the Workshop in Political Theory and Policy Analysis（Institutional Analysis）.

公共服务。公共服务的数量和质量，往往和房产的价格联系在一起。公共服务的数量和质量好，房产的价格就高。地铁旁，房价高，因为地铁票便宜。好的学校旁，房价高，因为学校服务优质，而且价格低廉。城市的公共服务具有多中心性质，无论融资、生产和提供，以及决策、监督，都具有交叠的多中心性质。

比如就治安来说，个人装防盗设施，雇佣保镖，购买保险箱和保险等安全服务，楼可以设监控设备，街区可以集中购买保安和建立联防协议，城市设立警察局、刑事法庭、陪审团。融资，物业税、物业费、楼房集资。生产，公共权力供给、保安公司供给、安保设备、校区物业、业主组织、楼道邻里组织。集体决策结构。

就交通来说，城市道路融资、物业税、燃油税或者拥堵收费。道路往往与房产价格有关，燃油税和车的使用与有关，拥堵收费与急需者优先有关。

在开放的城市里，由于除了房子，其他资产，包括人员，在城市都是可以高度流动的，因此，与公共服务有关的价值，基本上都体现在住房的价格里。以住房为基础，确立多中心的治理结构，多中心融资，多中心开放式治理，多中心开放式服务，是开放性城市以市场为基础的城市治理的基本特征。

三、市场开放性城市与权力开放性城市

从实际情况来看，开放的城市，因其治理结构不同，很多城市是市场开放性城市。最典型的市场开放性城市例子是亚洲三大新兴城市，香港、新加坡和迪拜。在那里，实行外向型经济，发展加工业，转口贸易，服务业，实施低税收，良好的法治，社区自治，多中心治理结构，其治理结构是亲市场的，开放性的治理结构。结果，10 多年时间就有很好的发展，30 年时间，就成为世界城市发展的样板。这些城市，政治未必民主，如迪拜是亲王统治，新加坡的政界

基本是家族世袭，香港是总督和特首。但其政治非常有限，对城市的开放性基本没有妨碍。政治虽然不民主，但社会自治，经济开放，公共服务也有开放的公共治理结构，是香港、新加坡、迪拜迅速成为发达城市的成功元素。

也有很多城市是权力开放性城市。中国在市场化进程中，迅速发展的城市，基本上都是权力开放性城市。这样的城市，从封闭到开放，基本上都是权力的过程，而不是个人主观选择，不是多中心开放的过程。大城市通过权力开放迅速发展，即使严格的户籍制度，也纷纷被突破。但这一进程，主要是权力性开放的过程，因为权力并没有因为社会自治和经济开放而变得积极有限，公共服务的治理结构，也依然是高度行政性的。

即使是权力性开放，也会引起户籍等的开放。城市选择性开放，如对人才开放，对资本开放，对购买住房开放，对企业注册开放，就会导致众多的一般意义上的开放，如引来了很多不是人才的人，也导致了对公共服务的开放，即公园、公交，外地人也享受同等待遇，更导致了很多职业的开放，外地人开始时很多职业受到限制，但慢慢地开始可以从事很多职业。权力性开放的过程，也是一个市场发展的过程，但更多的是政策目标和权力运作条件下的开放。其结果是，城市的治理结构并不是以市场为基础的，而是权力性的，其开放本身也带有很强的因权力相机选择而导致的歧视性特征。

正是中国城市治理结构上封闭，社会行政单位化，行政结构性单中心，公民社会组织不发达，使得中国大城市的开放，更多的是一个等级性的开放，长期受人批评需要改革的户籍制度，就是其等级性开放的一个重要的政策性工具。因城市本身的等级性，户籍本身也就具有等级的特征，追求户口本身，也成为人生的目标，拥有这些户口本身，也因此而获得很多政策性特权。

在这样的城市中，城市融资，与个人所得税、物业税、物业费，相关性弱。公共资源决策和监督，缺乏开放性的治理结构。融资来自隐性渠道，如卖地所得和间接税，而不是直接税。公共开支缺乏透明性。政府公共服务融资与政绩有关，而与公共服务相关性弱。公共治理结构的封闭性，单中心行政性特征，使得权力开放的城市，很容易因为政绩目标的变化，而变成权力封闭性城市。

四、权力开放性城市的重新封闭化

中国城市权力性开放的发展，一靠国家大项目和各种投资，二靠招商引资，发展高科技和 CBD 服务业，三靠房地产和汽车产业，四依靠会展经济。很多城市都各有各的办法。但共同的办法是，通过开发房地产，和发展汽车产业，来推动 GDP 扩张性的经济增长。这一政策目标，推动了中国城市的迅速发展，也因此推进了城市的自由和开放。比如开始时只有具有本地户籍，有单位的人才能够有资格分到房子，住房改革后，不仅具有本地户籍的人可以买房子，而且具有外地户籍，乃至外国国籍的人也能够买房子。很多城市，为了激活房地产市场，还鼓励外地人买房子，只要买了房子，还可以送户口，获得当地的户籍，并享受当地户籍居民才可以享受的公共服务。不仅如此，城市的基层治理结构，也开始出现一些变化。很多商业小区，开始建立业主大会和业主委员会，不再以居民的户籍，而是以产权的所有者为基础，来建立自主治理的小区管理结构。

就汽车来说，开始时，很多城市也需要本地身份证才能够在当地考驾照，而且需要本地身份证，才能购买汽车。结果，一是外地驾照不好管理，二是出现了一个本地身份证买了 1000 多辆车的问题。为了避免这两个问题，开始允许外地人在居住地考驾照和购买汽车。

随着房地产和汽车业的迅速发展，也带来两个问题，城市住房价格高速上升，出现资产泡沫，大城市普遍堵车。

因为房价过高，堵车严重，大城市政府的政绩目标发生变化，住房推动，汽车推动下的GDP第一的政绩标准，转变为控制房价过快增长，缓解交通拥堵为主的政绩标准。其结果是，因住房和汽车产业发展而推动的权力开放性城市，迅速走向以控制住房和汽车为特征的权力封闭性城市。购买住房，需要本地户口，或者本地工作年限证明，如五年缴纳社保记录，或者五年纳税记录。购买汽车，也需要本地户籍、本地驾照，若是外地人，还要相应的证明，而且还要摇号。

这些重新走向封闭的政策，使得拥有房子和汽车获得了一个政策性身份，追求拥有房子和汽车，转变为一个身份性追求，如追求驾驶执照，追求结婚，追求家庭户口，追求合格的购车和购房资格，于是整个社会分成三类人：拥有房子和汽车的人，合格可以申请和摇号的人，没有资格需要追求资格的人。自由开放的城市，成了新的身份社会。

由于住房和汽车指标因行政控制而形成的稀缺性，使得指标本身成为无形资产。这种无形资产，使得资金和项目等市场要素的流动，因为人的身份而受到了扭曲。

中国的城市都有首的特性。如国家是首都，省是首府，地区有首市，县有首镇即城关镇的性质。因此，中国各级城市其封闭性的权力结构，除了自身的单中心特点之外，还受到上级区域性政府单中心权力的结构的约束，也受到散在的大数量民众的约束。在这样的结构中，市场化的选择，往往让位于上级权力和散在大数量民众的要求。其结果是，向上级让步，向本地散在的民众让步。其结果是，非市场化让位给高度管制，从而从权力性开放走向权力性封闭城市。

五、以市场化思路分析具体城市治理问题

以权力为基础的城市治理和以市场为基础的城市治理，在很多问题上，具有截然不同的问题界定和政策选择。比如，就房价高低来说，以权力为基础的城市治理，往往认为，房价有一个合理的范围，政府可以通过行政控制，指挥房价，通过提供公共服务，可以控制房价。而且认为住房都是居住的，为了赚钱的投资是投机行为，需要严厉打击。为了控制房价，就会排斥外地人购房，并人为地把居住在城里的人，分成各种身份，限制其购买房子的种类和数量。

以市场为基础的城市治理，往往认为，房价反映了个人的选择。购买房子，是用来投资，出租还是自己居住，是个人理性选择的结果。房价高低，是购买者的主观货币评价，如果认为房价高，就会改变自己的购买行为，而不是去强制改变别人的行为或者观念，更不会严格区分外地人和本地人，也不会区分本地人的各种身份，更不会限制投资住房。因为只有投资更多，才可能有更低廉的房子可买或者可租。控制投资，控制购房的身份，只会行政性固化现有有房者的垄断地位，虽然控制了住房投资投机，但却进一步创造并鼓励了身份投机，扭曲了住房市场。

以市场为基础的城市治理，认为城市交通，有一个自身调节的过程。自发的消费调节和供给调整，自觉自发的个人调节，更易于界定拥堵，并调节拥堵。在以市场为基础的城市治理里，拥堵的定义，是主观边际界定的，如果个人改变交通行为的，是拥堵，否则不是拥堵。因为拥堵，人们会改变自己的交通行为。如果人们认为，开车拥堵，他们就会选择不买车，或者买了车后不开车；选择其他交通工具，公交车、地铁，或者骑自行车或者选择地点很近的地方购买房子，或者居住。如果认为拥堵，却买了车，而且还使用车，这说明，汽车拥堵，并没有到改变人们交通行为的地步。自由选择

的市场为基础的城市治理，具有内在的调节机制，并具有内在的稳定性。

以权力为基础的城市治理，认为城市交通的拥堵，有一个客观的指标，可以通过权力来进行调整。因此，只要城市的核心决策者觉得拥堵，那么政府就有权力来控制市民的交通行为。比如，城市拥堵，是因为人们买车太多，所以就开始实施限制购车的政策；城市拥堵，是因为人们开车出行太多，因此，就开始实施限制出行的措施，按尾号分号段限行；城市拥堵，是因为外地车太多，于是就限制外地车进入城市。限制购车，限制车出行，限制外地车进入，但是其交通需要依然是存在的，因此，这些交通需求，会想方设法突破限制。比如人们被限制买车，就会设法租车、借车，这样现有车辆的使用频率就会提高；在外地的本地号牌车辆，会逐步流回本地，实际上增加了本地车的数量；限制出行，就会转变为打车，打车难以打得到，就会出现黑出租来填补空白；而很多人会设法规避限行，比如家里两个车，限行的那天开一个车，跑两个地方，在限行的那天早出晚归，避开高峰，或者违章出行，以罚款来购买出行权。至于摇号限购，这一政策使得很多人为了取得摇号权而考驾照，并把拥有一个车牌，当作无形的社会资产来进行投资。其结果，反而激发了很多人的购车欲望。这些策略行为，都抵消了限制效果。如果要消除这些策略行为，还需要制定更为严格的限制措施。显然，限制饥渴症，也就是越限制，越需要进一步的限制，必将困扰城市治理，并影响城市的活力。

因此，以权力为基础的城市治理，只能依靠权力的收放来解决问题，但结果是问题越来越严重。要在治理上解决问题，就不能仅仅依靠行政权力为基础的指标控制，而应该在制度上确立市民自由选择的权利空间，从而在制度上制约权力的随意干预，从而在治理结构上形成城市问题自由解决的机制。只有这样，才能真正正确界定和解决大城市的住房泡沫和交通拥堵的问题。

总之，城市是城和市组成的。城具有政治性和行政性，市具有开放性、平等性、自由性。正是城市的市场性，使得城市具有开放性、平等性和自由性，使得城市具有自由繁荣的品性，同时也使得城市的治理具有市场性。以市场为基础的城市治理，是人员自由流动，以房地产为基础的城市治理，是自主治理和多中心的城市治理。城市从封闭走向开放，有以市场为基础的开放，也有以权力为基础的开放。以市场为基础的开放，具有稳定性；而以权力为基础的开放，往往会重新开始封闭。城市需要在策略层次进行治道变革，但更需要在治理结构的层次，进行治道变革。

略论埃莉诺·奥斯特罗姆的行政思想及其对我国行政改革的启示

毛水水①

埃莉诺·奥斯特罗姆是美国著名的政治学家、行政学家和政治经济学家。她在政治学、政治经济学、行政学、公共政策、发展研究等诸多领域享受很高的学术声誉，是美国公共选择学派的创始人之一。埃莉诺·奥斯特罗姆因为“在经济管理方面的分析，特别是对公共资源管理上的分析”而获得 2009 年诺贝尔经济学奖。埃莉诺·奥斯特罗姆的行政思想，尤其是在公共资源管理方面的独到见解，对我国的行政改革具有很强的启示意义。

1 埃莉诺·奥斯特罗姆行政思想综述

埃莉诺·奥斯特罗姆的行政思想，例如自主治理思想和多中心治理思想等，都是经过长期的实证研究而得出的，现实价值很高。在 2008 年以前，国内学界对埃莉诺·奥斯特罗姆的关注不是很多，一直致力于把埃莉诺·奥斯特罗姆思想介绍给学界的学者，当属中国人民大学的毛寿龙教授。他在 2000 年时就组织编译了埃莉诺·奥斯特罗姆的很多专著。例如现在学界熟知的《公共事物的治理之道》、《公共服务的制度建构》等。在 2008 年以后，研究埃莉诺·奥

① 毛水水，深圳大学管理学院，主要研究方向为：行政伦理与国家公务员制度。

斯特罗姆的国内学者才逐渐多了起来。湖南师范大学的侯灵艺还撰写了关于埃莉诺·奥斯特罗姆的硕士学位论文，叫做《埃莉诺·奥斯特罗姆公共治理思想研究》，文中对埃莉诺·奥斯特罗姆的行政思想进行了较系统的研究。对多中心治理理论有研究的国内学者除毛寿龙教授外，还有蓝宇蕴、臧乃康等。除此之外，专门对埃莉诺·奥斯特罗姆自主治理理论进行研究的还有北京大学的张鑫（2008 年在《改革与战略》第十期上发表了《奥斯特罗姆自主治理理论的评述》一文），和中共中央党校的高轩、神克洋等（2009 年发表了《埃莉诺·奥斯特罗姆自主治理理论评述》）。但是，他们的研究只是对《公共事物的治理之道》中部分内容作的一个介绍性的总结。

国外对埃莉诺·奥斯特罗姆的研究在 2008 年之前成果就很丰硕。罗伯特·古丁、汉斯—迪特尔和克林格曼在他们所编著的《政治科学新手册》一书中，从学界对埃莉诺·奥斯特罗姆著作的引用次数角度对其学术地位进行了概括和总结。保罗·A. 萨巴蒂尔在其《政策过程理论》一书中，对其制度分析框架进行了十分详细的介绍，并详细分析了这个框架的优缺点。2008 年以后，尤其是 2009 年埃莉诺·奥斯特罗姆获得诺贝尔经济学奖以后，更是掀起了一轮对奥斯特罗姆的研究热。仅 2010 年 3 月，国外的 *Public Choice* 杂志就发表了有关埃莉诺·奥斯特罗姆的各方面的文章数篇。其中有，Robert D. Tollison "Elinor Ostrom and the commoms" Mark Lichbach "A Noble prize in practical politics：Elinor Ostrom" John H. Aldrich, "Elinor Ostrom and the 'just right' solution"，等等。由此可见近年来埃莉诺·奥斯特罗姆的行政思想在学术界的崇高地位和受国内外学者的推崇程度。本文试着沿着前人的脚步，对奥斯特罗姆的行政思想进行进一步的研究。

1.1 奥斯特罗姆对特殊的公共物品——公共池塘资源的独到研究

许多专家或学者在研究公共物品时，研究的都是外延上的公共物品，即是除了私人物品以外的所有公共物品，这些公共物品包括了纯公共物品和混合性的公共物品，范围非常的宽泛。而埃莉诺·奥斯特罗姆教授研究的公共物品是很特殊很具体的一个群体——公共池塘资源。“公共池塘资源”这个术语指的是一个自然的或人造的资源系统，这个系统大得足以是排斥因使用资源而获取收益的潜在受益者的成本很高但并不是不可排除的。不仅如此，奥斯特罗姆还进一步界定她所研究的公共池塘资源是有多个个人或许多企业使用的。同时，她还界定，她所涉及的公共池塘资源的占用者既不拥有最终产品市场的权力，他们的行为也不对生活在他们的公共池塘资源系统以外的人的环境产生重大影响。

奥斯特罗姆不仅对她的研究对象加以了特殊的界定，她还有自己独特的研究思路，这集中体现在她 1990 年出版的《公共事物的治理之道》。首先，她系统地总结分析了传统的分析公共事务解决之道的三个主要理论模型，即人们熟知的哈丁的“公地悲剧”（1968）、“囚犯的难题”（1973，1975），以及奥尔森的“集体行动逻辑”（1965）。这些模型提出的解决治理公共事物的方案不是市场的（彻底的私有化）就是政府的（强有力的中央集权或利维坦），而且得出的结论往往是悲观的。其次，她指出当前解决公共事务问题时，不是以政府途径为唯一就是以市场途径为唯一的途径的思想是有问题的，她怀疑仅仅在这样两种途径中寻找解决方法的思路的合理性，并且进一步指出利维坦和私有化都不是解决公共池塘资源的灵丹妙药。再次，她从理论探讨与案例分析的结合上提出了通过自治组织管理公共物品的新途径，即是所谓的“自筹资金的合约实施博弈”。但是她同时也指出，这种方案也不是万应灵药，也不认为这是唯一的途径，因为在实际场景中，各种问题都可能发生，不同的事物都可以有一种以上的管理机制，关键是取决于管理的效果、效益和公平。

1.2 奥斯特罗姆的自主治理理论

奥斯特罗姆在《公共服务的制度建构》、《公共事物的治理之道》等著作中主要从三个方面阐述了自主治理理论的核心内容。

第一，影响理性个人策略选择的四个内部变量：预期收益、预期成本、内在规范和贴现率。自主治理理论的中心内容是研究一群相互依赖的委托人如何才能把自己组织起来，进行自主治理，从而能够在所有人都面对搭便车、规避责任或其他机会主义行为形态的情况下，取得持久的共同收益。人们选择的策略会共同在外部世界产生结果，并影响未来对行动收益和成本的预期。个人所具有的内在规范的类型受处于特定环境中其他人的共有规范的影响。同样，贴现率也会受到个人所处的自然和经济保障程度的影响。埃莉诺·奥斯特罗姆的理论分析所主要考察的是最可能影响人们策略选择的环境变量的组合以及这些环境变量是怎样发生的。

第二，自主组织的制度设计：如何解决制度供给、可信承诺和相互监督的问题。对于制度供给问题，奥斯特罗姆赞同贝茨的看法，即是应建立信任和建立一种社群观念来解决新制度的供给问题。因为，一旦有新的制度，参与者之间就会就如何选择产生分歧。对于可信承诺问题，奥斯特罗姆认为，在初始阶段，一个占用者在大多数人统一遵循所提出的规则的情况下，他（她）的未来预期收益流量作了计算以后，可能会为了与其他人和睦相处而同意遵守这套规则。在这个过程中，谁都不想做受骗者，一参与者遵守与否是要以别的参与者为参照的。这时就需要先解决监督问题，才能实现可信承诺。对于相互监督问题，奥斯特罗姆的观点是，最好的监督来自于自主组织的内部，参与者都是监督者也都是被监督者。在这样的规则下，监督不会额外需要成本就可以在组织内得到很好的实现。

第三，自主治理的具体原则。通过分析分布在世界各国的具有代表性的案例，包括瑞士和日本的山地牧场及森林的公共池塘资源以及西班牙和菲律宾群岛的灌溉系统的组织情况等，奥斯特罗姆总结和界定了八项原则：清晰界定边界；使占用和供应规则与当地条件保持一致；集体选择的安排；监督；分级制裁；冲突解决机制；对组织权的最低限度的认可；分权制企业。对这些规则，埃莉诺·奥斯特罗姆在《公共事物的治理之道》一书中作了详细的讨论。

由于自主治理理论的来源主要是依托对山区森林、牧场等公共池塘资源的研究，所以，笔者认为，这一理论更适合于解决农村或偏远山区的公共资源的管理和利用问题。而要解决城市的公共问题，则应多应用多中心治理理论的一些观点。

1.3 多中心治理理论

多中心治理理论是奥斯特罗姆夫妇的共同研究成果。理论认为“通过社群组织自发秩序形成的多中心自主治理结构、以多中心为基础的新的‘多层级政府安排’（具有权力分散和交叠管辖的特征）、多中心公共论坛以及多样化的制度与公共政策安排，可以在最大程度上实现对集体行动中机会主义的遏制以及公共利益的持续发展”。多中心治理要求“在地方治理的各个层次、各个区域同时进行调节，由多个主体同时供给，提供公共服务。多中心体制下，地方政府辖区的大小并不影响法律地位的平等，它们并不依赖传统的官僚科层和等级进行运作”。文森特·奥斯特罗姆曾经指出，“多中心可适用于：（1）竞争性的市场经济；（2）竞争性的公共经济；（3）科学探究；（4）法律和制裁安排；（5）具有分权和制衡的治理体制；（6）国际秩序模型”。很多学者赞同多中心理论是解决集体困境的除利维坦和彻底私有这两条道路的第三种方案。笔者认为，由于多中心理论的研究背景主要是大城市的公共物品的供给与管理等问题，因此，多中心理论更适合解决城市中公共治理的问题。

1.4 奥斯特罗姆的行政思想对传统行政思想的超越

在传统的行政思想中，公与私、政府与社会、政府与市场的责任界限是泾渭分明的，政府在社会公共事务的治理活动中几乎是独一无二的管理主体。同时，人们也常常认为，即便是存在着一些其他的社会公共机构的话，他们也只是扮演着政府的助手或下属的角色，并且必须要服从政府的权威。传统行政思想认为，产生集体选择困境的模型假设主要有两个，一是个体之间沟通困难或者无沟通，二是个人无改变规则的能力。奥斯特罗姆的行政理论在公共行政管理的参与主体、资源的供给和分配、职能范围及管理方式等方面都对传统的行政思想有一定的超越。

第一，在公共行政管理的参与主体方面，除了政府这个主体外，奥斯特罗姆认为还可以采用多中心治理和群众自主治理的方式。即非政府组织和个人或团体也可以参与治理公共管理领域的治理，而且在一些时候成本降低的同时效率还可能更高。奥斯特罗姆通过对公共池塘自主治理模式的研究，给我们提供了一个治理地方公共池塘资源的很好的范例。而奥斯特罗姆夫妇的多中心治理理论，则为城市公共问题的治理提供了很好的解决思路。

第二，在资源的供给和分配上，政府更多的应该扮演“元治理”的角色，即在于它的指导性职能，起到一个提供大方向和基本行为准则的作用，地方的团体和组织更加清楚地知道什么样的规则和方式是适合当地现状的，是更加有效和合理的。奥斯特罗姆认为可以从建立小规模的最基本组织起步的成功，使群体中的人们得以在所创立的社会资本基础上，通过更大更复杂的制度安排来解决较大的问题。

第三，强调了民主行政。奥斯特罗姆在自主治理理论中提出，要建立不受外部政府权威挑战的自主组织，让每个占用者都能参与到对操作规则的制定与修改中以及公共池塘资源的管理中，实现自主监督和自主解决冲突。这一建议充分展现了其民主行政的思想，是对美国宪法（共和）传统的新的解读。

第四，传统的行政思想多是从理论到理论，而奥斯特罗姆的行政思想是从实证到理论。这更能体现出现实环境中的真实需要和情况，她的理论更接近于现实。

2 奥斯特罗姆的行政思想对我国行政改革的启示

行政改革是国家行政机关在内外部环境不断变化的情况下，在组织结构、运行机制、职能、过程到行为方式诸方面所进行的调整和变革活动。我国自建国尤其是改革开放以来，已进行了多次以组织机构和职能为核心的行政改革。虽然每次改革都取得了一定的效果，但是直至目前我国行政改革中还存在着一些主要问题。例如，如何使国家的制度建设与文化建设相协调；如何解决我国本身的国家制度与现行经济制度之间的差异；如何真正实现民主行政，等等。在这些问题的解决上，奥斯特罗姆的行政思想可以给予我们一定的启示。

第一，改革开放以来，为了发展我国的经济和增强各方面的实力，我国引进了很多外国先进的成功的管理经验来改革我国的行政制度。初衷虽然是好的，但是我们似乎忽略了一个很重要的问题，那就是我们忘记了“橘生淮南而为橘，生淮北而为枳”，我们在移植外国模式的同时，没有仔细先考察一下它是否与本国的传统文化与具体国情相融合、相协调。因此，虽然我们进行了很多年的行政改革，但是，制度制定的很好具体施行的却很有限，如何使国家的制度建设与文化建设相协调是目前我国行政改革所面临的主要问题之一。根据埃莉诺·奥斯特罗姆的观点，我们在制定政策或者是实施改革时，可以首先把对象进行细分，要把公共资源或事物分类定性，只有这样，才能找准治理的症结所在从而制定合适的管理方案。就像奥斯特罗姆本人作研究一样，她坚持在研究之前先把对象细分，找出尽可能对的变量，这样，下一步的研究才能顺利进行。因此，笔者认为，政府在制定政策或者是实施管理时或是要实行一些改革时，不妨也把对象或问题定性，同时考察所要改革的对象是否与改革中的新制度存在一些不和谐的因素，对象自身所产生的非正式规则是否与新制度不协调等，如果发现有不协调的地方，可以根据改革对象的特点加以改进，这样才能真正找到要害，对症下药。

第二，我国本身的国家制度与现行经济制度之间存在一定的差异，这也是行政改革中我们遇到的一个主要问题。我国是一个社会主义国家，按照这个国家制度，进行计划经济的经济制度是很合适的。可是又由于我国的特殊国情，必须要把经济先搞上去。根据国外的成功经验，市场经济走入了我们的视线。经济搞上去了，但由于经济制度和国家制度本身就存在着一定的差异，导致现在社会上出现了很多难以解决的问题。国家社会主义制度与市场经济制度相统一是我们现在行政改革所应该要达到的基本目标。在这个问题上，可以借鉴奥斯特罗姆的行政思想，即在治理公共事物时，应该循序渐进，不能一蹴而就急于求成。在《公共事物的治理之道》一书中，作者所收集的自主治理的案例都存续了上百年，甚至上千年的历史，经过这么漫长的时间的发展，才达到了现在比较理想的状态。制度的变迁是个渐进的过程，因此，政府进行行政改革时应该分阶段进行，确保每一阶段的改革都能给以后的进一步改革作铺垫，作基础，而不要像有些地方修路一样：刚修好了路面，又要铺地下管道，这时又要把路面整个拆除，等铺好了管道再重修路面；之后又要铺电缆，路面又要挖开，铺好再重修……这样往复的修了又拆，拆了又修，做了很多无用功，同时耗费了很多的人力和物力。

第三，要真正实行民主行政，就要求我们在治理公共事物时应充分依靠人民的力量。政府在公共资源管理方面要想提高行政能力，降低行政成本，就应该充分利用公共资源所在地的群众的力量来管理资源、维护资源。或者，有些时候，政府完全可以让拥有共同公共池塘资源的群众自己设置内部规则来管理自己组织内的事物。就像埃莉诺·奥斯特罗姆的《公共事物的治理之道》一书中所叙述的现实中的案例那样，让他们自己制定规则，这样即节省了成本，又能达到很好的效果。在地方上制定政策时，应该充分考虑当地群众的意见，倾听当地群众的声音，让老百姓真正有发言权。政府要想真正取信于民，得到民众的支持与拥护，就应该实行自下而上的而不是自上而下的改革。政府在制定规则法规时，初衷是非常好的，可是由于大多数时候，政府并不详细了解各个地方的实际情况，往往使得事与愿违。因此，笔者认为，政府在以后的政策制定时，应该先充分收集群众的意见，经过论证分析后再作决策。

第四，我国的行政改革还面临一个很具有典型特色的问题，即是“上行下效”。虽然国家一再强调地方要有地方特色，但真正细究下来，特色的背后还是和上级保持了一致性的。所以，地方改革总是达不到理想的效果。根据奥斯特罗姆的自主治理思想，笔者认为国家在实行行政改革时，应该真正的因地制宜，放权给地方政府，而不是搞统一模式。根据党的十七大和十七届二中全会精神，新一轮地方政府机构改革中，中央为地方因地制宜改革预留了广阔的探索空间。对地方政府机构设置的具体形式、名称、排序等，中央不统一要求上下对口。国家这样做，的确很合乎现实需要，但是笔者认为因地制宜的不应该只是在政府的机构设置的具体形式、名称、排序等，要想真正实现精简机构，还要充分考虑政府部门的职能范围。国家行政改革的目的首先是建立一个精简高效的政府。要想实现这一目标，政府就不应该什么都管，什么事都亲力亲为，应该明确什么是政府必须涉及的领域，什么是政府应该交由社会团体或集体组织来管理的。地方政府要根据自己所在地的地方，来划定自己的职权范围，把可以由自治组织自己内部来管理的公共事物交给自治组织自己管理，政府只作为一个外部的监督维护者。只有这样，政府才能不用设置那么多的机构和职位来管理本可以放手给非政府组织来管理的事物，从而真正实现地方自治。这类公共事物包括那些公共池塘资源，比如，属于某地村民所有的森林资源、渔场、牧场等。

3 研究奥斯特罗姆的行政思想对我国行政改革的意义

亚里士多德在其《政治学》一书中如此写道：“凡是属于最对多数人的公共事物常常是最少受人照顾的事物，人们关怀着自己的所有，而忽视公共的事物；对于公共的一切，他至多只留心到其中对他个人多少有些相关的事物。”奥斯特罗姆在赞同此观点的同时，也提出，可以让公共资源的所有者共同成为管理者，让他们切实参与到规则的制定、监督和执行中，这样，被人们忽视的公共事物就会又重新得到人们的关心。当然，要想做到这一点，首先要从小规模的公共池塘资源开始。这就需要政府放权给地方政府，然后地方政府再放权给基层组织，也即是行政改革中要注重权力的分配。

韦伯在研究官僚制时指出：“官僚体制的行政管理按其倾向总是一种排斥公众的行政管理。官僚体制只要有可能，就向批评界隐藏它的知识和行为。”我国的行政制度本身也存在很多不民主的因素，而奥斯特罗姆的自主治理对我国行政改革中加强民主行政具有积极的意义。同时，奥斯特罗姆夫妇的多中心治理思想，也为我国的行政改革带来了很多的启发意义，我们的政府在治理公共事物时，可以有很多种选择，而不再是仅仅限于完全私有或利维坦式的非此即彼的困境中。

致 谢

在本文写作期间，笔者曾多次得到硕士研究生导师——深圳大学管理学院副教授肖俊老师的亲切指导和帮助。在此，特别提出感谢。

参考文献

[1] Elinor Ostrom. Some Postulated Effects of Learning on Constitutional Behavior (1) [J]. 2005.

[2] Mark Lichbach. A Noble prize in practical politics: Elinor Ostrom [J]. *Public Choice*, 2010, 3.

[3] John H. Aldrich. Elinor Ostrom and the "just right" solution [J]. *Public Choice*, 2010, 3.

[4] Michael C. Munger. Endless forms most beautiful and most wonderful: Elinor Ostrom and the diversity of institutions [J]. *Public Choice*, 2010, 3.

[5] Kenneth A. Shepsle. Elinor Ostrom: uncommon [J]. *Public Choice*, 2010, 3.

[6] Bruno S. Frey. Lin Ostrom's Contribution to Economics: A Personal Evaluation [J]. *Public Choice*, 2010, 3.

[7] Roger D. Congleton, . Elinor Ostrom. Understanding Institutional Diversity [J]. *Public Choice*, 2007 132: 509 - 511.

[8] Robert D. Tollison. Elinor Ostrom and the commons [J]. *Public Choice*, 2010.

[9] T. K. Ahn · Rick K. Wilson. Elinor Ostrom's contributions to the experimental study of social dilemmas [J]. *Public Choice*, 2010, 3.

[10] Peter Boettke. Is the only form of 'reasonable regulation' self regulation?: Lessons from Lin Ostrom on regulating the commons and cultivating citizens [J]. *Public Choice*, 2010, 3.

[11] Roy Gardner. Elinor Ostrom. Rules and games [J]. *Public Choice*, 1991, 70: 121 - 149.

[12] 侯灵艺．埃莉诺·奥斯特罗姆公共治理思想研究．学位论文，2008.

[13] 埃莉诺·奥斯特罗姆．公共事物的治理之道：集体行动制度的演进[M]．余逊达，陈旭东译．上海：上海三联书店，2000.

[14] 臧乃康．多中心理论与长三角区域公共治理合作机制 [J]. 中国行政管理，2006，5.

[15] 文森特·奥斯特罗姆．美国联邦主义 [M]. 王建勋译．上海：上海三联书店，2001.

[16] 亚里士多德．政治学 [M]. 吴寿澎译．北京：商务印书馆，1981.

[17] 韦伯．经济与社会（下）[M]. 林荣远译．北京：商务印书馆，1998.

成都农地权利制度改革刍议

——基于法学的视角实证研究

时晋，吴锦宇①

1 问题与背景

1.1 农村土地权利的法律规范

中国是一个传统的农业大国，农业人口仍然占全国人口的多数比例，土地是农业生产最基本的生产要素，又是农民最基本的生活保障。正如著名社会学家费孝通先生在《乡土中国》中所言，“靠种地谋生的人才明白泥土的宝贵，‘土’是他们的命根”[1]。正因为如此，农村土地权利始终是极为重要的法律问题。从规范效力的层级看，宪法所规定的“城市土地属于国家所有”；“农村和城市郊区的土地，除由法律规定属于国家所有的意外，属于集体所有；宅基地和自留地、自留山，也属于集体所有”是具有最高效力的法律规范，确定了农村土地的基本权利归属。在宪法之下的法律规范包括《民法通则》中对财产权的一般性规定；《物权法》中涉及农村土地的所有权和用益物权、担保物权的规定；《土地管理法》对土地用途

① 时晋，中国政法大学法和经济学研究中心；吴锦宇，中国人民大学劳动人事学院。

尤其是用途转换管理的规定；以及《农村土地承包法》对承包经营权的规定。除了宪法和法律之外，还有大量的行政法规，部门规章和地方性法规对农村土地权利的具体制度作了规定。

上述法律规范中，存在四种完全不同但又相互交叉的逻辑和概念体系，这也是我国农村土地问题纷繁复杂的法律原因之所在。首先，是城乡二元分割的逻辑[2]。在我国，不仅“人”依出生地性质不同而在户籍上分为农民和城市居民，“地”也是依所在行政区划性质的不同相应分为农村土地和城市土地。其次，是民法规范下的财产权逻辑，在这一逻辑体系中，农村土地的权利体系包括所有权，用益物权和担保物权，其中最为重要的是集体对农村土地的所有权，以及在此基础上形成的土地承包经营权、集体建设用地使用权（包括宅基地使用权）。再次，是所有制的分类逻辑，包括国家、集体和个人；而所有制意义上的国家、集体和个人并不完全等同于民事法律关系中的“权利主体”，从而形成了中国物权法中所特有的所有制与所有权并存现象[3]。最后，是土地用途管制的逻辑，我国土地按用途划分为建设用地，农业用地（耕地、林地和草原）和未开发土地。需要尤其注意的是，农村集体所有的土地不仅包括农业用地；也包括非农业用途的建设用地，而且按照土地管理法的规定，只有在作为乡镇企业用地、农村公共设施用和公益事业地，以及宅基地三种用途时，方可将农村土地作为建设使用。而土地不同用途之间的转换，尤其是农业用地转换为城市非农用地，是受到严格控制的，除了符合年度用地规划外，还必须取得省级政府或国务院的批准。

这样一个脱胎于城乡二元分割的传统计划经济体制，以“区隔”和“管制”为主要特征的农村土地权利法律制度，限制了农村土地用于非农业用途，也限制非农业人口取得农村土地的使用权；这也就制约了农户通过改变土地用途，或转让土地而获得的价值增值；从而与城乡关系正经历着的深刻变化，特别是资源以更快地速度向城市集中的经济背景越来越不相适应，并且成为城乡差距持续拉大的制度原因之所在，也是农村地区权制度改革的动力所在。

1.2 成都农地权利制度改革的背景

成都从2003年以来，即把统筹城乡，走城乡协调发展之路作为地方政府的发展战略，2007年即成都又作为中央“统筹城乡综合配套改革试验区”的一部分，从而使城乡统筹上升到国家区域发展的政策试验层面，这是在农村土地权利领域，弱化城乡土地分割，减少土地用途管制最为重要的政策背景。

2008年的“5·12”特大地震，导致成都多个区县遭受人员和财产重大损失，其中极重灾区都江堰市60%以上的农房损毁，倒塌21万间，需拆除64万间。[4]灾后房屋重建工作，对更灵活的特殊土地政策有着迫切需求：第一，由于地震灾害的影响，因而需要调整土地规划，更为集约地利用土地资源，从而必然涉及土地产权的流转；第二，需要通过土地产权的转让、抵押，更有效地筹集资金用于灾后房屋重建。由于上述两项原因，成都市政府在“统筹城乡综合配套改革试验”的政策背景下，出台了一系列改革农村土地产权制度，特别是集体建设用地使用权制度的地方性法规和规范性文件。

1.3 成都农地权利制度改革的争论

如何评价成都农地权利制度改革，学术界一开始即存在截然对立的意见。由周其仁教授主持的北京大学国家发展研究院土地制度改革综合课题组在集体撰稿的调研报告中，以“还权赋能”来概括成都农地改革的基本特征[5]，并且提出成都通过农地产权制度改革，有效地动员了城市化，工业化进程中土地增值的地方收益来实现城乡统筹，缩小了城乡差距。而与之相反，贺雪峰教授在其所著的《地权的逻辑》一书，则认为成都改革实质上是变相的，规避法律和中央政策的土地私有化；而在全国范围内，土地私有化不可能解决中国的三农问题。[6]

对于上述争论，从法学研究的方法和思路而言，本文认为，土地公有或者私有这样的过于概略的所有制区分并不能恰当地刻画成都改革。财产权除了所有权形式之外，还能通过对权能的拆分和重组形成更多的权利类型。实际上，如诺贝尔奖得主奥斯特罗姆的研究所发现的，即使在不改变公有产权的前提，在特定条件下共同体成员之间能够达成自治管理的制度安排，从而实现公有财产有效率的使用和收益。[7]本文更关注的便是在宪法和现行有效的全国性立法的约束下——也就是无法直接改变“农村土地属于集体所有”这一根本性所有权制度的约束下——成都通过怎样的地方立法对（所有权之外的）农地权利有着怎样的制度安排。

2 成都农地权利制度改革的规范基础

2007 年以来，在统筹城乡发展的统一部署之下，成都市颁布了一系列与农村土地权利制度有关的地方性法规，主要包括以下三个方面的内容。

2.1 农村土地的确权与登记

农村土地的确权与登记在《土地管理法》，《农村土地承包法》中均有明确的要求，但在实践中，由于历史遗留，技术制约等方面的原因，农村土地的确权与登记在准确性、完整性等方面均存在很大的缺陷，权属不清也是造成农村土地权利纠纷的重要原因之一[8]。成都在 2008 年初颁布了《集体土地所有权和集体建设用地使用权确权登记实施意见》，投入大量的人力物力对农村土地的权利人、方位、面积和用途等事项进行了确认和登记，并通过村民会议等形式对于确权过程中出现的纠纷进行调处和解决。土地经过确权后，政府向权利人颁发了权利证书——向农户颁发的土地承包经营权证、宅基地使用证和农村房屋所有权证，向集体建设用地的向占有和使用者颁发的集体建设用地使用证。确权和颁证不仅使农地权利有了证明权属关系的书面形式，更重要的是通过确权登记的程序，厘清了产权界限，并且以政府公信力为支持对外公示。由此产权的清晰界定，奠定了农村土地产权流转的制度基础。

2.2 对农业用地灵活运用“建设用地增减挂钩”政策

“建设用地增减挂钩”国土资源部在2005年出台的改革措施[9]。允许地方政府通过土地整理和复垦等方式，在一个区域减少农村非农业用地；而后将由此节约的建设用地指标挂钩到另一区域使用，通常情形下的挂钩区域只在统一县级行政区域内。实质是通过土地开发整理，实现在农用地不减少前提下的城乡土地占补平衡。

成都在“5·12”特大地震灾后重建过程中，在获得国土资源部的批复授权后，在灾区通过统一规划重建农户住宅区域，实施土地整理，节约建设用地指标，并且创新性地将受灾区县在重建过程中节约下来的指标，挂钩到其他经济更为发达，建设用地需求量更大的非受灾县区使用，并将指标交易所获得的资金用于灾后重建。通过成都市国土局安排，挂钩到未受灾县区的使用指标，每亩建设用地需支付15万元，作为政府统一重建农村居民住房和其他农村公共公益设施的资金。

2.3 对集体建设用地放宽使用权在用途和流转上的管制

在对集体建设用地的放松管制方面，成都颁布了《集体建设用地整理与集中使用管理暂行办法》、《集体建设用地使用权流转管理办法》和《集体建设用地使用权流转市场管理办法》三个地方性法规。在土地用途上，将集体建设用地的用途范围拓宽至除了商品房建设之外的其他商业性用途。在流转方式上，建立了集体建设用地流转制度，试行与国有土地使用权相类似的“招拍挂”转让，允许集体建设用地通过出让、出租、入股、联营等方式实现权利转让，并向取得集体建设用地使用权的主体颁发集体建设用地使用证。从而达到集体建设用地与国有土地“同地同权”的改革目的。

3 成都农地权利制度改革的案例分析

“5·12”特大地震后的重建工作是对农地权利制度改革有效性的一次重大“压力测试”的在灾后的过程中，为了实现提高灾区土地利用效率和更多引入重建资金的政策目标，成都市充分运用了前一时期农村产权改革的新法规和新制度，形成了针对农村住房灾后重建的几种不同模式：原址自建、异地安置、统规自建、统规统建和引入社会资金联合建设。其中原址自建是指对于规划区以外的农户，鼓励其在原有宅基地上自行重建房屋。统归自建是指政府通过土地整理，确定统一的规划区域，由农户在该区域内自行重建房屋。统规统建是指由政府出资在统一的规划区域内，统一建设新的住宅分配给农户。异地安置是指鼓励有创业能力的农户自愿选择放弃原有宅基地，接收货币补偿，异地安居置业。

本文选取了引入社会资金联合建设和通过宅基地使用权抵押取得信贷资金进行分析，重点是成文的法律规范在灾后重建的实际运行中起到了何种作用。这两项制度的共同特点是，通过权利转让或权能重新安排而实现土地融资功能，而这样的制度安排高度依赖于法律规范的基础支撑作用。

3.1 引入社会资金联合建设

引入社会资金联合建设是充分利用土地产权经济价值的一种模式。集体经济组织或农户与社会投资者签署联建协议，由投资者提供资金在农户的宅基地上为农户修建房屋；作为对价，投资者可以取得剩余宅基地面积40年的使用权和基于其上的房屋所有权。在特定的事例中，我们的调研注意到有投资者与乡镇一级地方政府签订协议，修建集中安置农户的多层住房，并配套社区公用设施；而剩余的集体建设用地，用于兴建商业经营用房，房屋所有权为投资者和农户共有，从而使得农户可以分享持续经营所产生的收益。这实际上已属于大规模的开发式重建。根据成都市的规定，投资者可以取得集体建设用地使用证和房屋所有权证，土地用途应登记为“非住宅类商业用房”；因而直接进行商品房开发是受到限制的。这在一定程度上是为了避免与国家禁止“小产权房”的政策相冲突。

但这事实上已经突破了《土地管理法》相关规定，是对该法第43条取得农村建设用地使用权法定用途的扩张，也是对第60条建设用地使用权进入市场的扩张。我们在调研中，注意到政策制定者的逻辑是，法律没有明文禁止这种扩张性解释，即为允许（默许）。这样的政策逻辑，从公法以法律授权为基础的一般理论而言，是有一定政策风险的，但是在地震这一特殊环境下和统筹城乡改革试验区的大背景下，又有其正当性。

这一方式实际上是扩大农村建设用地使用权和农村房屋所有权的主体——由原来的集体经济组织成员扩大到现在的任何参与重建的企业和个人投资者。从而鼓励和吸引社会资金参与震区尤其是农村地区房屋重建，解决在自建和统建过程中的资金缺乏问题，并且使农村建设用地和房屋流转起来。

但是，成都市规定投资者可以取得“两证”，操作层面如何转让，改变使用用途是否有限制，权利内容有哪些，使用权的时间（与用途相同的国有土地使用权期限一致）到期以后是以税的形式还是必须重新缴纳出让金，农村建设用地使用权的初次出让和再次方式，土地增值的收益的分配等等，都是决策者必须面对的技术问题。并且，我们可以预测到，在未来的实践中，并不能够绝对排除打着联建的旗号实际上用途属于小产权房的存在，比如用作旅游业的房屋，的确也包括了在一定时间内居住的情况。

3.2 宅基地使用权抵押

此外，宅基地使用权在现行《担保法》第37条第2项的规定中是不能用于抵押的，因此银行通常拒绝发放以此项权利为抵押的贷款。在灾后重建过程中，都江堰市政府通过成立农村产权担保公司，作为保证人为农户向银行取得贷款用于重建房屋提供担保，而农户将宅基地使用权抵押给该担保公司作为反担保。这一制度涉及农村土地产权在担保方面的诸多法律问题，需要进行更详细的分析研究。

在这一交易安排中，农村产权担保公司通过向贷款机构负连带责任的方式起到信用增级的作用，提高金融机构的贷款意愿。而其自身的信用风险则通过抵押权减低。

但是，据我们调研却发现，尽管这种融资担保的成本很低，农户愿意贷款建房的积极性并不是很高，因为信用社对农户的信用、自筹资金的比例要求比较高。

对上述现象的部分解释可能是，这一交易模式本身存在很大的法律风险。当农户无法清偿债务时，农村产权担保公司作为反担保的抵押权人，需要变卖宅基地使用权和房屋所有权并作价受偿。由于《担保法》明确禁止将宅基地使用权抵押，而在这一制度中，农村产权担保公司可能无法成为宅基地使用权和房屋所有权的合法出卖方，从而无法真正有效实现其权利。更为关键的是，如果宅基地使用权被出售转让，任何非集体经济成员都可能取得宅基地使用权和其上建筑物所有权。这既与《担保法》相冲突，也与《土地管理法》和《农村土地承包法》不符。由此可以判断，这一模式实际上只是将银行所不愿意承受的法律风险转移到了农村产权担保公司，而这一公司也只是政府财政支持下的“特殊目的公司（SPV）”，其设立只是为了规避《担保法》禁止政府作为保证人的规定；唯有如此才能解释农村产权担保公司不考虑预算约束的风险承担行为。

4 成都农地权利制度改革的法学解读

虽然如前文所述，我国的土地法律制度是建立在诸多强制性规范基础之上的；但在地方的法律实践当中，土地法律的刚性特征并不明显；在不触动基本法律框架的前提下，纸面上所定的条文，可以因为“严重滞后于实践”的原因，而被地方性法规，政府的规范性文件或其他政策安排所变通[10]。具体而言，地方性法规与法律的关系可以分为以下几类

4.1 地方性法规对法律的补充和细化

这是最通行也是制度变革风险最小的一种类型。例如对于农村各类土地的确权、颁证本身是由法律明确规定的，但法律对于程序和其他细节却没有作出相应的制度安排，因而这项基础性的产权制度建设长期没有能够真正开展，个别以协议等形式加以处理。在此情形下的改革，实际上是经由政策的配合实施，而将法律规定落到实处。

4.2 地方性法规对法律限制的拓宽

以农村建设用地使用权为例，严格按照法律规定，其用途只能用于农村公益设施，乡镇企业和宅基地；在实践中沿海省份早已普遍采用出租等方式突破了法律的用途限制，而使其可以投入到其他经营性用途中。而成都的此次改革，通过地方政策，创设了农村建设用地使用权证，从而在制度上彻底拓宽了其用途范围，并给予物权意义上的权利凭证作为保障。用一位政府官员接受访谈时的话来说，就是只要用于建设的土地，就应该是建设用地，“集体所有”只是意味着集体经济组织成员应当从中分享到收益，而不应当限制农村建设用地的用途。

4.3 地方政策对法律的规避

“农村土地不得用于商品房开发”这是经由法律和中央政府政策所共同确立的刚性规定，至少在现阶段仍然是土地产权制度改革的不可触及“高压线”，但地方政策却可以对这类刚性规定巧妙规避。例如根据成都市国土局的文件，非农村集体经济组织成员取得农村集体建设用地使用权，在产权登记时，必须登记为“非住宅类经营性用房”。但实际上，基层政府部门的负责人也同样清楚，在农村地区，尤其靠近风景名胜的各乡镇，用于自住的住宅与经营性用房，其实界限从来就并不那么清晰。

4.4 地方政策对法律的变通执行

以《担保法》规定的宅基地使用权不得抵押为例，由于这一法律条款的执行还同时涉及商业银行的贷款管理制度，在现行体制下，地方政府并不能过于直接干预商业银行经营，因而也就无法强制性的要求商业银行接受农户以宅基地使用权为抵押而申请贷款。但是这并不妨碍政府组建由其实际控制的新的信用主体——农村产权担保公司，来为农民向银行贷款提供保证担保，再通过反担保合同取得农户的宅基地抵押。在这一制度安排中，法律的禁止性规定仍然存在，由于担保物超出法定范围，反担保合同本身的法律效力仍然是大有疑问的；并且如果农户发生违约，农村产权担保公司在现有法律框架内也无法通过拍卖或者诉讼等方式而取得宅基地使用权。但这并不重要，因为农村产权担保公司实际上是以政府财政为支持的，并非真正需要接收宅基地使用权的抵押来覆盖风险，其事实上只是作为连通政府——银行——农户之间的一个信用中介而存在，宅基地使用权“抵押”仅仅意味着公司能够以此为基础对农户的贷款使用等方面加以监督。

除了上述地方性法规和地方政策与法律制度之间复杂而灵活的互

动关系之外，我们还注意到与合法性问题密切相关的两类有趣现象。

第一，虽然是在综合配套改革的宽松背景之下，但政府部门对于政策的合法性保持着高度警惕。我们在访谈中所接触到的政府官员，无一例外地强调建设用地的产权改革绝不涉及农业用地，尤其农业用地转非农用地，不存在“应征（收）而未征”的情况。这也从一个侧面表明，由于征地制度背后的土地所有制区别是我们土地法律制度的内核部分，任何地方层面改革措施都无法触及，因而也就不能真正解决“农业用地向城市用地转换过程中，农户如何更多分享价值增值”这一现行征地制度的核心难题。

第二，政府部门对“改革叙事”中，通常将改革的来源追溯到来自民间的自发改革动力。例如我们在成都市统筹局和都江堰重建办的访谈中，政府官员都提到成都郊区县长期流行城市居民与农村居民合作建房，用于休闲度假的传统。一个颇为生动的例子是，城市居民由于不能合法取得农村房屋所有权，因而只能以租赁方式使用房屋；于是有城市居民一次性提供 5 万元左右的费用，用于彻底修缮农房，并与农户签订长达数十年的“租赁合同”。在这样的交易结构中，“租赁”与“买卖”事实上已经相当模糊。现在的改革只是使其能够合法化，能够推动城市资金参与灾后重建。

5 结 论

成都的这场农地权利制度改革，既有登记确权这样基础性的制度建设，也在一定范围内触及产权流转这一土地制度改革的重要命题。“5 · 12”特大地震之后的灾后重建，以一种特殊的方式，检验了这场始于 2007 年底的改革。经过调研和研究，我们已经可以发现，由于在法律法规的保障下，土地权利的界定和流转使得政府和农户均可以充分利用土地所蕴涵的经济价值而获取重建资金。良好的权利制度，不仅构成了灾后重建的制度基础，而且能够成为撬动社会资金参与重建的有力杠杆。在更为广阔的层面，成都的改革实践也表明，以地方政府为主体的改革受到立法权限的约束，使改革后的农地权利存在法律瑕疵或法律风险。因而，建立一个权利主体明确、权能完整、权利义务关系清晰的农村土地权利制度必须依靠全国性的法律制度变革。

致 谢

本文的调研和写作，得到了四川省高级人民法院、成都市和都江堰市两级统筹局、重建办有关负责同志的大力支持，特别是成都市统筹局屈松处长为我们安排了访谈并提供大量资料；张笑滔博士参加了主要调研工作并评阅全文；本研究的缘起和修改亦得益于姚海锋、李肖、李艳波等友人的讨论和建议。笔者在此致以诚挚的感谢。

参考文献

[1] 费孝通．乡土中国［M］．上海：上海人民出版社，2007.

[2] 张曙光．博弈：地权的细分、实施和保护［M］．北京：社会科学文献出版社，2010.

[3] 孟勤国．公有制与中国物权立法［J］．法学，2004，2；44—53.

[4] 牛敏．破解：大地震下的司法策略．北京：人民法院出版社，2009.

[5] 北京大学国家发展研究院综合课题组．还权赋能：奠定长期发展的可靠基础——成都市统筹城乡综合改革实践的调查研究［M］．北京：北京大学出版社，2010.

[6] 贺雪峰．地权的逻辑［M］．北京：中国政法大学出版社，2010.

[7] 埃莉诺·奥斯特罗姆．公共事物的治理之道［M］．余逊达，陈旭东译．上海：上海三联书店，2000.

[8] 黄韬．中国农地集体产权制度研究［M］．成都：西南财经大学出版社，2010.

[9] 李炜．国土资源新政解读与实务问答［M］．北京：地质出版社，2007.

[10] 陈小君等．农村土地法律制度的现实考察与研究［M］．北京：法律出版社，2010.

自主治理重在制度激励

宋锦洲，何慧林[①]

1 引 言

根据“公地悲剧”、“囚徒困境”和“集体行动”理论模型的推理，我们似乎得出一个悲观的结论，即个体的理性行为导致集体的非理性行为。这一推断可以用来揭示全球日益严重的公共资源过度使用所导致的资源枯竭问题的深层原因。对于如何解决这一困境很多学者进行了颇有价值的讨论，但是，他们的大多数解决方案都集中在制度建构层面。

在对公共资源产权的限定上，出现两种公共资源治理的主流观点：一种观点是建立在霍布斯的国家哲学基础之上的观点，认为要通过国家的强制力使自然资源纳入到中央集权的控制之下；另一种观点主张，对公共资源实行私人产权制度。然而，事实证明，无论是实行严格的国家控制或是私有化，都没有解决公共资源使用上的混乱局面。此时，奥斯特罗姆所提出的“自主治理”理论可以被认为是公共治理的第三条道路，其核心内容是研究“一群相互依赖的委托人如何能够把自己组织起来进行自主治理，从而能够在所有人

① 宋锦洲，华东师范大学公共管理学院，地址：上海市梅川路 1333 弄 5 号 302 室，电子邮件：songjinzhou@ yahoo. com；何慧林，华东师范大学公共管理学院，电子邮件：unclehoc@ yahoo. com. cn。

都面对搭便车、规避责任或其他机会主义行为形态下取得持久的共同受益”。[1]奥斯特罗姆对集体行动下影响个人的行为变量进行了重新分析，并在对诸多公共资源治理案例抽象和研究的基础上确定了进行自主治理的基本原则。她通过牧人制度设计共同使用草场的博弈模型，为我们展示了自主治理的可能性和有效性。笔者认为，贯穿博弈模型而起到重大作用的在于这种自主制度设计在各个操作环节上的激励性。而制度的有效性问题归根结底在于是否存在着使参与各方认识到采取某种行动能够对自己产生有利的结果。

2 激励对制度实施起着关键作用

2.1 有效的激励降低制度实施成本

诺斯将正式规则、非正式规则以及制度实施特征看做是人们各种制度的三个构成部分。在公共事务的治理中，最重要的不是制度执行而是制度设计与安排问题，因为任何制度执行只是一个技术层面的问题，它必须依托现有的制度设计，在现有的制度安排下制定各种措施。因此，诺斯赋予了制度实施无比的重要性，他从交易费用角度阐释了制度有效实施的前提，认为制度演变以及制度绩效很大程度上取决于制度或契约能够以低成本实施，这些都有赖于制度设计上的预见性。[2]

制度激励意味着制度实施的结果能够符合人们的理性预期。在各种博弈模型中，学者们都坚持这样的一个假设——即人是自利的，人们选择某一种行为在于这种行为能够为自己获得最大利益。然而，很多学者从根本上质疑这种假设，与此同时，他们努力地挖掘人们身上的利他性或者同情心。但是，人们本身的道德显然具有不确定性，我们不能够寄希望于依靠道德手段实现社会治理。因此，制度的设计往往是根据人们普遍存在的自利特性，通过制度实施成本与收益的比较，人们从自己可能的行为集合中选取特定的行为模式。从这个层面讲，理想的制度能够为参与者提供明确而有效的信息，人们选择制度提供的行为模式就能够预期所分享的制度收益。如果一个制度设计给双方或是各方参与者均等地提供这种明确的预期及其收益，那么这样的制度便是最完美的。因为制度实施将变得容易，若自己违背制度将遭受损失。从诺斯关于制度的实施特征来讲，这类制度是能够自行实施的，制度的实施成本也将是成本最小的，在这样一种理想制度模型下它甚至可以不使用外来监督。

2.2 “搭便车”效应是制度反向激励的结果

在现实中任何制度模型远非完美无缺，因为人们获取信息和分析信息的能力还是有限的。这就使制度的实施存在某种不确定性，其制度效果甚至直接走向了制度价值取向的反面。公共事务的悲剧就在于这种激励往往是反向的，不合理的制度设计刺激了人们自利心的膨胀，最终损害了公共整体利益。反向制度激励的产生主要取决于两个主要原因：一方面是不完全信息的存在。如囚徒困境中双方在无法得知对方策略时，根据自身利益最大化原则所作出的决策并不能达到最优状态。另一方面是对制度实行监督的缺失。在同一制度框架下，资源共有者应当平等地拥有使用权，违背这一原则理应当受到惩罚。在监督缺失的条件下，如果违背原则的行为并不需要承担获得利益的成本，那么必然导致对公共资源的无序占有和掠夺。

由于公共资源的非排他性刺激着人们搭便车等投机主义行为，所以在对公共资源治理制度设计上的关键问题在于如何将反向的激励转化为正向的激励，以及将资源使用引入到合理的轨道上来。尽管国家的集中控制或私有化都是对公共资源产权的一种限定，也是对其非排他性影响的削弱，但这依然不能解决激励问题，甚至在技术上并不具备可行性。这是由于国家的一种外在强制并不能充分了解现实问题并提供制度的有效监督，如私有化对于一些流动资源的分割便是一个技术难题。自主理论的现实意义恰恰在于资源共同所有者内部通过契约形式分担制度成本和分享收益。因为它缓解了信息不对称性从而使监督也变得相对容易操作，所以制度的有效性也在很大程度上得到保障。

3 选择性激励与集体行动：奥尔森的启示

3.1 奥尔森的启示

从奥尔森对各种集团存在及其行为的分析之中，可以看出当个人理性与集体利益相违背的时候，集体行动依然具有可能性。奥尔森对马克思的阶级运动以及大集团存在的现实逻辑的解释同样具有合理性和说服力。集团中的个人遵循自身利益最大化原则，个人并不会激励集团成员为集团整体利益去行动。但是，现实中确实存在着某种看似冲突的现象，比如马克思的阶级运动和大集团的存在。按照奥尔森假设的前提，阶级运动是不可能发生的，大集团也不存在为改善整体利益而行动。然而，集团中“选择性激励”解释了上述现象的可能性。奥尔森认为，在大集团中为集团目标实现所作的努力通常是以“选择性激励”动员组织成员的副产品。[3]很多大组织得以存在并非它的整体目标对成员具有吸引力，而是在组织内部通常还会存在共同经济生活或是社会生活，组织成员可以在组织提供的经济职能或是社会职能中受益，很多组织就是以这样的组织形式为组织成员提供经济上或是社会上福利的同时，搭卖组织的公共产品。

很多学者在奥尔森理论模型中看到个人理性和集体行动中不协调的一面。然而，现实中实实在在地存在着大量集体行动的案例，奥尔森洞悉了其中的奥妙，这种奥妙所遵循的依旧是人类的理性与逻辑。因此，可以说奥尔森所解释的并非是集体目标达成的不可能性，相反是一种可能性。只不过这种逻辑并非如表面上看到的集体中的个人将会为他们共同目标付出努力，而是在集团中对个体选择性激励的并非直接的结果。

3.2 集体行动下个体行为激励的变量分析

在奥尔森结论中，影响个人策略变量的前提假设在于个人预期收入与预期成本的权衡。奥斯特罗姆又引入了另外两个变量：即内部规范与贴现率。奥斯特罗姆认为，内部规范的类型与范围是影响策略的两个最重要因素。由此决定了公共资源占有者对其他占有者的机会主义行为的预期。如果资源占有者之间违背现有约束而认为没有什么不合适的话，那么，资源占有者之间便充斥不信任，现存制度将得不到实施。内部规范对人们决策的影响依然是对资源占有者道德的一种考察。在这样的一种制度设计中，违背道德你可以获得更高的收益，而遵循道德原则行事很可能自己的利益遭受损失。于是，人们便不会遵守道德，直接导致制度的无效。贴现率是指个人在某种制度安排下对未来收益的一种预期，同样影响着人们的策略选择。虽然奥斯特罗姆细化了个人策略选择的变量，但从更为广泛的层次来看，内部规范与贴现率依然是通过人们的预期收入与成本衡量产生作用。因此，制度设计必然不能够寄希望于牺牲个体利益而去追求公共利益，其实这只是一种空谈而已。总之，自主治理的价值在于资源占有者都能够在自身利益的基础上达成一致的承诺，在各自利益都不受某种强制性牺牲的前提之下促使集体利益最大化。

4 “自主”原则有效地解决了新制度供给、可信承诺和监督激励不足的问题

奥斯特罗姆提出了自主治理制度设计的八项原则：（1）清晰

界定边界；（2）规定占用的时间、地点、技术或资源单位数量的规则，要与当地条件及所需劳动、物资或资金的供应规则保持一致；（3）集体选择的安排；（4）监督；（5）分级制裁；（6）冲突解决机制；（7）对组织权力的最低限度认可；（8）分权制企业。[4]在一个多层次的分权制组织中，对占用、供应、监督、强制执行、冲突解决和治理活动进行安排。正是这些原则在制度供给，执行与监督上对资源占有者起到充分的激励作用，从而影响了制度的实施效果。这些原则所解决的问题正是奥斯特罗姆所主张的制度实施的三个重要问题，即新制度供给、可信承诺和监督问题。

新的制度在何种程度上能够为资源占有者采用，依然是一个尚未解决的问题。这不仅是因为制度变迁的“锁入效应”和制度变迁所带来的边际报酬的改变，还在于制度参与者在不对称信息下对制度改变能够给自己带来福利的保守态度。即便旧制度缺陷存在失衡的现象，但对于如何改进制度达成一种新的均衡依然尚存争议。新制度供给必须源于群体中一种广泛存在的共识，这或许是贝茨等学者所提的观点，即通过信任和社群观念建立解决新制度供给的机制。这种共识的存在必然在于群体成员在日常反复的交往与沟通中才能够实现。这也是为什么自主供给制度形式要优于外部供给形式，因为自主供给制度形式首先意味着共识形成的可能性，这种共识不仅存在着利益上的一致而且还存在着情感上的满足。

在可信承诺问题上，在自主基础上形成的信任无疑可以有效地化解彼此间的不信任。在公共事务治理之中，搭便车的投机心理防不胜防，试想在囚徒困境模型中，双方“不承认”所带来的更符合他们自身的共同利益。但是，即使给予双方接触的机会，双方能够就此达成一份协议，从两人共同的福利出发最优的选择是双方都“不承认”的结局。但是，在真正的执行过程中我们依然可以看到，背叛的一方依然可以获得更大的利益，即使此时双方的总福利已经严重下降了。

现实中，制度实施的监督依然取决于对监督者的激励，因为监督者可能会接受贿赂。对于资源拥有者来说，只要贿赂的成本小于自身在搭便车中所取得的利益，那么，贿赂行为就难以避免。而对于监督者来说，如果不能够给予其在其监督行为中获利的机会，而指望监督者纯粹从维护公共利益的角度出发自觉地维护公共利益其实并不现实。因此，相对于外在的监督，自主制度供给下的监督行为似乎实施的可能性更大，因为在自主制度设计下各主体之间存在着频繁的交往，从而有效地减少了不对称信息。此时，每一个人都是他人的监督者，而且这种监督也不可能因为制度破坏者的贿赂行为而导致监督行为失效。

5 结　论

综上所述，本文从制度激励的角度分析了公共事务治理中的有效激励不足甚至出现反向激励的问题，并分析了制度激励对制度实施的现实影响。结合奥尔森在集体行动中的研究成果，笔者认为对个体有效激励的制度设计已经成为公共事务治理的关键所在，而自主的制度设计之所以能够成为有效的公共治理理论，在于它提供了新制度供给、可信承诺和在监督上解决了制度激励不足的问题。

在中国现实语境下，自主治理理论赋予了公共治理主体多种角色和多种权威，这必然会对我国集权行政及其社会管理体制带来深刻的冲击与变革。它赋予当代中国社会的不仅是制度实施的效果，更是具有宪政意义的理念价值以及制度设计。但是，我们应当看到自主治理在中国治理模式上的应用仍然存在一定局限性，这个局限性不仅仅存在于自主治理理论所蕴涵的自由、民主等西方核心价值理念与我国主导领导体制下的意识形态冲突，还存在于社会公民意识、社会组织治理空间的薄弱性。改革开放以来，尽管国家不断地对社会放权，社会治理的空间也在一定程度上有所提升，但这仅仅限于经济领域。在社会管理层面政府依然处于绝对的权威地位。即使国家在某些层面进行了一些卓有成效的改革，如农村自治、社区自治等，但在这些领域中社会自治权依旧显得十分单薄，行政权力还是弥漫这些自治领域的各个方面，致使自治组织角色异变和功能失效，其背后原因在于国家对社会自治的极不信任。笔者认为，一方面政府应当进一步对社会充权和放权，给予社会自治更大的空间，特别是要对各类社会组织在政策上采取包容政策，甚至要对各种社会组织给予必要的资源支撑，以促进公民社会的不断发展和完善；另一方面，自主治理还依赖于明确的产权界定，而产权的不明晰是当前阶段的重要特征，政府应当采取更为有效的措施完善产权结构，对产权采取更为有力的保护措施。

参考文献

[1] 埃莉诺·奥斯特罗姆．公共事物的治理之道：集体行动的制度逻辑演进［M］．余逊达，陈旭东译．上海：上海三联书店，2002.

[2] 道格拉斯·C. 诺斯．制度、制度变迁与经济绩效［M］．杭行译．上海：格致出版社，2008.

[3] 曼瑟尔·奥尔森．集体行动的逻辑［M］．陈郁，郭宇峰，李崇新译．上海：格致出版社，2008.

Diagnosing Complexity in Social-Ecological System

—Irrigation Institutional Changes in Imperial China①

Yahua Wang②

1 EXPLAINING USERS' SELF-ORGANI ZING TO MANAGE IRRIGATION SYSTEMS

The governing of common-pool resources (CPRs), such as forests, fisheries, and irrigation systems, contains complexity in which the social systems interact with natural systems. In a long period, a prevalent viewpoint was that the user s of CPRs, could not self-organize to manage the resource. Many scholars often recommended the imposition of either of state or market governance based on the theories of Gordon (1954), Demsetz

① An earlier version of this paper has been presented at the Mini-conference in Dec. 15 - 16 2009 in Indiana University, Bloomington. The author would like to thank Elinor Ostrom, Michael McGinnis, James Walker, Michael Cox, and Bryan Bruns for the valuable comments. The Workshop in Political Theory and Policy Analysis of Indiana University are gratefully acknowledged. The funding supports of this research come from the National Science Foundation of China (70973064). Any errors are the soleres ponsibility of the author.

② Yahua (Bert) Wang is an associate professor at the School of Public Policy and Management, Tsinghua University, Beijing, China, and a visiting scholar 2009 - 2010 at the Workshop in Political Theory and Policy Analysis of Indiana University, Bloomington, USA.

(1967) and Hardin (1968). In the 1980s, scholars began to recognize the need for further research on how diversely structured systems for govern ing CPRs performed in the field (NRC, 1986).

In *Governing the Commons*, Elinor Ostrom (1990) shows that there are many different methods of CPR governance, in particular self-organization and self-governance by the users of the CPRs. From then on, more and more studies in multiple disciplines have found that some resource users have invested their time and energy to achieve sustainability.

Following these studies, a question remains: How to understand the users' self-organizing activities? Why do some communities succeed in self-organizing to manage the local resources, while some others have failed? Ostrom (1990) posited a set of eight design principles that characterize long-enduring, self-governed CPRs institutions. These principles have been approved to be well supported empirically, and furthermore a probabilistic, rather than a deterministic, interpretation of the design principles is warranted (Cox, Arnold and Tomas, 2009).

However, it is a challenge to diagnose the problems and potentialities of complex social-ecological systems (SESs). Many variables affect the patterns of interactions and outcomes observed in empirical studies. After undertaking a careful analysis of the research examining the factors likely to affect self-organization and robustness of common-property regimes, Agrawal (2001) identified more than 30 variables that had been posited to affect the likelihood of self-organization and collective action in CPR settings. Ostrom (2007) developed a diagnostic method to organize various variables in a nested, multitier framework, which is shown in Figure 1.

This SES framework enables scholars to organize analyses of how attributes of a resource system, the resource units generated by that system, the users of that system, and the governance system jointly affect and are indirectly affected by interactions and resulting outcomes achieved at a particular time and place. Using such a framework also enables one to organize how these attributes may affect and be affected by the larger socioeconomic, political, and ecological settings in which they are embedded, as well as smaller ones. Each of the eight broad variables shown in Figure 1 can be unpacked and further unpacked into multiple conceptual tiers (Ostrom, 2007).

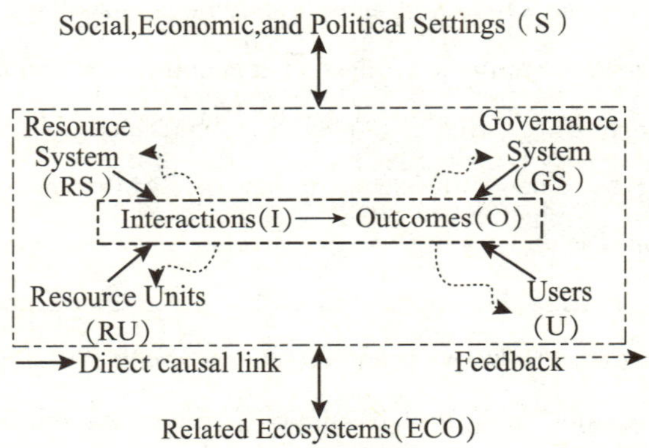

Figure 1　A multitier framework for analyzing an SES

Source: Osrom (2007).

Based on field research, Ostom (2009) used this framework to identify 10 subsystem variables that tend to affect th e likelihood of self-organization in efforts to manage a resource, which include size of resource system, productivity of system, predictability of system dynamics, resource unitmobility, number of users, leadership, social capital, knowledge, importance of resource to users, and collective-choice rules. Poteete, Janssen and Ostrom (2010) provide an update version with 12 most frequent variables identified in empirical studies as affecting whether user will self-organize. Also within this framework, a further review of the irrigation management literature highlighted some important factors to affect farmer participation, including water scarcity, size of WUAs, socioeconomic heterogeneity of users, leadership, social capital, distance to market, and government policies (Meinzen-Dick, 2007).

This paper will use the diagnostic approach within the SES framework, to explain why the self-organization pattern of irrigation management emerged in the Qing dynasty, but not earlier dynasties in Chinese history. About this question, a methodological foundation can be found in Poteete, Janssen and Ostrom (2010), which is the method to diagnose institutional change:

> *In analyzing empirical cases, the researcher or policy analyst must try to diagnose how the above factors affect the expected potential benefits and costs that users in a particular setting face if they continue old rules or attempt to change them. One would start with the listed variables and ask how they are likely to affect the benefits and costs of users. In particular cases, other variables may enter the diagnostic analysis.* (Poteete, *Janssen and Ostrom*, 2010, p. 327)

Therefore, I will examine the underlying variables identified for self-organization in prior literature with Chinese empirical materials from a history dynamic perspective, which will help us to explore the key factors and mechanism to explain the institutional evolutions of irrigation management. The list of second-tier variables used in this study is shown in Table 1.

TABLE 1 Second-tier variables in SES framework

Social, Economic and Political Settings (S)

S1 – Economic development. S2 – Demographic trends. S3 – Political stability. S4 – Government policies. S5 – Market incentives. S6 – Technology. S7 – Globalization

续表

Resource System （RS）	Governance System （GS）
RS1 – Water RS2 – Clarity of system boundaries RS3 – Size of irrigation system * RS4 – Water infrastructure RS5 – Scarcity * RS6 – Equilibrium properties RS7 – Predictability of supply * RS8 – Storage characteristics RS9 – Location	GS1 – Government organizations GS2 – Non-government organizations GS3 – Network structure GS4 – Property-rights systems GS5 – Operational rules GS6 – Collective-choice rules GS6a – Local collective-choice autonomy * GS7 – Constitutional rules GS8 – Monitoring&sanctioning processes
Resource Units （RU）	**Users （U）**
RU1 – Resource unit mobility * RU2 – Water availability, by season RU3 – Interaction among irrigation units RU4 – Economic value of output RU7 – spatial&temporal distribution	U1 – Number of users * U2 – Socioeconomic attributes of users * U3 – History of use U4 – Location U5 – Leadership * U6 – Norms/social capital * U7 – Knowledge of irrigation * U8 – Dependence on irrigation * U9 – Technology used
Interactions （I） →Outcomes （O）	
I1 – Water use by diverse users I2 – Information sharing among users I3 – Deliberation processes I4 – Conflicts among users I5 – Investment activities I6 – Lobbying activities I7 – Self organizing activities I8 – Networking activities	O1 – Social performance measures O2 – Ecological performance measures O3 – Extemalities to other SESs
Related Ecosystems （ECO）	
ECO1 – Climate patterns, ECO2 – Pollution patterns, ECO3 – Flows into and out of focal SES	

Source: Adapted from E. Ostrom （2007）, Meinzen-Di ck （2007）, Poteete, Janssen and Ostrom （2010）.

2 THE EVOLUTION OF IRRIGATION GOVERNANCE IN CHINESE HISTORY

Irrigation for agriculture production is extremely important in China. With a long history of more than two thousand years of irrigation management, these irrigation institutions have evolved over time (Wang, 2005). During the early dynasties of Qin and Han (from 221 B. C. to 220 A. D.), a centralized governance pattern of irrigation management formed. During this period, the state committed a large amount of financial resources to digging ditches and reclaiming land. The central government was directly involved in building major irrigation projects. Irrigation projects and related affairs were left to local governments. Local officials were often charged with direct responsibility for building and operating irrigation works.

The Tang and Song Dynasties (from 618 A. D. to 1279 A. D.) marked the heydays of the development of China's feudal society and also a period of big development in irrigation. During this period, the official institutions governed by law were thoroughly developed and the state control over irrigation reached its peak in ancient China. The Tang dynasty promulgated the Water Law, the first of its kind in Chinese history, which covered a wide range of contents, with detailed regulations on the use of irrigation water. The Tang and Song dynasties each had water departments under the project ministry to manage and oversee irrigation projects. The irrigation area was managed by officials sent down by the central government. There were specific rules on the organizational setups of irrigation area management organizations. Even the grassroots management personnel were appointed by officials. In the Tang dynasty officials were directly involved in the installation of water measurement facilities and the formulation of rules for the allocation of irrigation water. (Gu, 1997)

The state investment in irrigation began to be reduced after the Tang dynasty. The money needed for building irrigation works had to be shared by water users, who were also obliged to pay operational fees or pay in labor or in grain to get the rights to use water. This became a common practice in later dynasties. In the Song dynast y, the government encouraged nongovernmental investments to build irrigation projects. With the increase in small irrigation works built by nongovernmental forces, local folks began to participate in water management (Wang, 2005).

After the Song dynasty, while the government maintained its controlling power of irrigation, the importance of nongovernmental forces gradually increased. During the Yuan dynasty (1206 A. D. - 1368 A. D.), management personnel of grassroots irrigation areas were no longer directly appointed by the government, but were democratically elected or recommended. Up to the Qing dynasties (1644 A. D. -1911 A. D.), grassroots irrigation management system was combined with the folk rules, bringing the autonomous management flourishing. The state promulgated few laws on irrigation, but continued what had been established in the previous dynasties and made them common practice, which was enforced by virtue of the folk rules and traditional ethics. This was known as an unofficial system represented by the folk rules and agreements, which played a tremendous role in irrigation management (Wang, 2005).

Compared with the previous dynasties, the government role in irrigation declined dramatically in the Qing dynasty. In this period, the state force gradually phased out of specific irrigation affairs and turned to macro regulation, giving way to local folk rules and regulations (Wang, 2005). Thus a self-organizing pattern of irrigation management emerged in this period, which was most obvious during middle and late Qing period (around

18th and 19thcenturies).

Considering China's historically centralized and unitary political system, the following interesting questions will then be raised: Why did irrigation self-organization emerge in Qing dynasty? And what factors drove this transformation of governance in irrigation management? This paper aims to use the diagnostic approach that Ostrom (2007) propounded to explore the answers of the above questions. As a tentative application of the SES framework, this work is not only expected to give an explanation to the governance pattern changes of China's irrigation management in history, but also attempting to provide some theoretical insights to the application of the SES framework.

3 EXAMINATIONS OF TH E SECOND-TIER VARIABLES

It is evident in Chinese history that the users' self-organizing to management irrigation system was so popular that it can be regarded as a general pattern in the 19th century. Of course, the institutional arrangements in different places were diverse, since China has a huge territory. This paper takes Shanxi Province as the main subject and study background because Shanxi Province has a high level of self-organization in North China and was typical in many aspects in irrigation management. But this didn't mean Shanxi Province was a special case. Comparing with Shanxi Province, there were some differences in degree or style of self-organization, but not a distinction in essence. Thus I may also mention some other provinces except Shanxi Province in the following contents. It is also necessary to indicate that the emergence of the pattern of self-organization in Qing China was not a sudden phenomena but a continuous process in history, which can be regarded as the result of evolution in a long history.

This section will examine the second-tier variables potentially associated with self-organization in SES framework identified by Ostrom (2009). I will introduce briefly the evolution of these variables in Chinese history, especially the condition in Qing dynasty. Due to space limitations, I will not introduce the changes of the other second-tier variables in SES framework.

3.1 Size of irrigation system (RS3)

Size has been regarded as important factor for self-organization in many researches (Araral, 2005; Meinzen-Dick, 2007). Very large territories are unlikely to be self-organized given the high costs of defining boundaries, monitoring use patterns and gaining ecological knowledge (Ostrom, 2007). Thus it seems smaller irrigation system has more possibility to develop self-organization.

The expansion in scope of irrigation self-organization accompanied the dramatic increase of small irrigation works built by local people in Qing dynasty. Compared with the previous dynasties, the importance of the central government in irrigation project and institutions supply dropped greatly. According to Chi (1963), in Shanxi Province, the number of canals built was 97 during the Ming dynasty and 156 during the Qing dynasty, whereas the total cumulative number recording in two thousand years before Ming dynasty was only 136. The small water works built by nongovernmental investments increased remarkably during this period, which can be partly contributed by the flourishing of business in this province.

In the middle and late periods of Qing, most small irrigation systems were managed by local people. The small irrigation works I mentioned here normally denoted the scales within village or cross-village not beyond county. Large irrigations system, especially cross county works, were still subject to official management. In these systems, the irrigation areas below the sluice gates were subject to management by the local people. Thus large irrigation systems were an example of co-management between officials and farmers.

3. 2 Scarcity (RS5)

Water scarcity will encourage users to invest in self-organization and has a significant effect on the likelihood of farmers' participation (Wade, 1994; Araral, 2005). The provinces of Shanxi locates in the arid and semi acrid northwest of China. In the periods of Ming and Qing dynasties, the ecosystem deteriorated severely with population growth, which worsened the effects of droughts.

Take the Shanxi Province as example. The forest coverage in the early Ming period was about 30 percent, and declined to 15 percent in middle Ming, and only 10 percent in the end of Qing dynasty (Xing, 2000). This deforestation was mainly caused by large scale land reclamation, driving soil erosion and decreased runoff. Ecosystem deterioration brought more frequent drought and famine. According to statistics in the Fe nhe Irrigation Area of Shanxi Province, from 142 B. C. to 618 A. D., there we re 8 drought years, in average once per 97 years; from 618 A. D. to 1260 A. D., 19 drought y ears, once per 34 years; and in Ming and Qing dynasties, droughts happened more frequently, from 1368 A. D. to 1911 A. D., 40 drought years, once per 14 years (Xing, 2000). This situation made the water resources scarcer and the farmers had to pay more attention to water works development and water resources efficiency.

3. 3 Local collective-choice autonomy（GS6a）

Having collective-choice autonomy to make one's own rules is important for self-organization shown in many empirical studies（Ostrom，1990；Haller and Merten，2008）. Actually，it is also important part of self-organization itself.

From the first empire of Qin（221 B. C. –206 B. C. ），China built up a centralized political system，and a hierarchical administrative system was introduced from central level to local level. In the Tang dynasty，a set of management institutions was executed by state agents commissioned by the central government all the way down to the local level. Basically，most irrigation affairs，including the installation of water allocation facilities and the formulation of allocation mechanism，were undertaken directly by the government officials. People had to apply for licenses to use water，and the areas of all the irrigated land had to be registered. Such application was done every year.

After the Tang dynasty，driven by the motivation to lower costs，the micro management regime transformed from official agent commissioned by the government to nongovernmental organizations operated by local people. But the grassroots nongovernmental organizations needed the official support of the government. This means some extent autonomy had appeared in local affairs governance including irrigation management. In Ming and Qing period，local autonomy was developed further and a large number of local irrigation organizations appeared，which were manage d by local groups and whose personnel were selected by localities. The state did not have a hand in routine operations of the irrigation works. The state role was expressed in granting the local management rules a legal status and ensured that they were observed. When disputes occurred，the state would act as an arbitrator (Bai, 2003).

In Ming and Qing period, the booklet of canal regulations became popular and played a dominate role in the micro irrigation management. The canal regulations made detailed stipulations for specific canals or irrigation areas, such as the water rights or water allocation principles, users' obligations, water facility maintain, and conflict resolution, etc. Normally the canal regulations originated from spontaneous order such as folk custom or precedent, and developed by local people, which increased the likelihood of congruence between rules and local conditions. While the canal regulations also commonly got the support of the government, from which the canal regulations with folk characteristics got the official authority. For some important canal regulations, the government possibly chose to indirectly intervene or even direct participation. In the provinces of Shanxi and Shaanxi, some canal regulations had a history of more than five hundred years, which were obeyed strictly generation by generation and became more and more precise.

3.4 Number of users (U1)

Though group size is always relevant with self-organization, Ostrom argues that its effect depends on other SES variables and the types of management tasks envisioned (Ostrom, 2009). In this study, I believe that more users reduce the water resources amount of each user and increase the importance of irrigation water, which draw demands for institutional change.

Before Qing dynasty in imperial China, the population of the country was no more than one hundred million in most periods. Normally in the flouring period of the major dynasty, the population ranged between 40 million and 60 million (see Table 2). During the Qing dynasty, the population experienced remarkable growth, increasing roughly fourfold from around 100 million in 1700 to 430 million in 1850. This growth results a rapid deterioration of the human-land relationship, and the late Qing in the end of 18th century had fallen into the Malthusian Trap (Ho, 1959).

Table 2 The Population Registered of China

Year	Households	Persons
Xihan dynasty, 2 A. D.	12 333 062	59 594 978
Donghan dynasty, 157 A. D.	10 677 960	56 486 856
Shui dynasty, 606 A. D.	8 907 536	46 019 956
Tang dynasty, 755 A. D.	8 914 709	52 919 309
Song dynasty, 1109 A. D.	20 882 258	46 734 784
Yuan dynasty, 1209 A. D.	13 196 206	58 834 701
Ming dynasty, 1393 A. D.	10 652 789	60 545 812
Qing dynasty 1741 A. D.		143 411 559
VQing dynasty, 1820 A. D.	49 489 715	264 278 228
Qing dynasty, 1851 A. D.		431 894 047

Sources: Ho, 1959.

Taking the case of Shanxi Province, it presented a similar trend of the population growth with the whole country (See Table 3). From middle Tang (713 A. D. –741 A. D.) to middle Ming (1542), the population of this province grew from 2. 33 million to 5. 07 million, and increasingly grew to 16. 4 million in late Qi ng (1875). The rapid growth of population brought the decrease of per capita farmland (Wang and Zhang, 2006), and the increase of conflicts around water utilization (Xing, 2000). There has a common view that the deterioration between human and natural resources was one of main factors to impel more precise rules of irrigation management in the Qing dynasty.

Table 3 The Population in Shanxi Province

Year	Persons
Year	Persons
Xihan dynasty, 2 A. D.	1 640 000
Donghan dynasty, 140 A. D.	770 000
Xijin dynasty, 280 A. D.	630 000
Shui dynasty, 609 A. D.	2 050 000
Tang dynasty, 713 – 741 A. D.	2 330 000
Yuan dynasty, 1291 A. D.	400 000
Ming dynasty, 1393A. D.	4 070 000
Ming dynasty 1542 A. D.	5 070 000
Qing dynasty, 1820 A. D.	14 600 000
Qing dynasty, 1875 A. D.	16 400 000

Sources: Wang and Zhang, 2006; and Ho, 1959.

3. 5 Socioeconomic attributes of users (U2)

Some field studies have identified multiple socioeconomic attributes of users that affect whether self-organization occurs, among which the variable of heterogeneity was examined intensively. The links between heterogeneity and collective action are complex (Heckathorn, 1993). Poteete and Ostrom (2004) argued that th e relationship between heterogeneity and collective action was nonlinear and contingent upon many other factors. Considering there are various forms of heterogeneity (Vedeld, 2000), I would like to focus on the heterogeneity in wealth and entitlements. Veldeld (2000) conclude d that collective action is often enhanced by political elites and leaders being a bit better endowed and a bit wealthier than the average community members. Some inequality of resource endowments is necessary to facilitate initiatives, by enabling some actors to bear the costs of taking a leadership role (Balland and Platteau, 1995). Those with greater endowments are willing to bear a disproportionate share of the initial costs of organizing institutional arrangements in order to stimulate movement. The presence of wealthy and knowledgeable participants early in the process may encourage trust. In turn, inequality in distribution of benefits in the later stages of cooperation may reduce trust and reputation and constrain the emergence of further cooperation (Ostrom, 2007).

The above theory can be well used to explain the role of heterogeneity in self-organization in the imperial China. Land entitlement was the main wealth and water entitlement usually attached on it. Normally in the beginning of a major dynasty, the state would allocate the right of the land equally. As time passed to the middle and late of that dynasty, there would be a concentrated trend of land right with land annexation by wealthy or powerful groups, and the inequality of wealth increased and became an important factor to drive the collapse of the dynasty. This trend represented more visible in the middle and late period of Ming and Qing dynasties, partly because the rural society was affected by the markets forces and business development during this period. The result was the emergence of the social class of local gentry and power families, which played multiple roles of financing, organizing, conflict resolution, and decision-making in the autonomous governance of rural society. I can also regard the role of local gentry and power families as leadership, which will be introduced further in the following section.

3. 6 Leadership (U5)

When some users of any type of resource system have entrepreneurial skills and are respected as local leaders, se lf-organization is more likely (Wade, 1994; Ostrom, 2009). For example, the presence of college graduates and influential elders had a strong positive effect on the establishment of irrigation organization in a stratified sample of 48 irrigation systems in India (Meinzen-Dick, 2007).

In middle and late Qing period, local elites played more and more important function in local affairs governance, which made it possible for the government to shirk from the grassroots management. Among the local elites, two kinds of forces were noticeable, one was clan power, and another was the gentry class. In many places, the clan elder had plenty of power within the clan, which can also extend the power to local community authorized by the government.

The gentry class was likely more important in Qing dynasty, which normally included two kinds of people: local intellectuals who excelled in the imperial examination system and had not yet secured an official position, and retired officials returning home. The local gentry got authority by their knowledge and the close relationship with the government. And the government also respected and aided the position of gentry class. Fairbank (1983) even said that any county officials nominated by the emperor could not govern without the cooperation of local gentry. In rural society of the Qing period, gentry played roles in many aspects, e. g. , providing donation to the building and repairing of water facilities, formulating the folk rules, monitoring and sanctioning of rule enforcement, mediating the conflicts among villagers, and bridging the villagers with the government.

For the canal management, many places built nongovernmental irrigation organizations as mentioned above, which were normally comprised of canal chief, ditchmen, and water staffs. The canal chiefs played entrepreneurial role in irrigation management. Nominally the chiefs were elected by water users, but in fact they were often recommended in forms of mass discussion by local gentry. In some canals irrigating large area, the recommended chief would get the official appointment. A typical example of irrigation organization in Hongdong County of Shanxi Province during Qing dynasty, is shown in Figure 2. The Daily Management Organization was operated by the Monitoring Canal Chief, assisting by three Vice Canal Chiefs, through three Specialized Canal Chiefs and a number of Ditchmen. And the Power Organization was the Canal Gentry Meeting with a few committee members, and its function was equal to decision board of canal affairs.

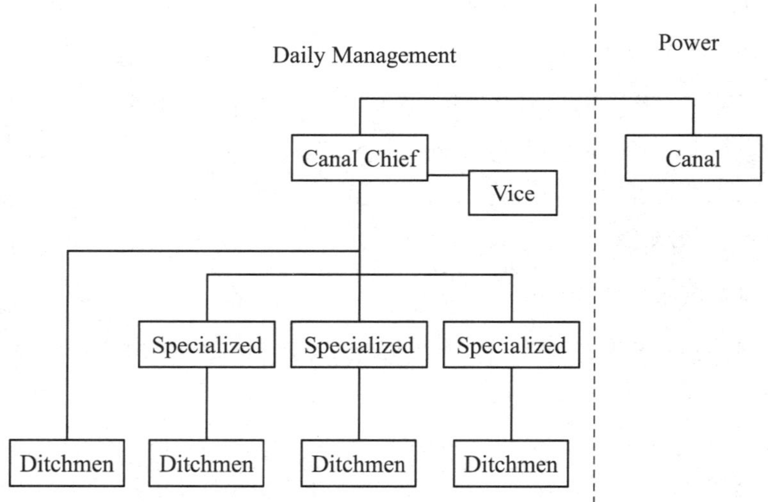

Figure 2 A typical irrigation organization in Hongdong County

Source: Zhou (2005).

3.7 Norms/Social capital (U6)

Users who share moral and ethical standards will face lower costs of collective action (Ostrom, 2005). An analysis of 2048 systems in the Philippines found the social capital represented by frequent face-to-face communication had a significant effect on the likelihood of farmers to pay for services (Araral, 2005). And the results of a study on 48 irrigation systems in India display that the number of temples increases the likelihood of organization for irrigation, and the social capital generated by religion seems to have a stronger influence on organization than social capital created by cooperatives (Meinzen-Dick, 2007).

In Ming and Qing period, the governance system of irrigation was mainly comprised by various folk rules and agreements, whose maintenance were relied on moral and religious forces. Since the village communities were relatively stable in traditional agricultural society, the villagers faced strong moral constraints not only from the formal rules and punishment but also from traditional custom, public opinion, and personal reputation, to keep the shared norms of trust and reciprocity in natural resources management. In many places, this moral force was enhanced further by religion. Though Confucianism was regarded as the official ideology in most period of imperial China, there were actually diverse forms of religion in different regions. Generally, the ancestor worship was more popular and the clan hall played the role of social capital in southern China, while the idol worship particularly prevailed and the temple was the index of social capital in northern China.

In many regions of Shanxi Province, the worship of water spirit and special sacrificial ceremony had been developed, for water was so important for local people. Xing (2005) studied a case of water spirit worship among 36 villages in Jin River Basin of Shanxi Province. The Jin Temple was the main memorial hall for the people in this river basin. The interesting thing was that the main idol dedicated in this temple evolved in the history of the past 2500 years. In the beginning, Tangshuyu, the first prince of ancient Jin country, was the deity of this temple. To the 11th century in Song dynasty, a female deity of Saint Mother was adored and replaced gradually the Tangshuyu as the main idol in Jin Temple, because people confused Saint Mother with water spirit. In the 16th century in Ming dynasty, another deity of Water Mother got the worship of people in 36 villages, and grand sacrificial ceremony to Water Mother was held every year from then on to now (Xing, 2005). The rise of Water Mother can be attributed to the increasing water scarcity with population growth in Ming and Qing period. And the water spirit worship played important role to keep common values, support water rules, and prevent social conflicts in the river basin.

3.8 Knowledge of social-ecological system (U7)

When users share common knowledge of relevant SES attributes, how their actions affect each other, and rules used in other SESs, they will be easier to organize (Berkes and Folke, 1998; Ostrom, 2009). This is also true for irrigation management in China.

In most of the irrigated area of China, th ere is a long history of irrigation activities. Many places in the provinces of Shanxi and Shaanxi have irrigation tradition more than thousand years, and the booklet of canal regulations continued fo r several hundred years. To the period of Qing, the farmers had been very familiar with irrigation upon both physical knowledge and related rules. For example, in Hongdong County of Shanxi Province, a folk proverb went round in late Qing period that everybody respected the booklet of canal regulations as golden laws and a precious precept. The canal regulations were so constant and sustainable that it could be re garded as the "constitution" of riparian people around the canal.

As the supplement of booklet of canal regulations, the inscriptions on the stele were very common in many villages in Shanxi Province. The contents of the inscriptions on the stele were divers, e. g. , history of the canal construction, memorial to contributors or donors, regulations for canal affairs, and judicial preced ent. The built of some important steles often got the support from the government or was made directly by the government, which strengthened the authority of the inscriptions on them. The inscriptions on the stele were well known by folks and weighed heavily in the mental world of local people.

3.9 Dependence on irrigation (U8)

In successful cases of self-organization, users are either dependent on the resources system for a substantial portion of their livelihoods or attach high value to the sustainability of the resource (NRC, 2002; Ostrom, 2009). Thus the effect of this variable is obvious for self-organization, the more important of the re source to users, the higher likelihood for users' taking efforts.

China is a county highly depending on irrigation. It would have been impossible for China to achieve a high level of agricultural productivity in the imperial times without the development of irrigation systems (Chi, 1963). As one of the most important areas of agricultural production, the provinces of Shanxi and Shaanxi had a higher dependence on irrigation. For example, the Hongdong County of Shanxi Province, located east of the Loess Plateau with an arid climate, frequently suffered from water shortages. This condition made water use became the first priority in this area, and the governors of this county even regarded the irrigation as the most important local affair.

As the above has mentioned, in the period of Qing, the scarcity of water increased with the remarkable population growth. The implication of this change was the importance of irrigation increasing further, which can be reflected by the economic value of irrigation water. The population at the beginning of the Qing Dynasty soared from 143.41 million in 1741 to 432.16 million in 1851. Although the cultivated areas continued to increase, the average on the per capita basis dropped steadily. Before the

Northern Song Dynasty, the cultivated land per capita averaged about 10 mu (1/15 a hectare). By the middle of the Qing Dynasty, the per capita cultivated land dropped to less than 4 mu.

In this context, the value of irrigation water rose to a considerable level. The paddy fields had to pay more grain for water than dry farmland. In the Guanzhong Area of Shaanxi Province during the reign of Emperor Qian Long, "grain for water" accounted for about a quarter of the crop tax and the payment varied according to different grades of paddy fields. The principle was "the volume of water used by burning incense; tax is paid on the use of water." It was exactly because of the rising value of water that driving new rules introduced to raise the efficiency of water use.

4 INTERACTION AND LINK CONTEXTUAL SETTINGS WITH KEY VARIABLES

4.1 An in-depth explanation of irrigation self-organization

Based on the analysis of the variables above, I now attempt to link these variables together to understand the emergence of self-organization pattern in Qing China. A causal relationship map is shown in Figure 3, in which I only display the major interactions among the key variables.

Firstly, let us see the variable of Local collective-choice autonomy (GS6a), which is one of the key variables to make se lf-organizing possible, especially in a centralized political system. From 10th century of Tang dynasty, the government had allowed a certain degree of autonomy in rural government. In the period of Ming and Qing, this autonomy in village level had been expanded further. Especially in Qing dynasty, the government implemented policies to support the power of clan and gentry and endowed legal force to clan elder and gentry. Additionally, the Qing government carried out another policy supporting "Xiang Yue", which were the folk rules formulated by the clan elder and gentry in accordance with local conditions under the guidance of official ideology. All these policies shaped the rural autonomy and promoted the development of nongovernmental irrigation organizations.

Secondly, I turn to the variable of Leader ship (U5), which provided important support to local collective-choice autonomy. As mentioned above, the emergence of clan power and gentry were noticeable in the Qing dynasty, and this could be contributed to the changes of Socioeconomic attributes of users (U5). The increase of heterogeneity of villagers could be further attributed to the Economic development (S1), a variable in contextual settings.

Thirdly, the variable of Norms/Social capital (U6) interacted with Local collective-choice autonomy (GS6a) and composed the core component of the self-organization pattern in Qing China. The shared norms and social capital had became strong in Qing dynasty, not only the reasons that the government policy to support folk rules and the development of local collective-choice autonomy, but also the changes of some other variables. One was the variable of Knowledge (U7). In the Qing dynasty, the local people had abundant knowledge of both the physical world around the irrigation area and the rules system. Another variable of History of use (U3) can strengthen the social capital and shared norms. In the late Qing period, many irrigation systems in northern China had a long history of several hundred or even more than thousand years, and this was very helpful for local people to accumulate knowledge and shape stable norms. Meanwhile, the variable of Dependence on irrigation (U8) was also important. The increase of importance of irrigation water in Qing dynasty had a close causal link with the changes of norms and rules related with irrigation management, and also provided more incentives for local people to develop the knowledge around irrigation.

Then some driving factors could be further recognized to understand the changes of Dependence on irrigation (U8) in the complex relationship chains. One factor was the dramatic growth of Number of users (U1), which was further attributed to the contextual variable of Population trends (S2). Another factor was the rising of Scarcity (RS5), and it also increased the importance of water resources.

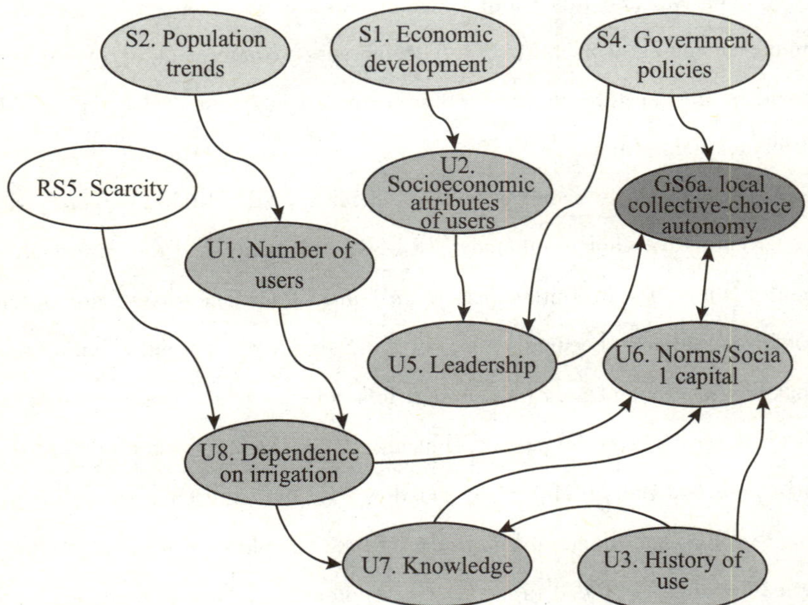

Figure 3　An explanation of irrigation self-organization in Qing China

Finally, if we observe the whole Figure 3 and seek for the answer of the changes of the variables in the subsystems of Governance System (GS) and Users (U), it was obvious that the changes of variables in contextual settings and another subsystem of the Resource System (RS) provided the driving forces. In the Social, Economic and Political Settings, the variables of Economic development (S1), Population trends (S2) and Government policies (S4) can be regarded as the exogenous variables affecting the variables in the subsystems of Governance System and Users. For the subsystem of Resource System, the variable of Scarcity was the exogenous variable having an impact on the other subsystems.

4.2 Explaining the changes of resource system

The changes in the Resource System could produce a shock to the Governance System and Users as above analysis. Nevertheless the changes of Resource System may not be regarded simply as natural phenomena, but a result interacting with the variables in other components. A further understanding for the changes of Resource System in a broader perspective is shown in Figure 4.

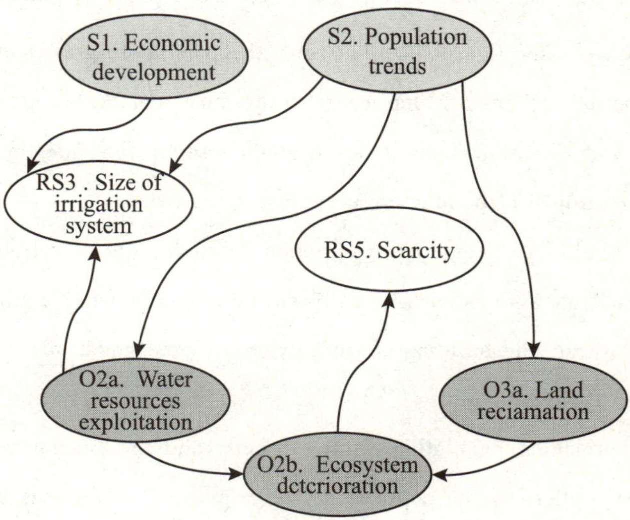

Figure 4 Explanation of the changes of resource system in Qing China

One initial variable was the Population trends (S2) in the contextual settings. The dramatic growth of population in Qing China drove the changes of Outcomes, including Land reclamation (O3a) and Water resources exploitation (O2a), which jointly led to Ecosystem deterioration (O2b). The Scarcity (RS5) of water resources was a result of decreasing productivity of the system caused by the Ecosystem deterioration (O2b).

The Water resource exploration (O2a) induce by population growth, had another effect that the demand to water infrastructure and facilities increased greatly in Qing dynasty, which brought about plenty of small water works and smaller Size of irrigation systems (RS3). And the contextual variable of Economic development (S1) provided the financial resources of new works construction.

4.3 Explaining the population trends

According to the above analysis, the variable of Population trends (S2) seems the most significant factor led to the great changes of the SESs in Qing China. As the figures cited before, the population grew fourfold during the period of Qing, which was also the most remarkable growth in the imperial time of China. Thus it raised another interesting question-why did a dramatic growth of population happen in Qing dynasty?

We would like to give an explanation for such a question from the perspective of interactions of variables within the contextual settings (See Figure 5). From the building of Qing dynasty in the midst of 17th century, it attained Political stability (S3) lasting more than 200 years, and this naturally promoted population growth directly and the Economic development (S1) affecting the population growth indirectly. Whereas the similar routine happened repeatedly in each major dynasty and it was not very special for Qing dynasty, except that the peaceful period was longer indeed.

More important factors well known by historians (Ho, 1959), were the Government policies (S4) and the changes of agricultural Technology (S6). In 1724, the third emperor of Qing dynasty, Yongzheng, promoted an important fiscal reform entitled "Tan Ding Ru Mu", which abolished the poll tax according to population amount and levied merged taxes according to the measurements of farmland. And this policy stimulated the growth of population in the following two centuries. Another important factor was the imports of new types of crops, including sweet potato, corn and potato in the late Ming period before the 17th century. Since these crops were high productive and suitable for dry land and mountain land, they were widely planted in Qing period and expanded food sources and increased grain yields, thus stimulated population growth strongly. The sweet potato, corn and potato were originally produced in America. After Columbus found the new continent of America in 1492, they were spread to the other continents in succession. Therefore, the changes of Technology (S6) were further caused by another contextual variable of Globalization (S7) as shown in Figure 5.

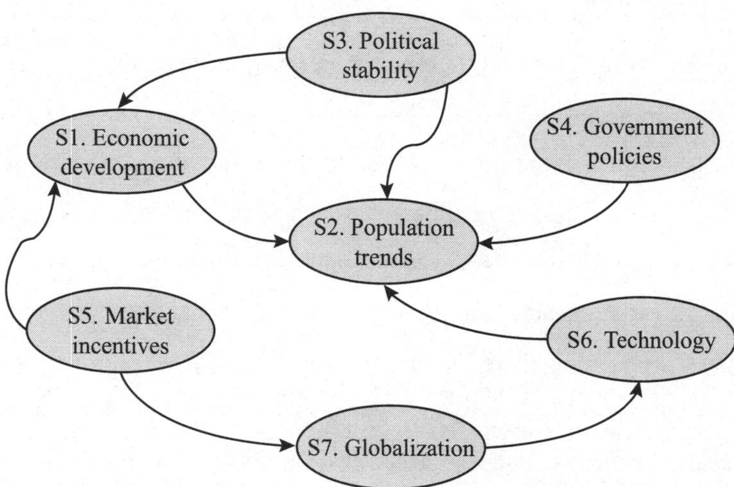

Figure 5 Explaining the population trends in Qing China

5 CONCLUSIONS

This paper adopts the diagnostic approach that Ostrom (2007) proposed to explain the emergence of irrigation self-organization in Qing China. The framework for analyzing the social-ecological system provides the possibility to conduct a systemic diagnosis for such a question. Among the numerous variables in the system, the population growth seems the most remarkable factor driving the changes. It not only brought the direct effect of increasing users but also resulted in ecosystem deterioration and thus the declining of water resources. Both the changing contextual settings and deteriorating ecosystem produced external impacts on the social system. As the response to external pressure, the social system changed to adapt to the changing situations. In this context, the self-organization emerged in Qing dynasty, effectively improved the performance of irrigation systems to afford the growing population. Thus the self-organization provided the adaptation to support the sustainable development of social-ecological system.

Within the social system, the responses to the external changes happened in multilevel and diverse forms. In this case, the subsystem of governance system adjusted in different dimensions, including the development of nongovernmental organizations and social network, the changes of property-right sy stems, and more precise operational rules. For the subsystem of users, the shared norms and social capital had been intensified to response the external challenges. Meanwhile, the political structure and government policies created a macro environment to develop the local collective-choice autonomy, and the population growth and economic development provided the physical capital and human capital to support self-organization. From this perspective, the emergence of irrigation self-organization was more likely after a long-term continuous process of adjustment and change, and played a vital role to sustain the stability of social-ecological systems.

There are also some theoretical insights that draw from the application of the SES framework in this study. Basically, this analysis shows that the SES framework is robust as a powerful tool to diagnose the complexity in the social-ecological system. Also, it has been verified that the variables indentified by Ostrom (2009) are significant to affect the likelihood of self-organization. Besides, some other variables such as the history of use, were displayed to be associated with the development of irrigation self-organization, as Ostrom has predicted that in particular cases, other variables may enter the diagnostic analysis (Poteete, Janssen and Ostrom 2010). Particularly, this study reveals that the economic, social and political settings are very important and provide initial forces or supporting environment for the development of self-organization. Some contextual variables, including not only the government policies mentioned by Meinzen-Dick (2007), but also population trends, economic development, globalization and technology seldom mentioned in prior literature, are proved to be important in this study.

In addition, this study also demonstrates the complex interactions in the social-ecological system, not only the interactions between different subsystems, but also within the subsystem such as the variables in Users or Governance system. Even the variables in the contextual settings have complex interactions. Identifying these interactions and revealing the causal relationship among the variables in the SESs, is a big task for social scientists, and better theories can be developed to promote knowledge accumulation with the guidance of the SES framework. There is undoubtedly big potential along this direction in the future.

Considering China has the largest irrigation systems and long history of irrigation management, it can provide abundant empirical materials to test or develop related theories. This paper is just a beginning and its main value is to snap a whole picture of irrigation management in the imperial China. Based on this work, the next step can turn to specific case study and cross-case comparison. I hope more empirical studies will be conducted to contribute theoretical development.

REFERENCES

Agrawal, Arun. 2001. "Common Property Institutions and Sustainable Governance of Resources". *World Development*, 29 (10): 1649 – 1672.

Araral, Eduardo. 2005. "Bureaucratic Incentives, Path Dependence and Foreign Aid". *Policy Sciences*, 38. No. 2.

Bai, Er-heng; Cristian Lamouroux and Wei Pixin. 2003. *Miscellaneous Notes on Irrigation Projects*. Zhonghua Book Compan y. Beijing. [In Chinese]

Baland, J. M. and Platteau, J. P.. 1995. Does He terogeneity Hinder Collective Action? Cahiers de la Faculte des Sceinces Economogues So ciales no. 142. Namur. Belgium. Facultes des Scceinces Economiques et Sociales. Facultes Universitaires. Notre-Dame de la Paix.

Berkes, F. and Folke, C.. 1998. *Linking sociological and ecological systems: management practices and social mechanisms for building resilience*. Cambridge University Press. New York. USA.

Boserup, E.. 1965. *The conditions of agricultural growth: the economics of agrarian change under population pressure*. Chicago, Aldine.

Chi, Ch'ao-ting. 1963. "Key economic areas in Chinese history: As revealed in the development of public works for water-control". New York (Paragon Books).

Cox, Michael; Arnold, Gwen and Tomas, Sergio Villamayor. 2009. "Design Principles are not Blue Prints, but are They Robust? A Meta-analysis of 112 Studies". Lincoln Institute of Land Policy Working Paper.

Demsetz, H.. 1967. "Toward a theory of property rights". *American Economic Review*, 57 (2): 347 - 359.

Dietz, Thomas; Ostrom, Elinor and Stern, Pa ul C.. 2003. "The Struggle to Govern the Commons". *Science*, Vol. 302. December 12: 1907 - 1912.

Fairbank, John King. 1983. *The United States and China.* 4th Revised and Enlarged Edition. Published by Harvard University Press. Cambridge. Mass.

Gordon, S. H.. 1954. "The economic theory of a common-property Res ource: the fishery". *Journal of Political Economy*, 62 (2): 124 - 142.

Gu, Hao, eds. 1997. *History of Water Control in China Beijing: China Water Conservancy and Power Publishing House.* [In Chinese]

Haller, Tobias and Merten, Sonja. 2008. "We are Zambians—Don't Tell Us How to Fish! Institutional Change, Power Relations and Conflicts in the Kafue Flats Fisheries in Zambia". *Human Ecology*, Vol. 36. No. 5: 699 - 715.

Hardin, G.. 1968. "The tragedy of the commons". *Science*, 162 (3859): 1243 - 1248.

Heckathorn, Douglas D. "Collective Action and Group Heterogeneity: Voluntary Provision vs. Selective Incentives". *American Sociological Review*, Vol. 58: 329 - 350.

Ho, Ping-ti. 1959. *Studies on the Population of China.* Harvard University Press. Cambridge. Massachusetts. 1368 - 1953.

Meinzen-Dick, Ruth. 2007. "Beyond panaceas in water institutions". *Proceedings of the National Academy of Sciences*, 104 (39): 15200 - 15205.

National Research Council. 2002. *The Drama of the Commons.* National Academies Press. Washington DC.

North, Douglas C. 1990. *Institutions, Institutional Change and Economic Performance.* Cambridge University Press.

NRC (National Research Council). 1986. *Proceedings of the Conference on Common Property Resource Management.* National Academy Press. Washington, DC.

NRC (National Research Council). 2002. *The Drama of the Commons.* National Academies Press. Washington, DC.

Ostrom, Elinor. 1990. *Governing the Commons: The Evolution of Institutions for Collective Action.* Cambridge University Press.

Ostrom, Elinor. 2005. *Understanding Institutional Diversity.* Princeton, NJ: Princeton University Press.

Ostrom, Elinor. 2007. "A Diagnostic Approach for Going Beyond Panaceas". *Proceedings of the National Academy of Sciences*, 104 (39). 15181 – 15187.

Ostrom, Elinor. 2009. "A General Framew ork for Analyzing Sustainability of Social-Ecological Systems". *Science.* 325 (5939). July 24. 419 – 422.

Poteete, Amy R. and Ostrom, Elinor. 2004. He terogeneity, Group Size and Collective Action: The Role of Institutions in Forest Management. *Development and Change*, 35 (3). June: 437 – 461.

Poteete, Amy R.; Janssen, Marco A. and Ostrom, Elinor. 2010. Worki ng Together: Collective Action, the Commons and Multiple Methods in Practice, Princeton University Press.

Vedeld, T. 2000. "Village Politics: Heterogeneity, Leadership and Collective Action", paper presented at "Constituting the Commons: Crafting Sustainable Commons in the New Millennium". Eight Conference of the International Association for the Study of Common Property. Bloomington, Indiana. USA. May 31 – June 4.

Wade, R.. 1994. *Village Republics: Economic Conditions for Collective Action in South India.* ICS Press, San Francisco.

Wang, Shang-yi and Zhang, Hui-fang. "The Biological Environmental Changes and Social Control by the Folk in the Fen River Basins during Ming and Qing Dynasties". *Folklore Studies*, No. 3: 126 – 138. [In Chinese]

Wang, Yahua, 2005. *Economic Explanation of the Institutional Changes of China's Water Rights.* Shanghai Sanlian Bookstore & Shanghai Renmin Press, China. [In Chinese]

Xing, Long, 2000. "Preliminary Studies on Water resources Scarcity and Related Cases in Shanxi since Ming and Qing Dynasty". *Science Technology and Dialectics*, Vol. 17. No. 6: 31 – 34. [In Chinese]

Xing, Long. 2005. "The Case Study on the System of Irrigation and Sacrificial Rites in the 36 Villages of Jinshui Drainage Area". *Historical Review*, No. 4: 1 – 10. [In Chinese]

Zhou, Ya and Zhang, Jun-feng. 2006. Water Conservancy Management and Running in Rural Society of Southern Shanxi Province at the Sunset of the Qing Dynasty—A Study of the Tongli Canal. *Agricultural History of China*, No. 3: 21 - 28. [In Chinese]

试论网络政治参与

——“华南虎事件”的个案分析

吴　芸[①]

1　导　论

网络的出现，改变了一个时代。截至2008年底，我国互联网普及率22.6%，首次超过21.9%的全球平均水平。[②] 截至2010年底，我国互联网普及率攀升至34.3%，网民数达到4.57亿。[③] 这些在若干年前让人无法预料和难以置信的数字，极其震撼地昭示着一个强大的网络空间的物质载体以及参与主体群在当代中国的崛起。在网络中，每个人都可以成为世人瞩目的焦点，每个人都有参与的权利。当政治参与邂逅网络，抑或网络渗入政治参与，我们的政治社会正发生着微妙的变化。

“华南虎事件”作为政治参与邂逅网络的典型案例，反映出来的是怎样的网络政治参与图景？传统的公共政策过程和主体在网络政治参与情境下发生了什么改变？网络政治参与对多中心治理的治理方式有什么启示？

---

① 吴芸，中国人民大学公共管理学院，北京市海淀区中关村大街59号，邮编：100872。

② 中国互联网络信息中心，第23次中国互联网络发展状况统计报告［OL］，2009年1月，http://tech.qq.com/doc/cnnic23/cnnic23.doc。

③ 中国互联网络信息中心，第27次中国互联网络发展状况统计报告［OL］，2011年1月，http://www.cnnic.net.cn/dtygg/dtgg/201101/P020110119328960192287.pdf。

2 “华南虎事件”个案分析

2.1 公共政策过程：网络表达如何介入现实

2.1.1 问题溪流：华南虎照片横空出世

“华南虎事件”的最初议程由政府部门联合大众媒体设置，即“2007 年 10 月 12 日陕西省林业厅召开发布会，宣布安康市镇坪县发现野生华南虎，并公布了镇坪县文彩村民周正龙 2007 年 10 月 3 日拍摄到的两张华南虎照片”①。在我国当前精英政治的国情下，政府与媒体的平衡关系越来越成为政治生活的核心特征。其间所包含的游戏是典型的政治游戏，混杂着共享目标与冲突目标：政治需要新闻报道，而媒体必须填满报道空间，这样就创造了新闻的共同利益。但是，政府寻求有利的报道，而记者追求大故事，但正如每个记者都知道的，好消息很少能成为头条新闻，因此政府与记者的目标又极少一致。陕西省林业厅为“发现”华南虎而召开的新闻发布会，用新闻学术语来讲，是典型的“伪事件”，指仅仅为了报道才会举行的记者招待会、拍照会议及其他活动。究其本质，“华南虎事件”成为传媒议程，与其说是被发现的，不如说是在政府和媒体不断的互动中被制造出来的。

由于这次新闻发布会，是陕西省林业厅在没有派员进行实地调查、也没有进行严格科学鉴定的情况下召开的，而且，国际上通行的认定物种生存的前提是，要有活体、有尸体、有影像资料、有研究者目击及其他证据。所以，这则显然不具备这样的前提的官方新闻，在网络新媒体上被广泛、迅速传播，迅速引起了网友的广泛质

① 谭汪洋．从华南虎事件看网络媒介对公共领域的重构［J］．新闻爱好者，2008，9（下半月）：6—7.

疑和批评。

问题认知在整个议程设定中起着关键作用，如果问题的性质十分严重、影响十分广泛或者具有压倒性的重要性，那么问题就会进入决策者的视野；否则，能否进入议程设定就需要由其他客观或偶然的复杂因素共同决定。在虎照横空出世阶段，问题本身不足以开启政策之窗。值得一提的是，网络在其中发挥工具价值，网络政治参与初见端倪。

2.1.2 政策溪流："虎照"是假的

在"华南虎事件"中，公共政策过程本质上是"虎照"是假的这一政策建议产生、讨论、重新设计以及受到重视的过程。

10月13日，在著名的摄影论坛"色影无忌"上，网友质疑照片是经过 Photoshop 后期处理的。之后，天涯社区贴出《陕西华南虎又是假新闻?》的文章。10月18日，中科院植物研究所首席研究员傅德志发言表示"以脑袋担保'虎照'有假"，10月21日，照片拍摄者周正龙声明"以脑袋担保照片不假"。"挺虎派"与"打虎派"两大派别形成，天涯社区、西祠胡同等先后开辟了讨论专区，跟帖、评论无数，关于"华南虎事件"的网络政治参与的阵势初步展开。

决策者往往根据技术可行性、经济效率性和政治合法性等标准挑选可行的政策，以解决问题。承认周正龙的"虎照"是假华南虎照片的政策建议，是一个被网友用各种证据证明的、具有技术可行性和经济效率性的备选方案，而且，从公共舆论的认可度来看，其政治合法性远比坚持"虎照"是真华南虎照片的备选方案更高。

网络在其中充当的不仅仅是作为媒介的工具性角色，更重要的是，充当了类似政策企业家的专家型角色，通过说服来建立政策专业人员中的共识。

2.1.3 政治溪流：野生动物保护与"打虎派"

一方面，野生动物保护是地方政府公布并支持周正龙的华南虎照片的一种重要的政治溪流。野生动物保护，对地方政府执政形成政治压力，同时，也给地方政府和地方政府官员带来巨大的政治利益：镇坪县想借虎势虎威开发旅游资源，而国家将斥巨资在此地建立一个“野生华南虎自然保护区”；建立野生华南虎自然保护区所带来的，不仅是地方旅游经济的发展，还有地方政府官员的政绩乃至升迁机会。

另一方面，网络“打虎派”形成一种反对的压力，决策者对这种压力的考量也成为一种重要的政治溪流。2007 年 11 月 16 日，“打虎派”们通过人肉搜索的方式发现了“年画虎”，并找出其生产厂商，更有一批专业网民通过摄影、生物、常识等不同角度的证据查找来揭露假照片的事实，使整个“华南虎事件”发生重大转机，“挺虎派”明显削弱，焦点开始从“虎照”真假转移到政府公信力上。于是，政治溪流形成了，具体表现为公众情绪及其由此导致的政府合法性危机。

值得一提的是，即使未见官方引导，网络舆论仍在不断的互动中逐渐走向一致。

2.1.4 政策之窗：政府召开新闻发布会

近 9 个月之后，陕西省人民政府办公室召开新闻发布会宣布“陕西省镇坪县农民周正龙拍摄的野生华南虎照片为造假”，并出示了周氏照片造假的相关证据，最终给了万千网民和公众一个交代。

政府的新闻发布会这一“政策之窗”打开的时候，是问题溪流，即质疑虎照为假，在网络中得到广泛深入的讨论而变得异常紧迫的时候；是政治溪流，即政府公信力下降，导致政府必须采取行动予以回应的时候；也是政策溪流，即虎照为假的政策建议，已经成功软化了普通群众、软化了更加专业化的公众，并且软化了政策共同体本身的时候。

至此，“华南虎事件”的网络政治参与事件成功介入现实，影响了政府公共政策。

2.2 公共政策主体

2.2.1 政　府

地方政府是公共政策的前台参与者，是决策的主体。

地方政府对问题的界定，是在承认“虎照”为真的基础上，争取建立陕西镇坪野生华南虎保护基地的问题，乃至更进一步的地方经济发展、地方政府官员升迁的政治问题。在这一问题界定的基础上，地方政府对虎照真假的政策建议是：网络呼吁的“虎照”是为假的政策建议对相关部门的工作不会造成任何影响，也没有必要对周正龙拍的华南虎照片进行重新鉴定，目前保护野生华南虎的工作应该继续积极地筹措与进行，包括向国家林业局申请立项和争取国家投资。

地方政府的决策过程，受到了来自政府内部力量和政府外部网络力量这两种政治力量的冲击。在保护野生动物争取政绩和坚持正义提高政府公信力的政治考量博弈中，地方政府最终作出了宣布“虎照”为假的政策选择。

2.2.2 周正龙

“虎照”拍摄者周正龙，地位是尴尬的。

首先，周正龙拍摄的“虎照”，在公共政策的问题界定过程中，构成了引发政府问题界定机制的源头，同时构成了引发网络参与议程设置的导火索。

其次，周正龙个人在公共政策的政策建议倡导过程中，作为“挺虎派”的主力，开辟了抵挡网络参与反对力量的战场，极力坚持“虎照”为真的政策立场。

最后，周正龙与政府主体的关系，是分裂的。政府作为决策主体，在事件产生之初，是利用了周正龙拍摄的“虎照”，周正龙是公共政策问题界定的主体。网络参与势大之时，政府则与周正龙撇清关系，成为中立的决策制定者，而周正龙成为一个非专业、无资源的“政策企业家”。

2.2.3 网　络

网络政治参与，参与了公共政策问题界定和政策议程设定的过程。网络在该事件由传媒议程向公共议程进而向政府政策议程的过渡中发挥了主要作用。

治理过程中，网络不仅具有信息公开、交流平台的工具价值，更形成了公共舆论的公共政策参与实体。网络聚集的公共舆论，充当了各种顾问专家的“政策企业家”角色，愿意投入各种资源以期未来能够以他们所拥护的政策形式而有所回报，其活动及产物是在政策域中形成“政策溪流”。网络政治参与的目的在于软化普通群众，软化更加专业化的公众、并且软化政策共同体本身。尤其是用专业技术支撑其政策建议，通过说服的过程来建立政策专业人员中的共识。

2.2.4 公　众

公众对公共政策的参与，一方面汇集成网络民意。公众对公共政策问题界定和议程设定的意见，由网民代表反映在网络上，并且不断交流并趋向一致。另一方面是“政治溪流”的一部分。政府制定和执行公共政策，不能失去公众对政府的信任和支持。公众对政府公共政策的质疑，导致政府合法性危机。

3　网络政治参与对多中心治理的启示

3.1　参与行为特征

信息揭示方面，参与行为更加多元和随机。由于网络高度的时效性、公开性和公共性，在为网民提供及时的新闻信息的同时，网络媒体也为其打造了更为宽广的表达意见的平台，使得大范围的公众意见在短时间内以公开或者匿名的方式得以发表。

甄别判定信息方面，参与行为就是互动。存在真实科学的信息，并被不断复制传播，民众的判断可能在互动中走向一致；也存在非理性和非科学的信息，对参与者甄别信息的能力提出了更高要求。

价值评价方面，参与行为是科学与民主价值的博弈。公共政策决策的价值取向，掺杂了科学和民主的双重成分。科学决策遵从专家，要求专职的政策规划、分析和评估过程，而网络给予网民的是更大的表达自由，客观来讲，科学决策与网络政治参与之间可能存在契合性问题。

总之，扁平自愿互动的网络政治参与中，政府仅作为信息揭示的来源之一，民众被赋予更多参与空间和自由空间，反映了治理的主体多元化，或政府一元主导下的多极化的发展趋势。

3.2 影响行政行为

在网络空间这一独特的、虚拟的平台上，因公共利益、公共事务和公共意志的推动，诞生了诸如网络参与公共政策过程，以及网络建言献策、网络反腐、网络参与政府绩效评估、网络选举等新型政治参与方式，并开辟了扁平化、交互性、及时化的网络政治空间这一新型政治参与载体。它迅速形成巨大的作用力施加于决策者，影响政府决策。

在“华南虎事件”中，一方面，网络政治参与成为政府行政方式的改进动力。作为主管方的国家相关管理部门，撇开其一贯的谨慎稳重，纷纷参与到网络的大讨论中。当地官员和国家林业部官员频频发出声音，并在网络上引发争议；陕西林业厅宣传处长甚至专门开设博客回答问题、与网民辩论。另一方面，网络政治参与确实影响了政府议程设定和决策过程。

3.3 规则的自我生成

目前阶段，我国关于网络监管、网络言论的正式立法还十分不完善。但是，网络舆论仍会在不同意见的碰撞中趋同，说明网络能够自我形成一定的规则。

这种规则自我形成的网络自主治理能力对于多中心治理的治理方式有特殊的意义。首先，现代治理过程中，管理对象的参与异常重要，以期在管理系统内形成一个自组织网络，加强系统内部的组织性和自主性。其次，在多中心治理的语境下，存在多个公共事务的处理主体，而网络打破“政府－市场”二元逻辑，在公共政策领域，形成一种异于政府或市场主体的公共服务提供和公共事务处理主体；并且，根据各主体的相对优势，公民可以按照自己的意愿在各个主体之间进行选择。最后，多中心治理意味着多种治理手段的应用。单纯的政府垄断或市场交易，都属于“单中心”的治理思路，也各有缺陷。多中心的治理模式主张一种政府与市场合作共治的公共事务治理新范式。网络作为一种治理手段，可以被政府利用，也可以被市场利用，更值得一提的是，可以被公民合理利用——在网络中，一群相互依赖的个体有可能将自己组织起来，进行自主治理，从而能在所有人都面对搭便车、规避责任或其他机会主义行为诱惑的情况下，取得持续的共同收益。

总之，在正式法律制度不完善的情况下，网络公民参与展现出一定的自主治理能力，在规则的自我生成角度为多中心治理方式的实现增强了信心。

4 结　论

本文给出了网络政治参与对公共政策的问题设定、议程设定和政策建议等各个环节的影响。得出网络政治参与对多中心治理的三个启发：首先，扁平自愿互动的网络政治参与中，民众被赋予更多参与空间和自由空间，政府不再是唯一的中心；其次，存在网络政治参与转化成现实生活中的参与的可能性；最后，规则的自我生成证明网络政治参与的自主治理能力。

参考文献

[1] 迈克尔·麦金尼斯．多中心治道与发展［M］．上海：上海三联书店，2000.

[2] 景庆虹．“虎照门事件”与政府公共关系危机的思考［J］．北京林业大学学报（社会科学版），2008，7（4）：95—100.

[3] SHARON CARSTENS. Historicizing Online Politics：Telegraphy，the Internet，and Political Participation in China［J］. *American Anthropologist*，2006，108（4）：928－929.

[4] 谭汪洋．从华南虎事件看网络媒介对公共领域的重构［J］．新闻爱好者，2008，9（下半月）：6—7.

[5] 约翰·W. 金登．议程、备选方案与公共政策［M］．第二版．丁煌，方兴译．北京：中国人民大学出版社，2004 年．

[6] 中国互联网络信息中心．第 27 次中国互联网络发展状况统计报告［OL］［2011 年 1 月］. http：//www. cnnic. net. cn/dtygg/dtgg/201101/P020110119328960192287. pdf.

[7] 中国互联网络信息中心．第 23 次中国互联网络发展状况统计报告［OL］［2009 年 1 月］. http：//tech. qq. com/doc/cnnic23/cnnic23. doc.

个体预期、信念调整与社区共享资源合作治理

夏茂森，朱宪辰，张翼，刘卉①

1 引 言

随着社会改革和市场化进程的不断推进，政府逐步从一些原先的行政管理领域退出，社区共享资源治理就是其中的一个实例，因此，社区共享资源的治理就需要社区的每一个成员独立的承担责任和义务，并享有与此相应的权利。Libecap（1989），Ostrom（1990，1994）和Gintis（1998）等人通过实际调查已发现了现实世界中存在大量成功的共享资源自发治理实例，认为人类群体能够通过自组织实现群体性合作来治理共享资源。[1][2][3]

社区共享资源的一个特征是不可能对该社区的成员具有排外性，没有一个成员能被排除享有共享资源供给的收益，且某个体的消耗量并不减少其他个体的获得量。同时，共享资源依赖于多个个体的联合供给。这个联合供给量部分决定了合作产出受初始成本和组群大小的制约。传统集体行动理论认为，当组群规模增加会削弱了整体合作。Olson（1965），Utting（1994），Agrawal（2002），Lam

① 国家哲社科项目（08BJY009）；教育部人文社科一般项目青年基金（09YJC790148）；安徽省规划办项目（AHSKF09－10D02）。夏茂森，安徽财经大学，主要从事个体学习与制度变迁研究。

(2005) 等研究表明，组群规模对集体供给存在负面影响，随着组群规模的增大，集体的合作供给越困难。[4][5][6] Tang's (1992) 研究认为，组群规模与合作治理在统计上关系不显著。[7] 相反的，另一些研究者认为，组群规模越大，则越利于整体合作。Chamberlain's (1974)，Marwell & Oliver (2003) 认为，组群规模对集体供给有积极作用，随着组群规模的增大，集体的合作供给越容易。[8][9] 针对这些观点，Ostrom (2005) 表明，组群规模和合作不是简单的单向的关系，研究者更应该关注在共享资源治理中组群规模是如何影响合作治理的其他变量，并影响成本收益的计算，进而影响合作治理。[10]

除了初始成本和组群规模之外，个体在共享资源合作治理中，其决策行为可能会受到知识状态约束下所持有的信念和对合作治理利益与成本的估计，以及个体对行动选择预期等多因素的影响 [Masaki Aoyagi & Guillaume Fréchette (2009)] John Duffy 和 Jack Ochs (2009) 通过实验研究表明，就个体的能力 (the ability of subjects) 而言，选择合作的一个条件是——预期有较高的正向收益 (positive results)。那么，对共享资源的合作治理，可能会面临以下几个问题：如果个体基于合作治理中组群活动的不完美信息和他们原先持有的信念下，他们如何决定并依此决定影响其他个体的综合预期，从而作出参与或不参与集体行动的选择？整体的合作能否在长时间内得以维持？此外，个体预期、信念调整和组群大小是如何共同作用来影响合作行为？

针对这些问题，本文拟通过构建一个动态演化模型来进行分析说明，对于共享资源治理中的个体，无论他们是有意选择合作，还是有意选择背叛，抑或是既不合作也不背叛的模糊状态，他们随后的选择不仅依赖过去也依赖于他们的行动对其他人预期的影响。在这个模型中，每个个体（即每个社区成员）的行动是基于其他个体关于行动的信息有时是不确定的。他的不确定可能引起个体发生错误，感觉合作的个体数目不同于实际情况。因为错误的理解，个体可能作出违反均衡条件（双方合作或不合作）的选择，引起系统从均衡状态发生变动。在系统中的不确定性越多，均衡状态的波动就会越频繁。本文拟探讨在这些条件下，个体预期与信念调整，是如何影响社区共享资源治理逐步收敛至均衡状态。此外，整体合作的开始可能发生于一个突然而不能预期的方式。同样的，不合作可能突然从之前合作的大群体中突然冒出来。而这些爆发标志着组群中长期合作或不合作的过渡状态的结束。

2 考虑个体预期与信念调整的社区共享资源治理的动态演化模型

2.1 模型分析的基本框架

假定社区共享资源治理问题是一个重复的博弈过程，博弈的局中人有 n 个，参与人通过比较收益与成本来决定其行动，且假定参与人通过合作获得的利益比一次性博弈的合作成本大。为进一步研究个体间的交互影响，我们通过在一个异步动态博弈中参与人基于一个平均重新估计率 γ，使用共享资源供给水平上的延迟信息，来重新考虑它的决定。这个迭代博弈的期望忍耐次数是有限的，并且参与人决定合作还是不合作是通过他们选择最大化他们的分享共享资源集体供给的期望。另外，在不完美信息和有限理性下，不确定性被引入到参与人努力和群体行为中，以便使其可能的影响更加明显。预期的类型，我们考虑有两个组成部分：

（1）每个参与人认为，将来选择共享资源合作治理个体的总数是直接随着与组群规模呈反比例的个体合作选择而波动；

（2）交互行为个体具有有限的预见或计算能力特征，通过眼界长度 M 表示。但是也应该考虑到，参与人可能会认为在长期中，他的行为可能鼓励组群中其他参与人也会有类似的行为。

在这其中，会有各种各样的情况发生：模仿和建立惯例习俗会有一些。另外，参与人认为，选择会鼓励选择，就像随着共享资源集体供给贡献（或反对搭便车）数目的增加也会使得合作选择增加。从某种意义上说，这反映了一个信念，贡献的个体形成了一个核心组群，他们的反应会更多的影响集体供给数目的多少。

笔者研究认为，个体条件合作的策略选择来源于个体的预期信念。如果个体感觉合作的部分可能大于某临界的不合作的部分，那么个体选择合作。这个条件合作的策略使人联想起在2人囚徒困境中成功的以牙还牙（TFT）策略，当且仅当其对手在之前轮中选择合作，个体才选择合作，否则选择不合作。

2.2 基于传统理论的搭便车行为的共享资源治理模型

假定群组中某一成员试图成功参与共享资源合作治理的概率为 p_c。个体试图参与合作，而不是确定成功贡献，失败的概率是 $1-p_c$，相当于背叛。相反的，成员持有有意的背叛：试图背叛的结果是零贡献的概率是 q_b，概率 $1-q_b$ 为该成员非有意（或次优的）的贡献于集体供给。那么，当所有有意合作的个体是独立而无互相联结时，成功合作的成员数 $\hat{n}_c$，是一个混合二项随机变量，其期望为 $(\hat{n}_c)=p_cn_c+(1-q_b)(n-n_c)$，$n_c$ 是组群规模为 n 中试图参与合作的成员数。

限制 p_c 和 q_b 等于1对应于一个完全信息下无误差错误的情况，而 p_c 和 q_b 等于0.5反映了行动完全出于无意。我们注意到无论何时 p_c 和 q_b 偏离1时，感觉到合作的水平将不同于实际试图参与的数目。

在这个简单的设定里，共享资源的集体利益随着成员的贡献线性增加，每个成员的贡献率为 g，每个贡献的个体承担个人成本 c，用 z_i 标注成员 i 是否参与合作（$z_i=1$）或背叛（$z_i=0$）。那么，成员 i 在时间 t 时的效用为：

$$U_i(t)=\frac{g}{n}\hat{n}_c(t)-cz_i \tag{1}$$

根据效用函数形式，每个成员能够通过转换公式（1），推断出在某一时间 t 的有效参与合作个体数为：

$$\hat{n}_c(t)=\frac{n}{g}[U_c(t)+cz_i] \tag{2}$$

当然，这个估计不同于在二项分布所描述的方式下实际个体试图参与合作的个体数，我们也定义 $\hat{f}_c(t)$ 标注这一部分。$\hat{n}_c(t)/n$ 表示个体在时间 t 上的有效合作比率。

当所有的成员都成功贡献，每个个体收到的纯收益为 $g\times n/n-c=g-c$。当

$$g>c>g/n \tag{3}$$

时，共享资源集体供给产出成为 n 人囚徒困境。

因此，尽管所有的个体都参与合作（$g-c>0$）使得共享资源集体供给最大化，但在一次性博弈中的占优策略显然是背叛，因为个体参与的收益小于私人成本（$g/n-c<0$）。

当个体间交互作用继续时，这个逻辑背后的决定合作或不合作改变了，因为将来预期效用的获得将融入了现在的理性决定贡献或不贡献集体供给（考虑到预期的影响）。尤其是，当个体关于将来博弈演化的预期可能会对每个成员的决定起到重要的作用。这个重要性，取决于个体对将来他们交互作用持续的时间长短。如果他们预期博弈会很快结束，那么，对理性的个体来说，将来的预期关于即刻回报来说就会大打折扣。另一方面，如果个体间交互作用可能持续较长时间，那么个体可能会聪明的对将来的收益折扣较小，即贴现率趋近于 1，并且在长期作出最大化收益的决策。Duffy 和 Ochs（2009）对固定配对下无限次重复囚徒困境博弈的实验研究表明，合作水平随着被试所经轮次－经验习得的增加而增加。

2.3 考虑个体预期与信念调整的影响

进一步将个体预期与信念调整纳入模型，考察其对个体在持续的集体行动的影响。假定个体重新审视他们的选择时，个体重新评估率用 γ 表示。合作水平根据个体过去的效用信息推断，正如公式(2)，并且有间隔 φ 的延迟。随着个体对将来的预期和对合作的部分观察（信息获取不完全）结果，在对 γ 和 $\hat{f}_c$ 两个参数认知作用下，决定了个体期望合作水平随着时间演变。

为简便起见，我们假定所有的组成员在形成预期的方法上具有共同性，尤其是，所有的参与人对博弈的有限预见或计算程度为 M，本文定义为眼界长度。将来在时间 t' 上的期望收益贴现率为 $e^{-t'/M}$（关于现在的即刻回报）。另外，对个体的选择依赖于过去进行拓展，考虑个体认为他的行动选择会影响其他人行动选择的情况。在观察到其他成员所收到的纯收益基础上，每个成员预期其他人的行动选择，这将影响将来的合作水平。然而，个体的决定仅能通过增加或减少 g/n 来影响其他人的收益。随着组群规模的增加，每个成员会感觉到它递减的影响作用。而且，当合作水平较高时，个体改变策略被认为是对类似行为的最有效的鼓励。假定个体预期与其行动选择合作或背叛的影响是复合的，每个成员预期到他合作或背叛的行为所造成的影响——可能按照 $\hat{f}_c/n$ 的比例鼓励整体增长或减少合作水平，即一个成员期望他的合作（背叛）行为，在随后的时期内，能刺激其他 $\hat{f}_c/n$ 的成员去合作（背叛）。

一个合作鼓励合作和背叛鼓励背叛带有渐进性质的数学公式如下，用 $\Delta\hat{f}_c(t+t')$ 表示（在时间 $t+t'$）合作者和背叛者的预期差异。成员 i 的选择在 $t'=0$ 时存在一个瞬间的差异 $\Delta\hat{f}_c(t,t'=0)=1/n$。为了反映成员 i 在随后阶段的预期，他的行为将在每一阶段鼓励 $\hat{f}_c/n$ 的额外成员采取同于行动，我们规定差异 $\Delta\hat{f}_c(t+t')$ 从它的初始值 $1/n$ 按照某一比率渐进趋向 1。为了简化而明确的表达，将设定

这一比例为 $e^{-\gamma\hat{f}_c(t-\varphi)t'/n}$①，对应于下面的偏离公式：

$$\Delta\hat{f}_c(t+t') = 1 - (1-1/n)\ e^{-\gamma\hat{f}_c(t-\varphi)t'/n} \tag{4}$$

$\Delta\hat{f}_c(t+t')$ 将随着 t'的增加轻易导致偏离的更快或更慢，而没有使交互作用的动态行为特征产生重大质的变化。

简言之，成员 i 使用他 $\hat{f}_c(t-\varphi)$ 的知识和他关于将来的预期，按照平均比率 γ 重新评价他是否参与合作供给贡献的决定。他通过在他的行动选择、恰当贴现率与 f_c 的演化关系下的预期，成员 i 对合作或背叛作出决定。

将所有情况放在一起，成员 i 在时间 t 感觉到合作超过背叛的纯收益为：

$$\hat{R}_i(t) = M(g-c) - \frac{Mg(n-1)}{n + M\gamma\hat{f}_c(t-\varphi)} \tag{5}$$

当 $\hat{R}_i(t) > 0$ 时成员 i 合作，当 $\hat{R}_i(t) < 0$ 时成员 i 选择背叛，并且当 $\hat{R}_i(t) = 0$ 时随机选择合作和背叛，他的决定基于他感觉在过去的时间 φ 组群部分的合作 $\hat{f}_c(t-\varphi)$，这些约束简化为在时间 t 时选择合作的条件：

$$f_{\text{thre}} \equiv \frac{1}{M\gamma}\left(\frac{nc-g}{g-c}\right) < \hat{f}_c(t-\varphi) \tag{6}$$

由于 $\hat{f}_c(t-\varphi)$ 是一个混合的二项分布变量，公式（6）给出了交互作用的随机演化的一个表述。个体将选择条件合作，当感觉到群体中合作的部分大于临界值 f_{thre} 时，会选择合作；当感觉合作的部分小于临界值 f_{thre} 时，则选择背叛。因为个体预期的特性，这个行为会使人联想起一般的以牙还牙（TFT）情况。因此，条件合作是一

① 参考 Fudenberg 和 Levine（1998，2002）关于随机虚拟博弈中所描述的个体学习收敛速率。

个理性策略，而且，条件合作是一个可能比明确规范个体信念下的预期更一般化的策略。因此，一旦某个个体按照 f_{thre} 函数形式行事，条件合作有比此处所考虑更广泛的使用范围。

2.4 共享资源治理中群组行为

考虑一个确定的连续模型，随机离散情形下个体间的策略互动满足如下的假定：

（1）有一个大的组群，且组群规模为 n；

（2）某变量的函数均值能够通过变量的均值处所对应的函数值来近似表达。模型将发现均衡收敛并确定他们的稳定特性。

从这点上，我们确定对称的情况 $p_c = q_b$，在此种情形下，一个个体可能在有意合作时，也可能有相同概率的背叛。有意背叛时也可能有相同概率的合作。通过中心极限定理，对于大群体规模 n，随机变量 $\hat{f}_c$ 趋向于服从均值为 $\hat{f}_c = p_c f_c + (1 - p_c)(1 - f_c)$，方差 $\sigma^2 = p_c(1 - p_c)/n$ 的正态分布。在我们的假设下，$\hat{f}_c > f_{thre}$，因此合作的平均概率为：

$$\rho_c(f_c) = 1/2\left\{1 + erf\left[\frac{(\hat{f}_c - f_{thre})}{\sqrt{2}\sigma}\right]\right\} \tag{7}$$

erf 为返回误差函数在上下限之间的积分。结合上述公式（4），得到在某时间 t 上合作

个体数目的演化表述为下述动态方程：

$$\frac{\mathrm{d}f_c}{\mathrm{d}t} = -\gamma\{f_c(t) - \rho_c[f_c(t - \varphi)]\} \tag{8}$$

其中，正如之前定义的，γ 为重估率，φ 为迟滞参数。

个体间交互作用的均衡点 f_c^0 通过上述方程（8）右边为 0 得到。如此得到下述等式：

$$\rho(f_c^0)=f_c^0 \tag{9}$$

基于（6）式，解方程（9），受制于临界规模的合作可能不再被维持。在完美和确定性条件下，这些关键的组群规模可能被表达为一个简单的分析方式。因此，如果一个组群超过了某既定值 n^* 时，共享资源的合作供给难以实现。

$$n^*=M\gamma\left(\frac{g}{c}-1\right)+\frac{g}{c} \tag{10}$$

由（10）式可以看出，对一个既定的组群来说，n^* 与成本 c 成反比，与眼界长度 M 和重估率 γ 成正比，即 n^* 随着 c 的上升而减少，而随着眼界长度 M 和重估率 γ 的提升而增加。

类似的，基于（6）和（9）式，求解二次函数的极小值，可得共享资源合作供给的确定能够发生的条件是，只有当组群规模下降到另一个临界规模 $n_{\min}$。

$$n_{\min}=\frac{g}{2c}+\frac{1}{2c}\sqrt{g^2+4M\gamma c\ (g-c)} \tag{11}$$

上述（10）式和（11）式的两个临界规模是不相等的，换言之，对存在有一个在 $n_{\min}$ 与 n^* 之间的规模范围区间，在这区间中个体要么合作要么背叛，以及其可能的合作供给，依赖于初始的条件。

3 数值模拟

针对前面分析得到的结果，考虑个体预期与信念调整的影响和共享资源合作治理中群组行为的数值模拟。

（1）在个体预期与信念调整的影响下，若假设眼界长度 $M=10$（对应于终止概率 $\delta=1-\frac{1}{M}=0.98$），$\gamma=1$，$g=2.5$，$c=1$，$n=1\,000$。则 $f_{thre}\equiv\frac{1}{M\gamma}\left(\frac{nc-b}{g-c}\right)=66.5$，约 67 人。当 M = 50，其他的数

值不变时，f_{thre}则约为 14 人。同理，当 γ 增大 m 倍时，f_{thre}相应减小 m 倍。

（2）对共享资源治理中群组行为，能够获得一个可能规模的估计，而并不考虑实际群体规模的大小。例如，如果假设眼界长度 $M=50$（对应于终止概率 $\delta=1-\frac{1}{M}=0.98$），$\gamma=1$，$g=0.25$，$c=1$。在这样的情况下，得到 $n^*=77$，$n_{min}=10$ 一个合作治理的临界组群规模，且随着个体眼界长度 M 的增加将导致临界规模相应增加。

4 研究结论

在共享资源合作治理中，个体所持有的信念不同和他们对合作治理利益与成本的估计不同。一个个体可能决定去参与合作治理的行动，是基于一些其他人已经加入了共享资源的合作治理行列，或处于等待状态，直到其他很多人已经这么做了时再选择合作行动。也就是说个体是基于自身原先所持有的信念（对共享资源的初始性态，以及与之相应的行动选择的估计概率）和对自身决策和其他个体行动选择的综合预期下，进行决策，并进而影响共享资源的合作治理。

在此基础上，本文提出和研究了一个针对多个个体在策略互动过程中，社区共享资源合作治理的连续集体行动模型，这个模型将共享资源合作治理的集体行动问题变为一个在不确定世界中重复的 n 个局中人的动态博弈过程。这多个博弈参与人的决策选择不仅依赖于过去的行动历史，也依赖于他们的预期。参与人之间存在动态的交互影响，他们的决策选择和信念调整是基于他们的知识状态和他们对于他们选择将影响其他人的预期。这相对于之前关于个体信念的学习调整研究中，个体仅是根据过去历史的行动和支付知识来进行信念更新、调整，如强化学习模型（如 Börgers & Sarin 2000；Roth &

Erev，1995；Bayer，2009）、随机虚拟博弈（如 Fudenberg & Levine，1998，2002；Smyrnakis，2010）、γ - 经验加权（如 Cheung & Friedman，1997）等，可能是一个推进，同时也有助于从个体预期角度探寻多个个体策略互动下"教导"行为（如 Camerer，2002；Ehrblatt et al.，2007；Terracol and Vaksmann，2009；Hyndman et al.，2009；Duersch et al.，2010）的产生。

参考文献

[1] Ostrom Elinor. *Governing the Commons: The Evolution of institutions for Collective Action* [M]. UK: Cambridge University Press. 1990.

[2] Ostrom Elinor, R. Gardner, J. Walker. *Rules, Games and Common-Pool Resources* [M]. Ann Arbor, Mich., U. S. A.: University of Michigan Press. 1994.

[3] Bowles, Gintis. Moral Economy of Communities: Structured Populations and the Evolution of Prosocial Norms [J]. *Evolution & Human Behavior*, 1998, 19 (1): 3 - 25.

[4] Utting, Peter. Social and Political Dimensions of Environmental Protection in Central America [J]. *Development and Change*, 1994, 25: 231 - 259.

[5] Agrawal. *Drama of the Commons* [M]. Washington D. C.: National Academy Press. 2002.

[6] Lam. Designing Effective Intervention For Irrigation Management: Cases from the Indrawati Watershed in Nepal [D], Indiana University. 2005.

[7] Tang, S. Y. *Institutions and Collective Action: Self-Governance in Irrigation* [M]. Sanfrancisco: ICS. Press. 1992.

[8] Chamberlin, J. R.. Provision of Collective Goods as a Function of Group Size [J]. *American Political Size Review*, 1974, 68 (2): 707 - 716.

[9] Marwell, G., Oliver, P. E. *The Critical Mass in Collective Action: A Micro-Social Theory* [M]. New York: Cambridge University Press. 2003.

[10] Ostrom Elinor. *Collective Action Theory* [M]. UK: Oxford University Press. 2005.

[11] Thomas Brenner. Agent Learning Repr esentation: Advice in Modelling Economic Learning. Max Planck Institute for Research into Economic Systems Papers on

Economics and Evolution, 2008, 11: 04 - 16.

[12] Fischbacher & Gächter. Social preferences, beliefs, and the dynamics of free riding in public goods experiments [J]. *The American Economic Review*, 2010. 100 (1): 541 - 556.

[13] Arifovic & Ledyard. Individual Evolutionary Learning, Other-regarding Preferences, and the Voluntary Contributions Mechanism. *Journal of Economic Dynamics and Control*, 2010, 34: 1768 - 1790.

[14] Cason et al. Learning, Teaching, and Turn Taking in the Repeated Assignment Game. Working paper, 2010.

[15] Hanaki, N. Ishikawa, R. Akiyama, E. Learning games. *Journal of Economic Dynamics & Control*. 2009, 33 (10): 1739 - 1756.

[16] Hyndman, Terracol & Vaksmann. Learning and Sophistication in Coordination Games [J]. *Experimental Economics*, 2009, 12: 450 - 472.

[17] Camerer. *Behavioral Game Theory: Experiments in Strategic Interaction*. New York: Russell Sage Foundation, 2003.

[18] Camerer, Ho & Chong. Sophisticated Experience-Weighted Attraction Learning and Strategic Teaching in Repeated Games. *Journal of Economic Theory*, 2002, 104: 137 - 88.

[19] Ehrblatt, W. Z., Hyndman, K., Ozbay, E. Y., Schotter, A. Convergence: An experimental study of teaching and learning in repeated games, mimeo, 2007.

[20] Terracol & Vaksmann. "Dumbing Down Rational Players: L earning and Teaching in an Experimental Game," *Journal of Economic Behavior and Organization*, 2009, 70: 54 - 71.

[21] Levitt & List. What Do Laboratory Experiments Measuring Social Preferences Reveal About the Real World? *Journal of Economic Perspectives*, 2007, 21 (2): 153 - 174.

外部学者参与群体性事件治理的现状分析

徐　超[①]

1 导 言

中国已经进入改革发展的深化时期，社会转型的步伐明显加快，新旧规范、社会机制、价值观念等方面的矛盾和冲突尤为突出，由此引发的群体性事件呈现多发态势，群体性事件不仅破坏正常的社会秩序，危害公共安全，也会对政府的合法性提出严峻挑战，因此越来越受到政府和学界的重视，研究群体性事件，探求其症结所在，提出解决群体性事件的多种途径和策略无论在治理理论和治理实践上都有明显的意义。

关于群体性事件的概念，有一个发展和认识过程，学界到目前为止并没有统一的、标准的、规范的定义。单光鼐、邵道生和中国行政管理学会等不同学者和组织均给出了自己的定义，笔者采用的是中国行政管理学会课题组曾提出的“群体性突发事件”的概念，指“由部分公众参与并形成有一定组织目的的集体上访、机会、阻塞交通、围堵党政机关、静坐请愿、聚众闹事等群体行为，并对政府管理和社会造成影响的行为”。[②] 从这一定义出发，联系已有的群

① 徐超，北京航空航天大学公共管理学院，邮编：100191。

② 中国行政管理学会课题组．勿以对抗思维理解网络事件［N］．长江商报，2009-6-3.

体性事件的实例，笔者将群体性事件的冲突主体定为受损群体和地方政府。正如邵道生先生所说的：如今社会中频发的所谓群体性事件一定有利益受损者主体，大多是利益受损者为维权而起来闹的，罪魁祸首主要是腐败及其贪官污吏，地方政府又不闻不问，处理不当，因为激起了群体性事件。[①] 其他参与主体包括媒体、各种行业组织、公司、学者等。随着近年来群体性事件层出不穷，社会政治影响日益扩大，学界对群体性事件的治理也愈发关注，于建嵘教授系统阐发了群体性事件特别是发生在农村的群体性事件的基本特征、发生机制以及政府的应对方式和治理手段，邵道生教授则将做好信访工作作为将群体性事件消弭于未萌期的关键因素。但总体来讲，这些都是从政府角度出发，力求从技术和体制上探究政府应对群体性事件的方法和手段，对其他参与主体，尤其是对学者参与群体性事件治理的研究和探索显得尤为不足。事实上，只要仔细观察目前群体性事件治理的过程，就不难发现专家学者在其中活跃的身影，本文旨在研究外部学者参与群体性事件治理的现状，通过案例统计和分析了解外部学者在已发生的群体性事件中的参与度如何，参与的效果怎样，有没有一般通行的参与模式，以及外部学者在群体性事件的治理中发挥明显作用所要具备的基本特征。这里的外部学者是广义学者范畴下的一个概念，根据杨立华博士的理论，所谓学者是指在知识和信息方面具有比较优势的人，在广义上是指教授、研究者、专家、技术人员、精英知识分子以及其他通过专业训练和经验的方法获得智识优势的利益相关者。[②] 对应的英文为“scholar”。英文解释是有智慧和受到充分教育的人。从中可以看出，所谓的

---

① 邵道生．网络民主十三论：“网络民意冲击波”［E］．http：//guancha. gmw. cn/content/2009－06/09/content_931662. htm

② Lihua Yang，Janguo Wu. Scholar-participated governance as an alternative solution to the problem of collective action in social-ecological systems［J］. *Ecological Economics*，2009，68：2413.

“学者”更大程度体现了其相对于其他社会角色在智识和受教育程度上的优越性，而与其本身的社会阶层和职业定位并无直接的相关性。根据学者与受损群体关系的不同，又可以将参与群体性事件治理的学者分作两类：一类是内部学者，他们来自于群体内部，并拥有相对于其他群体成员在等级权利、道德形象、文化知识或行为规范上的某种优越性。在已发的群体性事件中，他们的身份有村长、农民中的青壮派（他们大都有进城务工的经历）城市社区的积极分子等。一类是外部学者，他们来自于受损群体之外，拥有独立的身份和职业，掌握着超越其他社会角色的智识和技能优势，出于对受损群体利益的关切，维护社会公平的意愿，或是谋取个人利益的要求等诸多因素的考虑，他们加入到群体性事件的治理进程中并施加影响。结合已有的群体性事件的实例，外部学者的身份有大学教授、法律人士、专业技术人员、精英知识分子等。本文从外部学者的角色功能出发，探寻其参与群体性事件治理的现状，希冀以此来提升学者在群体性事件治理中的地位和作用，从而增强群体性事件治理的科学性和有效性。

2 研究方法和分析框架

2.1 研究方法

本文主要采用的研究方法有：（1）案例研究的方法。共收集了27个群体性事件的案例。案例的收集主要遵循三个原则：一是选择文献资料丰富的案例；二是选择案例时，尽量满足地域多样性、层级多样性、类型多样性的要求；三是选择案例资料时，不偏信具有某种特定视角的机构所发布的信息，而是尽量分析比较多种资料来源，然后摘取其中达成普遍共识的内容作为案例的分析资料。（2）比较分析的方法。对呈现出不同治理结果的案例进行比较分析和研究，找出外部学者参与程度和参与模式上的区别，探寻外部学者成功参与群体性事件治理的一般特征。

2.2 分析框架

本文拟分三个步骤分析外部学者参与群体性事件治理的现状。

步骤1 在所收集的27个不同层级、不同地域、不同类别的群体性事件案例中寻找有明显外部学者参与的群体性事件在总样本中所占比例，应该指出的是，根据于建嵘教授分类标准，群体性事件大致可分为四类：维权事件、泄愤事件、骚乱事件以及带有意识形态的社会冲突，而尤以维权事件和泄愤事件居多，仅维权事件一类就占了历年发生的群体性事件的80%以上。本文根据这一现状，为了避免个别的骚乱案例和带有意识形态的社会冲突案例影响结果和分析的一般显著性，故选取的27个案例都是这两类事件。以此推断现阶段外部学者介入群体性事件治理的总体规模。

步骤2 在有明显的外部学者参与治理的群体性事件中，分析其参与的角色类型和介入的时机，从而发现现阶段外部学者参与群体性事件治理的基本模式。

步骤3 根据群体性事件治理结果的不同和外部学者在事件治理中所起作用的差别来评估外部学者参与群体性事件的效果（正反方向），在归纳外部学者参与群体性事件治理的一般特征的基础上提出外部学者成功参与群体性事件治理的要素。然后结合spss软件分析各要素与治理结果的相关度，从而验证假设。

3 结果分析和讨论

3.1 参与情况

在给定的27个不同层次、不同地域的群体性事件案例中分析有外部学者参与的事件所占比重，评估现阶段外部学者介入群体性事件治理的总体规模，如表1所示：

表1　外部学者参与群体性事件治理的统计

序号	事件	有无明显的外部学者参与特征
1	云南孟连事件	有
2	云南陆良事件	有
3	黑龙江富锦事件	有
4	四川汉源事件	有
5	浙江画水事件	有
6	浙江长兴事件	有
7	浙江仙居事件	有
8	甘肃陇南事件	有
9	贵州德江舞龙事件	有
10	江西南康事件	有
11	河南林钢事件	未知
12	吉林通钢事件	未知
13	四川内江事件	有
14	厦门PX事件	有
15	重庆出租车罢运事件	未知
16	月亮湾垃圾焚烧厂事件	有
17	北京六里屯焚烧厂事件	有
18	北京望京变电站事件	有
19	贵州瓮安事件	有
20	贵州德江“6.25”群体性事件	有
21	陕西府谷事件	有
22	湖北石首事件	有
23	四川大竹事件	有
24	四川广安事件	有
25	重庆万州事件	无
26	安徽马鞍山事件	有
27	戴海静事件	有

在分析了27个已发生并充分曝光的群体性事件案例后可知，有明显的外部学者参与治理的群体性事件共有23件，占总量的85%，

在这些案例中，不同的外部学者用不同方式在不同阶段对群体性事件的发展走向产生了直接或间接的影响。通过统计结果显示，外部学者参与群体性事件的治理不是个例，在众多群体性事件的治理进程中，都可以看到外部学者发挥作用的身影。

3.2 外部学者参与群体性事件治理的基本模式

3.2.1 角色类型

外部学者参与群体性事件治理的角色类型无疑是多样的，纵观23个有明显外部学者参与治理的群体性事件案例，笔者从理论上对现实存在的各种参与角色做了理论上的划分。根据之前的假定，受损群体和政府是群体性事件中的两大冲突主体，博弈即发生在这两方之间。现将外部学者纳入到这一博弈进程之中，这样就产生了三种参与的途径：(1) 加入受损群体阵营，为受损群体提供信息，这种参与方式是幕后的（即不与另一冲突主体发生直接关系）；(2) 加入政府阵营，即扮演政府智囊的角色，这种参与方式也是幕后的；(3) 作为独立的博弈方参与群体性事件，称之为专家中介，这种专家中介在群体性事件中起着沟通两大冲突主体、调和双方利益的作用，这种参与方式是幕前的。而根据沟通初始方向和发起源的不同，笔者将承担自受损群体至政府这一方向沟通任务的学者命名为专家中介A，承担自政府至受损群体方向沟通任务的学者是专家中介B。详见图1：

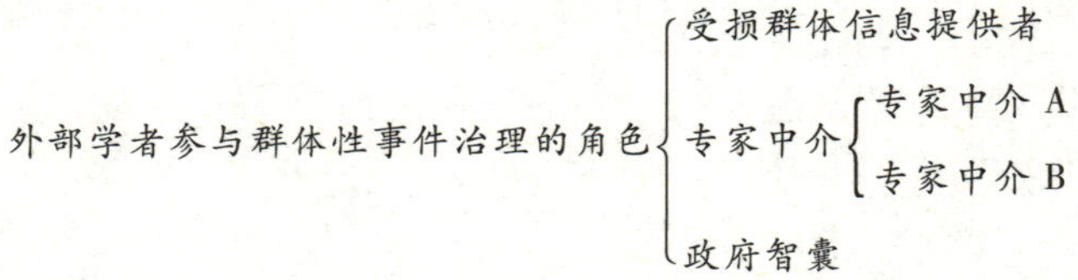

外部学者参与群体性事件治理的角色
- 受损群体信息提供者
- 专家中介
  - 专家中介A
  - 专家中介B
- 政府智囊

图1 外部学者参与群体性事件治理的角色

3.2.2 参与时期

将群体性事件的全过程，根据其在不同时间段所表现出来的特点，以及群体性事件治理主体采取的措施与对策的不同，而将群体性事件的全过程划分为不同的阶段，可以更加迅速和有效地治理群体性事件。目前学界还没有对群体性事件治理阶段的权威划分，但考虑到群体性事件的治理在更大范围内属于危机管理的一个部门，群体性事件也是社会危机事件的一个子类别，因此将学界对危机管理阶段论的研究成果应用到群体性事件治理中，有其内在的合理性。因为理论基础的不同，学界对危机管理阶段的划分也各不相同，二阶段论，三阶段论，四阶段论和五阶段论各自有一些支持者，但是以危机爆发前中后为标准划分的三阶段论可以说是其他各阶段理论的基础，笔者引用加拿大管理发展中心（CCMD）对危机事件管理过程的划分，即整个危机管理过程是由舒缓、准备①、反映、复原四阶段构成的，其中，舒缓和准备两个步骤都是属于危机前阶段的治理手段，因此，有理由认为，群体性事件的治理阶段也是由事件发生前、事件发生中和事件发生后三部分组成的。

在分析了外部学者参与23个不同类型的群体性事件治理的方法和途径后，笔者总结出现阶段外部学者行动的一般模式。

参与模式一：政府智囊的事前参与（21例）

参与形式有：

（1）指导政府建立科学的应急事件反应预案

（2）对政府官员处理应对群体性事件技术和思路上的培训

（3）提供专业知识上的咨询和指导

参与模式二：专家中介B的事后参与（18例）

参与形式有：

（1）高级医护人员的医疗护理

（2）环保专家的调查和检验报告

① Crisis and Emergency Management: A Guide for Management of the Public Service of Canada. [EB/OL]. Canadian Center for Management Development. 2004: 3.

（3）高等级法医的尸检报告

参与模式三：专家中介 A 的事前、事后参与（16 例）

参与形式有：

（1）律师的维权

（2）人大代表和政协委员的体制内协调

（3）社会学者和学者组织的接洽和参与

3.3 现阶段外部学者参与群体性事件治理的有效性分析

3.3.1 外部学者的参与对群体性事件走向的影响

笔者把每个案例中外部学者参与治理时发挥作用的情况和群体性事件的治理结果作比较分析，以确定目前外部学者的参与能否对群体性事件治理结果产生影响（见表2）。

表2　外部学者参与治理时发挥作用的情况和群体性事件的治理结果

序号	案例	治理结果	外部学者的作用	参与特征
1	浙江长兴事件（维权）	成功	明显	多角色全方位的参与；与开明政府的紧密结合；高资质高层级的专家资源
2	浙江仙居事件（维权）	成功	明显	多角色全方位的参与；与开明政府的紧密结合；果决迅速的专家行动；高资质高层级的专家资源
3	厦门 PX 事件（维权）	成功	明显	参与角色较为多样；专家的层次和社会影响力较高；与受损群体的紧密结合
4	月亮湾垃圾焚烧厂事件（维权）	成功	明显	与开明政府的高效结合；与受损群体的高效结合；规模化和制度化的参与方式；
5	北京六里屯焚烧厂事件（维权）	成功	明显	多角色全方位的参与；与受损群体的高效结合；专家的层次和社会影响力较高

续表

序号	案例	治理结果	外部学者的作用	参与特征
6	云南陆良事件（维权）	部分成功	明显	与政府的高效结合；果决迅速的专家行动
7	浙江画水事件（维权）	部分成功	明显	集群的专家团队；与政府的紧密结合
8	贵州德江舞龙事件（维权）	部分成功	未知	无法确定政府的有效行动能力在何种程度受了专家学者的影响
9	江西南康事件（维权）	部分成功	未知	无法确定政府的有效行动能力在何种程度受了专家学者的影响
10	四川内江事件（维权）	部分失败	负向	专家学者实际上对政府起了误导作用
11	北京望京变电站事件（维权）	部分失败	明显	多角色全方位的参与；与受损群体的高效结合；专家的层次和社会影响力较高
12	云南孟连事件（维权）	失败	负向	专家学者（律师）对受损群体的刻意误导推动了群体性事件的爆发
13	黑龙江富锦事件（维权）	失败	低	单一的参与形式；缺乏体制内影响力
14	四川汉源事件（维权）	失败	低	多角色全方位的参与；缺乏体制内影响力
15	甘肃陇南事件（维权）	失败	低	缺乏敏锐的对群体性事件的嗅觉；缺乏体制内影响力
16	贵州德江“6.25”群体性事件（泄愤事件）	成功	未知	无法确定政府的有效行动能力在何种程度上受了专家的影响
17	四川广安事件（泄愤事件）	成功	明显	专家的层次和社会影响力较高；专家团队果决迅速的行动
18	安徽马鞍山事件（泄愤事件）	成功	未知	无法确定政府的有效行动能力在何种程度受了专家学者的影响

续表

序号	案例	治理结果	外部学者的作用	参与特征
19	陕西府谷事件（泄愤事件）	部分成功	未知	无法确定政府的有效行动能力在何种程度受了专家学者的影响
20	四川大竹事件（泄愤事件）	部分成功	明显	多角色全方位的参与；与政府的高效结合；专家团队果决迅速的行动；专家的层次和社会影响力较高
21	贵州瓮安事件（泄愤事件）	失败	低	单一的参与形式；专家学者体制内影响力较低；低层级的专家得不到民众信任
22	湖北石首事件（泄愤事件）	失败	一般	低层级的专家得不到民众信任；高层次专家的后续跟进
23	戴海静事件（泄愤事件）	失败	低	专家公正性不被充分信任；缺乏体制内影响力；

注释　群体性事件的治理结果：分为成功、部分成功、部分失败、失败四种。对于维权事件而言，成功：受损群体的合法权利得到维护且未出现大规模的社会冲突。部分成功：受损群体的合法权利得到维护且初期的社会冲突没有扩大化。部分失败：受损群体的合法权利未得到维护但初期的社会冲突没有扩大化。失败：受损群体的合法权利未得到维护且社会冲突扩大化或受损群体合法权利的最终维护是以社会冲突极大化为代价的。对于泄愤事件而言，成功：未出现大规模的社会冲突。部分成功：初始的社会冲突没有扩大化。失败：初始的社会冲突扩大化或极大化。

外部学者的作用：分为明显、一般、低、未知、负向五种。外部学者的作用明显是指在群体性事件的治理进程中外部学者发挥了支柱作用，对受损群体和政府的影响巨大，有力地推动了事件的合理解决。一般：外部学者的参与对事件的走向产生了积极效果，但并非不可缺少。低：外部学者的正面作用很微弱，可以忽略。未知：由于案例深度披露上的不足，无法探寻外部学者的行动在何种程度上左右了事件发展的进程。负向：外部学者的参与对群体性事件的治理起消极的作用，妨碍了事件治理的进程。由表 2 的资料统计可得表 3：

表 3　外部学者的作用与事件治理成果的对比

	成功	部分成功	部分失败	失败
明显	6（例）	3（例）	1（例）	
一般				1（例）
低				5（例）
未知	2（例）	3（例）		
负向			1（例）	1（例）

由表 3 知，在给定的有外部学者参与治理的 23 起群体性事件案例中，外部学者发挥明显作用的共有 10 起，其中有 6 起事件的治理取得成功，3 部分成功，1 起部分失败。外部学者在事件治理中所起作用一般的共 1 起，治理结果为失败；而外部学者在群体性事件治理中作用很低的案例共有 5 起，治理结果无一例外均是失败；另有 5 起案例，无法清晰的辨识外部学者在事件治理进程中的所发挥的确切作用，且值得注意的是，外部学者也有可能在群体性事件的治理进程发挥消极作用，在给定的案例中，有两起是外部学者发挥消极作用的案例，这 2 起群体性事件的治理结果为失败和部分失败。从统计数据中可以发现，外部学者的参与对整个群体性事件治理的走向影响很大。一般来说，外部学者在事件治理中所发挥的作用越明显，群体性事件就越能得到有效的治理，但在某些情况下，外部学者不恰当的介入会对事件的治理起消极的作用。我们不禁要问，外部学者怎样参与才能在群体性事件的治理中发挥更大的作用？出于何种原因外部学者的参与却让群体性事件的治理走向歧路？对这些问题的解答，可以给今后外部学者参与群体性事件治理提供经验上的指导，因而具有现实的意义。

3.3.2　外部学者成功参与群体性事件治理的要素

结合表 2 所有案例中外部学者的参与特征，笔者对外部学者成功参与群体性事件治理的要素做了如下假设：

第一，多角色全方位的参与；第二，与受损群体和政府的紧密结合；第三，高资质高层次的专家资源；第四，果决迅速的专家行动；第五，一定程度的体制内影响力。为了验证这五要素与群体性事件治理结果的相关性，有必要作统计学意义上的分析，以验证假设的真伪。但在分析案例时，笔者有意将外部学者发挥负面作用的案例（四川内江事件和云南孟连事件）排除出总样本，对这两个外部学者参与群体性事件治理案例的探讨，将反映出外部学者何以阻挠而非推进了群体性事件的治理进程。

表 4　外部学者对群体性事件的作用

序号	事件	治理结果	要素满足情况				
			F1	F2	F3	F4	F5
1	浙江长兴事件	S	H	H	H	H	H
2	浙江仙居事件	S	H	H	H	H	H
3	厦门 PX 事件	S	H	H	H	H	H
4	月亮湾垃圾焚烧厂事件	S	M	H	M	H	H
5	北京六里屯焚烧厂事件	S	H	H	H	H	U
6	云南陆良事件	PS	M	H	M	H	U
7	浙江画水事件	PS	M	H	H	U	H
8	贵州德江舞龙事件	PS	L	H	H		H
9	江西南康事件	PS	L	H	H	H	
10	北京望京变电站事件	PF	H	H	H	U	L
11	黑龙江富锦事件	F	L	L	L	L	L
12	四川汉源事件	F	H	H	H	U	L
13	甘肃陇南事件	F	L	L	L	L	L
	相关性检验（维权类）		不显著	0.675	不显著	0.967	0.921
14	贵州德江 6.25 群体性事件	S	L	H	U		H
15	四川广安事件	S	L	H	H	H	
16	安徽马鞍山事件	S	L	H	H		H

续表

序号	事件	治理结果	要素满足情况				
			F1	F2	F3	F4	F5
17	陕西府谷事件	PS	L	H	H		H
18	四川大竹事件	PS	H	H	H	H	M
19	贵州瓮安事件	F	L	L	L	M	L
20	湖北石首事件	F	M	L	M	M	M
21	戴海静事件	F	M	L	L	L	L
	相关性检验（泄愤类）		不显著	0.842	0.835	不显著	0.853

注释 在进行五要素与治理结果的相关性统计分析时，治理结果变量的取值是，维权事件：1—失败，2—部分失败，3—部分成功，4—成功；泄愤事件：1—失败，2—部分成功，3—成功。五要素变量的取值是：1—低，2—一般，3—高。

（1）多角色全方位的参与（相关度不显著）

群体性事件中外部学者的治理角色和参与途径是多样的，根据笔者的归纳，现实情况下外部学者通行的参与模式一般体现为政府智囊的事前参与，专家中介 A 的事前、事后参与以及专家中介 B 的事后参与。笔者假设多样的参与模式可以使外部学者增加与受损群体和政府交流沟通的机会，从而使外部学者智识和社会资本上的优势得到更全面的施展和发挥，进而推动群体性事件的解决。但从统计分析的结果来看，两类群体性事件治理的走向与学者多样的参与模式之间并不存在显著的相关性。如贵州德江“6.25”群体性事件、四川广安事件和安徽马鞍山事件中，学者的参与模式尽管单一，但事件的治理仍然取得成功。而北京望京变电站事件和四川汉源事件中，虽然外部学者进行了多角色全方位的参与，但事件治理结果仍归于失败。这说明外部学者成功参与群体性事件治理的要素并不包含其参与模式的多样性。

（2）与受损群体和政府的紧密结合（相关度分别为 0.675 和 0.842）

受损群体和政府是群体性事件中的两大冲突主体，外部学者与政府的紧密结合是指外部学者在群体性事件爆发后迅速介入，与政府行动协同一致，为政府提供某种专业技术（如环保、医疗卫生等）上的支持或治理群体性事件的政策建议，这一方面需要外部学者的努力，另一方面，开明和有效行动的政府也是外部学者充分发挥作用的关键和前提。外部学者与受损群体的紧密结合是指受损群体在群体性事件的始终与外部学者保持紧密的配合，外部学者为受损群体提供专业的知识服务（环保、公关卫生、法律法规等）以及外部学者在体制内寻求事件解决的途径和方法（人大代表、政协委员的提案、专家组织的呼吁、反映、座谈等），同样的，受损群体一定程度的组织能力、信息沟通能力以及寻求外界帮助的能力是外部学者于受损群体紧密结合的前提和基础。根据统计结果来看，外部学者与受损群体和政府的紧密结合与两类事件的治理结果之间均存在显著相关性，这印证了笔者的研究假设。

（3）高资质高层次的专家资源（相关度为不显著和 0.835）

外部学者的层次和资源将极大地影响群体性事件的走向，这突出的表现在受损群体对外部学者的信任以及政府对外部学者政策建议的采纳上。根据案例反映的情况来看，低层次的外部学者在事件发生后的介入往往得不到群众的信任，有时甚至被视之为“替政府开脱、帮政府说话的人”，而高层级的外部学者的介入却能迅速扭转这一局面。从现实情况来看，即使不同层级的外部学者提供的专业知识和调查报告几无差别，但群众更愿意相信高层级的外部学者的独立性和知识的可靠性，正像四川大竹县的居民所说“他们跟案件没有利害关系，又是知识分子，其学术人格老百姓信得过”。[①] 另一方面，不同层次和拥有不同资源的外部学者对政府的影响力也是不同的，这具体表现在政府在群体性事件爆发后更愿意寻求可触及的高层次外部学者的支持，比如四川大竹事件中的华西医院专家组，

---

① 贾云勇．四川大竹群体事件追记：传言未澄清公众走向失控［N］，南方都市报，2007－2－4.

湖北石首事件中的公安部法医专家和同济医院的法医专家都是当地政府所能寻求的最高层级的外部学者。

从统计结果来看，这一要素与维权类事件的治理结果缺乏显著的相关性，但与泄愤类事件治理结果的相关性却高达0.835，这可能与两类事件的性质不同和冲突的激烈程度不同有关，当然这需要进一步的验证。

（4）果决迅速的专家行动（相关度为0.967和不显著）

群体性事件一旦爆发，其破坏力和社会影响将随着时间的推移呈爆炸式增长，因而注重群体性事件治理的时效性是外部学者参与群体性事件的关键因素。从给定案例来看，果决迅速的专家行动能在短时间内遏止群体性事件的扩大化趋势，如浙江仙居事件中的化工专家迅速查明事故原因和云南陆良事件中医疗组的及时行动都对事态的平稳过渡和最终解决助益良多。

从统计结果的分析来看，这一要素与维权类事件的治理结果的相关性高达0.967，然而与泄愤类事件治理结果缺乏显著相关性，笔者推断可能是由于案例样本不足以及地方政府有效行动能力各异所导致的。当然，这需要进一步的分析和验证。

（5）一定程度的体制内影响力（相关度为0.921和0.853）

外部学者智识上的优势必须为政府采纳才能在群体性事件治理中得以发挥，一定程度的体制内影响力是专家建议被采纳的前提和基础。在这里，外部学者的体制内影响力是指外部学者改变行政系统的行动和思维的能力。从给定的案例分析来看，众多外部学者的积极参与之所以不能改变群体性事件治理的结果，究其原因，是这些外部学者缺乏一定程度的体制内影响力，无法对政府最终的决策和行动产生可见的影响。典型的例子是四川汉源事件，虽然有众多人大代表、环保专家、地质专家的全程参与，但这些外部学者对汉源市政府缺乏体制内的影响力，无法改变市政府的强制搬迁决策。然而近些年来，随着党和政府对群体性事件的治理愈加重视，一些外部学者如于建嵘、单光鼐等通过对基层干部的集中培训、协助地方政府成功处置群体性事件以及对各地群体性事件开展大量调研等活动，在整个社会和官员内部都形成了一定的影响力，成为“学者明星”。这对致力于影响基层政府行为方式，保障民众基本权益的外部学者是一种鼓舞。只有外部学者具备一定程度的体制内影响力，才能做到对群体性事件治理的事实参与。而统计结果也显示，这一要素与两类事件治理结果的相关性高达0.921和0.853，这有利验证了笔者的假设。

在对假设的外部学者成功参与群体性事件治理的五要素作了统计学的相关性分析后，笔者得出以下结论：外部学者成功参与维权类群体性事件治理的要素为：（1）与受损群体和政府的紧密结合；（2）果决迅速的专家行动；（3）一定程度的体制内影响力。外部学者成功参与泄愤类群体性事件治理的要素为：（1）与受损群体和政府的紧密结合；（2）高资质高层次的专家资源；（3）一定程度的体制内影响力。在陈述结论之后，笔者必须要指出，样本容量在深度和广度上的不足限制了笔者的研究，也使得研究结果有进一步探讨的余地。

3.3.3 外部学者何以对群体性事件的治理起到了消极的作用？

（1）外部学者出于牟利的目的而对受损群体的负向引导。

在云南孟连事件中，一些不良律师出于为自己牟利的考虑，鼓动和唆使胶民们采取不合作甚至是暴力行为，是孟连事件发生的导火索之一，可以说，这样的负向引导使初期本可以通过对话协商解决的事件不断升级，并最终爆发了大规模的群体性事件。

（2）外部学者在对政府官员的培训中过分强调维稳使得受损群体的利益被侵害。

在四川内江特警抢尸案中，地方政府从“维稳”的高度出发，牺牲了受损群体的利益，而国家行政学院曾经对地方党政、公检法一把手开设的突发事件维稳培训班，极有可能是此事中官员们恐惧思维的诱因，因此，如何防止地方政府为了维稳而牺牲受损群体利益的现象发生，是从事集中培训的外部学者需要考虑的问题。

4 结 论

本文的研究发现目前外部学者对群体性事件治理的参与是普遍的，在现有的群体性事件治理案例中，不同程度上都活跃着外部学者的身影。而且外部学者的参与模式也是相对固定的，主要集中在政府智囊的事前参与，专家中介 A 的事前、事后参与以及专家中介 B 的事后参与三种模式，从对现阶段外部学者参与群体性事件治理的有效性分析来看，外部学者的参与对整个群体性事件治理的走向影响很大。一般来说，外部学者在事件治理中所发挥的作用越明显，群体性事件就越能得到有效的治理；但在某些情况下，外部学者不恰当的介入会对事件的治理起消极的作用。外部学者成功参与维权类群体性事件治理有三要素：（1）与受损群体和政府的紧密结合；（2）果决迅速的专家行动；（3）一定程度的体制内影响力。外部学者成功参与泄愤类群体性事件治理的要素为：（1）与受损群体和政府的紧密结合；（2）高资质高层次的专家资源；（3）一定程度的体制内影响力。另外，外部学者对群体性事件的参与并不总是起正面作用的，外部学者出于牟利目的对受损群体的负向引导会使矛盾复杂化，而外部学者在集中培训中对维稳的过分强调也可能加重了官员的思想包袱，从而在治理群体性事件时走上歧路，这些都是今后外部学者在参与时必须慎重考虑的问题。

本文的研究确实存在着一些局限性。首先是案例深度披露上的不一致。本文考察了 23 个有外部学者参与的群体性事件，但一些案例中笔者无法明确界定出外部学者所起的作用，这源于新闻报道中对各个事件详情和细节披露上的差异。其次，本文从群体性事件的一般定义出发，未将网络群体性事件包括在内，考虑到这类事件日益增加的社会影响力，不能不说是一大遗憾。最后，由于客观条件的限制，我无法与深入一线参与群体性事件治理的专家学者进行更多的交流和探讨，而这样的交流无疑会增加本文研究的可信性和实用性。

参考文献

[1] 中国行政管理学会课题组．勿以对抗思维理解网络事件．长江商报，2009－6－3.

[2] 邵道生．网络民主十三论："网络民意冲击波"［E］. http：//guancha.gmw. cn/content/2009－06/09/content_931662_2. htm.

[3] 于建嵘．我国现阶段农村群体性事件的主要原因［J]．中国农村经济，2003（6)：76—78.

[4] 邵道生．信访工作——将群体性事件消弭于未萌期［J]．廉政瞭望，2005(9)：12—13.

[5] Lihua Yang，Janguo Wu. Scholar-participated governance as an alternative solution to the problem of collective action in social-ecological systems [J]. *Ecological Economics*，2009，68：2413.

[6] Crisis and Emergency Management：A Guide for Management of the Public Service of Canada. ［EB/OL］Canadian Center for Management Development. 2004：3.

[7] 贾云勇．四川大竹群体事件追记：传言未澄清公众走向失控［N]．南方都市报，2007－2－4.

[8] 厦门 PX 项目事件［E]. http：//baike. baidu. com/view/3114002. htm.

[9] 六里屯垃圾场维权大事记［E]. http：//lvsebaiwang. blshe. com/post/10360/367614 2009－04－18.

[10] 何显明．群体性事件的发生机理及其应急处置［M]．学林出版社，2010.

[11] 垃圾发电厂环评公示　九成人投反对票［E]. http：//www. eiafans. com/thread－54924－1－1. html.

[12] 云南陆良"8·26"群体性事件大事记［E]. http：//www. jcrb. com/zhuanti/fzzt/phb/tp/201001/t20100105_ 299090. html.

[13] 贵州德江舞龙聚集围观事件得到有效处置 [E]. http://news. ifeng. com/mainland/200902/0209_ 17_ 1001510. shtml.

[14] 江西南康市群体性事件已基本平息 [E]. http://news. 163. com/09/0617/09/5C0J4M0T0001124J. html.

[15] 望京变电站僵局调查 [E]. http://finance. sina. com. cn/chanjing/b/20080223/14314539348. shtml.

[16] 云南孟连事件死者家属曾要求中央领导解决问题 [E]. http://news. ifeng. com/mainland/200807/0728_ 17_ 679558. shtml.

[17] 黑龙江富锦市发生群体性事件　警方动用催泪瓦斯 [E]. http://news. enorth. com. cn/system/2010/06/02/004737608. shtml.

[18] 汉源之惑由谁来解　大型水电站带来“返贫”危机 [E]. 中国经营报，2004-08-21.

[19] 甘肃陇南群体事件始末：市政府酝酿搬迁引发 [E]. 新京报，2008-11-27.

[20] 陈先兵. 论群体性事件中的政府危机处理方式——以贵州“瓮安事件”和“德江事件”为例 [J]. 安徽警官职业技术学院学报，2010 (2)：1—3.

[21] 医院抢救及时　医治无效死亡 [E]. http://my. opera. com/chinaisours/blog/show. dml/562886.

[22] 马鞍山“6·11”事件 [E]. http://baike. baidu. com/view/3761858. htm.

[23] 陕西府谷群体性警民冲突续　命案惊动市委书记 [E]. http://news. sohu. com/20080711/n258081808. shtml.

[24] 四川大竹群体事件追记：传言未澄清公众走向失控 [N]. 南方都市报，2007-02-04.

[25] 贵州瓮安事件专题报道 [E]. http://www. gz. xinhuanet. com/ztpd/wasj/.

[26] 湖北省委书记省长赴石首　平息警民冲突群体事件 [E]. http://www. dahe. cn/xwzx/gdxw/t20090622_1585583. htm.

[27] 林钢事件 [E]. http://www. hudong. com/wiki/%E6%9E%97%E9%92%A2%E4%BA%8B%E4%BB%B6.

[28] 吉林通钢事件始末：警察多次试图强行救人未果 [E]. http://news.

qq. com/a/20090803/001981. htm.

[29] 让出租车司机有收入　让市民坐得起 [N]. 重庆商报，2008 - 11 - 07.

[30] 万州事件. 恶性循环下产业空心化的现象折射 [N]. 中国经营报，2004 - 10 - 24.

新农村建设的自主治理境遇及走向

杨嵘均，倪咸林[①]

自世界银行首次使用“治理危机”（crisis in governance）一词后，“治理”一词便广泛地被用于世界各国政治发展研究中。治理理论之所以能够风靡全球，在于治理观念的魅力，即“它不仅诱导人们关注传统体制、民主形式、权力及其工具，而且引发人们对使政治行动成为可能的新的社会合作机制的兴趣”[②]。然而，治理理论作为一个外来的概念或理论体系，其背后的理论根基和实践基础是与西方国家的社会现实和发展实践相一致的。当这一理论被移植到中国的具体发展实践中时，就不可避免地会遇到这样一些问题：治理的理论架构和运作模式能否与中国特有的文化土壤和发展实践相融合？如何有效实现治理模式和中国“本土”的有效衔接？特别是社会主义新农村建设任务提出以后，在乡村治理方面就一直存在着这样一个问题，即如何建立契合中国国情的符合社会主义新农村建设实践的有效治理模式？这是建设社会主义新农村所面临的重大理论和实践课题。

一、治理理论的困境及其“本土化”出路

当前，治理理论已经成为政治学和行政管理学的显学，被广泛运

---

① 杨嵘均，南京师范大学学报编辑部；倪咸林，中国人民大学公共政策研究院。

② 俞可平主编：《治理与善治》，社会科学文献出版社，2000 年版，第 272 页。

用于各国的政治和行政改革中，“更少的统治，更多的治理”（Less Government，More Governance）成为当前一些国家改革和发展的口号。随着经济全球化的发展，人们的活动跨越了国家疆域的限制，产生了一些国际性的跨国经济组织、社会组织和世界性的群体组织；而管理组织的变化，必然会导致新的公共管理领域和管理主体的出现。这些新的管理领域和管理主体的出现，使得传统的政治统治结构和行政管理结构受到了挑战。在理论上，为了对传统官僚体制进行批判，就需要一种普遍适用的、全球性的公共行政理论，而治理理论正好迎合了这一理论需求。在实践中，英、美等西方国家自30年代开始实行的凯恩斯主义所导致的行政福利国家到了20世纪70年代已经发展到相当严重的程度，虽然国家行政权力不断扩张，但国家和社会却日益陷入了严重的治理危机和困境，各种社会问题、财务问题以及信任危机等问题不断出现，形成了传统行政工具（主要是组织性工具、规制性工具和经济性工具）的不可治理性。为了解决这些问题，新公共管理运动便应运而生。新公共管理运动的兴起在很大程度上拓宽了行政管理的视野，丰富了公共事务管理的手段和方法，为治理理论的兴起和传播提供了有利的背景和强大的动力。在管理技术上，由于现代信息技术的不断发展，给行政管理带来了广泛而深刻的影响，迫使传统政府管理体制进行改革。改革传统的政府管理体制需要新的适宜理论，而治理理论正好迎合了这种需要。

治理的理论渊源主要有两种：一种是以极端自由主义（libertarianism，也可译为“自由至上论”、“自由意志论”）为代表的当代西方哲学和政治思潮，其特点是在政治与个人之间极端强调个人自由和市场本位，坚决反对政府干预，主张以宪政制度保护个人权利并制约政府的权力。[①] 另一种是以公共选择理论为代表的当代西方经济学理论，其特点并不在于其理论结论和政策含义，而在于其独特的方法。正如布坎南所指出的，“公共选择是政治上的观点，它从经济学家的工具和方法大量应用于集体或市场决策而产生”[②]。极端自由主义和公共选择学派这两种既相互区别而又密切关联的理论思潮，对于人类有限理性的正视、对于市场制度优势的赞扬，以及对于政府弊端的分析，都相当深刻，并产生了巨大的影响。在 20 世纪 80 年代，它们成为保守主义政府如撒切尔政府和里根政府的政策指南，引发了西方世界广泛的“民营化”改革。这次政府改革波及西方许多国家，其中包括加拿大的“2000 年的公共服务”、克林顿—戈尔的“政府再造”、澳大利亚的“公共财政管理改进计划”、奥地利的“行政管理计划”、丹麦的“公共部门现代化”、葡萄牙的“重大选择计划”，等等。进入 90 年代以后，这些理论的政治色彩逐渐淡化，而公共管理色彩日益浓厚，转变成为左右当今世界公共领域的新公共管理思潮的核心内涵，并引发了 90 年代西方政府治理的市场化变革。作为西方学术界使用的热门概念，治理不仅有着全新的含义，而且正在成为指导公共管理实践的一种新理论和新理念。

对于治理含义的理解，理论界论述颇多。俞可平教授认为，“治理一词的基本含义是指在一个既定的范围内运用权威维持秩序，满足公众的需要。治理的目的是在各种不同的制度关系中运用权力去引导、控制和规范公民的各种活动，以最大限度地增进公共利益”[③]。

因而，治理指的是一种由共同的目标支持的活动，这些管理活

---

① 极端自由主义有两种定义方式：一种是从基本的哲学和政治倾向来定义的，而从哲学上严格的逻辑来看，像哈耶克、弗里德曼等人不能算是极端自由主义者，而只能算是似是而非的极端自由主义者（pseudo-libertarian），见 Richard Hudelson，*Modern Political Philosophy*，Armonk，New York，M. E. Sharpe. Inc. 1999. p. 116.

② ［美］詹姆斯·布坎南：《自由、市场和国家》，吴良健等译，北京经济学院出版社，1988 年版，第 18 页。

③ 俞可平：《治理与善治》，社会科学文献出版社，2000 年版，第 5 页。

动虽未得到正式授权，却能有效发挥作用。[①] 治理的主体包括国家、公共组织、私人机构及社会个人等各种活动主体，而未必仅仅是政府，治理活动也无须依靠国家的强制力量来实现。治理虽然需要权威，但这个权威并非一定是政府机关。治理理论强调国家与社会的合作以及国家对社会的依赖，是与市场、社会自治组织、社会中介组织、社会独立组织等具有许多联系，它们之间是多元合作的关系，强调管理对象的参与。治理过程是一个上下互动的管理过程，通过合作、协商、伙伴关系、确立认同和共同的目标等方式实施对公共事务的管理。治理的管理机制是合作网络的权威，其权力向度是多元的、相互的。在管理方式和手段上，治理还意味着管理方式和管理手段的多元化。在公共事务的管理中，政府应该运用各种可行的办法来达到对公共事务的良好管理。

从治理理论的内容和重点来看，治理理论具有如下的一些特征：第一，治理理论认为政府并不是国家唯一的权力中心，各种机构（包括社会的、私人的）只要得到公众的认可，就可以成为社会权力的中心。因此，治理意味着来自政府但又不限于政府的社会公共机构和行为者。第二，在强调国家与社会合作的过程中，模糊了公私机构之间的界限和责任，不再坚持国家职能的专属性和排他性，而强调了国家与社会组织间的相互依赖关系。第三，治理强调管理对象的参与，希望在管理系统内形成一个自组织网络，加强系统内部的组织性和自主性。第四，在政府完成社会职能的手段和方法方面，政府除了采用原来的手段之外，还有责任采用新的方法和措施，以不断地提高管理的效率。[②] 治理的目标是“善治”。善治有六个方面的构成要素，即：合法性（legitimacy）、透明性（transparency）、责任性（accountability）、法治（rule of law）、回应性（responsive-

① 俞可平：《治理与善治》，社会科学文献出版社，2000 年版，第 2 页。

② 胡仙芝：《从善政向善治的转变——“治理理论与中国行政改革”研讨会综述》，《中国行政管理》，2001 年第 9 期。

ness)、有效性(effectiveness)。[①] 显然,"善治"拥有更多的民主要素和灵活要素,对公民的权利和地位也给予更多重视。治理理论反对以传统的政府中心论的研究视角,而主张从灵活互动的视角,从政府、市场、企业及公民和社会的多维度、多层面上来观察问题、思考问题,克服市场局限和政府局限。由于此,"愈来愈多的人热衷于以治理机制对付市场和国家协调的失败"[②]

然而,不管是在理论上还是在实践中,治理理论都面临着一些困境。有学者批判治理理论自身存在的矛盾和困境,认为"治理理论既是一种社会管理的理念,又是一种社会管理的策略,这就决定了治理理论本身具有两重性。作为一种社会管理的理念,治理理论具有一种形而上学的合法根据;作为一种社会管理的具体策略,治理理论必须具有实践的操作性。在形而上的层面,治理理论建立在探求有利于各种权利主体平等合作,提供管理效率,推进社会不断民主的规律的基础上,其理论本身也是一个不断发展完善的过程;而在形而下的层面,治理理论运用或利用这些规律,在实践中从每一时代,甚至每一个国家具体发展实践出发,尽量做好各种权利主体的平等合作,提供社会管理效率"[③]。因此,从形而上和形而下这两个层面来看,他们将其概括为以下四种两难选择,即"合作与竞争的矛盾;开放与封闭的矛盾;可治理性与灵活性的矛盾;责任和效率的矛盾"。而且"在操作过程中还存在可治理性的问题;合法性的问题;有效性的问题;责任性问题"[④]。因此,"从治理理论的种

---

① 胡仙芝:《从善政向善治的转变——"治理理论与中国行政改革"研讨会综述》,《中国行政管理》,2001 年第 9 期。

② 鲍勃·杰索普:《治理的兴起及其失败的风险:以经济发展为例的论述》,俞可平:《治理与善治》,社会科学文献出版社,2000 年版,第 71 页。

③ 郑红娥、吴殿朝:《困厄与出路:乡村治理与新农村建设》,《云梦学刊》,2008 年第 1 期。Weeks,"The Practice of Deliberative Democracy: Results from Four Large-scale Trials", in *American Political Science Review*, 69 (4), 2000, p. 361.

④ 郑红娥、吴殿朝:《困厄与出路:乡村治理与新农村建设》,《云梦学刊》,2008 年第 1 期。

种主张中，我们既看到了冲破既有理论和实践樊篱的激情，也看到了向现实世界的无奈回归。这种动摇不定说明治理理论尚不具有一个完备理论的严密性。”[①] 在实践中，虽然“市场失败的论调广泛地被认为是为政治和政府作辩护的证据”[②]，但政府也会失败。政府和市场失败的并存，为治理提供了充分的理由。“不过，无论是理论预见还是实践经验，都宣告了治理失败的可能性。”[③] “为了应对‘第三种失败’，‘国家的回退’不得不变成了‘向国家的回退’。问题在于，端坐在‘元治理’者位置的政府照旧不能克服信息不完备和扭曲、难以预期私人部门或者非政府组织的反应等固有的困境。”[④] 但是，当“向国家的回退”依然不能克服不可治理性时，我们又该求助于何物？退一步说，即使治理和元治理获得了成功，我们也面对必须用动态性应对动态性的尴尬，治理格局和机制会因为客观世界的动态性而手忙脚乱，有限理性的治理主体将更面临理性有限的挑战。[⑤] 更进一步看，治理理论对于传统官僚制的态度也非常矛盾：一方面强烈批判科层制，另一方面又将科层制当作治理体系的核心和唯一稳定的部分。治理理论主张直接参与式民主在治理中的作用，但是直接参与式民主的局限可能是，“少数有特殊利益需要的公民在某些主题中的参与行为可能被政策制定者误解为大众的共同意见，并且更糟糕的是，这会给公众留下政策议程被特殊利益所左右的印象”[⑥]。因此，我们有理由怀疑，治理中更为激进的民主形式——直接民主能否穿透仍然强大的科层制的桎梏。如果直接民主不能，那

① 王诗宗：《治理理论的内在矛盾及其出路》，《哲学研究》，2008 年第 2 期。

② ［美］詹姆斯·布坎南：《自由、市场和国家》，吴良健等译，北京经济学院出版社，1988 年版，第 13 页。

③ 王诗宗：《治理理论的内在矛盾及其出路》，《哲学研究》，2008 年第 2 期。

④ 王诗宗：《治理理论的内在矛盾及其出路》，《哲学研究》，2008 年第 2 期。

⑤ 王诗宗：《治理理论的内在矛盾及其出路》，《哲学研究》，2008 年第 2 期。

⑥ Weeks, “The Practice of Deliberative Democracy: Results from Four Large-scale Trials”, in *American Political Science Review*, 69 (4), 2000, p. 361.

么传统的公共管理模式就仍然会是公共治理的主要模式，指望治理能够较为彻底地改变既定制度安排就要有待时日。

在中国语境下，治理理论也受到了挑战。虽然作为治理理论重要内容的新公共管理理论被表述为不仅对于中国公共管理学科具有重要的指导意义，也对我国市场经济的发展和行政体制改革有重要参考价值[①]；但是，有学者却批判“新公共管理论者”对“西方公共管理思想中的政治公共性避而不谈”[②] 以及其对我国适用性的忽视，认为我国作为大陆法系的国家，不同于英、美、澳、新西兰等盎格鲁—撒克逊体系的国家，应该寻求法、德式的法治国家的改革模式，发扬官僚制中的“精密、速度、明确、连续性、统一性、严格服从”等优势因素，构建符合我国国情的政府管理改革模式。[③] 尤其是对治理理论所提出的“权力分散化”和“自主治理”是否适应我国权力相对集中的政治现实性提出了质疑。

当然，对治理理论的批判并不意味着对其价值的否定。治理理论的困境主要是宏观理论层面的困境，而作为一种公共管理的工具或机制，则没有因为理论的困境而失去效力。具体到中国的治理研究，我们可以暂时放弃治理理论的某些宏观关怀，“在微观意义上（尤其在地方层面上）说明我们正面临何种不可治理性，是什么导致了必须用政府、社会和市场的某种新组合来克服这些不可治理性，哪些组合方式（在何种条件下）是可复制、可模仿的，进而在此基础上形成本土化的分析理论模式”[④]。因此，中国的治理模式不能照搬西方式的治理模式，必须对治理理论进行中国式的“本土化”改造，方能与我国的具体国情相契合。只有这样，治理理论才能“为我

① 陈振明：《评西方的“新公共管理”范式》，《中国社会科学》，2000 年第 6 期。

② 贺东航：《新公共管理的回顾与检视——基于中国国家建设的视角》，《政治学研究》，2008 年第 2 期。

③ 申剑、白庆华：《论新公共管理在我国的适用》，《中国矿业大学学报（社会科学版）》，2005 年第 3 期。

④ 王诗宗：《治理理论的内在矛盾及其出路》，《哲学研究》，2008 年第 2 期。

所用”；也只有这样，治理理论才会放射出应有的魅力，造福国人。

二、乡村治理的困境及其在新农村建设时期的出路

乡村治理[①]是继治理理论出现后，在中国农村的政治、经济、文化和社会管理等领域内被广泛使用的理论概念。然而，作为一种并非本土产生的政府和行政理论，治理理论对于解决中国问题究竟其适用性如何，仍然需要考察。一般来说，多数学者认为治理理论对中国具有借鉴价值，认为“治理和善治理论作为一种分析框架，对于研究、总结和展示我国改革开放以来政治发展的成就极为有用”[②]；“尽管治理是在西方社会语境下发展并被赋予不同含义，但作为一个政治学的分析概念对于中国的政治发展也有其独到价值，只是我们必须将这一词汇放在中国特定的历史进程中加以考察”[③]。并且已有一些学者开始尝试着用治理理论解释和分析中国的实践，尤其是公民社会和村民自治方面。但同时也有学者指出，治理理论在发展中国家仍然存在有适用性问题[④]。因此，不可否认的是，治理理论虽然包含着许多值得借鉴的理论资源和政策参考的价值，但是在吸收和运用这一理论时仍需要保持谨慎。

首先，从政治倾向上看，治理理论虽然主要是一种公共管理理论，但具有强烈的意识形态倾向，这就决定了我们在借鉴治理理论

① “乡村治理”是1998年华中师范大学中国农村问题研究中心政治学者提出来的，用于解释和分析中国乡村社会问题，因为其具有很大的包容性而广受国内学者推崇。参见徐勇教授为贺雪峰的《乡村治理的社会基础》一书撰写的序言。在序言中，他阐释了提出“乡村治理”这一概念的缘由和意义，并且说明乡村治理理论在解释中国农村问题具有很大的包容性。

② 何增科：《治理、善治与中国政治发展》，《中共福建省委党校学报》，2002年第3期。

③ 徐勇：《治理转型与竞争——合作主义》，《开放时代》，2001年第7期。

④ 杨雪冬：《要注意治理理论在发展中国家的应用问题》，《中国行政管理》，2001年第9期。

时，必须要有所鉴别，有所抉择。因为治理的理论渊源是极端自由主义，而极端自由主义在国家与社会关系上持一种强烈的反国家、反政府的态度，主张社会中心主义，尽可能地反对国家干预。许多国家的实践已经表明，这种自由主义倾向有时会造成灾难性的后果。

其次，从经济发展来看，治理理论是对福利国家所产生的弊端的一种反动和纠正。它是从西方发达国家的经验出发，主张限制政府的职能和作用，主张协商式民主，主张权力的多主体、多中心、回应性、互动性等。它“所勾画的现实社会具有很大的虚构性。这种虚构性在分析全球化对第三世界国家的影响时尤为明显”①。因此，对于发展中的中国而言，这并不能很好地解决发展中所面临的问题。

最后，从文化接受性来看，治理理论的真正精神是以个人主义为基础的契约合作观念，这种精神深深地蕴藏于西方以平等、自由、权利为核心的公民文化之中。而对于处于不同文化传统的中国社会来说，如果不切实际地实施治理理论所崇尚的模式，在缺乏作为制度基础的现代社会政治秩序的情况下，过分地夸大治理的效用，把本来作为长期前景的治理状态简单化为眼前的目标，则可能会遇到挫折，破坏正在进行的现代制度建设。因此，在运用治理理论来解释和分析中国问题时，应明确意识到这一理论适用性的范围，在结合中国实践的基础上，审慎地、切合实际地提出理论主张和政策建议。

同样，对于新农村建设时期的乡村治理，也存在着将治理理论与中国农村实际如何进行有效“嫁接”的问题，也即治理理论在乡村研究上的本土化问题；而在实践上，它表现为乡村治理理论如何与乡村治理实践实现有效衔接。对于这两个问题的研究和回答，一个根本的出发点应该是立足于中国国情和中国乡村的实情。因此，只有对乡村社会的特性和变化有充分的了解和认识，只有更注重研

---

① 唐贤兴：《全球治理与第三世界的变革》，《欧洲》，2000 年第 3 期。

究乡村治理的社会基础，才能运用公共权力进行有效的治理，并达到在现代化进程中重建乡村的目的。[①] 而要达到这个目的，就必须对我国乡村社会进行实事求是的调查和分析，找出当前乡村社会到底存在什么问题，如何有针对性地进行治理。

在我国，乡村治理的政治、经济环境已经发生了很大变化。随着人民公社体制的解体和家庭联产承包责任制的实行，中国农村政治、经济便开始进入了一个新的历史时期。人民公社体制废除以后，国家在农村推行“乡政村治”的治理模式，国家的行政性权力上收至乡镇一级，在乡镇以下推行村民自治。这样，在当代中国农村政治中，由原来生产大队转化而来的村民自治共同体——村委会的重要作用就凸显出来，“村处于国家和社会的交接处。国家权力要通过村下沉到村民之中，村民则要通过村进入国家生活，并在村的范围内行使民主自治权”[②]。也就是说，当前乡村治理主要靠乡村自治的形式来实现的。但是，值得注意的是，我国所有的自治都是国家法律框架内的自治，自治的逻辑实际上是国家的逻辑。就村民自治在农村的实际运行而言，其自治的逻辑并没有得到真正的贯彻，乡村社会在某种意义上仍然呈现出自身的逻辑。在乡村实际生活中，村庄权力运转的逻辑除了遵循国家的逻辑之外，还有各种地方性的逻辑。也就是说，它虽然是在国家控制下实施的，但同时仍然保持着乡村社会风俗习惯和传统文化的黏滞性与延续性。在乡村治理中，还有一个值得注意的问题是，当代中国的乡村社会由于各种现代性因素的渗透，具有现代性的性质，乡村社会因而呈现出传统要素和现代要素同时并存的现象。

伴随着乡村治理政治环境的变化，当前我国农村政治有两个值得注意的现象：一是随着国家权力从农村社会的部分撤退，国家在

---

① 参见贺雪峰：《乡村治理与秩序——村治研究论集》，华中师范大学出版社，2003年版；徐勇：《中国农村村民自治》，华中师范大学出版社，1997年版，第3页。

② 徐勇：《中国农村村民自治》，华中师范大学出版社，1997年版，第3页。

农村的权力弱化，农村基层组织出现了大面积的瘫痪，在基层政治中出现了普遍的“正式权力的非正式运用”现象[①]；二是自分田到户尤其是20世纪90年代以来，随着农民负担的加重，干群关系高度紧张，广大农村出现了普遍性的“治理”危机[②]，很多学者据此主张要进一步弱化基层组织包括村级组织的权力，即所谓的“官退民进”。[③] 出现这两种现象的原因在于乡村治理体制和机制的矛盾和冲突，主要表现在：

第一，乡村治理中的行政管理与村民自治的矛盾和冲突使得对村庄公共资源争夺激烈。虽然从理论上说两者是一致的，但是在利益趋向不一致的条件下，两者始终不能达到有效的协调和统一。从学理上说，村民自治意味着村民对整个农村的公共资源享有处置权、收益权和分配权。但是，国家政权却是农村公共资源的最终拥有者，村干部只是国家基层政权的委托代理人，代理国家基层政权执行村庄治理。而作为国家政权最底层的乡镇政权，应该成为连接国家政权和乡村社会的关节点和纽带，它的功能应该是深入贯彻国家意志，并成为农村利益的反映者和代言人，应该保持国家目标和社会利益的统一性。也就是说，对于乡镇政权而言，一方面它必须成为乡村社会公共服务的提供者，另一方面，它又必须成为乡村社会公共资源的“守护者”和“经营者”。可见，乡镇政权实际上是村庄治理的主体，村干部仅仅只是村庄治理的委托代理人。在取消农业税之前，乡镇政权代表国家汲取乡村资源，理应为村庄提供所需要的公共基础设施和服务设施。但是，在现行的行政体制和财政体制下，普遍的行政和财政压力使得乡镇政权不堪重负。因此，为了转嫁自

① 参见孙立平：《“过程一事件”分析与当代国家——农民关系的实践形态》，《清华社会学评论》，鹭江人民出版社，2000年版。

② 肖唐镖：《二十余年大陆的乡村建设与治理：观察与反思》，《二十一世纪》（香港），2003年第4期。

③ 参见李昌平：《乡镇体制改革：官本位体制向民本位体制转变》，李昌平主编：《税费改革背景下的乡镇体制改革》，湖北人民出版社，2004年版，第24—32页。

身的各种负担，乡镇政权凭借其公共组织的优先权取代了市场选择，“醉心”于自身的经营性行为，动辄以“国家和公共利益的需要”为名来收取各种税费，成为乡村社会公共资源的实际垄断经营者，在没有强大的有效的监督机制的情形下，很难防止“收益私人化”或者“收益集团化”现象的发生。而对于村民来说，大多数不能从公共资源中获利，而且还必须缴纳各种税费和承担公共服务实施建设的成本。这样，就造成了乡镇行政管理和村民自治关系的紧张甚至是严重对立。在取消农业税之后，乡镇政权失去了从村庄汲取资源的渠道，在国家拨付资金不足的情况下，乡镇基层政权财政亏空，运转困难，农村公共产品和公共服务的提供趋于瘫痪。因而，由于乡镇行政管理的不作为或者无力作为，再一次导致国家行政管理和村庄自治关系紧张。

第二，村干部承担的多重角色冲突以及乡村干部激励机制的脱节使得其对村庄治理领导不力。在村民自治制度背景下，村干部既是乡镇的代理人，又是村民的当家人，兼具乡镇政权的代理人、村庄代言人和村民谋利者的多重身份。如果他们得不到足够的报酬，就既不会成为称职的代理人，也不会成为称职的当家人，而仅仅是为图谋自身利益的“撞钟者”（用部分村干部的话说就是：做一天干部，撞一天钟），他们甚而至于利用乡村关系的矛盾来获取私人好处。另一方面，由于村庄土地等生产资料仍归集体所有，村干部事实上仍然掌握着村庄的这些资源的分配权，所以他们可以按照自己个人的意愿和利益来安排村庄的大小事务，因而他们又成为村庄利益的“承包人”。与其他身份相比较，村干部作为村庄利益承包人，“更倾向于为自己谋取私利”。[①] 这样，村干部就可以在多重身份中穿梭。村干部之所以能够利用自身的多重身份，归根结底是由于我国现行的乡村干部的激励机制造成的。在乡村干部的激励机制中，

① 吴清军：《乡村中的权力、利益与秩序》，《社会学》，2002年第6期。

由于近年来的干部人事制度改革，改变了过去从农村提拔干部的做法，乡镇干部公务员化；而对于农村干部而言，他们是由选举产生的，无法摆脱自身的农民身份，因而他们的农民身份的认同是根深蒂固的。这样，村干部和乡镇国家干部身份泾渭分明，不可逾越的干部界限和性质便凸显出来，无论村干部如何努力工作也不可能改变农民身份成为国家科层化体制中人。因此，除了数目不多的工资报酬和“获得他人的尊敬，良好的人际关系，更广泛的社会交际网络及这种交际网络带来的愉悦、面子、体面感、自我实现的感受、政治抱负的达成等等表达性的好处”① 外，村干部没有理由和激情为村民和国家政权竭忠尽智。

第三，村民的分散经营和集体认同的矛盾和冲突使得村庄民主举步维艰。自从承包到户以来，村民的经营方式主要以分散经营为主，相互之间缺乏合作，尤其在市场经济的条件下，村民的个人主义得到张显，而集体主义几乎没有“用武之地”，表现在经济上就是对集体经济的认同度较低。集体经济对他们而言，仅仅只是解决水利方面的问题，他们并没有从集体经济中获取足够的实惠和好处。正因为村民缺乏对集体经济组织的认同，导致他们对村干部选举持无所谓态度或者说是“游戏态度”，认为“谁做了村干部对他们都是一样”②。因此，在选谁当村干部都一样的观念的指导下，村庄民主选举无疑会演变成为宗族关系或血缘关系（甚至是黑恶势力）的操纵，村民会从经济理性的角度选出与自己有关系并能够为自己带

---

① 贺雪峰：《中国乡村治理：结构与类型》，《经济社会体制比较》，2005 年第 3 期。

② 调查中，许多村民持这样的观点，这不能不说村级民主与村民的期待还有巨大差距，同时也说明村级民主离实质民主还有很大距离，主要表现在：（1）由村民选举出来的村干部在实际的村庄治理中没有发挥应有的作用，村干部对村庄的治理离村民选举时的期待以及村干部在选举时对村民的承诺反差极大。（2）村民选举流于形式，虽然选举过程中热情高涨，但是选举过程后就像没发生一样，说明在村民自治的四个民主（民主选举、民主管理、民主决策、民主监督）中只有民主选举，而其他三个民主缺失或者不完备。（3）村民的民主权利没有得到切实保障。在村庄民主治理中，村民的民主权利并没有发挥应有的作用，而村民自治也没有真正提高村民的权利意识和民主参与的意识。

来直接利益好处的人当村干部，至于为村庄的集体利益的考虑是在他们的“小九九”之外的。尤其在20世纪90年代后，在乡镇企业比较发达的农村地区，由于集体企业产权制度改革，许多村、组集体企业被改制成私营制和股份合作制，降低了村民与村集体的关联度，村集体对村庄的整合力在进一步削弱。因此，在许多地方的农村，村庄集体已经不可能像大集体时期那样以政治动员的方式重新集中和调配资源，而以民主的方式集中村民意志，筹集兴办公共事业，若非出于全村绝大多数人的紧迫需要，并且辅之以一定的强制措施，往往会因为人多心杂，意见不一而无法实施。所以，正是由于这个原因，在当下的农村中常常看到漂亮的农舍和凹凸不平的道路、破烂不堪的公共实施并存的现象，也就不足为奇了。

毋庸置疑，我国乡村治理所面临的困境无疑会对建设社会主义新农村产生极大影响。然而，不管是就乡村治理而言，还是就建设社会主义新农村而言，都不是脱离现有的农村实际状况和基础而另起炉灶或者重新铺摊子，它是对现有农村实际状况和基础的继承和发展。因此，在新农村建设时期应努力破解这些困境，寻求适合我国国情和农村实际状况及基础的建设新农村的切实可行道路。在乡村治理方面，必须坚持两个基本原则：第一个原则是乡村治理的过程必须接受国家的控制和引导。因为，在我国，乡村治理是被纳入国家基层政权建设的范畴的，国家从制度层面上制定的各种各样的政策和制度，不可避免地蕴涵着强烈的国家控制色彩，国家的目的是希望借助农民的自发创造来重建农村基层政治秩序，发展农村经济，维护农村社会稳定。第二个原则是必须坚持在生产资料集体所有制的基础上搞好乡村治理。虽然农村的现实是，自实行家庭联产承包责任制之后，村民几乎是原子化的个体，集体经济在很大程度上衰落或凋敝。但是，在乡村治理过程中，我们必须重视农民组织和农村组织，克服村民的原子化倾向，把农民重新组织起来，建立各种各样的农民组织和农村组织，发展集体经济，重塑村民对村庄的认同。

三、实现治理理论与新农村建设实践的有效衔接

中国乡村社会治理困境的总根源是乡村权力体制存在的矛盾和冲突，即国家行政权和村庄自治权的矛盾和冲突；乡村治理困境的深层次根源是乡村社会文化的劣根性。而新农村建设任务的提出为解决乡村治理问题、消除乡村社会文化乃至整个国家的社会文化的劣根性提供了历史契机。如何利用好这个契机，关涉着我国解决“三农问题”的出路、城乡统筹发展以及建设小康社会、实现国家现代化的大局问题。胡锦涛总书记在党的十七大报告中指出：“深化乡镇机构改革，加强基层政权建设，完善政务公开、村务公开等制度，实现政府行政管理与基层群众自治有效衔接和良性互动。发挥社会组织在扩大群众参与、反映群众诉求方面的积极作用，增强社会自治功能。”① 这为我们解决乡村问题提供了有益的指导和新的思路。但是，如果不能解决乡村社会的体制性矛盾和冲突，不能解决乡村社会文化乃至整个国家的社会文化的劣根性，要走出乡村治理的困境恐怕是一个长期的良好愿望和理想。

国家行政权和村庄自治权的矛盾和冲突主要是通过基层政权在权力的实际运行中扮演着乡村公共资源的垄断者而不是法律所规定的指导者的角色表现出来的。在这个问题的解决方案中，学者提出了许多设想②，概括起来主要有：一是主张强化乡镇政权建设③；二

---

① 胡锦涛：《高举中国特色社会主义伟大旗帜 为夺取全面建设小康社会胜利而奋斗——在中国共产党第十七次全国代表大会上的报告》（2007 年 10 月 15 日），人民出版社，2007 年版，第 30 页。

② 徐仁璋教授在《中国乡镇改革的未来走向探析》一文中，对现行的“乡村治理”模式及其治理能力的困惑作了深入的剖析，并对其作了更为具体的分析。见徐仁璋：《中国乡镇改革的未来走向探析》，《中国行政管理》，2006 年第 6 期。

③ 沈延生：《村政的兴衰与重建》，《战略与管理》，1998 年第 6 期。

是主张虚乡镇实县政，实行“县政、乡派、村治”[①]；三是“乡政自治”[②]；四是主张撤销乡镇政府，实行乡镇自治[③]。以上设想都是试图在坚持党的领导的前提下，探索协调国家行政权与乡村自治权关系的途径，但是也只是见仁见智的观点而已，与实践还有很大差距。而相对于国家行政权和村庄自治权的矛盾和冲突的解决而言，乡村社会文化问题的解决似乎要困难得多，不是一朝一夕能够见成效的，这是一个长期的艰巨的任务。

走出中国乡村社会治理困境的根本出路在于切合中国的国情和乡村社会的具体实际寻求解决乡村治理的体制性和机制性矛盾和冲突。就新农村建设时期我们需要迫切解决的现实问题而言，应着力做好以下三个方面的工作：

第一，协调基层政权与乡村自治的关系，合理利用农村公共资源。要处理好基层政权与乡村自治的关系，关键是处理好农村公共资源的利用问题。从经济学的角度来看，只有交易双方能够从交易中获取自身利益的时候，这种交易才是互利的交易，而只有这样的交易才能长久进行下去。因此，新农村建设应该坚持对农村公共资源的提取是建立在更加有利于发展和开发农村公共资源的基础之上，更好地为农村基层服务。只有当基层政权有助于农村基础实施的建设，促进整个农村地区发展时，基层政权从农村地区提取资源才具有合法性。对于乡镇政权而言，应该在坚持生产资料集体所有制的前提下，引入其他社会经济行动者，大力发展集体经济来更好地利用乡村公共资源，并在此基础上，建设好乡村社会的公共服务实施，促进乡村社会的发展。只有这样，国家行政管理与基层群众自治才

---

① 参见徐勇：《县政、乡派、村治：乡村治理的结构性转换》、《精乡扩镇、乡派村治：乡级治理体制的结构性改革》、《强村、精乡、简县：乡村治理结构改革的走向》，载《乡村治理与中国政治》，中国社会科学出版社，2005 年版。

② 吴理财：《乡镇政府：撤销抑或自治?》，《决策咨询》，2003 年第 5 期。

③ 于建嵘：《乡镇自治：根据和路经》，《战略与管理》，2002 年第 6 期。

能实现有效对接和良性互动；也只有这样，新农村建设才能顺利进行并取得成效。

第二，理顺乡村关系，促进基层民主发展。乡村民主自治制度的核心是“四个民主”。只有建立起“四个民主”协调运转的机制，才能保证乡村民主自治制度的顺利发展。然而，当前在乡村民主自治的“四个民主”中，只有民主选举开展的比较好，而“民主决策、民主管理、民主监督”虽然提的比较多，但在实际的乡村治理中落实到位的却比较少，甚至在某些农村地区是完全缺失的。因此，在新农村建设时期，必须制定和规范切实可行的民主自治制度，使民主自治制度更好地与乡规民约以及乡风民俗契合起来，理顺乡村干部、乡村精英和村民的关系，加强三者之间的相互信任和相互合作。

第三，重视乡村干部的领导作用，整合村干部的多重身份角色。村干部是连接乡镇政权和乡村社会的桥梁和纽带，是国家新农村建设各项政策在农村地区的贯彻者、落实者以及新农村建设的重要领导力量之一。因此，搞好村干部自身的角色整合就非常重要。要消解村干部多重角色的困境，就必须建立合理的奖惩激励机制，使村干部的奖惩直接与他们的治理绩效息息相关。而另一方面，要使村干部的行政权与自治权有效统一，就必须克服村干部对基层政权的严重的权威依赖和资源依赖，在村民中树立自身的人格威信，处理好乡镇政权代理人和村民利益代言人及当家人的关系。这是新农村建设中发挥乡村干部和村民积极性的重要举措。

总体来说，建设新农村不是另起炉灶、重新铺摊子，它是对原有的农村建设的继承和超越，因而，新农村建设必须随着经济、政治、社会和文化的变化而不断地改革和完善。随着乡村治理环境的变化，乡村治理的方式方法也必须随之变化。也就是说，乡村治理的理论和实践必须随着社会主义新农村建设时期的经济、政治、社会和文化环境的变化而不断地发展和完善。而要走出中国乡村社会治理的困境，就必须消除乡村治理的体制性和机制性障碍，处理好乡村治理中各治理主体的关系。从这一点来看，建设社会主义新农村的实质是用新的理念寻求解决中国农村、农民、农业问题的新途径，实现中国农村、农民、农业现代化以及三者与城市化的有效对接，其核心是在新的历史时期如何进行新的乡村社会实践。简单地说，就是社会主义新农村建设的道路应该如何走的问题。这是一个方法论的问题。而方法论是离不开理论指导的，因此，建设社会主义新农村首先必须解决的问题就是运用什么样的理论指导的问题。对于这个问题的回答，关涉着新农村未来的发展方向和建设成效。笔者认为，在我国，新农村建设必须在马克思主义理论的指导下进行，当前主要是在中国特色社会主义理论的指导下进行。这是社会主义新农村建设的总的理论原则。在具体理论运用上，相比较而言，目前乡村治理理论是比较有效的理论。而乡村治理的理论原则主要来源于西方的治理理论，因而就存在着这样一个问题，即建设社会主义新农村能否照搬西方的治理理论？换言之，就是治理理论如何与社会主义新农村建设实践实现有效衔接？从治理理论产生的社会基础来看，治理理论存在的社会基础与我国的国情有着根本的差别，因而新农村建设不能照搬西方的治理理论，必须把治理理论本土化，使之适应中国的国情和农村的具体实际；另一方面，从治理理论本身来看，它也存在着内在的理论困境，因而，在社会主义新农村建设时期，必须努力克服其自身的理论陷阱，对其进行中国式的“本土化”改造，“取其精华，去其糟粕”，使其与我国的具体国情和农村的具体实际相契合，以便更好地指导新农村建设实践。

多中心、自主网络与跨域警察服务

——奥斯特罗姆警察服务思想及启示

杨志云[①]

埃莉诺·奥斯特罗姆因为在公共治理，特别是公共池塘资源方面的突出贡献而获得2009年诺贝尔经济学奖，她也成为第一位获此殊荣的女性。多中心（polycentric）与自主治理（Self-governance）、制度分析与发展框架（IAD）、社会生态系统框架（SES）都是奥斯特罗姆思想的精华，这些智慧在“制度分析与公共政策译丛”的推动下已经吸引了国内学者的广泛关注。相比而言，早期关于警察服务的基础性研究和真知灼见未能达到众所周知的程度，与其学术贡献和重要性不对称。实际上，奥斯特罗姆在从事公共池塘资源治理理论研究之前，在大城市改革的背景下，持续了十多年时间专注警察服务。有关警察服务的理论研究和实证检验，奠定了奥斯特罗姆的理论和方法基础。

本文主要以奥斯特罗姆及其学术工作坊（Workshop）在警察服务方面的著作、公共经济的比较研究和多中心之旅（Polycentric Journey）等文献为基础，阐述和勾勒他们关于警察服务的研究问题、研究方法和主要结论，以便国内警察学者和公共管理学者“全景式”地理解奥斯特罗姆在警察服务思想，更好地推动中国公安改革理论研究与改革实践者的对话和互动。

---

① 杨志云，中国人民大学公共政策研究院，研究方向为制度分析与公共政策、都市警察服务的制度结构、地方政府绩效管理的理论与方法。电子邮件：yangzhiyun520@gmail. com。

一、大城市改革、公共经济与警察服务产业

1965年埃莉诺·奥斯特罗姆拟研究和从事除水资源之外的一个政策领域，最终她选择了警察服务这一公共行政中的“无名”领域（“No-Name” Fields）作为学术研究的开始（First Policing Study）。奥斯特罗姆对警察服务的研究缘起于大城市改革的背景之下。

1969—1970年，奥斯特罗姆开设了一年的城市政府与公共产品（服务）理论的专题课程。

在对文献进行梳理后发现，城市治理与服务传递（service delivery）领域有两种主导的途径：一种是大都市改革学派（metropolitan reform），一种是公共经济学派（public economy）。

两派学者都认为大城市地区政府单位的规模（size）影响产出、效率、成本－收益分担、公民参与和官员责任，但是对具体关系的观点却相反。

大都市改革的倡导者认为多样的地方政府提供服务是混乱（chaotic）和无效率的根源，强烈建议消除城市服务中的“碎片”（fragmentation），即取消和合并一些小的政府单位。

然而，这些政策建议背后的假设（assumptions）和预言（predictions）并没有经过认真研究和严格检验。当他们的政策建议被投票否决时，他们却转而批评公民的无知。其实，大都市改革的倡导者内在假定是政府单位的规模与所有类型的公共物品（服务）之间总是正相关的，即总能实现规模经济。公共经济学派的学者运用政治经济途径，将大都市区政府服务单位不再仅仅视为一种政府组织，而是地方公共经济的一部分。大都市区的各种政府单位成为类似市场网络一样相互作用的公共物品（服务）的消费者、生产者和提供者。政府服务单位的规模与不同类型的公共物品（服务）之间存在正相关或负相关关系，规模经济与否因物品的类型差异而不同。例

如，面对面的服务传递（face-to-face delivery），如教育、警察服务和社会福利等与政府服务单位的规模负相关；高速公路及其使用系统等规模经济物品（服务）则与政府服务单位的大小正相关。由此，提供了一种从产业（industry）的角度理解大都市区复杂混乱表象下的秩序和公共物品（服务）组织方式。

为了对公共经济途径的理论观点进行检验，埃莉诺·奥斯特罗姆的学生罗杰·帕克斯产生了研究印第安纳波利里斯警察的奇特想法。帕克斯发现印第安纳波利斯三个独立的小警察机构为社会经济相似的比邻地区提供服务，这些地区本应由更大的印第安纳波利斯市警察局负责服务。这为公共经济学派提供了一个自然实验（natural experiment）的鲜活案例。于是，奥斯特罗姆决定设计严格的方法来研究警察组织的规模与绩效之间的关系。在没有外部经费资助的情况下，城市事务中心（Urban Affairs Center）租车将他们送到印第安纳波利斯开展调查。由此，他们在警察服务方面的第一项相关性研究（coherent research）就是检验大都市区城市治理中政府服务单位的大小而不是数量与绩效的关系。这一研究获得了惊人的发现：在三个由他们自己所有的小规模的警察机构服务的社群，比比邻的由印第安纳波利斯市警察局服务的家庭犯罪受害率更低、在遭受犯罪侵害时更有可能呼叫警察服务、获得的服务高水平更高并给予警察机构更积极的绩效评价。这一事实打破了大城市改革学派关于政府服务单位的规模与公共物品（服务）品质正相关的不经检验的假设“神话”，同时也证实了奥斯特罗姆夫妇更早时期提出的公共行政研究的政治经济传统的假设和理论。

1970 年学期中期，很多黑人学生提出为什么仅在白人比邻区研究社群控制（community control），而黑人区这一问题更为重要。奥斯特罗姆听取了黑人学生的建议，试图寻找拥有自己独立的警察机构且邻近大的、中心城市警察局的黑人社群。最终，选择了芝加哥南部地区作为实地研究，并获得了当地警察机构和社群官员的支持。

1970 年，奥斯特罗姆获得了国家科学基金（National Science Foundation）的资助，开始运用“最近似系统”（most similar systems）研究设计选取由不同规模警察机构服务的相似的比邻区作为调查研究的观测地点。奥斯特罗姆带领学生进行实地调查测量、分析市政内部记录、随警车一起随机观察警察与公民之间互动的一手资料等。1970 年秋，奥斯特罗姆与学生一起，选择芝加哥两个独立的贫穷的黑人社群，比较三个由芝加哥警察局服务的相似社群。这两个小的社群仅有少量的警察，人员工资和警察数量都受到预算的严格限制而较少；而芝加哥市警察局拥有 12 500 多名警员，领取较高的工资。估算的结果是三个由芝加哥市警察局服务的社群的警察服务支出是领近小社群的 14 倍。尽管存在巨大的支出差异，但是生活在小城市的社群居民获得与芝加哥居民一样或更高水平的服务。尽管受害率相似，但生活在小城市社群中的居民安全感更高，并认可地方警察机构依法公平地对待了所有的公民，没有受贿并能够努力满足公民的需求。显然，这些研究结论与最初的政治经济理论具有一致性。

二、社群组织与警察服务提供

虽然深入的案例研究具有很强的内在效度（internal validity），但是也有可能仅仅只反映某一研究情境下的独特方面，因此，为了检验这些案例研究结论的外在效度（external validity），奥斯特罗姆决定开展样本调查。为此，1970 年 4 月，奥斯特罗姆及其同事选取了印第安纳州马里昂县（Marion County）的三个相对小的、独立的社群，这些社群与印第安纳波利斯市直接相邻且有对应的非常相似的社群（人口规模、年龄、性别、社会阶层等）。

通过开发涉及一套涉及 53 项问题的问卷调查，并不断修改完善，最后在作为控制组和对照组的社群组织中发放问卷。在社群组织与警察服务提供中，主要研究了三个问题，即社群组织与警察机构产出的关系；社群组织与警察服务支出的关系；社群组织、生产策略与警察服务提供。这些研究成果主要体现在1973年出版的《社群组织与警察服务的提供》一书中。

三个独立的社群与三个比邻的印第安纳波利斯社群相比，地方社群控制警察机构是否与较高的警察产出相联系？研究设计主要通过两组问题来作出比较。第一组问题涉及被调查的公民与警察之间的经历和被调查公民家庭的打击犯罪经历，如家庭成员是否曾经是犯罪受害者，警察是否帮助过被调查者，是否被警察盘查过等，以及每种情况下警察的反应。第二组问题涉及问卷调查的公民对他们各自地区的警察服务绩效的评价，如报警反应速度有多快，犯罪是否增加，警民关系评价，所在地区警察是否接受贿赂等。调查结果表明，小规模警察机构能够持续提供高水平的服务。相比大城市的警察机构，地方社群控制的警察机构的产出水平更高，效率更高，更能满足公民的需要。例如，地方社群控制的警察机构，犯罪受害者更少，报告犯罪侵害的比率更高，能够获得更多的援助，等等。

关于社群组织与警察服务的支出之间的关系，大城市改革者通常认为存在规模经济，因此，将小规模的辖区合并成大的、集中的单位就能够实现单位服务生产成本的降低。但是调查的结果表明，独立的社群相比印第安纳波利斯的社群，通常给予他们的警察机构更高的评价；而且在警察服务的投入的资源上更高。由于被比较的两组警察机构投入和产出都不一样，加上警察机构产出的衡量上的内在难题，两种警察组织的相对效率很难比较。研究结果还表明，印第安纳波利斯警察局未必比三个小警察机构效率高，质疑了大城市改革者的大规模警察机构效率更高的假设。

警察与公民之间的关系以及警察服务的生产策略是小规模警察机构比大规模警察机构服务水平高的可能解释。社群控制的警察机构相比大的警察机构与公民之间有更多的联系，更易以正式和非正式的方式表达自己的偏好。例如，在三个独立的社群中，52%的居民知道一名地方警察，而印第安纳波利斯的社群只有39%的居民知道一名印第安纳波利斯市警察。

警察服务的生产策略有两种类型，即任务导向策略（task-oriented）和巡逻导向策略（patrol-oriented）。印第安纳波利斯市警察局采取了任务导向型策略，包括专业化组织处理专门的问题和提供较高水平的支持性服务。为独立社群服务的警察机构则采用巡逻导向策略，将大量的警力资源配置在地区巡逻上。由于命令－控制的难题，巡逻导向策略不适合大的、集中化的警察机构；相反，对小的警察机构却具有可行性。当然，由于调查的警察机构较少，这些研究结论只是初步性的，警察机构的规模大小、警察组织之间的结构与警察服务绩效之间的确切关系在随后的大样本调查中得到了清晰体现。

三、都市警察服务的制度结构

在大城市改革的争论中，奥斯特罗姆将公共服务视为一种产业，发展了公共服务产业的框架（public service industry，简称PSI），提供了理解警察服务的新视角。在后续研究中，奥斯特罗姆开始利用国家科学基金的资助关注更为复杂的问题，即大都市地区政府服务单位的数量（numbers）对公共物品（服务）的影响；大都市区政府服务机构之间的结构（structures/patterns）与绩效之间的关系，试图以此来理解复杂的城市体制（Complex Urban Systems）。当然，研究领域依然选择了警察服务，即警察服务机构的数量与警察服务的绩效的关系，以及警察组织之间的制度结构与警察服务绩效的关系。关于都市警察服务的制度结构的研究，主要体现在1977年的《美国大都市地区的警察服务》和1978年的《大都市警察服务的结构》。

《美国大都市地区的警察服务》和《大都市警察服务的制度结

构》主要关注，都市区从小型到中等规模警察组织之间的服务传递，解决三个大的问题：警察服务的生产者，警察机构合作与服务传递，警察机构规模与服务传递。根据1970年美国人口普查局（the U. S. Census Bureau）提供的人口150万以下的200个标准大都市统计区（Standard Metropolitan Statistical Areas，简称SMSAs），奥斯特罗姆随机抽样选取了全美80个样本地理区域，这些样本涉及不同规模、人口密度和类型的社群组织。从1974年6月到1975年5月，访谈了大约600个警察服务生产者，大约额外的300个警察服务生产者通过电话访谈，超过300个警察机构通过邮件反馈问卷调查。各个州的法律由学生在印第安纳州立大学法学院图书馆收集，并请各个州的法律专家核准。14 在研究中，依然遵循产业趋向，主要考察三种直接与公民接触的警察服务（巡逻、交通控制和犯罪调查），以及四种警察机构消费的辅助服务（无线电通信、成人预审拘留、入警培训和犯罪实验室分析）的制度安排和警察组织间的安排。

大样本实证研究的结果表明：大都市地区警察服务的生产者具有多样性，在直接服务生产者之间存在明确的工作关系模式，几乎不存在严格意义上的重复生产，如犯罪调查案件，很多地方警察机构调查更多的是入室盗窃而不是杀人案。小的警察机构调查杀人案的可能性最小，主要由交叉管辖的较大警察机构负责。同样，直接服务中的交通控制服务，主要由地方警察机构负责，州警察和公路巡警也发挥重要贡献，但较大的警察机构具有的人力资源优势并不能在交通控制中发挥作用，真正在街道上执勤的警力没有中小规模警察机构多。在辅助服务方面，除无线电通信外，自己生产辅助服务的直接服务生产者比重非常低，较大的直接服务生产者自己生产辅助服务的可能性较大。例如，有70%的直接服务生产者自己生产无线电通信，而成人预审拘留基本上没有直接服务生产者自己生产，犯罪实验室分析也同样如此，基本上依靠大的警察机构提供。因此，在不同层次的警察机构之间存在着丰富的关系网络，使得辅助服务被普遍地使用。几乎 90% 的警察机构援助其他警察机构的巡逻，同时，90% 以上的机构在接受访谈调查时报告接受其他警察机构的援助。在较小的警察机构中，正式和非正式援助更为频繁。

因此，关于大都市警察服务的制度结构研究的基本结论：机构规模的多样性（diversity）和服务的不同组合，并不必然是服务生产的浪费和混乱。小型到中等规模的警察机构之间几乎没有重叠（duplication），绝大部分的警察机构知道他们应该负责提供什么样的服务，并且知道传递到哪里。服务重叠、混乱和不合作的例子有，但是不是普遍的模式（common pattern）。因此，新的政策建议是，大都市区的警察服务的重组需要建立在对资源进行现实评估和每一个区域的特定需要的基础上。而要评估大都市地区任何一种警察服务的供给，都需要详细研究警察机构的运作，且必须特别注意作为服务消费者的公民的需求。

通过两年多的实地调研和观测，奥斯特罗姆及其学生以翔实的数据刻画了大都市区警察服务的精确图景，凸显出了大都市区警察服务的制度结构的复杂性。毫无疑问，这一研究再次挑战了人们的“常识假设”，证明了其早期案例研究的外在效度。由于警察服务的复杂性，如资本 - 劳动密度、直接 - 辅助服务等，导致研究结论是依据不同类型的物品（服务）采取不同的组织模式，没有能够如其他学者或政府官员期望的那样开出确切的“药方”，因此，很难轻易被接受。但无论政策方案的采纳情况如何，警察服务制度结构的研究再次表明，在务的制度结构。

公共经济逻辑下，不同类型和不同层次或属性的物品（服务）应该与不同层次的政府服务单位相匹配，不同的社群组织、个人等都是合作生产者，即多中心的城市政府体制（polycentric metropolitan government）本身就是一种秩序。

四、跨管辖区警察组织合作网络

在都市警察服务的制度结构中，奥斯特罗姆及其学生已经发现多样性的警察机构之间存在着丰富的关系网络来实现合作生产（coproduction）和辅助服务的提供。那么，警察组织合作网络与警察绩效之间的关系究竟怎样？在奥斯特罗姆的指导下，由其学生詹姆斯·马克戴维（James Mcdavid）完成，研究的成果主要体现在马克戴维的博士论文《跨管辖区合作与警察绩效：圣路易斯的经验》。这一研究目的在于检验跨辖区情境下，城市地区警察机构之间合作的一系列假设与绩效之间的关系，以充分理解城市警察服务生产者之间的关系。

城市政府和警察领域的很多的研究报告认为，在跨管辖区警察部门的合作制度安排非常零星和缺乏，交叉管辖导致缺乏合作。因此，政策建议是合并（consolidation）警察服务的机构或者增加正式合作制度。但这些只是未经检验的假定而非事实。为此，在奥斯特罗姆的指导下，马克戴维有针对性地提出了一系列研究假设（见表1）。

表1　跨管辖区合作与警察绩效的研究假设

A　跨管辖区合作数量相关的假设

H1：多重管辖（multiple-jurisdictional）环境中警察部门缺乏合作

H2：警察部门之间的合作是零星的（sporadic）

H3：领近区的警察部门之间的合作也是零星的（sporadic）

B　跨管辖区合作安排种类的相关假设

H4：多重管辖环境中警察机构倾向于非正式（informal）合作

H5：多重管辖环境中相邻警察机构倾向于非正式（informal）合作

H6：非正式合作往往具有互助性质（mutual aid nature）

C　跨管辖区合作与警察绩效的相关假设

H7：多重管辖环境下，正式合作提高警察部门的绩效

H8：多重管辖环境下，非正式的互助协定不能提高警察部门的绩效

H9：多重管辖环境下，非正式的信息交换不能提高警察部门的绩效

H10：多重管辖环境下，非正式合作不能提高警察部门的绩效

为了确定跨管辖区警察合作制度安排的数量和种类，从1972年3月到1974年5月，马克戴维在圣路易斯地区的28个独立的警察局经过两年多时间的大规模访谈和问卷调查搜集服务传递数据。H1－H6在调查结束后就能够得到检验。例如，在28个警察部门中，有高达7 165份合作协议，一个警察部门最多的有421份与其他警察部门的合作协议。在合作的类型中，信息交换的频率高达2 838次，占合作总数的51.9%，其次是互助（mutual aid），占30%的比重。H1被证伪，交叉管辖背景下跨辖区警察组织的合作具有普遍性。而在这些合作制度安排中，非正式（不成文）合作非常容易实现，因为一个警察机构可能在未来需要其他相邻警察机构的协助，特别是信息交换合作。

跨管辖区警察组织合作的制度安排与绩效的关系，即H7－H10主要是检验正式的合作是否比非正式合作更有可能使警察局实现较高的绩效，结果表明警察绩效与正式合作协议的数量负相关；与非正式协议的数量正相关。为什么非正式协议更能提高警察绩效？可能的解释是非正式协议提供了灵活性。其政策意蕴就在于反对警察组织之间的合并，因为小的警察组织更能回应消费者的诉求，小的警察组织能够实现跨管辖区合作的制度安排，非正式合作也能够实现高绩效。研究结果再次表明多中心体制的有效性。

五、警察绩效测量：一种组织学习策略

警察改革的历史中充斥着各种未经检验的假设，由此，警察组织重组（reorganization）的政策选择必须经过严格的绩效检验。组织绩效才是决定一种警察服务的制度安排或制度结构的标准和依据。奥斯特罗姆及其同事在美国司法部（U. S. Department of Justice）的资助下开展了警察绩效基础理论研究。对警察绩效进行了专门研究，集中在1982年出版《警察绩效的基本问题》。

绩效测量是运用社会科学方法去评估一个机构工作的好坏状况。在警察绩效测量的简史中，研究人员一直倾向于强调科学地测量与打击犯罪相关的犯罪和执法工作（law enforcement effort），但警察工作的内容十分复杂和多样。没有考虑警察所从事的广泛的工作已经导致不完整和偏见式的警察服务质量评价。警察绩效评估者希望系统地测量绩效面临的三个主要难题：（1）没有认识到警察绩效测量的选择提出了警察应该做什么的问题，关于良好的警察绩效包括什么这个问题没有达成共识；（2）缺乏关于警察活动是如何导致社会变化（social changes）的知识；（3）存在大量的障碍去获取有效的警务数据资料。

奥斯特罗姆等在回顾警察绩效评估的简史后指出，当前大多数警察机构绩效测量的一个主要特征是，人们最关心的是由一个清晰完整的警务目标框架指导它。当前很多评估项目的另一个特点是，在显示绩效时依赖一个或一些数据统计，而不是努力去发展更多的测量指数去覆盖警察机构运行的方方面面。这些特点综合起来形成的绩效测量过程，不能处理警察服务的很多有价值的方面，不能鼓励发展知识和运用测量过程的新信息，不能产出有效的数据。

虽然警察报告中充满了各种图表，作为警察绩效的指标，这些数据的质量和范围并没有被大多数部门、其他政府官员和公众审查，往往成为“数字游戏”。因此，如果人们能够对警察绩效测量的结果提出问题并开放讨论，绩效测量就能够更好地帮助我们理解警察工作是什么、应该是什么和怎样做好。目前绩效测量只能提供部分关于警察局的运作和社会影响的信息。由于人们期望警察完成的目标十分多样化，绩效测量不太可能反映警察工作的所有价值。

当前的绩效测量实践不仅仅被目标测量扭曲，而且还因为它们对一些关键指数的依赖而受损。在预算时间，警察长官们挣扎着想要找到正确的统计数据来将它们的预算案正当化。

绩效测量研究和发展的目标不应是那些用来评定哪些部门做得

好哪些部门做得不好的一系列测量和数据收集技术。相反，奥斯特罗姆等的研究结论是绩效测量应该是一种学习更好地了解警察做什么和在他们的社区有什么影响效果的途径。作为一种学习过程的绩效测量可以有以下三种功能，即问题识别、程序（program）开发和理论构建。问题识别让人们注意关于警察应该做什么的决定；程序开发包括计划处理问题的工具；理论构建指的是学习警务服务如何运作。绩效测量是一个很强大的工具，因为它联结了三个不同的事业（enterprises）：确定应然的东西（determining what ought to be）；确定实然的东西（determining what is）和确定改变的过程。更好的绩效测量并不会自动地产生更好的警察服务。没有那一套测量指标（measures）足以替代我们的公务员、警官、警察管理者、一线官员和公民身上的专注、体贴、良好判断和强烈的道德观念等品质。绩效测量能够改善以上这些群体需要处理的信息和理论。从这种意义上，“绩效测量在提出更好的问题方面比给出更好的答案方面更有用”。

警察绩效评估是尝试回答警察服务产出的某些方面的问题。投入—行动—产出是警察服务的过程，产出的后果被称为“结果”（outcomes），结果包括主观和客观（objective and subjective）两种类型。而要衡量和评估警察绩效的标准包括效果，即产出和结果与目标的匹配程度；效率，即以最小的投入实现期望的产出；公平，即警察服务的收益如何分配或配置；责任，即投入是否被用于合适的目的以及行为是否由合适的主体实施或授权。警察服务的绩效需要在各种价值之间权衡和平衡。

因此，奥斯特罗姆及其同事提出了未来警察绩效测量的建议：用绩效测量的结果去评定警察机构的好坏应该注意清楚地阐明局限性，警察服务的替代性价值应该展示，数据和模型的不足也要解释清楚；在比较测量某种警察服务的不足之前，应调查研究替代性解释，如是否服务情境的导致观察结果的差异？警察机构作何改变能够提高绩效？广泛阐述的目标可以更具体，特定危机可以被看做是更一般问题的表现，警察管理者可以与民选官员、选民进行讨论以识别问题，并避免（head off）以后的危机；政策分析师和专业协会应该使警察部门了解最新的警务研究，收集更好的数据和更具体的指导警察组织运行的理论，这有助于推动警察服务传递理论的发展；警察管理可以激励和教育官员成为更精确信息的收集者；重组已经获得的信息可能有助于解决没有明确收集数据的绩效问题；警察管理者应该评估数据信息的价值以消除不必要的记录；警察机构通过对数据进行编码有时可以节省资源；警察机构之外的组织和机构要了解警察组织的运行状况，也需要严格的目标描述和清楚的绩效标准。

六、多中心、自主网络与跨域警察服务对中国的启示

奥斯特罗姆夫妇及其同事在警察服务领域的研究（PSS）前后持续了15年的时间，第一阶段是1974—1976年，目的是综合描述大都市区警察服务的制度安排；第二阶段是1976—1980年，分析警察服务传递的制度安排对不同社群的绩效结果。这些研究成果实现了理论发展、实证检验与政策建议的完美结合。不仅检验了奥斯特罗姆夫妇更早期关于公共行政的政治经济途径的理论，而且获得了新的重大理论发现，奠定了他们后续研究的理论和方法基础，为开发制度分析与发展的框架、重返公共池塘资源、自主治理和社会生态系统分析都奠定了坚实的基础。

几十年过去了，奥斯特罗姆及其同事关于警察服务的思想依然闪烁着智慧之光。1995年帕克斯重返过去调查过的地区，检验20年后大都市警察服务的结构和格局是否发生变化，结果表明与20年前的研究几乎完全一致。1997年埃莉诺·奥斯特罗姆在获得弗兰克·

塞德曼（Frank E. Seidman）政治经济学大奖时，发表了“公共经济的比较研究”，系统地阐述了她在警察服务领域的研究成果，阿罗教授对其给予了高度而又中肯的评价，“我认为今天的讲演是一个极其新颖的观点。当然，这些观点反映在奥斯特罗姆教授的较为早期的著作中，但是它们对于我们来说依然是新颖的。”的确，这些远见卓识因为有广泛的理论基础和大量的实证基础，经受了时间的检验，其政策选择对于当下中国的公安警察改革和警察服务地组织依然具有深远的指导和借鉴意义。

警察服务是一项必不可少的社会基础设施，中国的发展已经进入一个新的阶段，需要思考成熟的市场经济需要怎样的警察服务？如何更好地组织警察服务？1984 年私人保安业开始出现，警察服务的主体越来越多元化，警务私有化和社会化成为发展趋势。2003 年开始，中国开始推行社区警务战略，以填补社区这一城市治理新空间的出现。2004 年泛珠三角省会市暨副省级市警务协作网络等区域警察合作网络获得较快发展。奥斯特罗姆教授及其同事所研究的警察服务议题，在当下的中国得到再现，在很多热点议题上都可以为我们提供启发。

从产业角度理解警察服务，优化警察服务地组织和提供。一直以来，组织逻辑是中国维持治安秩序的主导性选择。组织化调控和自上而下的组织网络成为中国维护社会治安的经验模式。新中国建国后执政党主导的权力组织网络替代权力文化网络（culture nexus power），没有为基层自治组织留下成长的空间，这种社会治安组织结构的问题在于社会缺乏活力。中国社会治安主要依靠警察组织层级网络、治安耳目和庞大的社会组织力量构成的组织网络来实现。由于局限于组织逻辑，维持组织网运行就需要付出高昂的经济成本。例如，2010 年中国维持国内安全的公安财政支出经费高达 5 140 亿元，超过国防支出。从产业和公共经济角度理解警察服务，有助于重新思考警察组织的重构，优化警察服务的组织结构和供给过程。

培育社区组织和社区警务，增强社区对警察服务的控制能力，提高警察服务水平和满意度。目前推行的社区警务不同于西方建立在社区自治基础上的警务战略，偏重实现对基层社会的控制力度。这就导致社区警务成为外在于社区的力量。因此，必须转变方向，社区控制的警察服务才能更好地为社区居民服务，进而改善居民与警察之间的关系，实现警察作为一种外在秩序向内在秩序的转变。另外，长期以来，由于国家政权建设时期维持社会治安和政治稳定的需要，过度强调警察的政治属性和专政职能，忽视的服务职能。公安警察常常以管理者自居，管理观念落后，政治警务模式痕迹十分明显，过多地充当了“犯罪打击的卫士”。增强社区对警察服务的控制能力，才能真正以服务和公众满意为导向和旨归。

警察组织之间的复杂网络与跨域合作治理，不仅要强调正式的警务协定，更要重视非正式协定的发展和自主合作能力的培养。2003 年以来地方警察组织之间通过缔结各种正式的行政协定来构建警察组织之间的网络，实现服务传递和合作。目前，自上而下主导的警察组织网络与自下而上确认的警察组织网络都获得了较快发展，环首都圈地区、泛珠三角、长三角、东北、西南城市警察组织之间结成了层次多样，相互嵌套的复杂网络化警察组织。网络化警察组织成为超越区域警察组织合并的替代性选择。警察管辖区之间的正式的合并未必能够增加警察生产率。相反，一系列正式和非正的合作制度安排，能够克服因管辖区重叠引起的大量的管理问题。奥斯特罗姆等对美国大都市区警察制度结构的实证研究提醒中国的跨域警察服务要注重非正式合作制度安排。目前，中国的跨域警务刚刚兴起，主要依托正式的协定来推动打击跨域违法犯罪活动的集体行动，还需要通过较长时间来培育不同辖区、不同地域警察组织之间合作的互信机制、协调机制、成本分担机制，实现组织间信任基础上的自发的“第二代理性集体行动”，而无须不断签订新的具体领域合作协定。

发展多中心的警察服务供给模式，形成与警察服务多样属性相互匹配的制度结构和警察服务秩序。各级公安警察、派出所、社区警察、保安服务公司、居民联防组织、个人等都是警察服务的提供者和维护者，因此，不能期望单纯增加警察力量实现治安服务的改善。“善治就是良好的治理，就是政府与公民对社会的合作管理。它不仅要求有一个好的政府，要求有善政，而且要求有好的公民，要求在没有政府介入的情况社会也有良好的治理。”在警察服务领域同样如此，除了求助于政府，求助于市场，还可以求助于人类社会共同体本身。多样性的制度才能与警察属性的多样性相匹配。一个全新的社会，需要新的政治科学。同样，在中国转型的空间和时间背景下，迫切需要新的治理科学。多中心、自主合作提供了警察服务体制和跨域警察组织间关系模式的新的替代性选择。有助于打破长期以来警察服务体制在集权与分权上的悖论——“中央集权但欠缺足够的权力，地方分权但欠缺足够的民主”。奥斯特罗姆的警察服务思想不仅可以指导中国警务改革和警察服务的具体实践，而且重在改变自上而下的强力控制等单中心的秩序结构，形成一种新的警察服务秩序。

治理类型

——演化与融汇

臧雷振[1]

一、导　论

在20世纪90年代，学者对经济发展中深层因素关注的兴趣不断增加，如世界银行研究人员在一份有影响力报告中提出的备受争议的结论：对外援助只有在政府具备实施良好治理政策因素的国家里才能发挥作用（World Bank，1998）。但争论并不妨碍世界银行在过去十多年从其所认为的“增进国家或区域发展”的角度大力推广治理这一概念。治理从先见于北欧诸国逐步遍及全世界，形成论国事“言必称治理”的火热局面。世界银行为推广治理理念投下大量人力与经费开发出的世界治理指标（简称“WGI”）根据六个方面——腐败控制（CC）言论和问责（VA）、法治（RL）、政府效能（GE）、政治稳定（PS）和监管质量（RQ）——对不同国家治理打分，认为上述因素构成的治理品质影响一个国家经济与社会发展的成败。该指标被诸多学者用作解释国家发展变量，也被各国决策者用来分配价值亿万美元的对外援助，如布什政府启动的“千年挑战账户”（Millennium Challenge Account，MCA）项目，力图将对外援助授给予那些比同类国家治理的更好的国家，“其他援助国政府如荷兰，也根据

① 臧雷振，北京大学政府管理学院，研究方向为比较政治理论与方法，邮件地址：leizhen@ pku. edu. cn。

WGI来监督受援国的治理水平，此外风险评级机构以及非政府组织等也有采用这一指标来评估所实践的项目”（World Bank，2006b）。

在这种关乎巨额国际信贷和外援的情形下，有关“治理”（governance）的研究成为近年来社会科学关注焦点也就不足为怪了。“今天的国际多边、双边机构和学术团体以及民间志愿组织关于发展问题的出版物很少有不以治理作为常用词汇的。”[①] 治理理念越来越广泛地运用到政治学、经济学、社会学等各个领域，通过在其前加一修饰限定性词语而摇身一变的新术语亦应运而生，如“善治”、“全球治理”、“社会治理”、“地方治理”、“社区治理”、“多层次治理”、“多中心治理”，乃至新兴的“微博治理”等，但治理广泛运用及诸多与治理关联词汇的诞生并没有改变治理含义模糊与包容多种用法的困境。一如研究治理问题的学者鲍勃·杰索普（Bob Jessop）所言：“过去15年来，它在许多语境中大行其道，以至成为一个可以指涉任何事物或毫无意义的‘时髦词语’。”[②] 这种说法或许被夸大，毕竟“治理”作为世界银行等国际组织率先提出的概念为提升相关国际组织影响及声望功不可没；同时其又作为被联合国推崇的一相关概念，正“取代联合国早期的去殖民化、本土化及人权等逐渐式微的概念”。[③]

时髦的“治理”概念被以各种方式使用，被赋予各种解释，这种学术研究的开放性和模糊性启发诸多学者对其进行精确界定的语义学追索以期溯源求解。比如有学者将其追溯到16世纪（Marcou，G.，F. Rangeon and J. L. Thiébault，1997），也有追溯到18世纪法语“gouvemance”一词，该词曾是启蒙哲学表达对政府开明与尊重市民

① 辛西娅·休伊特·德·阿尔坎塔拉：《“治理”概念的运用和滥用》，《国际社会科学（中文版）》，1999年第2期。

② 鲍勃·杰索普：《治理的兴起及其失败的风险：以经济发展为例的论述》，《国际社会科学》（中文版），1999年第2期。

③ Thomas G. Weiss. Governance，Good Governance and Global Governance：Conceptual and Actual Challenges. *Third World Quarterly*，Vol. 21，No. 5（Oct.，2000）.

社会这种愿景结合起来的一个要素。[①] 更早可追溯到14世纪末叶，英格兰国王亨利四世使用治理概念用以表明“上帝之法授予国王对国家的”[②]。此外，在15世纪一本有关教养的读物（*Book of Nurture*）中，卢素（John Russell）写到能否成为一位贵族好管家的区别就是“管制力”（governed）和“非管制力”（ungovered）起着核心作用。虽然卢素是在一般意义上使用这个短语，但随后的乔叟（Geoffrey Chaucer）、高尔（John Gower）、维克利夫（John Wycliff）等对该词使用不仅是将其意指定为“好”、“公民秩序”等，乔叟还将《坎特伯雷故事集》（*the Canterbury Tales*）中的主持朝圣秩序的官员称为“治理者”（Governor）。而就治理一词本意而言，其源于希腊动词κυβερνάω（kubern áo），意为掌控（steer），当首次被柏拉图在比喻意义上使用后，才传播到拉丁美洲及其他各种语言。

对治理历史追溯并未如想像般给其当代定义带来切实的智力支撑，在流行的治理界定中最为常见的是世界银行将其定义为政治权威和合法性资源的行使以管理社会的问题和事务[③]；世界银行WGI项目（Worldwide Governance Indicators）则将其义为：国家权威被行使的惯例和制度[④]；除了这些研究机构的定义，类似其他替换性定义如：通过机构、权力及协作以分配资源，同时调整或控制社会经济活动的过程。[⑤] 但无论如何，这类定义并看不出与政治学通俗对国家或政府定义的实质性区分。

---

① 让彼埃尔·戈丹：《现代的治理，昨天和今天》，《国际社会科学》（中文版），1999年第2期。

② Weller, P. In Search of Governance. In David, A., and M. Keating (Eds.). *The Future of Governance*. St. Leonards, NSW: Allen&Unwin. 2000.

③ World Bank, Managing Development-The Governance Dimension, Washington D. C., 1991.

④ The World Bank, A Decade of Measuring the Quality of Governance, 2006. www.worldbank.org/wbi/governance.

⑤ Bell, Stephen. *Economic Governance and Institutional Dynamics*. Melbourne, Oxford University Press, 2002. 类似学者的观点还可见罗西瑙（James N. Rosenau）、罗茨（R. Rhodes）、斯托克（Gerry Stoker）等。

上述的语义学考察也可看出治理更多时候只是作为一种词源学的修饰来使用，治理概念通常是折中和相当杂乱的，而不具有其他实质性实践的改变，治理的实际意义在当前显然被夸大了。“治理”一方面面临语义模糊性的困境，另一方面却又面临全球众多研究机构和学者提出的治理概念林林总总不胜枚举各自言说的纷乱，缺乏统一的共识（图1展示学者对治理常用的解释维度和角度）。最终导致治理概念“如同电影中（Alice in Wonderland）深陷仙境的爱丽丝不断对自己身份进行追问，每个学者也都想要明确其确切意思。”①

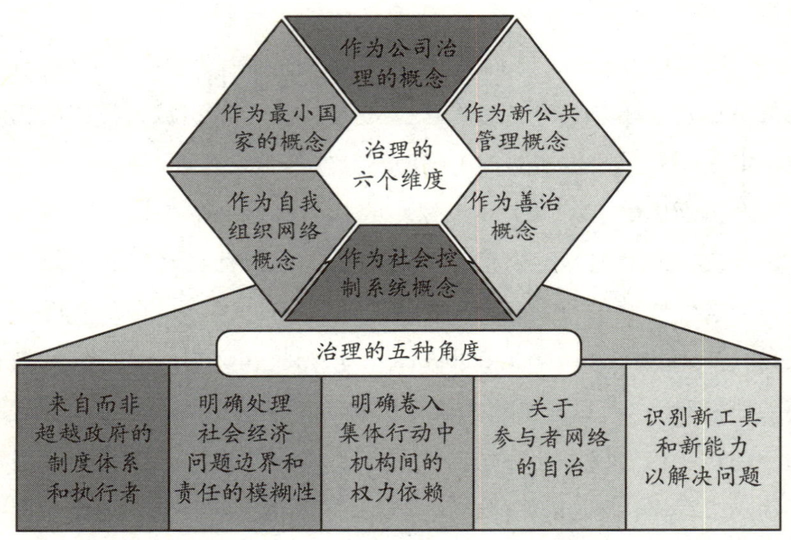

图1　治理的五种角度②与治理使用的六个维度③

---

① B. Guy Peters，Globalization，Governance and the State，XI Congreso Internacional del CLAD sobre la Reforma del Estado y de la Administración Pública，Ciudad de Guatemala，7－10，2006.

② Gerry Stoker，governance as theory，1998，*International Social Science Journal*，Vol. 50（155）：17－28.

③ Rhodes，Rod 1996，The New Governance，*Political Studies*，Vol. 44：652－666；Rhodes，Rod 1997，Understanding Governance，Policy Networks，Governance，Reflexivity and Accountability；Buckingham：Open University Press，46－47. 该六大维度强调了治理其他四个不被重视的特征：组织间相互依赖，网络成员持续互动，基于信任和规则的协商参与互动，显著水平的国家自主性。

在一个言必称“治理”的年代，却没有理清其基本内涵，这显然对进一步研究的深化和拓展是无益的。这也可解释为什么治理20余年来的盛行——概念上越含糊其辞，运用上越无所顾忌。上述讨论也可见如若单一就治理言治理，纠缠于初级材料而无法触及研究本质，易陷入不同知识背景、研究视角下概念界定的纷争。福柯曾言“不要去无止境地探寻一种对看得见的事实必定是不充分的语言”[①]。概念仅仅是作为反思实践发生联系的途径，因此若从实践中差异明显的治理类型进行理论的演化和融通，或可为我们带来新的理解图景，借类型区分作为理论分析的入门，有助于后续研究的完善，下文即尝试从差异化的治理类型分析呈现出治理学术脉络。

二、治理类型

（一）从善治到全球治理

对善治的重视主要得益于20世纪80年代后期发展型国家的实践智慧，而1997年亚洲经济危机削弱了关于亚太地区“亚洲价值”的国际讨论[②]，“善治”话语被进一步强化。从80年代至90年代，援助国及像国际货币基金组织（IMF）世界银行等国际组织往往通过对被援助国施加改革压力影响其政策制定，将被援助国的善治表现作为附加条件，强调受援助国善治因素水平提升或改革是获取公共事业贷款重要条款。世界银行等组织认为善治意味着最基本的治理，尤其在发展中国家中要强调政治运行体系比过去更加开放透明，决策领域更具有可预测性、开放性及进步性；官僚体系充满职业精神；政府执行部门对其行为负起责任；有一个强健的公民社会参与

① ［法］福柯：《词与物——人文科学考古学》，莫伟民译，上海三联书店，2001.

② Mark R. Thompson, Pacific Asia after “Asian Values”: Authoritarianism, Democracy, and “Good Governance”, *Third World Quarterly*, Vol. 25, No. 6 (2004).

公共事务；较强的法制体系和有效的行政；以及依赖于政治运动和政党鼓动下的弱势群体的政治动员，等等。

针对国际队善治全球范围的推崇和实践不同学者给出不同的观点[1]，有学者认为善治只是一遥远的梦想[2]，亦有针对世界银行实施的善治及不良绩效考核机制带来的虚假神话提出了批评[3]，因为这些并不能客观真实反映一国治理真实水平。如哈佛大学安德鲁教授也通过对38个国家公共财政管理结构的分析，指出善治意味着不同国家的差异性实践，批评诸如世界银行设立的治理指数所认为有效政府的最佳模式，其所谓好的或有效政府的善治版本是空无一物的。这种“因国制宜”的实践建议在对政府治理评估时考量若干关键性背景因素如经济现状、人口因素，社会政治结构等。[4]

但世界银行提出的善治美好价值标准依然吸引诸多的参与者和跟进者，善治逐渐从一国实践推广到一新的治理高度——全球治理（World Governance 或 Global Governance、Transnational Governance、Supranational Governance）的概念应然而生，其实1945年联合国建立就蕴涵全球治理的意蕴，但之后的世界大战及冷战消磨这种雄心壮志。[5] 当前全球治理兴起在全球化进一步蔓延、全球公民社会组织与跨国公司蓬勃发展、国际恐怖组织威胁以及国际问题如环境对人类福利危害等基础上进一步扩展，所以全球治理不是权力向非政府组织转移，而是政府理性的表达。

---

① J. Faundez, *Good Government and Law. Legal and Institutional Reform in Developing Countries*, London, Macmillan Press, 1997.

② Madhav Godbole, Good Governance: A Distant Dream, *Economic and Political Weekly*, Vol. 39, No. 11 (Mar. 13 - 19, 2004).

③ Jeffrey Sonnenfeld, Good Governance and the Misleading Myths of Bad Metrics, *The Academy of Management Executive* (1993 - 2005).

④ Matt Andrews, Good Government Means Different Things in Different Countries, *Governance*, Volume 23, Issue 1, pages 7 - 35, January 2010.

⑤ Stanley Hoffmann, World Governance: Beyond Utopia, Daedalus, Vol. 132, No. 1, *International Justice*, Winter, 2003.

在过去十年左右，“全球治理”被视为国际政治研究的一个有用的分析入口，被认为是在没有发号施令的法定行为能力的情况下，使国际事务达成一致。全球治理相关研究首先是将政府作为同一化过程而非制度来研究，其目的是想从阶层制和主权为主的分析范式走向水平型、网络治理的分析范式（如 Rosenau and Czempiel 1992；Rosenau 1999；Held and McGrew 2002）；其次认为非政府组织的崛起伴随国家权力的削减（Keck and Sikkink 1998；Rosenau 2002）以及政治权力日益从主权国家所抽离，在跨国政策网络和权威当局中国家日益扮演战略性而非必须的主导角色（Rosenau 1999，2002）。①

这种研究取向将全球治理分析建立在这种假设：“虽然不同国家存在不同传统、文化及政治倾向阻碍，但采用一系列基础性行政法工具和实践依然可以促进跨国政策的推行。”② 这一假设也给全球治理带来国家文化之间的融合等问题。此外全球治理“过多聚焦于这个不确定世界的治理”③ 也被学者批评其只是一些空想者所持有的乌托邦构想，因为跨国组织虽然可以解决或促进解决部分国际问题，但由于缺乏必要的资源和权威无法改变现有的治理体系，同时国际组织或国际条约还存在自律和执行力问题，而赞成全球治理实践的学者④认为通过解决现实之中全球社会面对最大的挑战——建立有效的全球层面的治理机制，并与其他层面治理机制有效链接——是解决全球治理困境的不二法门。

---

① Ole Jacob Sending, Iver B. Neumann, Governance to Governmentality, *International Studies Quarterly*, (2006) 50.

② Daniel C. Esty, Good Governance at the Supranational Scale, *The Yale Law Journal*, Vol. 115, No. 7. (May, 2006).

③ Craig N. Murphy, Global Governance: Poorly Done and Poorly Understood, *International Affairs* (Royal Institute of International Affairs 1944 -), Vol. 76, No. 4 (Oct., 2000).

④ Amitai Etzioni, Beyond Transnational Governance. *International Journal*, Vol. 56, No. 4 (Autumn, 2001), pp. 595 - 610.

(二) 从多层次治理到互动治理

伴随全球区域一体化进程的加速和全球治理的现实困境，多层次治理（Multi-level Governance）逐渐从欧洲兴起并传播世界，当学者马克斯等人（如 Liesbet Hooghe，Gary Marks，Hooge and Blank）在 20 世纪 90 年代首先使用这一词语时[①]，他们的理论来自于对欧盟签署马斯特里赫特条约后于 1992 年实施新的政治结构研究，发现欧盟的一体化政策（EU cohesion policy）多级管理体现出诸多相互作用的权威结构服务于全球政治经济事务，表现出政治权力在国内和国际事务中愈加紧密的链接，“意含不同地区各级公共，私人和志愿部门之间关系的变化，强调公共部门间多重参与。它与传统的、层级制的国家构成的中心权威形成鲜明对比”[②]。这种多层次治理的趋势使得公共政策治理要求变得更加复杂，包括多重参与主体应对、中央和地方各级政府合作的再思考等。

多层次治理对欧联研究体现为两个不同的理论阶段。第一阶段的主导力量是从国际关系领域进行研究，第二阶段对这些研究进行了修订并引进其他学科领域的见解，如对公共政策的研究。早期的解释被称为内嵌于不同层级政府间连续协商制度[③]，描述了超国家、国家、区域和地方政府深陷基于领土本位的政策网络困境。强调政

① G. Marks，Structural policy and Multi-level governance in the EC in：A. Cafruny and G. Rosenthal（ed.）. The State of the European Community：The Maastricht Debate and Beyond（Boulder 1993），pp. 391 -411. Marks，G.，L. Hooge and K. Blank（1996），“European Integration from the 1980s：State-Centric v. Multi-Level Governance”，*Journal of Common Market Studies*，34，343 -377.

② Burns，Tom，Jaeger，Carlo，Liberatore，Angela，Meny，Yves，Nanz，Patrizia 2000，The Future of Parliamentary Democracy：Transition and Challenge in European Governance（Green Paper prepared for the Conference of the European Union），AS/D（2000），Brussels：European Commission.

③ G. Marks，Structural policy and Multi-level governance in the EC in：A. Cafruny and G. Rosenthal（ed.）The State of *the European Community*：*The Maastricht Debate and Beyond*（Boulder 1993），pp. 391 -411.

府行为者之间，以及非政府行动者之间的凝聚力在欧盟决策和政策制定层面日益重要、频繁和复杂的相互作用。后期研究中学者通过对该概念进一步澄清和提炼区分了两类多层次治理类型，第一种类型多层次治理类似于联邦制。即在有限的行政层级中通过权力分散来限制非重叠的司法管辖权限。在这一类中，权力分配被看做是比较稳定。第二种类型多层次治理呈现了更复杂，更流畅和包含较多管辖区组成的治理图景。这些行政辖区往往互相重叠，且更具弹性。他们围绕着具体的政策部门和议题形成确保最佳的决策效率，在这一类中，权力分配不太稳定。简而言之这两类多层次治理亦可认为一类是对于基层、非交叉和持久的司法管辖区设想其分散权力；一类是对于特别任务、交叉和灵活的司法管辖区的治理。[1] 多层次治理这些类型并不互相排斥，而是并存，当然两者之间也可能存在紧张关系，不过这种紧张关系及其解决之道同样是多层次治理的特征。因此，多层次治理这个概念是同时在解析和规范性两个层面使用，在解析性层面，它借鉴了来自政治学的子学科框架和概念，并通过超越传统学科界限进一步认识和分析当代问题及挑战。在规范层面描述了权力分配合作的“应然”偏好。

若将多层次治理从欧洲扩展到经合组织（OECD）的工作则涉及治理的纵向维度和横向维度的交叉协同。“纵向”维度指的是上级与下级之间的政府机构联系。此时，基层政府能力建设和激励是对次国家各级政府为提高公共政策质量和连贯性的关键问题。“横向”维度则为城市或地区之间的合作安排，这正被视为是用来改善地方公共服务供给和发展战略实施的重要手段。

多层次治理亦存在着广泛的批评。比如与多层次治理相关的许多问题都围绕着层次的见解，恰是分层的想法和层次的分解都受层

① Liesbet Hooghe and Gary Marks, Unraveling the Central State, but How? Types of Multi-Level Governance, *The American Political Science Review*, Vol. 97, No. 2, 2003.

序设计的影响，由于不同层次间或社会空间之间经常是在并没有严格层次要求的复杂方式进行互动，因此在何种程度上确定不同的“层级”便成为显著问题。多层次治理理论另外一批评认为与其说多层次治理是一个真正的正确的理论，不如说是一种方法手段。多层次治理虽然也提出了关于国家作用、权力和权威等新的重要问题，摆脱了政府间主义（Intergovernmentalism）与超国家主义之间的连续体或灰色地带，但没有直接涉及国家主权问题，而是简单地说，一个多层次的结构正在由次国家和超国家行动者创建。

由于多层次治理概念来自欧盟实践，其在欧洲实践中对欧盟整合的主要问题如国家与超国家忠诚、主权转换以及在欧盟间关系未来走向等问题并没有具体涉及。又由于当前在西方工业国家公共决策已经朝着更加注重沟通和参与的方向转移，世界各国政府实践虽然表明其行动的独立性和权威的可靠性，但也意识到若缺乏足够的资源整合，政府无法在缺乏他者支持的条件下实施和制定政策。政府、企业，非政府组织和民间社会之间的相互依存度越来越高，各国政府逐步试图塑造各种联盟关系与合作模式以面对公共领域的复杂问题。基于此，另一种新的治理形式——互动治理（Interactive Governance）由学者爱德兰博（Edelenbos）在2005年首次提出，意味着利益相关者（包括受项目计划影响的相关人与组织）通过参与到决策过程的不同阶段，在复杂项目的规划，执行和操作过程中发挥更大的作用。这种治理方法使决策过程变得更加具有可融入性和强参与性。因此该术语也被库伊曼（Kooiman 2005）定义为一种特定的行动形式，由行动主体采取措施来处理治理障碍并为更优的管理寻找新的策略。在早期亦被称为参与式治理（Participatory Governance）[①]，这种治理形态通过利益相关者的参与沟通互动，提高项目

① Gianpaolo Baiocchi, Emergent Public Spheres: Talking Politics in Participatory Governance, *American Sociological Review*, Vol. 68, No. 1, 2003.

和政策提案的质量和效益（Edelenbos，Monnikhof 1998；Edelenbos 2000；Edelenbos，Monnikhof 2001），政府官员顺应公民参与而非阻挠，且在实践中通过更直接的政治参与可将普通公民身份进一步转化为较为积极的选民或监督者，减低政策后期执行阻力。

互动治理蕴涵三种理想的治理类型：自上而下治理（Top-down governance）、自我治理（Self-governance）、合作式治理（Co-governance）。其中合作式治理中问责制通常较难实现，这种人人参与的责任困境，缺乏物主身份的界定往往带来无人问责[①]，另外即使通过逾越国家和社会之间的边界制度改革可以释放宝贵的前问责（pro-accountability）过程，但若没有雄心勃勃的战略几乎是不可能达到的。互动治理的研究单位主要是对市一级行政单位的体制转变、过程管理、参与方法和利益相关者的投入等方面的分析，研究方向注重分析各层次的治理互动，如各部委间，直辖市间及各部委和直辖市间等。此时政府组织的分割对互动治理实施的影响及在互动中如何形成新的知识和信息沟通构成互动治理对现实问题解决的困境。

（三）从元治理到智性治理[②]

治理作为国家失灵和市场失灵的补充，却由于合作机制的动态性不可避免的也存在治理失灵（Governance Failure）现象，特别是面对政治等级制度和政治组织复杂网络关系与当代大都市治理的繁杂性。因此强调治理自身动态性，复杂性和变迁性的元治理（Metagovernance）亮相治理舞台[③]，其强调属于政府和治理自身的治理

① Eran Vigoda，From Responsiveness to Collaboration：Governance，Citizens，and the Next Generation of Public Administration，*Public Administration Review*，Vol. 62，No. 5，2002.

② Governmentality 目前被翻译成中文有诸如“治理术”、“治理性”、“管治理性”、“治理意识”等，但综合福柯语境及后续学者诠释，我们在此取“智性治理”之翻译，连接治理艺术与人类生存智慧。

③ B Jessop，Governance，Governance Failure，and Meta-Governancec，http：//www. ceses. cuni. cz.

(the governance of government and governance)，包含多元负责治理层级的合作，通过全新组织形式打破组织内在藩篱，而政府则回归国家与社会治理中所需角色。

元治理聚焦政治权威如何通过法律、组织建构、制度策略及其他政治战略促进和引导治理自身组织体系。元治理视角在政治和经济变迁中带来两个主要益处：它使与治理相连接的政治和经济变迁处于国家权威战略和干预发展模式的背景下；打破建构于政府(government）与治理（governance）之间的鸿沟，暗示原有替代关系被塑造为“在等级制度阴影”下的混合治理模式。[①] 元治理不是要建立一个统摄一切、至高无上的政府，相反却是要致力于各种制度的设计和战略的构思，其具有制度和战略两个方面的内容，在制度上，它提供各种机制，促进集体学习诸功能的联结和物质依存关系；战略上，它促进建立共同的愿景，进而鼓励新的制度安排和新的活动以支持或弥补各类单一治理模式的不足。杰索普主张政府应该担负元治理的角色，因为政府作为一种制度性的子系统，只是更广阔复杂社会系统中的一部分，亦要承当整合社会机制和社会凝聚力的责任。[②]

从元治理的观点出发，地方政府的正当性取决于它对复杂政策网络的应对能力，它必须能够判断自身在各类政策网络的战术及战略位置，以及在各种治理模式中切实而充分地履行其职能。皮埃尔和皮特（Jon Pierre、B. Guy Peters）呼应了这一论点，他们指出，尽管在国家、市场和社会的关系上出现了治理概念，但并不表示政府能够退出治理的实质过程。事实上，在大部分公民的心目中，政府仍须承担大部分的治理行动和责任，像“区域治理机制的成功建立

① Mark Whitehead, In the Shadow of Hierarchy: Meta-Governance, Policy Reform and Urban Regeneration in the West Midlands, Area, Vol. 35, No. 1, 2003.

② Jessop, B. 1998, The rise of governance and the risk of failure: the case of economic development, *International Social Science Journal*, No. 155, 29－45.

在某种程度上需要国家的介入”。[①] 虽然公民们反对政府对社会、经济的过度控制，并希望政府在决策过程中能够开放民主的参与，在政策执行时更重视分权化的作用，但吊诡的是，一旦政府变得软弱或缺乏决断力时，公民们也将立即提出严厉的斥责。因此在元治理的概念中，“政府仍是不可缺席的角色，只是角色必须有所调整而已”[②]。

但由于国家经济与政治优势之间张力的长期拉锯，使得治理变成不是一纯粹的专家或公共管理学说可以解决的技术性问题，进而带来元治理失灵（Metagovernance Failure）。[③] 此时法国哲学家米歇尔·福柯（Michel Foucault）提出的智性治理（Governmentality）的智慧被再一次重视。智性治理是福柯在他生命的晚年（大约 1977 年至 1984 年逝世期间）尤其是在法兰西学院题为《安全，领土和人口》（*Security*，*territory and population*，1978）的演讲中为大家熟知，之后在《生命政治的诞生》（*The Birth of Biopolitics*）中福柯对其进一步深化。其在英语学术界受到关注主要通过《福柯效应》（*The Foucault Effect*，1991）一书的传播。

在福柯的作品中，智性治理意含关于现代权威实践中治理和规则关系的深邃思想，构成以纪律制度、新自由主义、法治、权力的微观物理学（microphysics of power）及福柯所谓的生命政治[④]等主题广泛分析的一部分。但由于福柯的定义较为宽泛，所以需要进一步

---

① Margaret Weir，*Coalition Building for Regionalism*，*Reflections on Regionalism*，ed.，Bruce Katz，Washington，DC：The Brookings Institution Press，2000，pp. 127 – 153.

② Pierre J. and B. Guy Peters，*Governance*，*Politics and the State*. London：Macmillan，2000，pp. 48 – 49.

③ Bob Jessop，*The Dynamics of Partnership and Governance Failure*，published by the Department of Sociology，Lancaster University，Lancaster LA1 4YN，http：//www. comp. lancs. ac. uk/sociology/papers/Jessop-Dynamics-of-Partnership. pdf.

④ “生命政治”，用来指那种肇端于 18 世纪的努力，它试图对政府的治理实践所面临的一些问题进行理性化处理，这些问题是由生活着的人类群体——他们又被建构为人口——这一现象带来的：诸如健康、卫生、出生率、人寿、种族，等等。

审查。一些评论家认为其是基于“执政者联合及其思维方式”所创造出来的。[①] 而亨特和维克海姆（Hunt，Wickham）在他们《福柯与法》（*Foucault and Law*，1994）中指出，“智性治理是政府领域的急剧扩张，其特征是政府在数量和规模的扩长”[②]，换句话说，智性治理体现了从中世纪正义国家到15、16世纪行政国家的转变，这个过程也是渐渐变为受政府管理（governmentalized）的过程，还描述了一种新的早在18世纪中期就已出现的治理形式，其与现代官僚机构设立和增加紧密结盟。他们设想智性治理一词由“governmental”和“ity”两部分组成，“governmental”意为“与国家政府相关”，后缀ity意为“对……研究”。而科尔（Kerr）对这一概念的界定更复杂点，他认为智性治理是作为“政府理性（governmental rationality）”的缩写词，换句话说，它是一种对政府和政府行为的思维方式。对他而言，智性治理不是“批判革命研究的领域，而是概念性的重现资本主义统治”。通过声称政府的某种形式对于控制和构建社会始终是必要，将智性治理定义为仅是国家的一种措辞，但科尔没有考虑到治理的其他形式以及政府在更广泛意义上智识的构想（the idea of mentalities）。[③]

对智性治理概念的进一步阐述从“英美新傅柯”（Anglo-Neo Foucauldian）的观点转向社会科学，特别通过如彼得·米勒（Peter Miller），罗斯和迪恩（Nikolas Rose和Mitchell Dean）等学者进一步诠释智性治：政府试图塑造最适合国家政府政策的公民，有组织的实践（心态，理性和技能）使公民接受政府管理。[④] 比如迪恩

---

① Lemke，T，The birth of bio-politics：Michael Foucault's lectures at the College de France on neo-liberal governmentality，*Economy and Society*，v. 30，i. 2，pp190 – 207. 2001.

② Hunt，H. & Wickham，G. *Foucault and Law*. London. Pluto Press. p. 76. 1994.

③ Kerr，D. Beheading the king and enthroning the market：A critique of Foucauldian governmentality in *Science & Society*，New York：Vol. 63（2），pp173 – 203，1999.

④ Mayhew，Susan（ed）. *A Dictionary of Geography*（Ar ticle：Governmentality）. Oxford University Press，2004

（Dean）理解这个词语是包含治理的其他形式（other forms of governance）和关乎政府的智识的构想，他对该词的理解有点像亨特和维克海姆及科尔那样。迪恩承认，在狭义上智性治理可以用来描述政府出现是为看到执政权力优化、使用和培育作为社会群体成员的个体，还包括政府理性的观念。他描述道："智性治理：在一广泛的各式背景下，我们如何管理别人和自己……"若要分析政府就要分析那些试图塑造、动员和操纵——通过个人和群体的选择，欲望，愿望，需求，愿望和生活方式——的机制。此时智性治理提供对权力新的诠释和理解，认为权力还包括在纪律体系中的社会控制形式（如学校，医院，精神病院等）以及知识的形式（意指意识形态等）。迪恩定义的重要贡献在于他将智性治理分为"govern""mentality"[①] 或者说是"mentalities of governing"，体现一种作为智力倾向的观点。这就意味着智性治理的概念不仅是作为考量政府和统治的工具，也是作为被统治者去思考接受何种被统治的方式，他将这种思考界定为"集体行动"，也就是被统治者知识、信念和舆论的总和。迪恩还强调智性治理的另外一重要特征——它的自反性（its reflexivity），他解释说："通过对政府如何治理和为什么治理（how and why）的思考，可以将权术（technologies of power）与智性治理概念相连接。"[②] 同时依据卓越的市场机制和对国家的限制性行动，智性治理内涵的知识理性能够实现自动调节或自动纠正。

我们生活在充满一个"智性治理"的时代，如果说事实上智性治理的问题和治理技术已成为唯一的政治问题，已成为政治斗争和政治竞争的唯一真实的空间的话，那是因为国家的"治理化"（gov-

---

① 也有学者认为该词不是在"gouvernement"和"mentalité"两个词合并的基础上进而杜撰出来的，由 gouvernement 向 gouvernementalité 的转化简单的类似于"音乐向音乐性的转化"（musical into musicalité），不需做过多诠释（"Course Context" in Foucault's "Security" lectures）。

② Dean，M. *Governmentality*：*Power and Rule in Modern Society*. London：Sage，1999.

ernmentalization）同时就是使国家幸存下来的因素，此时智性治理同时内在隐含和外在表现于国家，因为，正是治理的技术使得对什么在国家职能范围内、什么不在国家职能范围内，公的和私的问题可以不断加以界定；因此，只有以智性治理的一般手法为基础，我们才能理解国家的持续存在（survival）与局限。福柯智性治理强调政府实践的正确形式“不是为了构建普遍的善，而最终是为便于治理”①。国家对社会的控制（the étatisation of society）还不如国家的“治理化”那么重要。

三、结论与讨论

（一）未穷尽的治理类型

治理概念被普遍使用却概念模糊，越来越多的欧洲文献指出其特征是“没有政府的治理”（Rhodes，1997），进而从“没有政府的治理”（governance without government，Rhodes，1997）② 演化到“没有政体的政策”（policy without polity，Hajer，2003）③，强调网络、伙伴协同、及全球市场的重要性。④ 因此“网络治理”（Network Governance，Torfing，Sorenson，2002）⑤ 已被用来描述在制定和执行

---

① Michael Watts，Development and Governmentality. *Singapore Journal of Tropical Geography*，Vol. 24（1），March 2003.

② Rhodes，R. A. W. *Understanding Governance*，Buckingham：Open University Press，1997.

③ Hajer，M. Policy Without Polity：Policy Analysis and the Institutional Void，*Policy Sciences*，36，175 - 195，2003.

④ B. Guy Peters and John Pierre，Governance without Government? Rethinking Public Administration，*Journal of Public Administration Research and Theory*：*J-PART*，Vol. 8（2），1998.

⑤ Sorenson，E. and J. Torfing. Network Politics，Political Capital and Democracy，*International Journal of Public Administration*，Vol. 26（6），609 - 634，2003.

政策过程中网络结点互动效应，以及出现在社会生活和公共政策诸领域的合约治理（Contractual Governance）与可持续治理（Sustainable Governance）[①] 构成治理的另一图景。

伴随中心城市和超大城市的城市病问题引起越来越多的关注，都市治理亦再次引起关注[②]，关于城市治理的传统智慧被时常提及，围绕的焦点是当前政策和规划框架愈加脱离公众和民主责任制，为了促进效率兼顾公平的目标，这就意味着原有的治理更加开放和负责，形成新的有机治理（Organic Governance）模式。还有学者借鉴自适性管理（Adaptive Management）概念，构念出自适性治理（Adaptive Governance）以形成对复杂生态问题管理的新框架，如迪茨（Dietz）等在2003年用这个短语来描述应用于自适性治理的社会人类背景，傅克（Folk）等2005年撰文指出这类治理形式是对复杂生态系统必要的，同年布鲁纳（Brunner）和他的同事用一系列案例来说明自适性治理的出现是作为解决自上而下决策体系所带来问题的有效途径，同时还避免由单一科学技术解决问题时对政治考量的忽略。他们均将自适性治理作为在科技背景中的一操作性手段，因为知识、政策及自上而下的决策对于解决复杂社会问题来说都可能是不完备的，而自适性治理恰恰整合科学技术、政策及自上而下的决策机制等（Gunderson et al.，1995）。[③]

---

① Arun Agrawal, Sustainable Governance of Common-Pool Resources: Context, Methods, and Politics, *Annual Review of Anthropology*, Vol. 32, 2003.

② Annette Steinacker, Metropolitan Governance: Voter Support and State Legislative Prospects, *Publius*, Vol. 34, No. 2 (Spring, 2004).

③ Lance Gunderson and Stephen S. Light, Adaptive Management and Adaptive Governance in the Everglades Ecosystem, *Policy Sciences*, Vol. 39 (4), 2006; Brunner, RD, Steelman, TD, Coe-Juell, L., Cromley, CM, Edwards, CM, & Tucker, DW. *Adaptive governance: integrating science policy and decision making*. New York, NY: Columbia University Press, 2006;

Folke, C., T. Hahn, P. Olsson, and J. Norberg. 2005. Adaptive governance of social-ecological systems. *Annual Review of Environmental Resources*, 30: 441 – 473; Lance Gunderson and Stephen S. Light, Adaptive Management and Adaptive Governance in the Everglades Ecosystem, *Policy Sciences*, Vol. 39, No. 4 (Dec., 2006), pp. 323 – 334.

同时反映了在后民族国家时代治理实践在时间空间的复杂性，提出的基于西方现代工业社会的自反性治理（Reflexive Governance, Voss，2005）和基于复杂系统论的复杂治理（Complexity-based Governance，Derk Loorbach 2010）等治理模式也屡屡走进人们的视野。由于后民族国家时代治理实践的复杂时空，最新的治理模式研究对植根于地方“社会工作疆域”强调逐渐提升（但会产生“领土陷阱”忽略全球化过程中国家边界的消融），及由于“欧洲就业政策”日益受到重视，其开放协调措施（OMC）被视为有效回应国家政策与全欧洲视角之间张力（但继续维持一种治理鸿沟 Governance Gap），这种拘囿于国家边界的本土政策或过于强调本土政策的全球背景表明了目前治理实践的复杂性和新治理模式失灵的可能性，杰索普最新倡导的“多梯度元治理”（multi-scalar meta-governance）[①]同样遇到类似问题。

（二）未尽的治理争论

本文对治理类型学的划分也许不能穷尽，但毫无疑问，这种归类能对治理概念的参考作进一步的扩展，这种类型的区分有助于理解当代公共部门职能。从分类繁复的治理类型中避免“我们尚没有达到治理的最低限度，却使治理态势在进一步恶化”[②]。因为每一种治理模式并不意味着要对其他治理模式的吞噬，也不是通用（one-size-fits-all）的万世良方，每种治理模式都有其战略选择的优劣势。

现实中治理实践往往通过一积极活跃的社会参与渠道或潜在的社会联系来起作用，虽然这都超出政府职能方向所在，本质上讲，

① Bob Jessop，From Governance to Governance Failure and from Multilevel Governance to Multi-scalar Meta-governance，in B. Arts et al. （eds.），The Disoriented State：Shifts in Governmentality，Territoriality and Governance，*Environment & Policy*，Volume 49，II，79 – 98，2009.

② Madhav Godbole，Good Governance：A Distant Dream，*Economic and Political Weekly*，Vol. 39（11），2004.

治理相当于那些为促进人类有限而又脆弱的共同行为机制实践的总和。治理概念的出现是对未来变化的较好预兆特征的期待。但有关治理研究过程有着强烈类似的路径，即从前景确定性、背景相似性、路径同构性、依据经验性、视角多元性等进行各式阐述，这种叙述结构往往削弱治理对现实解释力，忽略治理失灵的客观存在。本文通过对治理类型的归纳演化力求客观认识治理局限，全景观展现治理类型的多元与多样，增进对治理丰富内涵的领略，避免执著于类似“善治”等一家话语独大的偏执。

表1　治理类型特征简表

	善治	全球治理	多层次治理	互动治理	元治理	智性治理
倡导者	国际组织	国际组织	学者	欧盟学者	欧盟学者	福柯及追随者
分析单位、时空视界	国家与区域	世界市场	区域	区域及社区	区域	全球与区域
假设前提	理性政治人、经济人	理性政治人、经济人	阶序等级	阶序等级、理性经济人	理性政治人	理性政治人
理论实践	世界治理指数（WGI）	国际组织实践	欧盟实践	合作政府（Joined-Up Government）变革	后科层制变革	发展型国家实践
成效准则与理念设计	有效配置资源	协商共识	有效达到目标	有效达到目标	有效应对复杂社会	有效调整适应
国家作用	退出	退出	半退出	半退出	持续渗透	持续渗透
意识形态价值观	淡化	淡化	保持常态	保持常态	正常	正常
话语体系	主流	主流	区域兴起	区域兴起	理论推广	理论争鸣
制度层面	去官僚化，分权	官僚化，分权	分权	后民主化，分权	官僚化，分权	弹性回应，分权
技术层面	公民社会兴起	全球性组织作用凸显	社会参与层序分明	社会组织与政府协同	政府主动	政府主导

多中心治理理论视角下农村社区警务模式改革创新探索

——以江苏省如东县警务技防建设为例

詹伟，祁万里[①]

在中国，农村无论是在地域面积还是在人口数量上都占绝对优势，因此，农村的稳定和发展无疑是我国构建社会主义和谐社会的关键。农村的治安状况直接关系到农村地区的稳定，没有良好的农村治安秩序就不可能有良好的农村发展环境。第四次警务革命之后，我国相应地引入了社区警务的理念，社区警务机制在一些较发达地区逐步建立并取得了突出的成绩，社会治安状况明显好转，但是由于缺少必要的信息化手段以及政府对公共安全领域的垄断，造成公安机关力不从心、警力严重不足，根本无法满足人们日益增长的安全需求。本文在对江苏省如东县警务技防建设充分调研的基础上并结合多中心治理理论，力图寻找一条符合中国农村地区社会发展的社区警务模式。

一、当前我国农村社区治安现状分析

新时期农村地区社会治安出现了许多新的不稳定因素，农民普遍缺乏安全感，农村地区社会治安问题令人担忧。

---

① 詹伟，中国人民公安大学公安管理系；祁万里，中国人民公安大学公安管理系。

（一）社会矛盾明显增多

由社会矛盾问题引发的群体性事件增多，引发出严重的治安问题，直接影响农村社会稳定。社会矛盾主要涉及以下几个方面：一是土地承包纠纷。土地承包、经营权流转的主体不合法、不规范，承包、流转、解除合同的程序不合法，容易侵犯农民的合法权益。村委会作为集体财产的所有人和管理人，处于强者地位，在土地承包、流转、解除合同的过程中不依法办事，不注重程序，甚至违反民主议事原则和承包人自愿原则，以少数人的意志侵害土地承包人利益，从而引发纠纷。二是农村征地补偿。一些地方为了城市规划、道路扩建、开办工厂，占用农田、拆迁农房，而补偿款不是偏低就是迟迟到不了农民手中。甚至有的村干部挪用集体资财，财务管理混乱，导致规模较大的集体上访，越级上访。三是民事纠纷。一些民间债务纠纷、邻居之间因为鸡毛蒜皮引起的纠纷、家庭内部因为婚姻、财产、赡养老人等问题引起的矛盾，因为宅基地、路基、浇水灌溉等方面原因引起的纠纷等等，这些民事纠纷经常发生，但由于民事纠纷调解的不力，没有得到及时解决，有的激化转为刑事案件，或引起家族之间、村民之间的械斗，引发群体性事件，都对农村社会治安构成威胁。此外，劳动力安置补偿、工资福利、环境污染、劳务纠纷等多个方面的问题，也都直接关系到农民的切身利益，处理不当，就会引起群众不满，进而引发群体性上访。

（二）农村刑事犯罪大幅增加

中国社科院发布2010年法治蓝皮书——《中国法治发展报告No. 8（2010）》中指出，2009年全国社会治安形势相对比较严峻，一方面全国刑事案件立案数、治安案件数大幅增长。根据截至2009年10月的统计数据，全国刑事案件立案数和治安案件发现受理数大幅增长，刑事案件数增长幅度在10%以上，治安案件数增长幅度达

20%左右，全年刑事立案数达到530万件，治安案件数达到990万件，这种增长态势打破了2000年以来违法犯罪数量一直保持的平稳态势。经济环境转差使得犯罪分子性情更为暴烈。蓝皮书指出，杀人、抢劫、强奸等严重暴力犯罪案件在2009年出现了较大幅度的增长。这是2001年以来，中国暴力犯罪的首次增长。此前近10年间，中国的暴力犯罪一直呈下降态势，且下降幅度较为明显。在故意杀人案件中，家庭成员间的恶性伦理杀人案件、报复社会的重大恶性杀人案件、精神病患者实施的恶性杀人案件比较突出，雇凶杀人现象时有发生。另一方面，主要犯罪类型的犯罪数量也明显增加。主要表现在：暴力犯罪、侵犯财产犯罪增幅明显，黑恶势力犯罪处于活跃期等方面。而据有关调查显示，农民犯罪占整个犯罪比例的78%，主要表现为盗窃、抢劫、诈骗等侵财型案件大幅上升，而盗窃犯罪始终居于首位，成为农村社会治安的主要问题。①

（三）暴力及团伙犯罪问题严重

近年来乡镇恶势力活动猖獗，出现了一批村棍乡霸、地痞流氓组成的犯罪团伙，从事敲诈勒索、强拿强要、持械伤人、结伙盗窃抢劫等一系列违法犯罪行为。他们为所欲为，无所顾忌，鱼肉乡里，百姓担惊受怕。

（四）非法宗教、宗族势力在一些地区有所抬头

非法宗教活动频繁，宗教信徒队伍不断壮大。有些邪教组织和非法宗教活动，打着宗教自由的幌子，趁机蚕食和渗透农村阵地。一些犯罪分子还非法集会，打砸抢烧，散布反动言论，搞乱农民思想，给农村社会治安带来许多问题。如“法轮功”邪教组织在全国

---

① http：//www.wenmi114.com/wenmi/zongjie/diaoyanbaogao/2009-07-27/20090727149184.html.

形成网络，传播歪理邪说，控制信徒，围攻大众传播媒体，冲击党政机关，非法聚集中南海的事件再次给我们敲响警钟，再如“3·14”拉萨以及“7·15”乌鲁木齐事件都是一些分裂分子利用宗教的幌子进行非法分裂活动的写照。

（五）赌博和色情等社会丑恶现象在农村发展蔓延

有些地区赌博活动几乎遍及所有乡村。卖淫、嫖娼丑恶现象也向农村蔓延，尤其在集镇、铁路、公路沿线的路边店，卖淫、嫖娼活动更为严重。在“读书无用论”和“一切向钱看”等不正确思想的误导下，贫乏的农村社会文化生活，充裕的农闲时间，为黄赌毒提供了便利条件，淫秽物品泛滥。进而导致赌博风气日盛，参赌范围越来越广，赌资越来越大，赌博上瘾，难以自拔，赌债高筑，诱发盗窃、抢劫、杀人等犯罪行为，引起社会动荡，影响社会治安。此外，在大部分农村，有三分之一的，甚至二分之一的青壮年外出打工，有的夫妻则留下一方在家照看老人或孩子。长时间的男女分离，导致夫妻感情的淡漠，出现了为数不少的婚外情、婚外恋，离婚率大幅度攀升，甚至卖淫嫖娼，污染了农村社会风气，存在着较大的治安隐患。

（六）拐卖人口时有发生

不仅是在我国的边远地区，而且还有城市女青年与儿童，甚至是初生婴儿和女学生等。犯罪分子利用一些妇女柔弱、虚荣贪财、文化水平低下、愚昧轻信等弱点，诱使他们上当受骗。

（七）留守妇女、老人、儿童问题严重

中国人口学会会长彭珮云在建设社会主义新农村与人口流动问题研讨会上指出：“人口流动使农村家庭教育子女、赡养老人的功能弱化，婚姻家庭面临新的挑战，引发了新的社会问题。”沈淑济在农

村流动人口家庭问题探索制定家庭政策会议上强调："据某人口输出大省统计，在农村离婚人群中，夫妻一方外出打工的占到50%以上；因丈夫长期在外，离婚妇女难以提供分割财产的法律依据；性骚扰案件中，70%的受害者是留守妇女。据2000年五普统计，不能与父母外出同行的农村儿童比例高达56.17%，6—16岁的农村留守儿童人数已达到2 000万人。"大多数留守儿童是由年事已高、文化水平较低的祖父母隔代监护或亲友临时监护。家庭教育缺位，使得孩子们的学习成绩和能力普遍不如正常家庭的儿童；此外，因为缺乏父母亲情，留守儿童也容易出现心理障碍，造成性格孤僻、自卑等，甚至出现道德滑坡和行为失控。

二、我国农村社区警务的发展

社区警务兴起于20世纪70年代，是西方国家在警察工作的探索过程中诞生的，它是根据西方社会的社区特点而采取的一种具有针对性的警务模式，是对单纯追求警务装备现代化的被动反应式警务的方式和对强调预防犯罪的古老警务传统的继承与发展。当前社区警务的相关理论是这些年各国警方共同智慧的结晶。我国自20世纪90年代开始逐步引入社区警务战略。2002年3月，公安部在杭州召开了全国公安派出所工作会议，会上明确要求全国大中城市公安机关在2004年之前全面实施社区警务战略，并提出2005年底在农村推行社区警务的构想。国家政策导向逐步从城市走向农村，农村警务改革就此打响。2006年9月，公安部下发《关于实施社区和农村警务战略的决议》2009年2月，公安部科技局下发《关于上报农村技防工作调研报告的通知》，2009年8月6日—7日，全国城市报警与监控系统建设经验交流暨农村技防工作现场会在河南省郑州市召开。这几次重要会议奏响了农村警务改革的乐章。

（一）我国农村警务的发展时间较短，但在全国各地已经初见成效，形式也多种多样

1. 民警包片

责任区民警包片学习城市派出所推行的警务方式，建立“一区一警、一警多能、责任到人、一包到底”的责任区民警责任制。

2. 民警驻村

划分勤区，确定责任，一个责任区由1—2名民警常驻，包片制就成了“民警驻村制”。

3. 乡镇建所集镇建室

当前我国派出所的设立大都以乡镇为标准建立，比较大的乡镇会因地制宜建立多个派出机构，同时，很多地区根据实际情况的需要，在非派出所所在地的集镇、行政村建立警务室，按照社区警务的模式规范运营。

4. 民警户访

民警户访就是在一区一警的基础上，由责任区民警负责，结合公安业务特点，定期深入到群众中去，了解群众的呼声，与群众面对面进行沟通，为百姓排忧解难。

5. 联勤警区

联勤警区就是以社区警务室为中心，实施民警工作室、综治办、司法调解中心合署办公，联勤运作。

6. 警民联勤

警民联勤就是警区民警与辖区治保会、志愿者联合办公，加强农村治保会的作用，提高村民自治的积极性。[①]

---

① 杨泽万．三农问题与农村警务．北京：群众出版社，2003年版，第16—28页。

（二）在取得成绩的同时，农村警务建设中也存在许多突出的问题

第一，农村地区警力严重不足，警力配置极为不合理。据相关资料，我国目前的警力和人口比大约在万分之十一到十二，国际平均数字是万分之三十左右。[①] 警力不足一直是困扰公安机关有效履行法定职能的一个难题。同时，“大机关，小基层”的“倒金字塔”警力配置结构，造成了一线警力的严重不足，影响了社区警务的开展。由于民警常年超负荷工作，推进社区警务的各项具体措施无法真正落到实处。同时受我国城乡二元结构的影响，在警力配置方面，在城市工作警察的数量远高于在农村工作的警察数量。警力不足具体表现在：一是基层民警人数上的不足。从目前我国绝大多数农村基层公安派出所的警力配置情况来看，三人所或五人所还大量存在。虽然我国一直要求警力下沉到基层，但在农村由于受警力限制，目前还无法做到一村一警，民警常驻农村。少量的民警面对偌大的辖区，在开展警民联防工作时就会感到力不从心，基础防范工作也必然会大打折扣。同时在编民警中老龄化问题严重，中老年民警已占民警总数的近三分之二，缺少后备力量，队伍发展后劲不足，有可能造成队伍的“青黄不接”，严重影响队伍的持续发展。二是在现有警力不足的前提下民警工作量的增多，当前公安财政受地方财政控制，因此导致了公安机关被迫开展多种非警务活动。三是基层民警开展社区工作的能力与活跃的农村经济不相适应。当前，随着经济的发展，城乡之间人口流动的加剧及对外交往的增多，社会各类治安问题越来越多、越来越复杂，不少基层民警的现有知识结构已趋于老化或不尽合理，加上培训机制不完善，无法使知识得到有效更新，难以适应农村社区警务改革和日益发展的治安形势对民警能力

---

① http：//wenku. baidu. com/view/245eb6697e21af45b307a81e. html.

素质的要求。

第二，农村警务投入的财力严重不足。随着我国经济实力的提升，中央高度重视公安机关的建设问题，政府对公安部门的投入逐年增加，我国绝大部分城镇的社区警务都已经或者正在向信息化转型，而相对城镇而言，我国农村的公安机关硬件建设相对滞后。许多农村派出所经费紧张，民警待遇低，办公用房严重老化，缺乏警用标识。有些派出所办公设备非常落后，缺乏电脑、警车，甚至连必要的警械装备也缺乏。就连我们在城市里处处可见的治安岗亭在我国广大农村也是很少见的，更不用说全面普及技防建设。中央对公安机关的总投入只有小部分分配到农村。如果不加大农村地区，尤其是落后地区农村的资金投入，那么我国农村的治安形势根本得不到改观。

第三，对社区警务客观要求认识不够清晰。社区警务要求公安机关在派出所和刑侦工作改革的基础上将工作重心从“以打为主”调整为“打防结合，以防为主”。但在实际工作中，有不少单位对社区警务的客观要求认识不清，简单地把社区警务理解为“社区+警务”，或把传统警务移植到社区内；在推进社区警务中，只注重社区警务形式方面的要求，热衷于建社区警务室、制作社区警务标识和台账，而在运行机制、工作方式、管理模式等实质性内容方面未进行配套改革，尤其是在社区警务中缺少信息技术的应用，对技防措施的应用认识不足，无法形成人防、物防、技防的有效结合，结果是社区警务与原先的责任区警务“换汤不换药”。

由于传统的警务模式已经不能完全满足农村社会发展的需求，因此必须摆脱传统警务的束缚，大力发展符合当代农村社会发展变化的警务机制。目前在农村社会治安防控体系中，技术手段在警务建设中起到了越来越重要的运用，2009 年，根据公安部的最新精神全国各地都在如火如荼地开展农村社区警务中的技防建设，下面让我们来看看江苏省如东县开展的农村社区警务中的小技防建设。

三、江苏省如东县农村社区警务技防建设案例分析

江苏省南通市如东县位于江苏省东南部、长江三角洲北翼，是南通市北三县之一，如东县总面积 261.30 平方公里，人口总数 20.77 万。共有汉、苗、侗、壮等 19 个民族同处一堂。近年来，随着社会的不断发展，农村很多青壮年劳动力在农闲时外出务工，家里留守的多是妇女、儿童、老人，为了保证农民的人身和财产安全，以“安全是群众最关心的热点，和谐必须要有安全”为理念，在县委县政府统一领导下，如东县将传统的“十户联防”注入技防元素，开展“警铃入户”工程建设。

农村地区住所分散，在传统的警务模式下，治安案件的预防、接警、到出警效率低下，无法及时处理。针对这些问题，如东的“十户联防，警铃入户”工程，以村为单位，每十户编为一组，每组设立户长，一户按警，九户救助。小技防所包含的报警器是集报警、防盗、救助为一体的无线报警系统，由中心接警主机、无线联网接警喇叭、遥控报警器三大部件构成。每一个基本的安装单元构成一个“技术防范小组”，由本村治保主任负责接报警、信息上报等工作。该系统操作简单、易用。一家有警情，多户来支援，村治保主任一边向公安机关报警，一边组织其他村民迅速赶到现场，缩短了出警时间，提高了防控效率。

在如东，以“警铃入户”工程为内容的技防建设由集镇向农村腹地不断扩展延伸，通过扩面增效全面构建专群结合、警民联动、全民参与、齐抓共建、“三防”配套、打防控一体的农村治安防范新机制。通过实施“警铃入户”工程，推广报警器和防盗器等农村技防设施的安装，从而实现传统警务与现代警务的有机结合，以提高对违法犯罪的发现、控制和打击能力。通过“警铃入户”工程的实施，搭建社区警务工作的延伸平台，使民警抓防范、抓管理、搞服

务有了相应的依托。有效预防各种案件的发生。

如东的“警铃入户”包括以下功能：

（1）加强了治安防范的功能。辖区刑事、治安案件发生后，群众按响警铃迅速报警，缩短了处警时间，提高了快速处置的能力。

（2）方便服务群众的功能。随着本县农村技防的应用，农户家中因有疾病需要救助的，可按遥控报警器报警。户长接到信息后，可协调110、120有关部门进行及时抢救。

（3）调处矛盾纠纷的功能。对于一般的邻里、家庭纠纷，当事群众可按响警铃，通过村调解员给予调解，化解矛盾。

（4）促进邻里和谐的功能。通过“警铃入户”的安装，可以增加邻里之间的交往，拉近距离，进而有效预防很多违法案件和邻里纠纷的发生。

自警铃入户工程实施以来，全县接受报警求助1 761起，农村地区可防性案件下降10.2%，农村地区万人刑事发案率下降2.5%，人民群众对社会治安满意度达到了98.6%，小技防建设在全面构筑长安新农村进程中发挥了积极作用，为经济发展、社会和谐、人民安居乐业提供了有力的支撑和保障。

如东的案例告诉我们，信息技术作为一种先进手段，对我国农村社区警务的发展起到了突出的作用，它大大缓解了我国基层警力不足的现状，有力地促进了我国农村社会的稳定发展。但是，在调研中发现，由于政府对公共安全领域的垄断，极易造成公共产品供给的不足或过量，严重影响了治安效率。因此运用何种理论对我国社区警务加以引导是我们必须解决的问题。

四、多中心治理理论在我国农村社区警务中的合理应用

所谓“多中心”，意味着“有许多在形式上相互独立的决策中

心——它们在竞争关系中相互重视对方的存在，相互签订各种各样的合约，并从事合作性活动，或者利用核心机制来解决冲突”①。文森特·奥斯特罗姆认为，“多中心体制的特点是存在许多决策中心，它们在形式上是相互独立的”②。多中心治理体制是指在各个权力中间，并不存在着单一的权力中心，各个机构拥有的权力相互分离、平行行使，不存在等级节制关系。这种体制强调在管理上用普遍联系的观点看问题，采用网状思维和多边治理模式，克服和避免单边治理模式，提倡通过协调方式以形成合力共同解决公共问题。

多中心治理的核心在于还政于民，还权于社群以形成多个治理当局或者多个权力中心。目前，由于政府在公共事务治理中的主要性将在我国长期存在，我国尚不适合全面引入多中心治理体制，但是随着市场经济的进一步发展与公民社会的逐步发育，构建政府、市场、社会的多中心治理体制是我们的必由之路。那么多中心治理理论在农村社区警务中该如何运用呢?

要提高农村社区警务效率，最有效的方法就是转变旧有的单中心体制，转变为注重警察、当地政府、社会组织、社区成员等相关者之间互动的多中心制度安排。通过建立“政府主管、公安主导、单位支持、群众参加”的多中心治理的形式将信息技术与社区警务实践有效的结合，共同为社会公共安全提供强有力的支撑。此外还应注意以下几个方面：

第一，如东的小技防建设工程属于公共产品范畴，而这种公共产品部分是由私人提供的。因此，在这种模式下地方政府应该如何发挥其应有的作用来补充和完善农村公共安全产品，事关重要。政府的作用主要集中在以下几个方面：

---

① ［美］埃里诺·奥斯特罗姆：《公共服务的制度建构———都市警察服务的制度结构》，上海：上海三联书店，2000 年版，第 69 页。

② ［美］迈克尔·麦金尼斯：《多中心体制与地方公共经济》，上海：上海三联书店，200 年版，第 46 页。

（1）地方政府要为公共产品的私人生产者提供制度激励。这包括对公共产品产权的界定以及给予某些激励措施等，从而为私人生产公共产品创造良好的制度环境。

（2）私人部门生产公共产品可能会出现某些负外部性问题，对此政府要进行必要的规制。例如，私人取得某一公共产品的产权后，可能形成垄断优势。私人部门凭借这种垄断优势，可能会提高此种公共产品消费的准入价格，如提高小技防设备的消费准入价格；还可能不对消费者提供完全的信息，从而欺骗消费者等一系列问题。针对上述问题，政府有责任对公共产品的私人生产者进行必要的规制，以切实保护消费者的权益。

（3）在私人生产公共产品的过程中，政府有必要给予公共产品的消费者某种支持。因为公共产品的消费者一般是分散的，而且同样由于理性经济人的原因，消费者容易陷入集体行动的困境，不太可能形成强有力的集体行动同公共产品的私人生产者讨价还价。这种情况下，政府有必要为消费者提供信息以及其他必要的支持。

第二，农村小技防建设工程作为公共安全产品中的一种，在使用中涉及选择性进入的问题。因此为了切实加强社会治安防控体系建设，提高公安机关精确打击能力和防控能力，建立“保平安，保稳定，促发展”的长效工作机制。各地要按照“谁受益，谁出资”的原则，动员全社会力量积极参与，加快推进技防设施建设。

（1）是对要害部门、重点单位、金融系统加快实施视频监控系统和电子自动报警系统等技防设施建设，逐步与公安机关“110”报警服务台联网运行。

（2）是扩大住宅小区技防设施建设覆盖面。对已经建成的住宅小区，有关责任单位和建设单位要根据小区管理的需要，制定切合实际的技防建设方案并抓紧实施；对新开发建设的住宅小区，县建设部门要严格审核把关，凡未规划技防等治安防范设施项目的住宅小区，不予审批，以确保住宅小区技防设施与小区同步设计、同步施工、同步竣工验收。

(3) 是各乡镇和交通、公路部门要加大投入，逐步落实主要路口、重要路段和公共复杂场所监控系统建设配套资金，加快技防网络建设步伐。积极开展群防群治工作。

第三，在社会主义市场经济条件下，政府的作用是有限度的，因此各乡镇要按照构建和谐社会，打造“长安新农村”的总体要求，加强巡逻力量建设，积极开展群防群治工作，构造农村防控新格局。

(1) 政府应加大治安防控的资金投入，完善治安防控设施，加大对基层治安队伍进行教育培训，争取组建一支高素质的治安巡逻队伍。

(2) 组建专职巡控队。在派出所民警带领下，对辖区主要街道、要害部门、重点单位进行巡逻防控，并统筹解决好巡逻防控经费。

(3) 提高治安宣传力度，做好各地方单位的工作，促进公安机关与各地方机关单位的协作，进而提高治安防控的联合打击力度。

(4) 是加强基层治保会建设。各乡镇要落实村（社区）治保会办公场所、巡逻用具、治保会人员工资待遇和治保会工作制度；组织治安保卫人员、治安积极分子、低保人员开展法律宣传、治安调解、巡逻防范等工作；在村级综合考评中，把治保会建设工作纳入社会治安综合治理的重要内容，实行一票否决制。

第四，宣传公安机关的服务理念，促进警民交流、形成警民互动、完善警民合作机制。

(1) 宣传公安机关服务新农村的措施，提高群众的法律知识水平，提高安全防范意识，培育一种新型的、科学的公共安全文化。同时接受农民的监督，听取农民对公共安全服务质量的意见，根据农民的需求改进和完善农村警务工作。

(2) 加强公安民警的教育培训，改变“官本位”思想，树立“以民为本”的理念。

(3) 警力下沉，公安民警要定期到农村了解农民生活状况，关心农村疾苦，培养警民的鱼水情感。

（4）形成新的警民合作机制，完善农村治保会建设，形成强有力的农村治安自治体系。公安民警要加强对农村治安力量的法律意识培养，做到按法律办事，促进农村地区和谐，最终形成以公安民警为主导，广大群众为主体的人防体系。

总之，农村地区警务建设并不是孤立的，而是一套涉及多方面的完整的系统。在观念上我们要从计划经济体制下的单一政府治理模式逐渐向市场经济体制下的多中心治理模式转变，将警务建设看做是由地方党委、政府、公安机关、村民委员会以及广大村民的相互支持和配合下形成的一套完整的农村地区治安联防系统；要想大力发展农村警务使之适应农村社会的发展，必须加强政府的专项投入，加大对农村警务系统的维护，同时加大广大农村的治保会建设，保证农村地区的警务室真正起到应有的作用，在此基础上实现警力下沉，真正做到公安民警与广大村民进行良性互动，形成多部门、多警种联动，群众积极广泛参与的农村技防工作新格局，推进形成以技防为支撑，人防、物防、技防相结合的农村社区警务改革，维护农村社会治安稳定。

参考文献

[1]［美］迈克尔·麦金尼斯．多中心体制与地方公共经济．上海：上海三联书店，2000.

[2]［美］迈克尔·麦金尼斯．多中心治道与发展．上海：上海三联书店，2000.

[3]［美］奥斯特罗姆、帕克斯和惠特克等．公共服务的制度构建——都市警察服务的制度结构．上海：上海三联书店，2000.

[4]［美］埃莉诺·奥斯特罗姆．公共事务的治理之道——集体行动制度的演进．上海：上海三联书店，2000.

[5]刘振华．农村地区社会治安防控体系研究．北京：中国人民公安大学出版社，2008.

[6] 展万程．农村治安与构建和谐社会．北京：中国人民公安大学出版社，2008.
[7] 于水．乡村治理与农村公共产品供给——以江苏为例．北京：社会科学文献出版社，2008.
[8] 刘振华．农村地区社会治安防控体系研究．北京：中国人民公安大学出版社，2008.
[9] 杨泽万．三农问题与农村警务．北京：群众出版社，2003.
[10] 张兆端，张建明，杨瑞清．社区警务．北京：中国人民公安大学出版社，2003.
[11] 朱旭东．新农村建设背景下公共安全产品供给的创新．国家行政学院学报，2007（12）.
[12] 王建中，李向国．当前社区警务存在的问题及对策思考．公安学刊，2005（6）.

民间商会自主治理的实现机制分析

——以苏州餐饮商会为例

周彩霞，朱宪辰，关宏宇[①]

一、问题的提出

市场经济的发展推动了社会利益主体的多元化，各利益主体通过组织和参与民间团体来保护和实现自己在市场竞争中的利益。在这些民间组织中，商会的产生与发展表现得更为突出。商会是由某一行业或地区的工商企业自发组成的民间社会团体，代表该行业或地区企业的共同利益，与政府及外界交往，为会员企业发展提供服务，并用国家法律和政府规章来约束和规范会员企业的行为，使市场活动实现正常运行和发展。商会介于政府和企业之间，是市场结构的重要组成部分，是一种特殊的中介组织。它一方面部分替代政府行使管理企业的职能，另一方面具有规范企业行为、协调企业关系，为企业整体谋取利益的职能。商会在市场经济架构中的重要性主要体现在商会这一中间组织可以弥补市场和政府缺陷，有效地降低市场失灵和政府失灵所带来的效率损失。

所谓“民间商会”，是由于此类组织最初多由民营企业家自发组

---

① 周彩霞，南京理工大学经济管理学院应用经济系，电子邮件：zhoucx99@yahoo.com.cn；朱宪辰，南京理工大学应用经济研究所，主要研究方向为个体行为与制度变迁；关宏宇，南京理工大学经济管理学院。

建，或由当地工商联牵头组建，而非政府建立，具有鲜明的民间性特征，与由政府组建、以经贸委为主管部门的行业协会有显著差别。近年来，中国的民间商会借其组织的民间性、自治性、服务性等独特优势而迅速崛起，并以其充沛活力勃勃生机带动和促进了那些官办行业协会向民间自治和互助性组织的转型。

民间商会作为厂商以自利为目的建立的具有一定公共职能的经济组织，内生于市场经济制度环境并受到它的制。在充满外部性的现实世界里，集体行动的困境是商会成员不得不面对的问题。集体利益是公共物品，具有公共性，即非竞争性和非排他性的特点，这意味着任何成员为此共同利益作出贡献，其收益必然由集团中所有的成员分享。由此决定了当一个集团的所有成员聚在一起为获取某一公共物品而努力时，其中的每一个成员都想让别人去为达到该目标而付出成本（包括参与集体行动所花费的时间成本、资金费用成本以及收集各种信息所产生的信息成本），自己坐享其成。由此形成了经济学中所谓的“搭便车”行为，继而形成集体行动的困境。也就是说，尽管存在群体的共同利益，如果所有个体都根据短期自利的最大化进行决策，则“搭便车”行为将导致无法实现群体性合作。

奥斯特罗姆夫妇承接英国社会学家波兰尼的“社会秩序理论”，提出了“多中心治理”（Polycentric Governance）理论，突出一种参与者的互动过程中创立治理规则和治理形态，揭示了公共领域“另一只看不见的手”的运行逻辑。埃莉诺·奥斯特罗姆在《公共事物的治理之道》一书中分析了“自发治理”的中心问题，即一群没有亲缘关系的个体如何才能把自己组织起来，进行自主治理，并通过自主性努力以克服搭便车、回避责任或机会主义诱惑，以取得持久性共同利益的实现。必须同时解决的问题是如何对变量加以组合，以便（1）增加自主组织的初始可能性，（2）增强人们不断进行自主组织的能力，或（3）增强在没有某种外部协助的情况下通过自主组织解决公共池塘资源问题的能力。影响个人策略选择的有四个变量：预期收益、预期成本、内在规范和贴现率。面临集体行动的一群人需要解决三个问题。第一个是制度供给问题，即由谁来设计自治组织的制度，其设计制度的激励动力在哪里；第二个问题是可信承诺问题，即如何解决组织内成员间的相互信任问题；第三个问题是相互监督问题，即需要解决一组委托人如何才能对遵守规则的情况进行相互监督。

南京理工大学应用经济研究所的朱宪辰、李玉连（2006）以现实生活中的不同个体决策与行为选择为出发点，通过个体间动态博弈过程来分析集体自我治理规则与规范的形成与演化问题，证明了每个个体在追求自身利益的决策和行为选择中能够通过策略互动实现自我实施的规则与群体规范，实现自发治理的群体秩序。此处“自发治理”的本质是：由具有共同利益的群体所引发的群体合作的需求和自我组织治理。与理论分析对应，我们期望能基于对现实经济运行的观察来考察自发治理的实现机制。朱宪辰教授受江苏省餐饮商会委托，曾于2008年组织本校学生参与进行了一次覆盖全省13个地级市，针对江苏省范围内餐饮业的调查活动。基于与江苏省餐饮商会之间的良好合作关系，2010年7月，朱宪辰教授再次组织赴苏州市对同时兼任江苏餐饮商会及苏州餐饮商会会长的陈素兴先生、秘书长钟慎明先生进行了专题访谈。本文第二部分简要介绍苏州餐饮商会的发展及运行概况；第三部分借鉴奥斯特罗姆提出的操作规则、集体选择规则及宪法选择规则三层次规则理念对苏州餐饮商会实现自主治理的关键因素进行分析；第四部分对民间商会走出集体行动困境、实现自主治理的实现机制进行了概括。

二、苏州餐饮商会成立及发展、运行概况

（一）苏州餐饮商会发展概况

作为自古就有着“天堂”美誉的苏州，其餐饮业的发展长期走

在江苏省各地市前列。从总量看，1991 年全市餐饮业零售总额仅为 4.5 亿元，2005 年首次突破 100 亿元，2007 年的餐饮消费总额达到 150 亿元，占全省的 1/6。从就业群体看，1984 年市区餐馆数量国营 22 户，集体 19 户，而目前达到 20 000 余家，从业人员超过 30 万人。随着各种经济成分饭店酒楼的大量涌现，苏州餐饮市场原来国有企业一统天下的格局被彻底打破。在“坚冰”打破的同时，新问题也应运而生：

（1）数量庞大的苏州各家餐饮企业各自经营，如一盘散珠，群龙无首。虽有市场之手的调整，但各家经验缺乏交流的渠道及平台，在关键问题上各自为政，各种矛盾无以化解，难以通盘解决全行业问题。

（2）随着餐饮市场的扩容，各种新矛盾、新问题不断出现。由于投资者大量涌入，除了造成饭店越开越多，竞争越来越白热化外，餐饮行业还面临着房租、成本提高等压力。据调查数据显示，餐饮店平均只有 2.3 年的寿命。而一家店的倒闭，又往往会引发企业与供货商、员工、顾客之间错综复杂的矛盾，给社会造成不安定因素。

（3）餐饮业整体转制后，政府有关部门的行业管理和遍布全市的饭店酒楼之间出现了“真空地带”。

苏州餐饮商会在一定程度上正是为解决以上问题顺势而生的。要分析苏州餐饮商会的产生及发展，离不开一位关键人物——陈素兴。陈素兴先生 48 岁下海创业，用 11 年的时间成功打造出陈氏“同济”、“清华”、“南开”高校品牌餐饮企业，成为业界的佼佼者。如今他是苏州同济大酒店董事长、苏州市政协常委，苏州市光彩事业促进会副会长。陈素兴考察过十几个先进国家，发现和西方商会相比，中国商会的起步较晚。当西方商会已是一种与商品经济相适应的先进的工商组织形态，且行之已久，成效显著的时候，中国的餐饮会所和同业公会才刚刚产生，充其量只是个交流如何做生意的场所。作为一个有社会责任感的企业家，陈先生对于苏州餐饮业所面临的问题也深有体会。认为：苏州乃至江苏餐饮商会如何针对餐饮业结构出现的新格局、餐饮需求市场的变化，团结各自为政的餐饮企业，拿出对策和建议，引导行业科学发展，是大有可为的。正是基于这样的思考，在工商联的大力支持下，陈先生联合业内的热心人士，毅然投身于商会事业。

2001 年 12 月，由 7 家企业发起，苏州餐饮业商会成立，陈素兴先生当选为会长。最初的会员为 87 家。商会遵照《中国工商业联合会章程》和《江苏省工商业联合会行业组织工作通则》的有关规定组建并开展活动。接受工商联的领导和政府有关部门的业务指导。从第一届会员大会起，商会就制定了规范的章程、公约，并建立整套规章制度，形成从市、县（市）、区，直至各个会员企业之间的完善网络体系。目前，商会已覆盖全市 7 个区、5 个县级市。商会成立后，商会在接到企业的入会申请时，会对会员的规模、经营状况、声誉等进行考察，只有达到一定标准的企业才接受成为会员单位。如今，苏州全市餐饮业的工商登记企业有 21 000 多家，而餐饮商会的会员已达到 1 200 余家。

短短几年间，苏州餐饮业商会已经成为活跃在苏州社会经济舞台上的一支新兴力量，受到企业、政府、公众的一致认可，连续多年获得全国及省市先进行业协会称号。“苏州餐饮业商会现象”在全省、全国同行中引起广泛关注。由于其在业内的声誉及影响，2007 年 12 月，陈素兴当选江苏省餐饮业商会会长。

（二）苏州餐饮商会进行的主要工作

1. 团结业内企业，维护行业共同利益

俗话说“同行是冤家”，以往的苏州餐饮企业以“单打独斗”为主；近年来随着各行各业争相涉足餐饮业，不少业主不仅对业内情况不甚了解，即便对相关法律法规也知之甚少。苏州餐饮商会在团结业内企业，保护行业共同利益方面发挥了积极作用。尽管商会

筹建时只有7家企业，刚成立时也只有87家会员，然而，商会很快就以其发挥的重要作用如磁石般将不少原来“老死不相往来”的餐饮企业凝聚在一起。在与政府有关部门及银行等利益团体进行讨价还价时，单个企业的能力非常有限。餐饮商会作为会员企业的代言人，代表着商会会员的共同利益，它不仅有动力而且有能力去讨价还价，改善企业的外部经营环境。在维护行业共同利益方面，商会在很多方面展开工作。一些具体事例如下：

（1）积极向银行争取，降低刷卡手续费

2001年年底银联工程进入苏州后，刷卡消费逐年上升。银行对刷卡消费的结算手续费因行业差异而大不相同，零售业的手续费为0.5%至1%，而酒店、宾馆的手续费却高达2%至3%，是零售业的2至6倍。2004年7月2日，餐饮商会致公函苏州银行同业公会，提出就刷卡费率进行磋商；再没有得到回应的情况下，苏州餐饮商会于15日再次将公函递交苏州市银行卡工作领导小组办公室，要求调整现行银行卡消费结算手续费标准。在商会的积极争取下，餐饮业的刷卡手续费得以降低到1%的水平，为业内企业降低了经营成本。

（2）校企合作，开展专题研究

为对苏州餐饮业发展提出对策建议和科学预测，从2005年起，商会联手苏州大学社会与发展研究所成立课题组，围绕我市餐饮行业的现状、存在问题及其对策建议，历时一年多完成《苏州餐饮业发展的状况和态势研究报告》，从实践到理论，再由理论到实践，对苏州餐饮业发展起到重要指导作用。

（3）为餐饮企业统一安装煤气管道

以前苏州的餐饮企业大多使用煤气罐，价格贵、成本高，换气亦不方便。如果由单个企业向煤气公司申请安装管道煤气，由于不具备规模效应，在铺设管道等方面同样存在成本高、难度大的问题。餐饮商会以商会的名义出面与煤气公司协商，以团购的方式联系为商家统一安装煤气管道，使问题得以迅速解决。

社会上对是否允许客户自带酒水问题一直存在极大的争论。商会对此问题进行专题讨论，认为食品和酒水是酒店法定的经营项目，酒店出售的食品和酒水，必须在进价之上摊以各类费用成本，再加上合理的利润空间才定出合理的售价。酒店业主是在法定的经营范围内从事合法的经营活动，消费者有充分的选择酒店消费的权利。“自带酒水”剥夺了商家为了装修优美环境、提供优质产品和优良服务而支出的费用成本的合理摊销以及合理的利润空间，也影响了餐饮宾馆业主上对国家下对员工的义务责任。因此，商会允许成员单位拒绝客户自带酒水。但为了构建和谐餐饮环境，商会主张餐饮宾馆业主和消费者采取“友好协商”及“降低售价”的方法来解决自带酒水问题。

此外，商会还积极推进餐厨垃圾集中处理事宜；组织业内企业进行国内外交流等活动，扩大了会员企业在业内的影响，同时也提升了经营管理水平。

2. 协商帮助处理劳资纠纷，维护社会稳定

（1）构建和谐的劳资关系

餐饮属于员工众多的劳动密集型行业，为了在业内营造和谐氛围，商会发起的市餐饮业工会联合会于2007年9月成立，会长陈素兴和工会代表签订关爱员工、创建和谐企业的协议，这在全省同行中是第一家。会员单位积极支持工会开展工作，并通过组织职工技艺比赛、旅游、文娱等各种活动，丰富员工生活，形成合作友爱的企业团队，在行业内形成一人有难众人相帮，一家有难大家出力的良好风气。

2008年《劳动合同法》颁布后，餐饮企业的劳动力成本由原来占总成本的15%上升到20%。与之同时，能源、原材料价格成本均上升。餐饮企业压力大增。在这样的背景下，商会一方面积极督促会员单位与员工间均应签订规范的劳动用工合同；另一方面，关于

员工的养老保险问题，针对相当数量的员工愿意当期拿到更多的薪水而不愿意缴纳社会养老保险的客观现实，邀请法律专家解读法规，采用劳动派遣制实现合理规避。

商会还于2007年建立和谐劳动协调委员会。例如：在厨师跳槽索赔案中，居中调解，将索赔金额由48万降低到11万，避免了可能出现的冲突。该委员会的工作得到了政府有关部门的高度认可。2010年，苏州市法院主动提出与商会合作，加强沟通，合作处理劳资纠纷。

（2）妥善处理业内企业倒闭的善后工作

2001年商会成立伊始，就碰到了这样的严峻考验：一家名为"烧鹅王"的饭店老板突然蒸发，留下3个月未领工资的200多名职工，几十个供货商的欠款也没了着落。追款无门的职工准备集体上访，供货商则计划抢搬设备，一场风波一触即发。商会一方面请来律师，向市社保局和劳动仲裁委员会发出紧急报告，依法解决拖欠的工资与货款；另一方面通过会员单位，将"烧鹅王"的员工分流，帮助他们实现重新就业。此后，新嘉馀楼、大荣华、新皇宫、新林记等酒店的停业处理中，面对老板一夜蒸发、企业被法院查封等各种复杂情况，商会都在第一时间介入，并通过和社保局一起开招聘会等方式，妥善解决了员工被拖欠工资、重新就业、顾客预订酒水重新安排这"三大难"。

近十年来，商会以其细致及时的工作维护了社会稳定与和谐，凸显了商会的独特社会功能。

3. 推动行业自律，成为行业规范发展的助推器

饮食关系到广大顾客的身体健康，因此，餐饮业的发展必须以规范、确保质量为前提。餐饮业商会在推动行业自律方面也发挥了重要的作用。

以2010年年初的地沟油风波为例。在地沟油风波刚起时，陈素兴就以餐饮商会名义，约请苏州卫生部门介入酒店、宾馆抽查，并

在当地媒体上公布抽查结果。考虑到有相当数量的消费者心存疑虑，给餐饮业带来了很大影响，江苏省餐饮商会专门召开会议，到会的全省13个省辖市会长（副会长）单位，代表江苏1 300多家餐饮企业签署、发布了《镇江宣言》，强调了五条内容：（1）进一步增强诚信意识、尊严意识，不断规范食品安全、卫生服务行为；（2）建立和健全食品原料进货查验记录和索票索证制度，从源头上根除食用油脂的安全隐患；（3）规范废弃油脂及餐厨垃圾的管理，严格执行规定，将废弃油脂和泔水交给合法的收购加工单位；（4）一旦发现将地沟油、泔水油等不合格油脂用于食品加工的行为，立即向政府有关部门举报；（5）呼吁尽快形成“政府主导、统一管理、专业回收、变废为宝”的地沟油回收、加工产业链，造福于民。除了发布《镇江宣言》，省工商联餐饮业商会邀请各地卫生监督部门介入餐饮市场检查，发现一家严肃处理一家。如果是商会会员单位将被清除，商会并将要求卫生食品部门吊销其营业执照。

4. 加强与政府沟通，对政府施加影响，争取政策扶持

餐饮商会成立后，积极和税务、环保、物价、卫生、社保、工商、技监等政府有关部门“连线”，搭建政府与企业沟通的平台，一方面，发挥政府了解、指导、联系餐饮业作用；另一方面，极大地方便了餐饮业主和政府管理部门沟通、对话，实现了以相对有序的方式将私营企业主阶层的利益组织、集中和传达到地方政府的决策体制中，从而促进了政府和商会某种程度上的制度化合作。

在此基础上，商会积极发挥作用，近年来先后配合政府有关部门，就餐饮业油烟排放、噪音、衡器量具等进行检查。政府有关部门在制定有关餐饮行业政策、法规过程中，商会积极参与为有关决策提供科学依据，先后与市消费者协会联合制定《苏州市规范餐饮行业经营行为办法》，参与市环保局、省质监局餐饮行业地方标准规定讨论以及物价等部门饭店等级评审等，为维护业内企业的利益争取到了有力保障。

典型事例如：2003年“非典”期间，百业萧条，餐饮业的收入大幅度下降。苏州餐饮商会出面向政府争取到半年免税的优惠政策。优惠的程度在整个江苏省乃至于全国都是绝无仅有的。2010年面临煤气大幅度涨价的不利因素时，商会在第一时间迅速及时地与物价局等政府部门沟通，最终降低了涨价幅度。

5. 积极投身慈善事业，履行社会责任

在商会的组织带动下，无论扶贫帮困还是捐助灾区，在各种社会公益活动中，餐饮行业作为引人注目的群体力量，都发挥着重要作用。

早在1997年，一个以“同舟共济、匡智助残”为宗旨的由工商界、新闻界、慈善界等多方人士共同参与的苏州市同济儿童匡智中心在金阊培智学校正式挂牌。13年里，陈素兴个人出资为学校添置各种设施；每年助残日，出资奖励在特教工作中取得优异成绩的教师；逢年过节，请培智学校的教职员工到同济吃年夜饭。为帮助智障学生提高就业能力，他牵头为学校成立“烹饪实习基地”。据统计，13年来，陈素兴个人向苏州市金阊区培智学校捐款累计100多万元。2009年，陈素兴先生荣获由江苏省残联、江苏省残疾人基金会主办的“2009爱心江苏助残之星”称号。

自2004年开始，苏州市工商联餐饮商会、姑苏晚报联手，连续六年与贫困家庭结对，商会会员还和特困家庭结成一帮一对子，形成了一项传统的爱心活动，体现了一个行业的凝聚力。2010年参与此项活动的会员单位有数十家。此外，凤凰街餐饮同业公会启动爱心助学工程，建立特殊学生的劳动培训基地。逢年过节请孤寡老人吃年夜饭，去福利院看望慰问等更是“家常便饭”。

在“非典”、印度洋特大海啸、地震、洪灾等突发性事件中，商会积极组织进行慈善捐赠活动。2008年四川地震后，商会5月12日就召开紧急会议，发出支援灾区的紧急倡议书，13日上午捐出首批款项，成为全市捐款最早的民间团体。至6月底，商会员单位、员工捐款就达530.3万元。此后，他们针对全市餐饮行业共有2万余名四川籍职工，将近1 000名四川员工家中受灾的实际情况，再次召开商会常务理事会，作出了受灾员工探亲路费报销、工资照发、有伤亡发放慰问金、来苏投亲靠友妥善安置等措施。为向来苏治疗的四川伤病员献爱心，他们还组建爱心志愿队，为灾区伤病员服务，此做法在全省同行中属首创。

三、苏州餐饮商会实现自主治理的关键因素分析

自主治理是特定的群体自己组织起来，在不依赖外部代理人的情况下，为解决群体所面临的共同问题，增进共同利益而进行自主协调，并由此制定相应有效的制度安排。自主治理的实现要有相应的组织载体和制度空间。国家与社会的分化，以第三部门组织为主体所构成的公民社会的成熟是自主治理得以实现的前提。奥斯特罗姆认为：由于在群体内部存在相互信任和相互依赖的特质（也就是社会资本），人们能够从关心他人和群体利益中获得满足。有了这种特质，人们就会产生合作的愿望，就可能通过自组织行为产生一套规则、个体利用行为规范、监督和惩戒机制等，从而使资源利用服务于社区共同和长远利益。

奥斯特罗姆之前的集体行动分析，一般只着眼于操作层次的分析。实际上，影响集体行动的制度并不只限于此，需要区别长期影响行为和结果的三个层次的规则。第一，操作规则直接影响占用者关于以下问题的决策：何时、何地以及如何提取资源单位；谁来监督并如何监督他人的行动；何种信息必须进行交换，而何种不能；对行为和结果的不同组合如何进行奖励或制裁等。占有、提供、监督和强制实施的过程发生在操作层次。第二，集体选择规则间接影响操作选择。通常由占用者及其公务人员或外部当局在就如何管理公共资源制定政策（操作规则）时使用。政策决策的制定、管理和

评判的过程发生在集体选择层次。第三，宪法选择规则通过决定谁具有资格决定用于影响集体选择规则的特殊规则来影响操作活动和结果。宪法决策的规划设计、治理、评判和修改发生在宪法层次。一个层次的行动规则的变更，是在较之更高层次上的一套固定规则中发生的。更高层次上的规则变更通常更难以完成，成本也更高，因此提高了根据规则行事的个人之间相互预期的稳定性。

苏州餐饮商会自2001年成立以来，已经实现了成功的群体内成员的集体合作及自主治理。基于奥斯特罗姆的分析框架，我们将其成功的关键因素大致总结如下：

（1）具备了产生发展的外部制度环境。

由前文可见，恰恰是由于政府在餐饮业的“缺位”为民间商会的涌现提供了机会。而地处沿海经济发达地区，经济发展处于全国前列的、“较为开明”的苏州地方政府并未对这一新兴的民间组织进行打压或禁止，相反是采取了相对较为宽容的态度。苏州地方政府的这种行为模式与餐饮商会生成所需的外部环境之间恰好形成了一种吻合，这成为苏州餐饮商会最初取得发展的重要契机。这种吻合原本是无意识的，即地方政府自身能力欠缺而不能有效地规范市场秩序所形成的后果。当餐饮商会在自主治理的实践中越来越显示出其行业管理的优势并且对苏州餐饮业发展的影响日益显著时，政府各相关部门转而实行了扶持和推动民间商会发展的自觉性战略，充分发挥行业协会和民间商会在规范行业秩序中的积极作用，这使得民间商会发展的制度环境大为改善。

（2）实现了业内精英的有效聚合。

社会自主力量的成长离不开社会精英人物的推动，他们既是定型国家制度框架的基本社会力量，又是民间社会生活中实现社会整合、造就社会的自我组织以及自我形成秩序能力的重要社会力量。这批精英人物一旦认识到社会组织的价值而投身于社会之中，将会大大增强社会的自组织能力。

从苏州餐饮商会的成功经验可见，具备“无私奉献”精神的领导人所发挥的作用非常关键，他们起到了制度变迁中“创新者”的核心作用。在苏州餐饮商会的发展过程中，以陈素兴、钟慎明等行业精英扮演了制度变迁的“第一行动集团”的角色。他们为了维护共同利益，推动行业持续健康发展，利用国家允许的公共空间，主动结成一个社会利益集团及商会，并通过组织化的集体行动，对内共同分担集体行动的成本，加强组织制度建设，对外增强自身的博弈力量和技巧，在我国当前制度不健全的大环境下，逐步扩大了自身的制度空间。苏州餐饮业的民营企业家阶层通过自身的组织化的集体行动为自己赢得了相对较好的制度环境。

（3）有较健全的组织机构和规章制度。

餐饮商会由民营企业家自发自愿组建起来，已经是一个结构完善、各层级职权界定清晰、会议制度健全的自治性组织。商会通过民主选举的方式产生商会的领导人，依靠会员企业的会费、理事单位的自愿捐助和章程规定的服务性收费等方式作为商会运作的资金来源。为了保证组织决策的民主性、代表性，不断完善和健全商会的组织结构和治理机制，并在长期的市场活动中发展出了一套基于群体自愿遵守的制度规范和纠纷化解机制，使其成为行业规范和纠纷化解的重要一极。

作为NGO组织，其日常运转所需要的经费基本完全来自于会员缴纳的会费。目前苏州餐饮商会的会费标准为：（每年）会员500元，理事1 000元，常务理事2 000元，秘书长3 000元，副会长5 000元，会长10 000元。对于经费缺口，部分会员主动给予捐助；此外商会还积极向供应商争取到部分赞助。

苏州餐饮商会的日常运转实现了程序化，重大工作事项的决定均是通过召开相关会议来完成的：每年1次理事大会，2次常务理事会，不定期举办会长会议，区级商会2月召开一次秘书长会议。商会对相关成员的参会情况进行严格的考勤制度。由于商会工作积极务实，每次会议讨论的事务大多与会员利益密切相关，成员对商会事务参与程度极高。

（4）取得各方认同强化其合法性。

民间商会只有在获得各方面的认同，并因认同而获得权力时，才能稳定存在并有效运作，社会合法性是其存在基础和权力来源。在社会合法性的获得过程中，政府的支持和商会民间性以及聚集资源、使用资源服务于行业的能力都起了关键作用。（王诗宗，2004）陈素兴会长总结搞好餐饮商会的基本经验是：紧紧依靠党和政府，再提出自己的诉求；紧紧依靠工商联（因为这是得到政府承认的正式团体），作为依托及沟通的管道；紧紧依靠广大会员，多为会员办实事、好事，从而使商会有向心力和凝聚力。而他目前最大的期望是政府能批准餐饮业的民间商会成为独立法人。只有具有广泛社会合法性、法人治理结构完善的民间商会才能担当起为民营企业利益服务的重任。如此，一方面能便利商会工作开展，同时也能使成员的权利及义务都得到明确，减少对行业精英的过度依赖现象，建立长效运行机制，建立起民主的内部权力约束机制，健全其选举制度、议事制度、财务制度，靠制度管人、靠制度办会，从而能不断增强自身的功能，塑造自身的权威，创新自己的工作，提升自己的价值，进而不断拓展商会的舞台。

四、结　论

苏州餐饮商会的实践表明，通过将外部效应加以内部化，实现了集体成员的合作及自发治理，为走出集体行动困境提供了一条可能的有效途径。具体实现机制体总结为如下几点：

（1）商会有助于缓解厂商竞争的“囚徒困境”。

在市场经济条件下的厂商间竞争是出于自利性，如果没有任何约束，机会主义、恶意竞争往往会使厂商在经营中形成不合理的预期，从而大大增加厂商的交易成本。这种状况不仅影响厂商的长远利益，而且导致整个社会生产经营效率下降。为了避免这种效率损失，厂商在长期竞争中逐步认识到在竞争中遵守某种竞争规则要比通过机会主义、恶意竞争等手段更有利，从而产生对制度的需求，这就是商会这种制度安排产生的最初起源。新制度经济学把制度视为参与人内生博弈的均衡结果。商会制度安排是个人理性与社会理性不协调的结果，既是一个合作博弈，又是一种制度创新。

（2）商会有助于克服厂商的有限理性。

商会作为一种制度安排，在避免厂商在竞争中由于有限理性所造成的效率损失具有重要的意义。造成厂商有限理性的一个重要原因是厂商信息的不完全。由于厂商本身条件的局限，单个厂商不可能对本行业其他厂商、不同行业的相关厂商的各种信息有全面的了解，因而给厂商经营带来了风险。为了规避风险，减少企业损失，迫切需要厂商间的合作组织进行信息的公开与发布，以降低解决厂商信息不完全程度。同时，由于厂商的有限理性，厂商在订立和执行契约的过程中，可能会出现某些事前没有预料到的突发事件、偶然事件，干扰企业之间契约的执行，也同样需要一个厂商间的合作组织来制定仲裁标准、进行仲裁。商会则正好满足了这些需要。

（3）商会有助于通过“选择性激励”推进合作。

利益是个人行为的基本驱动力，商会成员之所以选择加入组织也不例外。商会组织对其成员所提供的激励主要包括：物质性激励、团结性激励和目的性激励。对于那些不同层面的参与者（普通会员、核心会员）来说，以上三种激励因素对他们会产生差异化的效用。商会的普通会员多以本行业的中小企业为主，这些企业由于自身实力的原因在与其他主体的博弈中处于弱势，通过加入行业商会，依靠团体的力量来解决自身无法解决的问题是个体在现有环境下的理性选择。同时，加入商会又可以分享行业发展所带来的整体性收益，而且，由于行业商会是互益性社团组织，其通过集体行动获得的利益基本上是由会员企业所分享。这就为会员企业提供了一种积极的“选择性激励”，使得企业有足够的动力去积极参与组织的治理。因此，对于绝大多数的会员企业来说，物质性的激励占据主导地位。此外，由于商会的会员企业共处一个网络性的开放结构之中，这就增加了会员企业之间交流接触的机会，为企业的发展积累了难得的社会资本。因此，团结性激励因素对于普通会员来说也有很大的吸引力。商会的核心会员多是本行业的骨干企业，是整个行业发展的主导力量，行业的发展或衰退对他们的损益值最大，企业发展与行业发展的高关联度使得他们有足够的动力推动行业的整体壮大。因此，他们往往是商会的发起人，是各种行规、行约的主要倡导者和最坚定的执行者，也是各项活动的最积极的参与者。目的性激励因素是激励核心会员的主要动力。同时，这些核心会员也因其对行业商会的奉献，而获得了一般会员和社会公众的认可，从而提升自己的社会地位和声誉，扩大企业的知名度和美誉度。由此可能衍生出来的政治荣誉对他们的激励效果也是显而易见的。由于核心会员企业在行业中的主导地位，是行业利益的主要分享者，企业自身利益与行业整体的高关联度使得物质性激励内化在目的性激励之中。

这一特性在苏州餐饮商会的具体运作中体现得特别显著。商会秘书长钟慎明先生在总结商会成功运作的原因时，首先强调的就是“要有一个好会长和一批无私奉献的企业家”。苏州餐饮商会由陈素兴、钟慎明等热心人士发起成立，他们不仅从商会得不到经济上的收益，反而还要投入大量的时间、金钱及人情。用陈会长自己的话说，是“能者多劳，多劳多贴”。仅以陈素兴为例，陈素兴当选苏州餐饮业商会会长后，在商会建设上花费的心血就逐渐超过了经营自己的企业。为了建起商会在全市的网络体系，他亲自开车四处联络；为加强行业自律，他邀请政府相关职能部门领导给老板们讲课；在企业和政府之间，他带领商会牵线搭桥，目的就是能让苏州餐饮业更好更健康地发展。多年下来，商会所取得的成绩使得他看到了商会的力量，同时也视商会为自己最重要的事业。

目前，陈先生旗下的“南开”由其小弟弟接管，“同济”则由妹妹管理，“清华”交给了大弟弟，昆山“南开”和“生态园”由女婿掌管。原本在吴江开办新店的计划也因为太忙而放弃。商会等社会公共事务已经占据了陈先生绝大多数的时间及精力。

（4）商会通过规则制定与实施推进合作。

如果每个人参与制定的博弈规则是自我实施的，那么服从博弈规则就是服从“自我的统治”，集体行动的困境就能得到有效解决。这样解决集体行动困境的问题就转化为博弈规则的制定问题。博弈规则可能是利益相关者针锋相对博弈或遵守传统的演进博弈规律自发形成的非正式制度，也可能是政治精英行使代表权通过立法途径制定的正式制度和法律。这样，既有利于发挥正式制度的确定性、可预期性、可执行性等特点，使集体行动中机会主义得以减少，又有利于把正式制度与非正式制度在相互渗透和相互学习中有机统一起来，互相补充。集体行动需要群体规范等非正式制度的作用。群体规范的作用方式主要是两个方面，一是对群体内普遍接受的契约性规则的执行，二是无法用规则明确的隐含、默认行为。针对商会的自发治理的实现与维持性问题，后者可能更为重要。众所周知，集体行动面临的主要难题是克服“搭便车”行为。现实中，对于“搭便车”行为的主要惩罚来自于群体内部长期交往基础上建立起来的群体规范，核心内容是通过互惠合作实现群体利益和个人利益的统一。惩罚的主要方式是排斥、孤立以及谴责等，并且惩罚是有效的。一次不良的信誉记录会使你在不同的合作领域成为不受欢迎的人；而对大多数理智与情感健全的人来说，一旦被排除在共同体外，“边缘人”的滋味将很不好受。苏州餐饮商会会员参与集体活动的积极性非常高，原因正在于此。

参考文献

[1] 迈克尔·博兰尼．自由的逻辑［M］．长春：吉林人民出版社，2002.

[2] 埃莉诺·奥斯特罗姆．公共事物的治理之道：集体行动制度的演进［M］．上海：上海三联书店，2000.

[3] 迈克尔·麦金尼斯．多中心体制与地方公共经济［M］．上海：上海三联书店，2000.

[4] 曼瑟尔·奥尔森．集体行动的逻辑［M］．上海：上海人民出版社，2007.

[5] 乔·B. 史蒂文斯．集体选择经济学［M］．上海：上海三联书店，上海人民出版社，1999.

[6] 柯武刚，史漫飞．制度经济学：社会秩序与公共政策［M］．北京：商务印书馆，2002.

[7] 陈剩勇等．组织化自主治理与民主：浙江温州民间商会研究［M］．北京：中国社会科学出版社，2004.

[8] 刘华光．商会的性质、演进与制度安排［M］．北京：中国社会科学出版社，2009.

[9] 余晖等．行业协会及其在中国的发展［M］．北京：经济管理出版社，2001.

[10] 郁建兴、江华、周俊．在参与中成长的中国公民社会：基于浙江温州商会的研究［M］．杭州：浙江大学出版社，2008.

[11] 王诗宗．行业组织的存在基础和权力来源：对温州商会的社会合法性考察［J］．中共浙江省委党校学报，2004（2）：5—12.

[12] 朱宪辰．共享资源制度安排——中国城镇住宅小区自发治理案例分析［M］．北京：经济科学出版社，2005.

[13] 朱宪辰，章平．共享资源自发供给制度的产生：一个动态演化模型解释［J］．财经研究，2005（7）：5—15.

[14] 朱宪辰，李玉连．领导、追随与社群合作的集体行动——行业协会反倾销诉讼的案例分析［J］．经济学（季刊），2007（6）：581—596.

[15] 朱宪辰，李玉连．异质性与共享资源的自发治理——关于群体性合作的现实路径研究［J］．经济评论，2006（6）：17—23.

下　编

实践与案例

业主自主治理之路的反思

——基于广州市等地小区治理的调研

伍嘉穗，王耀才

一、问题的提出

20 世纪 90 年代，我国开始推行商品房制度改革，改革产生了两个直接后果：一是住房产权的私有化，建筑物区分所有权作为新的物权形式逐步确立；二是小区管理模式的转变，政府和单位从住宅小区这一城市基层领域退出，围绕物业共用部分管理，新兴的业主群体将要承担起小区治理的重任。

小区治理之路并不平坦，以北京市朝阳区为例，北京市朝阳区人民法院 2002 年以来审理的有关物业管理纠纷的案件数量逐年呈上升趋势，在民事案件中所占比例逐渐加大。（见表 1、表 2 和表 3）而哪些因素影响了业主自治的过程，业主良性自治的道路又在何方？本文将结合广东省小区治理的案例，加以探索。

表 1　2002 年以来北京朝阳区法院物业纠纷案件收结案统计

年份	2002	2003	2004	2005
收案数量	194	650	1 898	2 649
结案数量	70	570	1 835	2 671

表 2　2002 年以来北京朝阳区法院物业纠纷案件收结案增长幅度

年份	2002—2003	2003—2004	2004—2005
收案增长率	235%	192%	39.6%
结案增长率	714%	222%	45.6%

表 3　北京朝阳区法院物业纠纷案件占全院当年民商事案件比重

年份	2002	2003	2004	2005
收案	0.79%	2.52%	6.02%	8.5%
结案	0.27%	2.25%	6.21%	8.0%

二、业主自治的法理基础

业主在购买房屋的同时，不仅仅购买了居住的封闭空间，还共同购买了物业的共同部分，虽然物业共用部分边界清晰，但不可分割成细小而独立的部分。如电梯、过道、花园绿地以及相关设施等等。《物权法》更从法律角度对业主在住宅区的权利进行了界定，即业主不仅拥有专有部分的专有权，还对共有部分拥有共有共同管理的权利，统称为建筑物区分所有权。

建筑物区分所有权是一项重要的不动产所有权，关于建筑物区分所有权名称的表述，不同国家的立法称谓和内涵不同，我们认为建筑物区分所有权是指区分所有建筑物专有部分的所有权、专有所有人共用建筑物上所设立的持分权以及基于建筑物的管理、维护和修缮等共同事务而产生的成员权所共同构成的一种特殊的复合型权利。建筑物区分所有权是专业的法律名词，但其实它已潜移默化地融入了生活当中，只是很多人没有这么称呼它，更多的是说“你的”“我的”或者“大家的”。其实这些词语用在小区中，就组成了建筑物区分所有权。作为业主的自治组织——业主大会、业主委员会的产生就源于现代建筑物区分所有权理论，尤其是和其中的共同管理权密不可分，可以说，正是通过业主大会及其执行机构业主委员会才使得业主的共同管理权得以实现。

我国关于建筑物区分所有权的最初规定，是建设部1989年颁布的《城市异产毗连房屋管理规定》（2001年8月15日根据《建设部关于修改〈城市异产毗连房屋管理规定〉的决定》修正），本规定第二条明确了异产毗连房屋的概念，系指结构相连或具有共有、共用设备和附属建筑，而为不同所有人所有的房屋。这个规定其实界定了房屋所有人的私有权和共有权，即区分了不同权利。进而，本规定还明确了房屋所有人的责任与权利，房屋所有人和使用人对共有、共用的门厅、阳台、屋面、楼道、厨房、厕所以及院路、上下水设施等，应共同合理使用并承担相应的义务；除另有约定外，任何一方不得多占、独占。随着时代的发展，我国又于2003年颁布了《物业管理条例》，较为具体地规定了共有部分的维护、使用，权利主体、业主的权利和义务、责任，业主大会和业主委员会履行职责的方式等。2007年10月的《物权法》规定了建筑物区分所有权的相关问题，第一次以法律形式明确了建筑物区分所有权制度，是建筑物区分所有权制度在立法上的巨大进步。

根据《物权法》的有关规定，建筑物区分所有权包括专有权、共有权和共同管理的权利，而业主大会和业主委员会等业主自治组织正是全体业主行使共同管理权的业主自治组织，是物业管理的主体，它代表和维护特定物业管理区域内全体业主在物业管理中的合法权益。全体业主依靠业主大会和业主委员会等组织形式，按照权责一致的原则，行使物业管理权利，承担物业管理的责任，在业主自主治理之路上坎坷前进。

三、广州市小区治理的案例与启示

案例1　海珠区雅景苑小区：开发商与业主的博弈

雅景苑第一期1998年入住，1999年夏天发现是临电临水，经常停电，夏天最热时停水一周。当时入住的200多业主与开发商总经理理论包括房产证在内的问题，当下互留电话房号，十几位特别热心的业主就开了会，决定成立业委会，很快筹委会就批了，由于开发商的阻挠，5年后业委会才正式成立。当时筹委会为了解决临电临水，决定通过要开发商办理房产证的集体诉讼来解决（因为当时规定综合验收后才能办房产证）业主以自愿为原则参与诉讼。到2001年分两批一百多户参与，敦促开发商解决了临电临水问题，大家也都拿到了房产证。这是第一次证明组织起来的好处及筹委会的办事能力。

还不仅仅于此。2005年赢了官司后小区麻烦又来了。开发商突然宣布要撤离物业公司，并要求新物业公司赔付30万元。开发商那天撤离物业公司时刚好在9月30日晚上12点，他们走后不到半小时，业委会之前联系好的派出所就派出了一批辅警员，充当了小区的临时门卫，而保洁人员也是业委会一个个游说成功将他们留下继续服务。虽说旧物业公司还带走了业主的水周转金，走后还封死了通往垃圾房及公厕的通道，封锁了小区的另一出入口，连垃圾车也拖走了，还面临着停电停水的可能，业委会实行自管，两个月下来，不但业主们没有感到丝毫变化，还在自管期间的物业管理费中节省了一大笔费用，最后用来改善小区的防盗系统。

雅景苑业委会与开发商打了临水临电、房产证、饮食店扰民、商铺管理权四场官司，全部都赢了。

反思与启示

第一，依靠法律，不能冲动，以免授对方把柄。第二，依靠警察。无论与对方发生任何事情，都可在第一时间内拨打110或联系当地派出所来保卫自身安全。第三，业委会的成员一定要大公无私，以业主的担忧为自己的担忧。而维权成功最关键的，就是要依靠集体的力量，个人能力再强也无法将有实力有后台的对方扳倒。正如埃莉诺·奥斯特罗姆女士所说：一些强有力的人能够从当前的局面中得到好处，另一些人则遭受损失，那些强有力的人便可能阻止力量较弱的人为改变博弈规则所作的努力。这些力量较弱的群体也许需要某种外来的援助，才能打破他们所对的扭曲的逻辑。[①]

案例2　白云区中意花园：尊重业主自治权利[①]

中意花园是一个有着450多户业主的住宅小区。1999年，中意花园业主委员会，在广大业主的支持下，经过艰苦的努力终于得以成立。业委会成立依始，就带领广大业主，紧紧依靠当地党和政府部门的大力支持，坚决依法维护自身的合法权益。

当时，不少业主发现大家刚刚入住的小区，和开发商售卖时的承诺严重货不对板。不仅楼宇的质量存在问题，小区的道路、水电设施等都存在严重缺陷。

为此，业委会立即积极向区、街政府部门反映小区存在的这些问题，引起了政府部门的高度重视。区政府为此组成了工作组进驻小区，了解情况，跟进解决问题。同时，造成小区严重问题的两位负有主要责任的当事人被抓。

当时物业管理方面的法规远没有今天这么完善，随着这些问题的逐步解决，我们感到，在工作中要紧紧依靠党和政府，要始终坚持依法办事。同时，业委会应始终站在维护社会稳定和维护业主合法权益的最前沿，不遗余力为业主服务，赢得了绝大多数业主的高度信赖。

接着，由开发商安排的物业公司由于工作不负责任，引起业主的强烈不满。这个过程中，业委会再次发挥了沟通与桥梁的作用。及时向区、街道等部门汇报，要求以投标方式选聘物业公司。经过业主的集体投票，开发商安排的物业公司投标失败，不得不退出了小区。

---

① 《新快报》记者陈文代笔。

由广大业主自己主导选聘的物业公司进驻小区后，能够充分尊重业主的权益，凡事积极与业委会沟通，工作受到业委会的监督。试用期过后，从2000年先是与签订了3年合同。经过业主大会的表决，决定再与这家公司签订5年合同。现在这家公司已经在小区服务了8年，期间业委会也经历了两次换届选举。现在业主满意，物业公司工作也更有信心，形成了良性互动的局面。

很多人，特别是一些开发商和物业企业认为，业主成立了业委会就会不停地折腾，不停地换物业公司，这是错误的认识。实践证明，只有业主掌握了自治的权利，成立了真正属于自己的业委会，小区就会和谐，不但业主之间和谐，与社会和谐，与物业企业也会和谐。我要呼吁，那些持有错误认识的人，不要再折腾了，赶快回到《物权法》的精神上来，才能真正创建和谐的社区生活。

目前，小区的收益主要包括两个方面：一使广告收益，一是物业出租收益。小区拥有一些属于业主的公共面积的收益。这些地方在业委会成立后，把属于业主的公共物业明确下来，通过公开的招标出租给商家，使业主的收益不至于流失。

为了使业委会的工作更加透明和公开，置于广大业主的监督之下，成立了业主联席会议，社区的事务及时向业主汇报。财务上，建立严格的制度，每月的开支都及时张贴出来，向所有业主公开，接受监督。凡是超出500元的开支，要所有业委会委员签字同意。同时，11位业委会委员，不得利用职务权利获取任何好处。

为了创造良好的社区自治氛围，在业委会的选举中，坚持公平公正的原则，鼓励大家参选，鼓励大家关心社区事务。凡回到社区参与业委会选举投票的业主，即使投票给自己，只要投了票，就发给每人100元的路费和午餐费。对于那些来了不投票的，只给5元。目的只有一个，鼓励大家关心社区事务。在选举中，邀请了公证处的公证员、律师行的律师到场，还邀请市、区、街道相关部门的领导监督。

小区的所有工作，得到了区、街道和社区居委的大力支持和悉心指导，有了问题也及时去汇报沟通。居委会不驻扎在小区，他们也从不干涉的事务，但依然建立了良好的关系。有人说让我买保险，防止被打，我很有信心地说，没必要，小区不会出现这样的问题。

10 年来，得到了当地政府和社会各界的支持，也积极回报社会。经过全体业主的表决通过，有 98% 的业主都同意，对 50 户特困户、残疾人进行扶助。今年年前，为他们每户送去了一袋大米、一桶油，还有腊肠、腊肉等。同时，为配合维护社会治安，前些年，为街道的治安队捐赠了四五辆摩托车；响应街道号召为有需要的群众捐赠棉衣几十套，还捐赠办公用品给居委会。前几天，小区搞了迎新年的活动，分鸡分鱼分腊味，大家其乐融融。

反思与启示

10 年来的经验启示，业委会之所以能做这么多的事情，源于来自业主的支持，来自各级政府支持。其基础在于坚持依法办事，坚持业主自治的健康、有序的发展。尊重业主自治权利，创建服务社会的和谐社区，就不会只停留在口头和书面上。

案例 3　海珠区顺景雅苑：业主合法维护共有权益①

2007 年 11 月 12 日，在广州市海珠区人民法院的强制执行下，苦苦等候了两年的顺景雅苑业主，终于拿回了两个停车场的管理权。顺景雅苑小区原物管广东珠江物业管理公司（以下简称“珠江物管”），在 2005 年被解聘后，一直未将小区物管房屋、场地移交给小区业委会，结果被告上法院。今年 4 月，广州市中级人民法院终审判决，要求珠江物管将小区的物业管理专用房屋及业主共有的所有场地移交给业委会。但珠江物管一直不履行，并把原管理的物业范围内的小区红线范围内南、北两块空地的管理权移交给顺景雅苑的

① 《南方日报》，http：//news. sina. com. cn/o/2007 - 11 - 13/093212894412s. shtml.

开发商管理。今年5月17日，顺景雅苑小区业委会向海珠区人民法院申请执行。

当时，海珠区政府、街道、居委会等单位也派人到场协助。执行前，海珠区法院进行最后一次调解，地产开发商和原物管公司代表依然不愿交出两个停车场的管理权。10时30分，法官宣布顺景雅苑南北两个停车场管理权归还业委会。

顺景雅苑业委会主任韩先生接受记者采访时表示："很满意，坚持这么久总算没白费。"据悉，停车场管理权归还后，将为业主提供近300个停车位，小区的停车难问题以及由此引发的纠纷有望得到解决。

反思与启示

业主维护自身权益必须理性维权，并争取政府、街道和居委会的支持。

案例4　深圳雍翠豪园创新物业管理模式①

雍翠豪园住宅小区位于罗湖区莲塘梧桐山边，共有420户，建筑面积约3.5万平方米。小区2000年入住到第三家物业公司进驻前，一直是罗湖区名声在外的"问题小区"，纠纷不断、上访不断、官司诉讼不断、老问题解决不了新问题又不断出现。小区除了发展商欠缴150多万专项基金，物业公司也肆无忌惮地反复挪用、盗用本体维修基金，老物业公司被驱逐前不但把全部本体维修基金挪走拒不归还，而且把门禁系统、消防系统、监控系统全部破坏。新物业公司进驻时真是百废待兴、举步维艰，消防被限期整改、小区连大门道闸杆断了也没有钱修复，那时甚至打报告向住宅局基金中心申请借款用来消防整改和电梯维修。

烦扰业主多年的物业管理纠纷和冲突，虽然有的是发展商遗留

---

① 雍翠豪园业委会会议发言。

问题或者是发展商主导下聘请的物业公司发生的，但注意到很多问题在别的小区也普遍存在，有些还是以招标方式换了新物业公司也一样的发生，正所谓“赶走了老虎，又来了豺狼”。究其原因是旧有物业管理模式的缺陷造成的，只有跳出旧有模式，用新思维新模式才能避免问题的反复发生。因此，2005 年，业委会组织了热心社区建设的具有法律、经济管理专业方面的业主，对物业管理模式进行调研探讨；2006 年形成了“雍翠豪园第二轮物业管理模式”初稿，在小区进行宣传和征求意见；2007 年业委会经多次修改正式确定了以“账户共管”为核心的“雍翠豪园第二轮物业管理模式”作为业主大会表决提案，经业主大会表决取得了65.7%票权。“雍翠豪园第二轮物业管理模式”（即雍翠模式）作为对外招聘物业公司的基本条件。据此制作了招标文件、合同框架和评分标准，向外公开招标。2008 年北方物业管理有限公司经评标取得了小区物业管理资格，受业委会授权委托在 11 月正式进驻小区提供物业管理服务。

在新的物业管理模式下，小区物业管理工作进入了业委会与物业公司“互相约束、互相协作”的良性循环阶段，给业主一个安居乐业的环境，给业委会一个正常行使职能的场所，给物业公司一个堂堂正正用服务赚取佣金的地方。总结小区业委会近十年一路走来的历程，其中“雍翠模式”值得和大家分享、交流的有几方面：

（1）设立“小区收入共管账户”，即由业委会和管理处双方签署办理手续，方可从中划拨款项的账户。小区全部收入统一收到该账户。管理费、维修基金和停车年费原则上以托收方式托收到该账户，约束物业公司独立管理资金的权力.

（2）管理处按年、按月制订工作计划和预算并提交业委会审议。审核后的预算每月从“小区收入共管账户”划拨到管理处账户用于日常物业管理开支。

（3）与管理费一起统一托收到“小区收入共管账户”上的维修基金，则按月划拨到“维修基金专户”，该账户实行双方共管，保障了维修基金的安全。

(4) 物业管理委托合同应详细约定各种账户的开立和功能及关系，避免对账户控制方面发生的争议；共管账户适宜用小区名义开立，避免物业公司更换时对业主管理费缴交造成困扰。

(5) 旧模式中物业公司佣金是按成本计提的，即成本越大，物业公司提的佣金就越大，这样就难免出现物业公司和管理人员虚增成本双方得益而使业主受损，所以不难理解为什么没有多少个小区账户有盈余了，这种模式更助长了管理人员灰色收入的不正之风。而“雍翠模式”物业公司佣金是从小区收入计提的，每年节省下来的管理费50%用作奖励管理人员。使物业公司和管理人员明明白白做事，堂堂正正做人。

(6) 设立小区外包项目和重大维修、对外采购制定规范的招标程序，要真正发挥业委会授权和监督的作用。

(7) 建立健全业委会治理机制，制定自身管理的内务制度和经费收支账目；设立全职的执行秘书，由业委会任命对业委会负责，统一对外联络和协调与管理处的工作；形成规范可行的业委会会议规则。

(8) 建立业主监督业委会，业委会监督物业公司的机制。小区业主大会授权设立监事小组，对业主大会负责，行使对业委会、管理处的监察工作，业委会换届交接时实行换届审计。

经过两年的实践，认为“雍翠模式”是能够弥补旧有物业管理模式的缺陷，在现有法律条件下可操作的模式。它的机制能够有效化解业主、业委会与物业管理企业之间的矛盾，改变了物业公司在旧有模式中“独霸一方，为所欲为”的思维，置业委会监管作用于物业管理的日常工作中，使小区成本开支环节得到有效监督和控制。为营建和谐的物业管理环境开创新局面起到了重要的作用。

附录　雍翠豪园物业管理模式说明

雍翠豪园第一轮物业管理从2004年1月1日开始，至2006年12月31日结束，第二轮物业管理将以招标方式聘请物业管理公司。

由于原有物业管理模式存在很大的缺陷，管理水平低劣的物管企业就可以为所欲为，给小区不断带来物业纠纷，业主和业委会不但无法行使日常的监督权利督促物管企业改善日常管理，甚至对其侵占、挪用本体维修基金行为进行纠正也只能是亡羊补牢疲于奔命，而且效果甚微，严重影响小区本体维修基金收缴，导致整个小区物业养护工作不能正常进行。

鉴于此，业委会在广泛调研和论证的基础上，起草“雍翠豪园第二轮物业管理模式”提案给业主大会审议，希望以该模式为蓝本招聘物业公司、拟定新的物业管理合同，进行第二轮物业管理。

现把物业管理的旧有模式和“雍翠豪园第二轮物业管理模式”提交给全体业主参考、讨论和审议（最终交由业主大会进行表决）。

旧模式

由于所有收入和支出由物业公司操作，业主监督不能实现，业委会也被架空，连业委会运作经费都被物业公司扣留，本体维修基金被侵占和挪用，物业公司容易监守自盗。

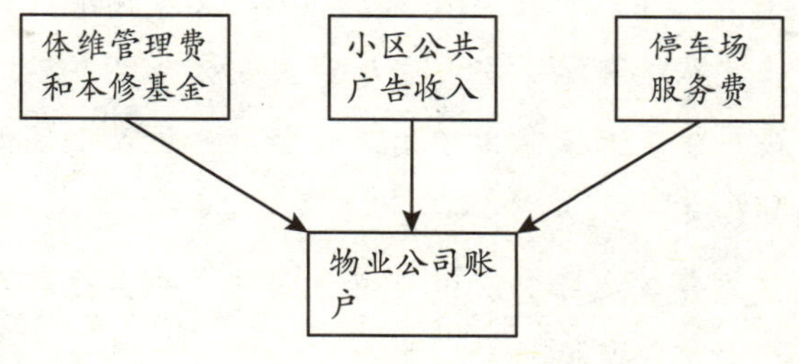

新模式

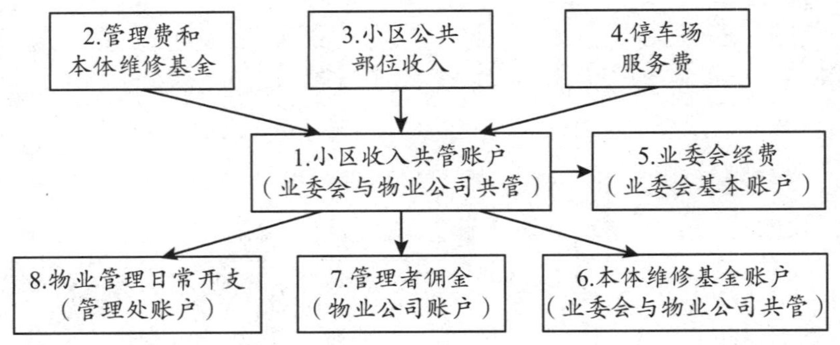

（1）小区收入共管账户。由业委会开立与物业公司共管，小区所有收入必须统一存入该账户，然后按照各项资金划拨规定由业委会与物业管理公司双方共同签署盖章后方可调出。

（2）管理费和本体维修基金。住宅类管理费按每月每平方 2.5 元，非住宅类管理费每月每平方 4 元，本体维修基金每月每平方 0.25 元。由业主或使用人缴交，采用银行委托扣款或现金交管理处然后存入业委会与物业公司共管账户（即小区收入共管账户）。

（3）小区所有广告收入即小区收入共管账户，广告收入按合同约定分配（参考比例：50% 拨入本体维修基金、30% 用作物业管理人员福利、20% 拨入管理费收入项目）。

（4）停车场服务费。从停车收入中提取的管理服务费（不包括按 10% 的比例提取车场本体维修基金）。

（5）业委会运作经费。每月按管理费的 5% 提取，拨入业委会基本账户，按“雍翠豪园业主大会与业主委员会议事规则”进行管理和使用。该基金最大储存 5 万元，超出部分划入小区本体维修基金归全体业主共有。

（6）本体维修基金账户，由业委会开立，并由业委会和物业公司共管，每月收取后即拨入专用账户，按有关法规及合同约定使用和管理该项基金。

（7）管理者佣金。是物业公司按照物业管理合同委托，为小区提供物业管理服务所得到的佣金，其比例不得超过管理费收入的10%，佣金支付可以在合同中设定一定的约束条件。每财政年度结算后提取支付给物业管理公司。

（8）物业管理日常开支。每月由物业公司提出用款计划，业委会审核后，若无违反合同约定的重要条款，则以业委会决议方式批准由业委会与物业公司共管账户（小区收入共管账户）拨入到管理处账户，由管理处按要求使用和管理。在完成物业管理年度工作后，物业管理费年终结余部分，计提未完成项目费用后，50%用作物业管理人员奖金，其余拨入本体维修基金账户，归全体业主共有。

新模式的优点：

（1）促使物业公司自觉履行合同，提高管理人员的服务质量，为业主提供良好的物业管理服务

（2）合理利用资金，减少不必要的物业管理开支。

（3）保障本体维修基金的收缴和安全，避免任何单位和个人挪用或侵占。

（4）使业主和业委会与物业公司平等地协商解决物业管理问题，减少物业纠纷，为小区和社会创造一个和谐的生活环境。

反思与启示：小区对过去物业管理模式酬金制进行了创新，用共管账户的监管模式，监督了资金流向，年终结余部分按比例奖励物业公司，调动了物业公司的积极性；其余滚动存入维修资金账户保证了维修资金有源源不断的来源。

案例5　天河东路德欣小区——业委会斥400万买基金，惹业主不满[①]

昨天下午，天河东路德欣小区内数百名业主聚在一起，要求业

① 《信息时报》，黄廷首，http：//www.cs.com.cn/fc/02/201006/t20100621_24780470.htm。

委会将绿化征地所得款项平均分摊给小区所有业主。

昨天下午5时记者来到德欣小区的活动广场，尚有上百名业主围在一起诉说对业委会的不满。小区业主王先生介绍，德欣小区绿化地于今年5月份左右被征收，得到990多万元的补偿款。但业委会人员未经大多数业主同意，就自作主张将补偿款分别用作基金投资、赔偿评估等。其中，基金投资用去400万元，赔偿评估用掉150多万元。大多数业主对此不满，要求业委会追回所有补偿款，平摊到每名业主身上。

业委会副主任张女士称，征地前业委会为了小区能争取更多补偿款，请来广东世纪人评估公司的顾问协助。征地后，按最初协议，支付给该公司150多万元。至于400万元投资一说，张女士承认是用于基金投资，但她表示选择的是零风险的投资，保证不会出问题。物管处胡经理则表示，此事完全是业委会行为，与物业管理处无关。

反思与启示：业主委员会只是业主大会的执行机构，物权法有明确规定这样大的经济问题要经过三分之二的业主同意才可以办，业委会是没有权利单独作出决定的。再好的决策，没有经必需的业主大会的决策，业委会自作决定都是错误的。业主委员会首先要自觉遵守法律，这是建设和谐小区的首要条件。

案例6　越秀区丰景大厦：民主决策和提高业主素质①

小区位于广州市越秀区五羊新城，建成于1999年，28层单体楼商品房，每层8户，共220多户，业主以自住为主，少数业主出租。

1999年至2004年10月，小区由开发商指定的物业公司管理小区物业。期间物业公司利用收取物业管理费，代收代支水电费以及收取车辆停泊费等公共收益的机会，从中获取非法所得80多万元，至2004年10月事发后逃逸。

---

① 案例素材由越秀区丰景大厦业主委员会副主任张玉峰提供。

此后业委会追索物业公司的诉讼中，尽管该物业公司上庭应诉，但败诉后最终以提前撤走公司全部资产的方式而逃脱退赃责任。

2004 年 8 月，小区成立首届业主大会，选出首届业主委员会；2004 年 11 月 1 日业委会在原物业公司逃离小区后接管了物业，实行业主自主管理；2007 年 8 月业主大会选出第二届业主委员会，任期 5 年，业委会继续自管物业至今。

六年来，业委会自行向社会公开招募各种人员组成小区管理处进行物业维护和共有财产管理（包括共有物业和公共收益积累两大部分）。

业委会自管物业后，管理处向住户收取的物业管理费从物业公司管理时期的 1.5 元/平方米降至 1 元/平方米，代收代支水电费无额外分摊（绝大多数小区有这类分摊），管理处收取的车辆停泊费、物业出租收益以及其他各类收益全部转入小区公共基金，成为小区可持续发展的维修基金，解决了业主们对小区维修基金需要再分摊的后顾之忧。

通过今天业委会自管与过去委托物业公司管理相比，就可能得出这样一笔账：全体业主每年减少支付物业管理费等各类费用共约 20 多万元；由于管理处是代管机构，业委会也是非牟利机构，因此收支相抵每年还可结余至少 20 多万元，也是属于全体业主共有，这样一减一增每年业主权益实际比过去增加了 40 多万元。这就是业委会能够追求社区服务最大化与物业公司奉行商业利益最大的区别所在。

小区业委会六年来的实践使广大业主从这种管理模式中尝到了甜头，赢得了实惠，取得了经验。最大限度减少了物业管理纠纷，实现了权益共享、责任均负的业主理念，解决了小区物业维护可持续发展的问题。

过去小区管理费收取标准由物业公司说了算；物业公司还将小区共有物业收益尽收囊中，归为己有。业主无权过问管理费的收支情况和共有物业收益的去向。物业公司离去时没有给小区留下一分钱的积累。

现在业委会每年在共有物业收益中提取部分用于补充小区物业维护之需，其余划归“全体业主权益积累”，日积月累便成为“专项维修基金”的续存来源。业委会每年在管理费和物业收益的结余中提取少量用于全体业主公益活动开支和业委会成员的工作津贴。

反思与启示

启示之一：确立了业主自治的理念和方向以后，一个小区首先要做的是成立业主大会和选出业委会。可以说，如果当初小区没有成立业主大会和选出业委会，今天的自治局面就不可能实现。

启示之二：小区有了业委会，就可以代表全体业主掌管小区公共部位和设施的收益；与此同时，不管是由业主自管物业还是继续聘请物业公司（包括各类专业公司）代管小区物业，业委会都要承担起物业管理职责，这是业主自治的核心，也是改变目前我国物业管理市场混乱局面的关键步骤。

启示之三：业委会实现向业主征集物业管理费以后，才有条件决定是否自管物业，从而有望实现全面自治的目标。与国外一样，中国的住宅小区以单体楼居多，根据实践和经验，单体楼住宅小区物业由业委会自管起来是可以逐步实现的。

对于上述三条启示，我认为其中启示之二是关键。其意义在于：

（1）解决了长期困惑我国物业管理市场的症结问题。按照国务院颁布的《物业管理条例》规定，我国物业服务合同大多由业委会（物业管理前期由开发商）与物业管理公司签订，但交费主体则是每个业主，这种不符合逻辑的合同签订与履行关系造成了当今我国物业管理市场收费难和监管难的恶性循环问题。正本清源改由业委会向业主征集管理费后，实现了签约主体与缴费主体的统一，从而实现了由业委会代表全体业主与物业公司签订物业管理合同、由业委会依据《业主公约》/《小区管理规约》向业主征集物业管理费公摊、由业委会根据物业公司的服务水平和质量依约给付管理费的目标。

（2）由于业委会向业主征集管理费更利于理顺业主之间的责权利关系，利于业委会行使权力，督促全体业主承担管理费分摊义务。为引导全体业主共同参与小区的公区事务与物业管理，小区提出了业主“权益共享，责任均负”的公平理念，即小区的物业收益人人有份，小区的维护支出户户有责。业委会就可以依据《业主公约》/《小区管理规约》规定公布拖欠物业管理费，除了会被业主自治组织起诉以外，政府房管部门还会限制欠费出售其物业，我国尚未在这方面立法。小区自治六年来，全体业主自觉缴交管理费，缴费率达100%，缴费依时率也达到95%以上。

（3）小区物业由业主自治后形成的经济积累为业主大会及其委员会的运作提供了物质保障。有了经济来源的保障，业主大会及其业委会才能正常有效地发挥其应有的作用，小区物业管理才能步入健康轨道。这也是解决目前我国仍有不少小区面临成立业委会难、成立后开展难的根本出路。

物业服务与管理体现的是全体业主的共有，不能等同一般意义上的消费者购买商品服务，将物业管理这一行业完全市场化和商业化违反物业服务与管理本身应（所）具有的特质。只有将其作为一项社会事业，才能唤起全体业主共同参与，公益性的物质都会完全体现出来。从这个意义上说，小区物业管理回归业主自治就顺理成章了。

作为小区物业管理制度的设计者，业委会要善于将自身的建设置于全体业主的监督之下。业委会只有取于向全休业主毫不保留的公开一切，业委会才会有公信力，全体业主都会自沉参与监督，民主管理小区物业的局面都会逐步形成。

反思与启示

《物权法》“第八十一条业主可以自行管理建筑物及其附属设

施”，业主委员会组织一个管理班子对小区的公共物业实行自我管理，虽然在广州有几个小区，但是该小区自管在广州市小有名气，他们的经验值得我们思考。结合雍翠豪园的共管账户，业委会收物业管理费，然后根据物业公司工作的完成情况，支付给物业公司，这样的模式就理顺了物业管理中业主与物业的合同关系。

案例 7　广州业主委员会联合之路

- 联谊会

2003 年在五羊新城东悦居召开了广州市近 20 个业委会成立广州市业主委员会联谊会筹备大会，广州市的业主委员会在春兰花园、越秀北业委会等试图联合成立协会后，又一次走上了联合之路。

这一次的联合做了惊天动地之事：

（1）参与了广州市物业管理条例的修订，参与了广州市房屋登记办法的制定。

（2）有 12 家业委会联合发起追讨维修基金。

（3）在人大通过《物权法》之前与北京、上海共同提出对《物权法》的修改意见——广州市人大副主任将意见带到北京。

（4）受广州市人大委托组织本市业委会参加关于《物权法》即将实施的羊城论坛。

虽然有 50 家业委会联名申请成立业主委员会联谊会，终因找不到主管单位不能获批，笔者也曾到国家民政部咨询过，民政部认为是新课题，说让省市报上来要研究。当时大家已经很注意不以联谊会筹委会活动，一律以业委会联名发起活动。但是，在奥运会前被通知停止一切活动。

- 正瑞公司和联席会议

不得已而为之为了合法活动，也为了能筹集资金支撑联合事业的活动经费，成立了由业委会主任为主要股东的正瑞公司，同时制定了业主委员联席会议制度的办法，使得会议合法化。这次的联合作了：

（1）参与省物业管理条例修订及听证会。

（2）组织了一次被改到番禺的年会交流活动。

（3）对市房管局“业主大会和业主委员会指导规则”提出了大家的建议。

由于正瑞公司是企业性质，从事商业活动，股东中有成员思想不够端正，发生有损其他业委会利益的事，使公司分裂，并导致联席会议的分裂。

• 睿智之举——“广东省华南和谐社区发展中心”获省民政厅批准成立

经过多次不能获批的教训，最主要受到北京和谐中心模式的启发，在他们的帮助下，和谐发展中心的模式得到省委宣传部的认可后，省民政厅准予广东省华南和谐社区发展中心备案成立。这是一个睿智之举，广东省华南和谐社区发展中心下面包括社区志愿者工作委员会，把业主委员会都团结在这个委员会之中，这样联合的身份合法了。

（1）与正瑞共同举办的第一个活动广州市社区志愿工作者迎平安亚运和谐社区建设座谈会。

（2）分别在广州深圳珠海搞了四次社区建设的论坛。

（3）在广州搞了三次《物权法》及《物业管理条例》的学习讨论活动。

本中心是广东省民政厅批准成立的具有法人资格的非营利性民间组织。本中心致力落实科学发展观和贯彻《物权法》，致力推动全社会共同构建长治久安的和谐社区。

广东省是中国改革开放的发源地，而广州市又是华南地区的中心城市，但在众多小区中仅有少数成立了业主大会及其委员会，还有一些小区正在酝酿或正在筹备成立，多数小区则仍处于没有业主大会及其委员会的状况，这与《物权法》有关建筑物区分所有权的法治要求不相适应。为了更好地引导广大业主依法、有序地推进业主大会及其委员会的建设，联合房地产开发企业和物业服务企业，共同推动小区物业管理市场的健康发展，最终达到构建和谐社区的总目标，迫切需要建立一个融学术研究与实践指导为一体的民间交流合作平台，使之成为广大业主与房地产开发企业和物业服务企业相互沟通的桥梁，成为政府联系基层社区的纽带。广东省华南和谐社区发展中心正是基于这一指导思想而创立的。

本中心经费来源与筹措主要是社区捐助、学术交流资助，有关合作项目筹资、社区商业运作收益、政府项目投资等。

前后多年，无论身份是否合法，联合的行动在业主群体参与及影响政策法规的制定过程中起到了很大作用，广州业主委员会联合的行动引起省市政府及人大的高度重视，业主委员会集体的意见确实被部分采纳。

发生突发事件时，联合的行动加快了案件的侦破：在海珠区顺景雅园韩主任被打、海珠区森语星园的梁记者被打、聚德花园业委会主任萧河被打发生后，海珠区各业委会联名上书政府各有关部门促使案件的快速侦破，因此和海珠区公安局治安大队也建立了一个长期互动关系，他们要大家在哪个小区可能出现矛盾激化的情况时及时通知他们，这确实起到了很好的预防作用。最典型的一次，汇美景台业委会更换开发商物业公司时，小区突然多了 30 多个彪形大汉，由于及时报告他们，区公安局派了五部警车和 50 名警员在汇美景台门口守护了两天两夜，防止了暴力事件发生，保护业主及前去执法的房管局领导的安全，前物业公司不得不离开。

组织起来的另一大好处，有了这个相互沟通的平台，各小区之间通过交流也避免了走弯路。

反思和启示

包括早期春兰花园和越秀北业委会试图联合的行动，业主委员会试图联合的行动过程中暴露了两个突出问题：一是没有好的议事制度及习惯，当意见不一致时就发生分裂，甚至有个别人拆台。最典型的一次是2009年与联通公司共同组织的交流活动，被内部不同意见者诬告到广州市维稳办说是非法组织非法集会，被迫改到番禺，也没有通知联通公司来参加。二是到目前为止，还没有形成一个有力的核心集体！不能像社区工作做得较好的业委会那样，在业主大会中形成核心作用，没有一个有力的核心集体，在组织中起到团结全体的作用。随着参与的人多起来，会有更优秀的帅才涌现出来，大家再重新团结在一起不是没有可能。

四、探索业主自我治理永续发展之道

（一）组织起来的重要性

业主公共物业很大的一部分是业主每天的生活都必须使用的，如供水系统、供电系统、电梯等。保持维护公共物业的完好，保持小区良好的卫生安保环境，直接影响到全体业主的生活，也是安定和谐的起码保证。按现在大部分小区的模式全部寄托于物业公司的自觉服务，没有一个监督管理机制肯定不可能有持续性，物业公司不是慈善机构，他的行为是商业行为，是以营利为目的，当他认为不盈利了，随时可能撤离。更重要的是维护公共物业的大修资金经常会被他们挪用和带走，更别说小区公共物业的经营收益，这部分本是维修资金续筹的来源。

维护社区持续的和谐稳定，只有社区的主人——业主才有这种最单纯的强烈愿望，大家通俗的说法“安居乐业”。靠没有组织的业主个体行为是无法解决对物业公司行使的有效监督，更不用说对公共物业收益的保护，组织起来对公共物业的管理维护进行选择是唯一的出路，前面大量的案例已经说明了：业主的公共物权得到保护，社区和谐有序，公共物业维护得好的社区，都成立了自己的组织业主大会及其执行机构业主委员会。业主中的社会精英，在自己的社区组织起来的活动中发挥了积极的作用。

业主不能做物业公司管理下的小区囚徒，业主是小区产权的主人，物业公司是被业主聘来维护公共物业的，不是被开发商聘来管业主的，这个基本立足点并没有被社会公认，最典型的就是社区所在的街道对于有业委会的小区往往有事也是找物业公司。例如笔者小区的消防报警系统，街道只找物业公司，物业公司当即回答：小区有业委会，如何做要听业委会的（这种物业公司目前不多）。

中国在从计划经济向市场经济转化的过程中，社会生活也从单位转为个体，公民社会的建设关系到社会的安定和谐，只有公民社会的健全才能促进社会的安定和谐。笔者在与广州市人大主管法工委的副主任聊到“广东省华南和谐社区发展中心”已获民政厅备案时，她很高兴，说“国家要从扁平政府向充分发挥民间力量转化”。广州举办亚运会及亚残运会志愿者突破百万，在服务安保多方面发挥了不可替代的作用，就是公民交给政府的一份高质量的答卷。

业主提高公民意识，积极参与到业主大会和业主委员会的建设工作中，尤其是社会精英高素质的业主参与十分重要。业委会成立并不是仅为了突发的维权事件而为，是维护小区长治久安的必需的自治组织，发生严重侵权事件需要组织起来，为了公共物业长期良性运转，邻里和睦相处，更需要业主委员会发挥持续作用。

（二）游戏规则必不可少

业委会成立了小区未必就能管理好，但是从管理的相对好的小区看，业委会对制度建设很重视并且都有监督机制，有成立专门的监督委员会或小组的，有定期召开业主大会或代表大会征询意见的，有设立常设机构专门负责听取业主意见的。

业主规约和业主议事规则对于小区就好比宪法，而且在发生物业纠纷案件时，法院是作为判案依据的，笔者小区就亲历过。业委会本身也要有相应的制度，有个别小区业委会主任一手大拿，业委会业主大会的章保管着，业委会的钱也保管着，这就很不正常；可持续发展只能依靠制度的建立及执行，靠个人行为是无法持续的。

社会在发展，情况也在不断化的变化，所以小区的游戏规则也要适应情况的变化及时修改才能发挥它的作用。

（三）业委会成员的廉洁自律是业委会的生命，更是小区业主大会生命力的基础

业委会是业主大会的组织者也是执行机构，是业主大会是否具有生命力的基础。在广州大家有过联系的业委会有两百多个，每一年都有许多变化，注意里面有被业主罢免的、有闹分裂消失的、有一部分是被政府主管部门“宣布过期”的。从自身找原因，前两种多数是由于一个钱字，在小区的公共收益没掌握时，大家相安无事。很多小区那么不易成立起来的业委会闹分裂，甚至散伙，绝大部分是当手中有点公共收益后有人起了贪念，就什么办法都使出来，最后把业委会搞垮了，或自己灰溜溜被群众罢免了。最典型的案例天河东路德欣小区业委会斥400万元买基金。

更不能把业委会的事业看成一个投资，想在其中寻找赚钱的机会。笔者及小区业委会成员都认为业委会是一个业主自治的公益性组织，业委会成员不应该有报酬，这也是笔者小区业委会在小区有较好的凝聚力的原因之一。2008年在北京参加人大和谐中心组织的国际交流会，笔者专门就此问题问过美国业主委员会协会的前主席，他明确讲他们是不允许下面的业委会成员拿报酬的。

广东省华南和谐社区发展中心把业委会联合的组织定名为社区志愿者工作委员会，也认为业主委员会是一种公益性组织。

（四）要有一个好的“议事规则”

当然有一个既是高素质的人员组成的核心力量，又能相互宽容

团结是理想的条件。但客观现实几乎是不可能的。

笔者对业主组织的分裂十分痛心，在起草广东省业主委员会联席会议制度时曾经引入罗伯特议事规则建议大家使用，没有得到大家的理解；但是笔者认为多年被使用，联合国大会也使用的议事规则是有它的可取之处的。公益组织不存在上下级之间的服从关系，不存在行政命令的手段，大家是为了一个共同目标走到一起，不存在谁一定要服从谁。发生不同意见几乎是天天都有的，关键是如何处理。所以有一个大家都认可的议事规则，在遇到不同意见时，按议事规则进行表决，按表决结果行事，可以减少分裂，增进组织的团结。

（五）加强学习，提高素质

再有就是自身素质的不断提高，国家政策法规也是不断有所变化，如果不注意学习，就会碰钉子。笔者在广州已经遇到不下五个业委会没有好好学习物权法和广东省物业管理条例，或者因业委会过期没组织换届选举，被物业公司联合街道把业委会“被停止工作”，或费了九牛二虎之力，业委会换届仍不成功。

最主要的重视学习才能够不断提高自身素质，提高处理发生的各种复杂问题的能力，提高在公益性组织中如何通过议事规则处理不同意见的能力，业主组织才能的更健康地发展壮大。

（六）监督机制很重要

中国有句俗话“当局者迷”，也从另一个侧面说明建立监督机制的重要性。最主要的是监督机制首先监督议事团体是否按规则行事，只有规则制度的执行与完善才能保证团体的良性运转。另外监督机制也可以防止个别腐败分子破坏组织的活动。在制度的设计上，监督机制的作用和功能要有可执行的明确规定。

五、促进小区良性治理的政策建议

（一）业主组织身份的困惑——应该明确业主大会或业委会的社团法人地位

有一个问题是业主组织自身无法解决的，业委会的身份十分尴尬，既不是在民政部门登记的社团组织，更不是在工商部门登记的企业，好在广州市技术监督局顶住了来自几方的压力，一直坚持给业主委员会组织代码证，业委会可以持组织代码证等到银行开账户，到税务局办理发票。

这是一个很大的困惑，业委会成立一般都要前后半年的时间，遇到阻力可能拖的时间更长，但小区的生活是一天也不能停的，按现行的规定业委会的工作就要停止，与实际需要极不对称，无奈的各业委会一般都是继续坚持工作。但是业委会因此遭到封杀的也为数不少。

唯一的解决办法就是恢复到最初在民政部门登记为社团法人的做法，广州的穗花新村、北秀花园等一批在广州最早成立业委会的小区当时都是在民政部门登记的社团法人。

（二）明确业主、业主大会和物业公司的关系

在物业管理市场上，物业服务企业作为卖方，按照物业服务合同的约定提供物业服务产品；全体业主作为买方，为购买物业服务支付费用。由于物业服务是基于物业管理区域内共用部位和共用设施设备的管理所提供的准公共服务产品，因此其买方应当是代表全体业主行使共用部分权利的业主大会而非单个业主。由此可见，单个业主购买物业服务产品的行为应当通过业主大会来实现，业主交物业服务费也应该交给业主大会，由业主大会统一交付物业公司。

(三) 地方人民政府有关部门应当对依法业主大会设立和业主委员会选举给予指导和协助

地方法规必须与中央法律保持一致，指导和协助与监督和批准是截然不同的概念！有些地方政府对业委会的成立等百般设阻，已经到了不可理喻之地步，例如番禺珠江花园的业委会成立如果没有广州市房管局副局长及物管处长亲自督政，根本成立不了，去年还是被宣布“过期”，又是番禺区房管局竟抽出档案把如意中心业委会备案的议事规则中业委会任期从三年改为两年（这两个业委会启动了更换物业公司的程序，房管局为阻挠业委会这一行动，宣布业委会到期）。这种行政乱作为的行为，本质上反映了地方官员民主意识的欠缺，更深层次追究，牵涉到腐败问题就不是本专题的研究课题了。

相关资料参见：广州市彩虹街金盈居业主委员会，“工作的主要体会”；嘉和苑业委会，“2009 年工作报告”；“广东业主委员会联席会议议事规则”；海珠区穗花新村六幢高层大楼业委会主任黄秉禧，“关于‘业主委员会在共有物权中的主导地位’试谈组织架构健全”。

十年之路
——群众从争取绿地走向社区自主治理

范国振①

深圳南天一花园西北角原是冒着浓烟，污染严重的食街和汽车修理厂，多年来业主和住户深受其害。十年前他们忍无可忍，组织起来进行不懈的努力，终于将这颗“毒瘤”清除掉。通过业主的自主治理改造成远近闻名，绿草如茵树木成荫的大绿草坪。业主们逐渐领悟到奥斯特罗姆教授提出的“公地悲剧”、“自主治理”的理论对现实生活的指导意义和深远影响，由此而展开了一系列的业主家园的维权和自主治理活动。

南天一花园小区西北角有块占地4 000多平方米的空地，政府规划为绿化用地，但1990年小区大厦建成出售后，开发商便在该空地临街地段盖了十多间平房出租作为饭店，将后面空地改成汽车修理厂。此后，十多家饭店开始形成一条食街，生意红火，从早到晚冒出大量油烟，不断飘散到大厦的住户家中。多年来住户们苦不堪言，但由于当时维权意识比较淡薄，对于这种情况只好自认倒霉。直到2000年深圳市政府提出“让天更蓝、地更绿、水更清、花更多、城更美——创建深圳国际花园城市”的号召时，有热心业主由此良机动员近百名业主签名上书给当时的市委书记张高丽和市长于幼军，

① 范国振，74岁，高级工程师。2000年从德国KARCHER（深圳）公司退休。2001年至今任深圳南天一花园业委会主任，深圳国际机电招投标和深圳物业招投标的评标专家成员。2008—2011年曾兼任居委会主任。

投诉小区开发商为牟取私利，侵占绿地、污染环境的问题。当时大家对此信的效果并没有抱多大希望，不料一个多月后便传来回音：市国土局下文要求“限期恢复绿地”。开发商无奈只得拆屋，平地种草交差了事。业主们则欢欣鼓舞，充满信心。大家团结一致，决心用自己的力量来建设这块来之不易的家门口的绿地！

在业委会的积极倡导和带领下，业主们纷纷调动各种社会关系，有的从郊区绿化基地免费领来各种树苗，有的动员其他更多业主和儿童开展义务植树，并挂牌领养负责成活。一片生机勃勃的树林开始现出雏形，并且让少年儿童从小就培养良好的环保意识和社会公益心；业委会还在草坪周围配置了20把休闲坐椅，并发动业主进行义务捐赠，在捐赠的坐椅上都配有刻着捐赠人姓名的纪念铜牌，目前整个小区业主捐赠的休闲坐椅已多达60把；另外，在草坪中央还布置了花坛和灯柱，铺设水管灌溉，并专设一个小鸟饮水池，更换了原来劣质的草皮，安排绿化工定期保养，草坪周边利用市政改造废弃的地砖铺设了数百米的休闲步道。

经过十年的自主治理，这块原先冒着异味浓烟，充满嘈杂噪音的食街和修理厂，如今已变成鸟语花香、树木繁茂、绿草如茵，成为深受小区居民喜爱的休闲场所。每天清晨，群鸟嬉水吟唱，人们纷纷出门晨练健身，小孩子们在草坪上玩耍，妇女们抱着幼儿坐在椅子上聊天，老人们看报，甚至孕妇也喜欢在家人陪伴下在草坪边的步道上漫步，呈现一派轻松、快乐的和谐氛围。每当媒体和业内人士来访，我们都愿坐在大草坪上进行轻松的聊天；很多业主居民的亲朋好友来小区，也都对这块闹中取静、绿树环绕、空气清新的大草坪赞赏有加。这块绿地已成为南天一花园的骄傲，也成为广大业主居民团结起来，用集体行动成功实现自主治理小区事务的象征。业主居民们第一次品尝到集体维权的成果，也展开了南天一花园业主维权自主治理的序幕。

从业主中来，到业主中去

2009年12月27日，在园岭街道办和南天社区工作站的主持下[1]，南天一花园第三届业委会换届选举胜利落幕。在这次选举中，有些数据不得不让人刮目相看：小区共有1 140户，出租户占33%，余下的783户业主中，参与这次换届选举投票的业主竟达到714户，绝大多数住在小区的业主都参与了这次投票选举，这样高的投票率确实较为罕见。17名候选人中有10名新人参选，并都表示愿无偿为小区服务，选出的9名委员中新的年轻委员就占了3位。有新鲜"血液"的补充，业委会才能更好地持续发展。并且，这次差额选举的比例相当高，远远高于法规要求的20%，使业主在投票时有更多的选择。

仔细解读这些数据的背后意义，让人感慨良多。这些数据表明，南天一花园的业主经过近十年的维权启蒙，积极参与小区公共事务自主治理的热情已经达到了较高的水平。而经过十年来召开十多次业主大会进行民主选举和投票表决的实践锻炼，业主们更加有能力有序地理性表达自己的权益诉求。

十年来，我们在维护业主物业权益、自主治理小区方面主要做了以下几件事：

（1）百名业主联名上书市政府，投诉开发商在小区西北角约4 000多平方米的空地上搭建违章建筑，最终市政府勒令拆除违建、恢复绿地。

（2）成立业委会，由业主大会通过决议，招标选聘新的物业公司，降低了物业服务费并将停车场、出租屋和广告收益归为业主所有，小区收支由过去的亏损变为盈余。

（3）数百名业主联名上书市政府后，由执法部门拆除开发商及原物业公司为牟利在大厦架空层违章搭建的108间商铺和38家"发廊”，恢复通风、绿化、休闲的原设计功能。

（4）与相邻的沃尔玛商场修建绿化分隔栏，恢复小区封闭管理，改善居住环境。

（5）通过法律诉讼追回原物业公司拿走6年之久的109万元房屋维修基金。

（6）为向开发商、物业公司索回红线图内配套的两栋管理用房及侵犯架空层出租牟利，9年来在区、市、省法院前后共打了19场行政和民事诉讼，近日接到广东省高级人民法院判决“因侵犯架空层业主的使用权赔偿业主145万元”。

（7）10年来共投入近380万元实现并完善小区的封闭管理，包括：增设小区进出口门禁系统，在全小区安装监控摄像系统，更换3栋大厦锈蚀的全部水管，修饰108间架空层，粉刷大厦内外墙，改造部分电梯，更换各层大厅墙砖和走廊地砖，更新35个单位大门及6个电梯大堂，停车场改造，增加了200个车位，增设小区文体活动设施和老人儿童活动场所，改善扩大绿化环境（绿化率已提高到42%），等等。

（8）由小区业主自发捐赠近60把休闲坐椅（每把600元），并以捐赠人名义在椅上设置纪念铜牌，放置在小区各处，供业主居民休息。

（9）依法投诉，申请免费更换了第二栋大厦360户的户外燃气管道及装置，消除隐患，并为业主节约了50余万元。

（10）积极争取和努力配合市政府提出的“美化城市”的号召，由政府出资500万元，将小区临街的1号楼（18层高、230米长）前后立面及底层全部翻新，并借此新建花园凉亭。

第（1）项至第（6）项是带有较浓维权色彩的自主治理；第（7）、（8）两项完全是业主自主治理家园的成果；第（9）、（10）两项是与政府合作，利用公共资源建设小区。通过这10项工作回顾历经10年的自主治理历程，让我们逐渐领悟到奥斯特罗姆教授提出的

“公地悲剧”、“自主治理”理论对现实生活的指导意义和深远影响，尤其第（1）项争取绿地的工作，完全是具有共同利益的民间力量组织起来进行绿地的自主治理而最终使业主、居民享受到闹市中的草地和树林。

没有人天生就懂得，在现代社会之下应该如何通过民主渠道理性维护自身的权益。因此，业主民主意识的启蒙需要一个长期的培育过程，这也是业主维权最重要的基础工作。对业主利益的切实维护，潜移默化地对业主权利意识的“自我启蒙”。以前，业主们并不关心有关法规的拟定、社区业主新闻的报道、业主的言论表达渠道、司法公正与否，等等。但通过新闻媒体的频繁报道，南天一花园小区成为深圳业主维权运动的关注点，每个业主都生活在理性维权的氛围中。业委会通过业主大会，采用民主选举、民主决策、民主管理、民主监督的方法自主治理小区及相关财产，维护了业主们的物业权益，使小区逐渐成为美丽的宜居家园，也使得民主已经在社区里形成一种理念和工作方法。这些都给有序开展基层民主创造了有利条件。在维权活动中，业主们也逐渐从一个个孤立的个体，向社区维权的业主群体进行转变，由内而外地改变了每一个参与维权活动的业主的思维和行为方式，为有序开展社区基层民主打下了最坚实的基础，使单纯的维权逐渐发展成长为业主自主治理家园的活动。

十年来，业委会的工作从群众中来，到群众中去。基层民主和社区自主治理以循序渐进的方式逐步展开，很多工作都是细微、具体、琐碎的，如水滴石穿一般缓慢的推动进行，静悄悄地点滴生长，但成效十分显著。这也是业主和老百姓所期望的方式，是最现实和最安全顺畅、收效最大、成本最低的方式。十年来，我们召开了十三次业主大会、进行了五次选举、八次表决、前后公布了五十期业委会公告，报告业主大会决议的执行情况和工作安排。每个季度业委会审查管理处小区财务收支并公布于众，每三年请会计事务所对物业公司在小区的账目进行审计公布，让全体业主了解业委会在干什么、有何成效、有何困难、业主的钱怎么花的、下一步打算怎么办。媒体报导小区的新闻也给予张贴公示，业委会委员的照片、房号、电话和分工也均在小区公布，便于业主联系和监督。上述的十件事情大多是业主大会表决通过，由业委会进行执行。有的事取得了成功，业主们欢欣喜悦；有的事遭遇挫折，业主们沮丧不乐。因为这些事都与业主们的利益戚戚相关，而且是业主们投票决定的，小区里的业主们同呼吸共命运。通过十年的自主治理，节假日的联谊活动及各种座谈会使过去互不相识、不相往来的业主们成为小区大家庭的一员，成为好邻居，和睦相处、守望相助，为了共同的利益团聚在一起。这种公开透明式的交流互动使全体业主增强了凝聚力，有当家做主参与维权和建设的良好感觉。小区里的重大事项必须经过全体业主表决方能施行，民主是要花时间和成本的，住宅小区是业主的私人财产，必须尊重业主的意愿，任何人都不可越俎代庖。民主虽属精神意识形态层面，但一旦与业主用多年积蓄购置的房产的权益结合在一起时，就会带动大部分业主参加小区维权和自主治理活动，从而形成巨大的力量。业主会从过去的冷漠旁观转变为如今积极参加公共事务和踊跃投票，民主已从理论上变成现实生活中摸得着、看得见的具体东西。在进行小区里公共事务的讨论、表决和选举时，家产万贯或工薪收入的业主一律平等。这种民主平等的精神十分可贵，其深远的社会影响绝不可低估，会像一颗“种子”，在住宅小区里生根发芽、壮大。这将是现代社会建设的基础，也将成为社会基层民主的基石。

正己方能正人

从第一届业委会组成人员到现在的第四届业委会组成人员，南天一花园的历任业委会成员也发生了一些变化。首届业委会是在小区架空层被开发商非法出租、公共用房被开发商据为己有、小区财务不清、管理混乱的背景下应运而生的，因此从成立之初起就带有浓厚的维权色彩。

在多次换届选举中，具备各方面专业技术的业主进入业委会。目前，在小区业委会的组成人员中，有热心公益、有组织能力的人士，也有律师、会计师、物业管理人士和退休党政干部参与，已经真正形成了一个既有公益心和法制观念、又有专业能力的小区自治团队。正如一些业主的总结，我们小区的业委会成员的特点是："能抽出时间、有道德操守、讲法制、有点钱、也有能力。"业委会成员来自各个方面，都是由广大业主选举出来的，为了共同的利益和目标，大家顾全大局、团结一致、求大同存小异。从各地业委会的运作情况分析，凡是不能依法行事、业委会内部不能团结一致、闹内讧、分派别、谋私利的，就很难达到业主维权和自主治理的目的，最后的结局也不会太妙。住宅小区里召开业主大会，选举业委会、表决处理公共事务，对共有财产的有效自主治理，能使小区秩序稳定、房产保值、居住环境得到改善。这是中国民间社会来之不易的基层群众自主治理试验的历史机遇，我们一定要珍惜！

业主委员会是新生事物，影响面非常广，全国约有七八千万业主，大多是有知识、有教养、有智慧的有产阶层，是维护社会稳定的重要组成部分，搞得好，对整个社会都有促进作用；搞得不好，其危害性也不可低估。所以，业委会首先要正己，方能正人，如果自身不干净，有私心，就无法做到维护小区业主的公共利益。因此，我们要求全体业委会成员，不得从事小区里任何谋利的经济活动，通俗地讲"小区里的一分钱不能沾"；要求全体业委会成员，不领取任何补贴，不得接受物业管理公司的任何馈赠（业主是小区的主人，物业公司是聘来为小区服务的，只要按合同尽心服务，不侵犯业主权益都要善待，他们才能安心工作，小区才能安居乐业，对保安、维修工和清洁工都要尊重他们的劳动，不得歧视）。俗语讲得好：

“不爱钱鬼都怕”，要有一身正气，才能赢得广大业主和全社会的信任和尊重。因为“腐败”到处扩散，业委会也难以幸免。业委会应该洁身自好，努力做好一个高尚的义工。

十年来，在中国经济社会转型的大背景下，我们一直采取的是“只可顺守，不可逆取”的维权理念。在对待相关法规和政府时，即使是有欠妥之处，仍要顺守，尽量不要违规硬顶[2]，尤其不要触及影响社会稳定的底线，应策略的将眼下的具体维权事宜与对法规和政府的争议暂时分离，因为对峙将会使维权成本很高，甚至会满盘皆输。在处理各方面的矛盾时，还是如履薄冰，小心翼翼为好。

在整个业主维权过程中，我们没有一次采取过激行动，如游行、挂大标语、堵路、群体上访等。我们深知，一旦采取这些过激行动，不但无济于事，反而会适得其反，甚至使侵权方得到同情和支持。

十年来，小区业委会、小区业主与全国各地的业主维权行动一起共同成长。我们也在不断追问，业主维权的最终目标是什么？索回了被侵犯的物业权益之后，下一步再干什么？是偃旗息鼓，还是继续维权？业主们最关心的又是什么？业主们最向往的又是什么？通过不断的反思和调查，我们发现，业主和居民最关心、最向往的其实很简单：就是希望在小区能够安居乐业，房产能保值、增值，共有物业权益不受侵犯，最终成为美丽宜居的家园。这就是我们业主维权、业主自主治理的最高目标！

为了实现这个目标，我们一方面要学会审时度势，坚持有理、有力、有节，自身具备坚韧不拔的品质，学会“退二进三”。即使是对待侵权方，也要多采取协商对话的方式。剧烈的抗争更可能造成矛盾的激化，不利于问题的解决。妥协让步也并非代表软弱，而是一种取胜的策略。同时，我们也在不断学习如何整合各方资源，因势利导，为我所用，为实现我们的最终目标作出努力。尤其是对待政府有关部门的态度一定要正确，他们代表政府且有强大的力量和资源，在与派出所、街道办、社区工作站、居委会等政府部门打交道时，都要主动改善关系。没有他们的支持（至少也要保持中立），业委会难以立足。因为小区在开发初期时，他们就与发展商、物业公司的关系比较密切，故切忌四面树敌，要主动接受街道办、党组织和社区工作站的指导。其实我们业主和业委会中老干部、老党员多，政治水平不低，一切维权活动都是严格依法，完全可以公开透明，这样对业委会工作开展比较有利。通过几年不懈的努力，居委会和党支部委员也被选成为业委会成员，这种交叉任职的组合对治理社区是非常有利，首先政府减少了对业委会疑虑，的同时也增加了业主居民对居委会信任和认同。与此同时，我们也应注意与新闻媒体保持密切的联络与沟通，通过舆论监督，保持一定的社会关注度，即可以不断启蒙业主，同时也尽量保证维权行动不受某些潜在因素的干扰。

十年来，我们坚持在法治的框架下，逐步实现了小区业主的自主治理，即保证了小区的安定和谐，也实现了理性维护自身物业权益的目标。我们相信，只要业委会一切为公，懂得策略，且能驾驭专业知识，就一定能够赢得小区业主们的信赖，同时也能使政府放心，物业公司安心。顺便提一下，我们十年来做的这十件事，凡是取得成功的，大都是与当时的大气候紧密结合，否则单靠业主势单力薄是很难取得成功的[3]。所以我们一直强调要审时度势，因势利导。

为了防止业委会的权力过大，难以抵制强大的诱惑，单靠业委会成员的道德自律显然是不够的。我们今年准备通过业主广泛讨论，条件成熟时就通过业主大会选出德高望重且有纪律监察经验的业主组成“业主监察委员会”，主要任务是监督、检查业委会的工作，对业委会的权力起着制衡作用。

三栋大厦已有21年楼龄，原来破损不堪，充满闲杂人员，小区里有近百家商店、饭店和“发廊”，成了远近闻名的大杂院。在清除这些违章建筑，并更换物业公司的那几年时间里，我们遭过暴力威胁，家中门锁数次被强力胶封死，威胁电话不断，原物业的保安竟用刀砍伤新聘的物业保安……业主维权初期就是在这种暴力环境下艰难地成长。经过业主们十年的维权和自主治理，如今小区已是绿草如茵、树木成荫，已初步建成稍有名气的宁静美丽宜居的家园。这些都是由全体业主亲身经历、耳闻目睹的。但由于小区楼龄太老、建筑质量欠佳、设备老化，我们要做的事情还很多，任重而道远，我们相信社会管理体制的创新，政府行政管理与基层群众自治有效衔接和良性互动，会更有利于建设稳定有序、公平正义、幸福平安的和谐社会。只要齐心协力、团结一致，不折腾，我们有信心，小区一年会比一年好！

注　释

[1] 第三届业委会（任期 2006 年 11 月 6 日—2009 年 11 月 5 日）换届选举工作一切就绪，就等业主大会上投票揭晓。2009 年 11 月 4 日街道办通知：因第三届业委会任期已将结束，应停止一切活动，选举工作由他们依法接管，重新组织选举筹备小组，延期召开业主大会，并增加新的候选人。这次换届选举完全是由街道办主持并具体操办。有公益心、代表业主们利益的候选人仍全部当选。

[2] 政府有关部门的具体经办事务若有不符合法律法规的，仍然可依法申诉、上告。如我们小区红线内有 1 500 平方米的配套管理用房，在没有土地使用权属证明的情况下，市国土局违法向开发商核发了 23 本房产证。我们受业主大会表决委托，从 2004 年 4 月开始在区、市二级法院向市国土局提出行政诉讼，经历八次法院诉讼（其中六次不予立案），最后 2006 年 5 月市中院终于下达行政判决书，撤销市国土局核发给开发商的 23 本房产证。若对此案例有兴趣，可参阅《九年来（2002—2011）深圳南天一花园为索回红线范围内两栋配套管理用房的 19 场诉讼的艰难历程》一文。

[3] “争取绿地” [见第（1）项] 是趁市政府提出“让天更

蓝、地更绿、水更清……”的号召之机，顺势拿下。

“招标选聘新的物业公司”［见第（2）项］是经业主大会表决后经历13个月艰苦漫长的博弈，恰逢原开发商、原物业公司主要领导均被双规，“群龙无首”，才最终得以更换。

“拆除架空层违章建筑”［见第（3）项］是朱镕基总理视察深圳市容时提到违章建筑，加上业主们一直向市人大、市政府投诉，才由有关部门派铲车进小区拆除。

“绿化分隔栏”［见第（4）项］较为玄乎，是沃尔玛总裁来深拜会当时的市长于幼军时，提及此事。当时外商投资办，消防局、国土局、城管办都来小区动员拆除，在当时的形势下我们无法抵拒，但于市长十多天后调去湖南省，加上此事我们原本无错误，也就不了了之。

“索回原物业公司拿走六年之久的109万房屋维修基金”［见第（5）项］是乘《物权法》、《物业管理条例》的东风，加之媒体多次曝光的结果。

“9年19场诉讼的结果”［见第（6）项］第一，对明显侵犯业主对架空层的使用权，省高院判“向业委会支付赔偿金145万元”，这与《物权法》的实施有很大关系；第二，向开发商索回红线图内配套的两栋管理用房，省高院判决“仍驳回业委会的诉讼请求”，这类侵权案例各地甚多，可能难度大，影响面广。

“免费更换燃气管道”［见第（9）项］恰逢当时深圳南山区因燃气隐患发生大火，我们投诉数年之久的难题才迎刃而解。

“翻新整座大厦立面”［见第（10）项］是沾2011年将在深圳召开“世界大学生运动会”的光。

上地西里小区业主自治的困境及化解

郭卫建[①]

对于住宅小区共有物业管理事务，当业主有明确的共同利益时，容易形成一个共同意志。但更多的情况下，往往是业主并没有共同的利益，或是利益不均，或是理念不同、或是意气之争，形不成共识，达不成业主共同决定。这时，不只是业主自己陷入困境，物业服务企业和基层政府也会被拖入困境。

一、业主困境之一：业主委员会换届不能按时选举产生

上地西里小区有近八年的业主自治实践，有比较完善的业主自治组织，除了有业主委员会，还有业主代表大会、业主监事会。在过去三次的换届选举中，都比较顺利。但在2010年这一次换届选举，却相当艰难。上地西里业主从2010年1月初就开始着手成立换届选举委员会，进行新一届业主自治组织的换届选举，到了9月份，用了九个月的时间，新一届业主委员会才选举完成。

影响业主委员会选举进程的一个主要因素，是业主委员会由业

---

① 郭卫建，北京：海淀上地西里小区业主委员会主任，高级工程师，电子邮箱：guo. weijian26@ gmail. com。

主直接选举产生，还是由业主代表间接选举产生。在初期，换届选举委员会成员中，虽有不同的意见，但多数同意新一届业主委员会，可由业主代表间接选举产生。换届委员会修订新的业主议事规则，加了一条“业主委员会委员和业主监事会监事，由业主代表大会在业主代表中选举产生”。随后，新的议事规则也得到了过半数业主的同意。

在按新的议事规则选举业主委员会的过程中，有的业主认为，《物权法》第七十六条中明确规定，选举业主委员会或者更换业主委员会成员由业主共同决定，应当经专有部分占建筑物总面积过半数的业主且占总人数过半数的业主同意。上地西里议事规则中上面的一条与《物权法》相违背，剥夺了大多数业主的权利。部分业主联名提议，按《物权法》的规定，召开业主大会和选举业主委员会。

在选举委员会内部，反对间接选举业主委员会的成员也在增多，但反对和赞成的基本上是势均力敌，没有一方有明显优势。持不同意见的双方各不相让，这种僵持的局面，使得选举工作数月没有进展。

上地西里所在上地街道办事处，关注到了上地西里业主委员会选举过程中僵局，于 2010 年 8 月 26 日，给出一个“关于上地西里社区业主委员会换届的指导意见”，意见中提出：根据《北京市住宅区业主大会和业主委员会指导规则（试行）的通知》第四十九条的规定，业主委员会逾期未组织业主大会会议换届的，物业所在地街道办事处应当责令限期召开，请上地西里业主委员会在 2010 年 9 月 30 日前按有关规定召开业主大会，完成换届选举工作。

上地街道的指导意见，对于上地西里选届委员会成员有相当的影响，赞成由全体业主（业主大会）选举业主委员会的成员占了多数，选举得以往前进行。此后，用了 1 个月的时间，在 9 月底前，由全体业主投票选出了 5 名业主委员会成员。上地西里新一届业主委员会的换届选举用了 9 个月的时间。

二、业主困境之二：物业费上涨

从 2003 年到 2010 年近八年的时间，上地西里业主与物业公司每年签一次合同。八年的时间中，物业服务公司曾多次提出过调高物业费的要求，但业主自治机构一直没有答应。过去几年，有保奥运、保建国六十年大庆等政治活动，物业服务公司在政府的指导和影响下，以保平安为主，在物业费得不到上调的情况下，仍按原价格签订合同，提供服务。

上地西里的上一期服务合同到 2010 年 6 月底到期，在合同到期前三个月，物业服务公司再次提出提高物业费的要求。由于原业委会的主要成员，有将上地西里小区进行自我管理的明显倾向，也认为物业公司涨价过高，不同意物业公司的涨价要求。物业公司提出撤离小区，并 2010 年 7 月 1 日向全小区业主公示。

但在物业服务公司公示撤离小区后的三个月时间里，即 2010 年 7 月 1 日至 9 月 31 日，由于业主自治机构在自我管理、还是选聘另外的物业服务公司，或是留聘现有物业服务公司上，形不成共同意见，新的物业服务一直没有着落。由于业委会没有按时换届，部分业主、物业服务公司，对于业委会是否还能行使权利，提出了质疑。这使得物业选聘工作，更难有进展。

但这种情况下，如果原有的物业服务公司撤离，小区将面临没有物业服务的困境。

三、物业服务公司的困境

面临没有物业服务局面，上地西里业主自治机构寻求当地政府的帮助。通过上地街道领导及行业主管部门的协调，原有的物业服务公司在没有服务合同情况下，继续按原来的价格提供事实服务。

但由于上地西里业主自治组织运作程序复杂，业主代表大会的主要负责人和业主委员会成员对于物业服务企业选聘上，有明显不同取向，直到2010年12月31日，还没有选聘出物业服务企业。

原有物业公司提供事实服务，由于价格比物业企业所测算的成本差距较大，而且业主缴费率明显降低。物业公司陷入困境：多提供一天服务，就会多产生亏损。

在2011年1月中旬，上地西里业主代表大会以15票对13票，授予了另外一家物业公司进行物业合同谈判的权利。矛盾进一步激化，原有物业服务企业认为已没有希望得到上地西里新的物业服务合同。继续提供物业服务，让业主去走程序，表决选择另外的物业服务公司，而且这种表决过程需要多少时间也是未知数，自己完全是当冤大头。原有物业公司在春节前，选择了停止保安、保洁和维修服务。在临近春节的特殊时间，业主委员会在短期内没有办法自己解决物业服务，只得再次求助于当地政府。物业公司选择在春节前撂挑子，从道义上讲是不对的，但也是无奈之举。物业公司选择春节前撂挑子，从某种程度上讲，也是在向政府施压，让政府参与进来，化解物业公司自己的困境。

四、基层政府的困境

按2010年12月1日起实施的《北京市物业项目交接管理办法》，当住宅物业项目不能维持正常物业管理秩序的，物业所在地街道办事处应当会同相关部门组织提供应急物业服务。

按此办法，街道应有提供应急服务的责任。但实际上，如果当地街道提供了应急服务，很自然，这种应急服务会变成了一种长期的服务，无法脱手。政府组织提供应急服务，服务费用很难收上来。如果一个一个小区，由政府提供应急物业服务，这种服务将成为政府的沉重包袱，而最后是用纳税人的钱来为这小区提供应急物业服务，这显然是不可行的。有事了，找政府，政府给兜底，这是很多业主的自然想法。但在小区业主达不成共同决定时，基层政府也会陷入困境。

五、上地西里小区困境的化解

上地西里在春节前的物业服务危机，在业主内部，通过议事规则中规定的上地西里小区业主联席会议，由业主代表大会、业主委员会、业主监事会、居委会，共同表决了“与原有服务企业签订半年的临时服务合同”的提案，价格按物业公司测算的价格。按上地西里业主议事规则，联席会议只有通过半年期限合同的权利，期限不能再长。但对于物业服务公司，半年的服务合同太短，很难组织保安、维修人员和管理人员。通过上地街道办事处、小区办和建委六所行业主管部门，对原有服务企业进行强力协调，使其接受半年期限的服务合同。上地西里困境得以暂时解决。

六、住宅小区发生困境时，内部因素与外部因素的相互影响及局限

从 2010 上地西里小区换届、选聘物业服务企业的经历，可以看出：由于业主组织自己形不成共识，达不成共同决定，使得业主自己陷入困境。在业主自己陷入困境的同时，也将物业服务企业和当地政府拖入困境。

而最后的化解困境，还得主要靠业主自己，需要业主有自治的规则，有业主自我作决定的程序。只有有了这个平台，不同意见业主自治机构的成员或普通业主，才有一个平台可以博弈或“斗法”，从而最后达成业主的共同决定。但在一些关键的时刻，由于自己制定的规则、外部法律环境，或是自己执行规则不力的问题，没有外

部（基层政府）的推动，业主组织运作也会产生死结。

业主组织内部产生困境时，外部的因素，特别是当地政府及主管部门的作用，非常重要。没有外部因素的推动，业主内部的困境可能一直得不到化解。但同时要认识到两点：第一、如果业主自己的组织不存在或不能运作，外部政府的推动力就没有着力点，就不会起作用。第二点，作为基层政府，在推动业主内部化解困境的同时，实际也是在避免将自己陷入困境。

七、结　论

业主自己“搞不定”，达不成共同决定，业主自己、物业公司、基层政府都会陷入困境。

物价在上涨，人工成本在上涨，物业服务公司的成本会上涨。如果对于物业公司合理的服务费上涨，业主不理性认识，不能形成共识，达不成业主的共同决定，可以预见，在未来几年，许多小区的物业服务公司，在不能承受物业成本上涨，陷入困境时，无奈的做法，就是选择退出。而物业公司退出，会造成小区的混乱和不安定。基层政府会被动地拖进小区的物业服务事务，陷入组织物业服务的困境。

业主自己积极组织起来积极参与、有效决策，基层政府和主管部门，提前依法帮助、指导、督促业主组织运作，才能避免或化解业主陷入困境，避免把政府和物业公司拖入困境。

完善法律法规，如修改《物权法》关于业主共同决定表决门槛，对法律法规中理解上可能产生歧义的条款作出细则规定，对于避免有关方陷入困境，也显得迫切和重要。

水清木华园社区业主自治发展的经验、教训与启示

邵夏珍①

一、主要背景

随着20世纪90年代我国城市商品房住宅小区的兴起，一个拥有住宅所有权和小区共有财产管理权的业主群体逐步发展壮大，当他们面临小区许多共同问题而不得不组织起来时，一个由业主民主选举产生的、作为“业主大会的执行机构”来共同实行权利的社区自治组织——业主委员会便应运而生。

不过从全国大多数城市情况来看，在已经建成的商品房小区中成立业委会的比例还处于很低的水平，大多不到10%（北京为20%左右）；而另一方面，在那些已经成立业委会的小区中，真正能够维持正常运行的却不足10%。可见，成立业委会不是件容易的事，而成立以后如何有效地进行管理和运作则更难。

对于那些少之又少、成功组建并一直正常运作的业委会，我们有必要投入关注的目光，对它们进行麻雀式的解剖与研究，总结它们的经验与教训，探讨业委会未来的自治与发展之道。

---

① 邵夏珍，中国社会科学院人口与劳动经济研究所副研究员，中国人民大学和谐社区研究中心专家委员会委员，北京海淀区水清木华园前业委会主任。

位于北京海淀区中关村的水清木华园是一个从2000年来曾经经历过4届业委会更替、3种物业管理模式（被动管理、委托管理、自己管理）变迁的中等规模的小区，它的建筑面积在9万平方米左右，有700多户住家，业主大多数为知识分子、企业家、管理技术人员等，综合素质比较高。而本人曾于2000年6月有幸成为该小区的一个业主，并且亲身经历和领导了许多维权与管理工作，从2001年到2005年期间，曾连续当过两届业委会主任（当时叫“物业管理委员会”），对业委会的组织、运作与自治有一定的实践与感悟。

水清木华园业委会虽然只有十年的发展历史，但是它却经历了从无到有，从弱到强，从被管到自治的过程。它在发展过程中，既有许多成功的经验，也有一些不足与教训，通过对它的研究与探讨，可以为后人提供前车之鉴。

二、业委会运作十年的经验与教训

（一）主要经验

1. 团结积极业主，克服一切困难，尽快组建业委会

业主入住小区后首先面临的问题一般都与开发商和物业公司有关，而要解决这些具有共性的问题，必须将业主组织起来，利用集体的力量进行维权工作。

水清木华小区跟许多小区一样，在组建业委会时（当时叫物业管理委员会）面临方方面面的困难：

（1）业主之间彼此陌生、联系交往少，是一个各忙各、各顾各的松散群体，很难集中到一起开业主大会；

（2）开发商和物业公司消极对待，甚至百般阻挠；

（3）没有筹备经费和办公、开会的场地；

（4）相关法律、法规非常缺乏；

（5）有关政府部门冷漠对待，甚至刁难。

面对这些困境怎么办？当时小区有一个由积极业主自愿组织起来的活动小组，他们就小区的主要问题曾跟开发商进行过交涉，但是半年下来没什么效果。

2000 年 11 月，我从美国做访问学者回来以后，看到他们进展不大的情况，觉得有责任来参与其中，于是自告奋勇地承担起业委会筹备小组的工作。

没有活动经费——我们就自掏腰包解决；开发商不支持——我们就反复商谈，讲究策略，吸纳开发商的副总做业委会的副主任；没有开会场地——小的会议就在我家开，大的会议就租附近的报告厅开；没有政府部门的支持——我们就反复自下而上、自上而下地找，动之以情，晓之以理，直到备案。

功夫不负有心人，经过 5 个月的辛苦努力，我们终于在 2001 年 4 月 13 日成立了属于业主的自治组织——水清木华园物业管理委员会。

当然这只是万里长征走出的第一步，如何有效地开展业委会的工作才是真正的考验。

2. 业委会的工作紧紧围绕业主“共有”和“共管”的权利来展开，分清先后与主次，逐步突破与解决

按照《中华人民共和国物权法》中第七十条的规定：“业主对建筑物内的住宅、经营性用房等专有部分享有所有权，对专有部分以外的共有部分享有共有和共同管理的权利。”

如果从经济学完整产权的内涵来讲，业主作为产权人其实应该包括四方面的权利：知情权、使用权、处置权和收益权。

我认为业委会的工作重心就是要让业主所拥有的这四方面的权利得到充分的实现。

（1）知情权

所谓“知情权”，应该包括以下几方面：

第一，业主对“共有”和“共管”的部分清楚。如：公摊面积的具体情况；公共设施、设备的具体情况；车库的权属；公共维修基金的具体情况；房屋的建筑、设施质量情况，等等。弄清楚这些“家底”的具体情况，是业委会的头等大事。

我们通过认真细致的调查工作，不仅基本上弄清了小区公摊面积的情况，而且促使开发商将属于公摊面积的16套独立房屋和部分空闲的地下室移交给了物业管理委员会，面积达4 000多平方米，当时价值2 000多万元，现在已经升值为6 000多万元！这在北京乃至全国可以说是“开先河”的事情。

我们在拿到小区建筑设计图纸以后，我通过仔细查阅发现：我们每户的阳台没有按照图纸的设计“安装铝合金的带中空玻璃的门、窗”，于是我们找开发商交涉，要求按照当时的市场的价格，每平方米120元进行赔偿，可是开发商却死活不干，于是我们组织发动了200多人的诉讼，2002年4月，终于打赢了与开发商的“阳台门官司”，使全体业主获得了双倍赔偿，每平方米赔250元！为业主争取了价值大约300多万元的利益。

第二，业主对业委会工作进展情况应该比较知情、了解：如委员的分工情况；小区重大事项的讨论、决策、实施情况；财务收支方面的情况，等等。

我们的做法是：经常就小区存在的重大问题召开业主会议进行商讨；将解决思路与方案做成问卷发到每户业主，征求他们的意见；每当我们业委会与开发商或者物业公司进行商谈后，都要将商谈的具体情况与结果进行公告；每年两次定期公布业委会的收支情况。

第三，业主对物业公司管理工作的知情权。在选聘物业公司方面、物业提供的服务内容与质量方面、物业公司的收支情况方面等都能够有所了解。

我们经常将跟物业公司的沟通情况进行公示；在决定招投标选聘物业公司时，将竞聘公司的情况向大家进行通报，邀请部分业主前往几家公司进行考察，招聘过程公开、透明，让新招的物业公司定期公布物业的收支情况，这样尽量满足业主对物业公司管理服务的知情权。

（2）使用权

业主不仅对“共有共用部分”有知情权，还应该有“使用权”，即可以通过业主大会进行决定：是“自己管理”还是根据情况聘请和委托专业公司进行管理、使用和服务。

当时我们小区的汇泽物业公司是开发商的公司，管理服务水平都较差，存在着许多质价不符的地方，于是许多业主不交物业费，先后遭到了物业公司的起诉。怎么办？我们只有逐步应对，一点点夺回我们“当家做主”的权利。我们先后做了五件事：

第一，维护业主权益，打赢物业费滞纳金官司。

我们协助几十位业主沉着应对汇泽物业公司的恶意诉讼（2003年4月—11月），在一审败诉的情况下，通过上诉、上访、上央视的“今日说法”等艰辛的努力，终于在二审时反败为胜，将原来供暖费的滞纳金从1%下降到0.021%，为上诉业主挽回了68万元的损失，同时为几百户可能被汇泽物业公司起诉的业主避免了更多的损失。

第二，废除霸王“供暖协议”，聘请新的供暖公司。

我们经过多方工作，终于废除了业主被迫与汇泽物业公司签订的不公平的、含有高额滞纳金霸王条款的“供暖协议”，聘请了专业的供暖公司——北京首兴供暖公司为小区的供暖服务，他们良好的工作态度和技术水平获得了大家的好评。

第三，解聘旧物业，招标新物业。

2002年我们终于将原物业管理公司解聘，同时，从2002年5月到9月，通过合法的程序和艰苦的工作，以招投标方式选聘了新的物业管理公司——北京光环电信物业管理公司。我和另外一位主任花了1个月的时间，与新的物业公司进行了13次管理合同的谈判，最后签订责、权、利明晰的物业管理合同，我们将原来1页纸的合同变成了30多页的合同，更重要的是，我们将物业管理费下降了40%左右——即每年为小区业主节约了80万元左右的物业管理费，6年下来共节约了500多万元！

第四，协助新物业，共建新家园。

通过多方做工作，新聘的物业管理公司终于在2002年11月1日正式进入小区，顺利地完成了过渡和交接，使小区的物业管理工作逐步走向正轨。

我们积极协助和配合新物业公司开展小区的物业管理和服务工作：重新修建了小区的道路；进行了绿化补种工作；在电梯间安装了智能探头，加强了安全防范措施；进行各楼一层大厅的装修，改善了居住环境。我们每月与物业公司有一次工作例会，经常督促、检查他们的物业服务活动，帮助他们进行相关工作。

在大家的共同努力下，我们小区的物业费交费率由原来的30%左右上升到90%左右，形成了良性循环。

第五，由物业公司管理转为业主自管。

由于换届，第三届业委会与原来招聘的物业公司和供暖公司就有关费用问题达不成共识，于是决定不再续约。

在重新招聘新物业公司的过程中，部分业主主张自己管理，通过发表征求业主意见，结果获得大多数业主的支持，于是从2009年1月1日至今，我们小区开始由业主自己管理。

自己管理的好处是这两年的物业费基本上由每年公摊房屋的租金收入来维持，业主们不用交物业费。不过从今年开始难以为继，业主们需要交每平方米0.5元的物业费。

（3）处置权

对于属于业主的公共财产应该根据大多数业主的意见进行相关处置：比如可以将空置的小区公摊面积进行出租经营；将地上车库和地下车库进行合理收费经营；利用小区的电梯、楼顶等进行广告经营等。

我们收回16套公摊房屋和3栋塔楼的地下室以后，我设计了一个业主问卷调查（我们以这种方式进行业主大会），征求业主对这些房屋和地下室的处置意见，结果大多数同意出租，于是我们作出了这样的决定：地下室部分委托物业出租管理，16套公摊房屋除去3套用于物业管理外，由3位委员负责出租管理。

（4）收益权

对于所有属于业主的公共财产所产生的收益应该根据每个业主所占的份额进行合理分配和使用。

我们对于收回的公摊房屋和地下室，通过出租经营，每年能够产生近百万的收益，如何进行收益的分配，我设计了3种方式，最后大多数业主同意以下分配方式：将每年收益的75%用于补贴业主的物业管理费，15%用于小区的公共建设和公共维修基金的积累，8%补贴物业管理公司的服务，7%用于物管会的日常活动和津贴。所有出租房屋的情况和收入都是公开、透明的，真正做到了公共资产不流失，为大家谋福利。现在这笔收益全部用来提供自管物业费。

3. 做好业委会的换届选举，进行顺利交接，保证小区可持续发展

由于每届业委会都有一定的期限，一般为两三年，因此做好换届选举的工作十分重要。由于我们前面两届业委会打下了比较好的基础，因此每当业委会换届选举时，都会有十几位业主主动报名自愿参加竞选，在竞选过程中往往会形成几个持不同意见的小派别，派别之间斗争激烈，针对这种情况，我们会协助其中人品比较好、能力比较强的业主当选，这样保证业委会组织能够继续行使其主要职责。

为了保证业委会的顺利过渡，上届业委会一般都会将该届掌管的有关钱、财、物移交给新一届业委会，同时尽量保持一到两人继

续连任，以便更好地传、帮、带。为小区的可持续发展提供重要的组织保障。

4. 尽量处理好四方面的关系

业委会在开展工作的过程中经常要跟四方面的人打交道：业主、开发商、物业公司、政府，因此注意协调和处理好四方面的关系非常重要。

（1）处理好与业主的关系

业委会是代表业主利益的自治组织，应该尽职尽责维护业主的共有、共管权利。在业委会的日常工作中，我们比较注意处理好与业主的关系。

为了真正体现业主“当家做主”的权利，有关小区重大事情都按照规定召开业主大会，取得大多数业主的认可后方实行；

经常向业主进行通报，让业主及时了解业委会的工作情况，经常接受业主的监督，尽量做到工作透明，财务透明；

我们每年组织业主开“新年联欢会”、“六一儿童节联欢会”等活动，利用地下室开办业主“棋牌活动室”、“乒乓球室”、“少儿活动室”等，还经常举办有关知识的讲座，加强业主之间的交流和联系。

（2）处理好与开发商的关系

业主入住后，往往会存在许多与开发商有关的问题，如建筑质量问题，小区公摊面积问题，公共设施问题等等，这对于业委会来说是必须首先考虑解决的问题。

我们小区业委会成立后的第一件事情就是积极与开发商进行交涉、协商，终于督促开发商逐步解决了一些相关问题，让业主有了可以生活的好环境。

我们还与开发商一起组织业主和物业公司人员的“联欢会”，争取开发商为我们提供开会的场所。

（3）处理好与物业公司的关系

物业公司的好坏直接关系到给业主提供的服务质量。在炒掉原来服务不好的物业公司以后，对于自己新选聘的物业公司，我们是尽全力协助他们进入和交接。完成交接后，我们把物业公司当作“合作伙伴”来看，有问题随时跟物业公司沟通，督促解决。

我们的做法是：每个月召开双方的“例会”，将问题写下来，要求他们在几日里答复或解决。我们业委会的两个主任几乎天天会到物业公司走走，大家相处得比较好，没有了过去那种敌对现象。我们还经常一起组织业主搞联欢会等活动。

新的物业公司与以前的物业公司相比，无论在服务态度方面还是服务质量方面都有明显改善，我们终于可以花更少的钱享受更好的服务了。通过我们双方的努力工作，业主们对新的物业公司比较认可，过去令物业公司头疼的“物业费”问题也迎刃而解。

（4）处理好与政府的关系

小区的许多问题如果单靠业委会是无法解决的，特别是在处理与开发商和物业公司方面的问题时，必须寻求政府有关部门的支持。从市建委、小区办到街道办事处、居委会，都是我们需要经常保持联系，需要借助力量的单位。没有政府的支持和帮助，有时我们会很难办成事情。

比如我们小区，在成立业委会时，区小区办不肯给我们备案，我们就找市小区办的领导反映情况，多次找他们终于达到目的；

在与物业公司打官司受到区法院不公平的判决后，我们就上访找市政府、市人大、市中级人民法院，引起政府有关部门的重视，后来终于得到市中级人民法院比较公正的二审改判；

当我们需要将公摊房屋出租时，北京市还没有这样的先例，但是我们找中关村街道办事处的有关领导说明情况，最后终于特批办下来出租许可证。

总之，处理好与政府的关系非常重要。

(二) 主要教训

1. 对自管物业准备不足，管理不好，业主意见较大

2006年第三届业委会上台后，与第二届业委会招聘来的物业公司和供暖公司沟通、合作不太顺畅，最后决定跟他们的合同到期后终止，重新招聘物业公司。然而在招聘的过程中突然改弦易辙，部分人提出自管，虽然后来有大部分业主表示赞同，但在没有充分准备的情况下就仓促上阵，缺乏基本的自管制度，草草任命一个自荐的业主来当物业经理，而此人人品不佳，光会吹牛、捞钱，不干实事、缺乏物管经验与能力，结果干了一年左右在业主们的强烈反对下给辞退了。

自管两年的结果是：虽然大家少花了物业费，但是服务人员不稳定，服务不规范，服务质量明显下降，大家的感觉是每况愈下，越来越多的业主感到不满。

2010年第四届业委会改选上台后，曾重新做了业主问卷调查，结果要求恢复选聘物业公司来管理的业主占大多数。

2. 新业委会成员投入小区管理的时间和精力都有限，制约了其作用的发挥

由于新业委会成员都是比较年轻的、忙于本职工作的业主，他们花在小区管理方面的时间和精力有限，在处理有关事情方面缺乏周全的考虑。如第三届业委会比较轻率地解聘了由上届业委会选聘的物业公司和供暖公司，一度造成小区生活的混乱。

业主们平常很少见到新业委会成员，他们也很少跟业主交流，业主有问题也经常找不到业委会委员反映和解决。

3. 新业委会内部纷争，导致无法正常开展工作

由于第四届业委会只有三名委员，而他们之间经常意见不统一，分为两派，导致工作效率低下，招聘物业公司的工作难以进行，现

在只好维持自管现状。

有的委员不按已有的规章制度办事，就小区某些重大事项未经业主和业委会的讨论、决定，就自己乱来，造成不好的影响。

4. 业委会没有集体账户，公共收益只能存入个人账户，非常不安全

小区出租公摊房屋和地下室的收入越来越多，每年有100万元左右，这笔钱由业委会几个负责人掌管，存在以他们开在银行的私人账户上，存折和账号密码都由本人掌管，带来公共财产不安全的问题。

三、对业主自治的思考与建议

从水清木华园小区业主治理的经验与教训中，我们可以思考到如下一些问题：

1. 业主自治的好坏与业委会组织的强弱关系极大

凡是那些在业主维权、物业管理等方面取得不错业绩的小区，都有一个共同的特点：那就是都有一个强有力的领导核心或业委会组织。

由于人是一切组织中最重要的因素，因此要想取得业主自治的成功就迫切需要不断挖掘、培养、使用具有这些特质的业主精英。

现在，老的一批业主精英将陆续退出业委会的领导岗位，他们退出后可能会出现后继无人，或有人无力的新问题，因此培养业委会干部的工作就显得十分重要，对此我建议：

业主干部的培养应该采取多种方式；政府有关部门应该建立专门的培训项目与资金，用来帮助培训业主骨干，因为社区的稳定与发展是政府的职责，培养业主骨干实际上有利于减轻和分担政府在社区的责任；业主社会团体和公益组织，应该多为业主提供学习、

交流、培训的机会，培养业主骨干就是为社区发展作一份贡献。

2. 要想业主自治成功，必须让业主大会具有“法人”地位

业主们所拥有的共同财产与物业，既有动产，又有不动产，应该让“业主大会”名正言顺地成为具有“法人”地位的“经济组织”。我们应该借鉴西方发达国家的相关经验，将“业委会”变为业主的“董事会”，这样才便于按照市场法则运作业委会，减少因定位不准而带来的许多麻烦与问题。建议：重新修改、制定与“业主大会”和“业委会”相关的法律和法规。

3. 迫切需要进一步完善“业主自管”的相关法律和法规

我们小区实行自管以来，因为没有注册为物业管理和服务的公司，没有公司账号，没有收取物业费的法律依据，无法给聘用人员上“三险”，无法按照市场规则进行经营和管理，带来许多麻烦和问题。

对此我们建议：政府应尽快出台有关“业主自管”的相关法律和法规，让自管模式有法可依，有实际操作性。

围城中国

——中国小区的自治萌芽

许宇萱

说到“多中心治理”，不得不提已经被全权政府侵蚀了大部分领地的乡镇自治。无论哈耶克所描述的“自发秩序”，还是奥斯特罗姆夫妇所详细论述的“多中心治理”，都是在力图描述人类社会自然演进所形成的生活方式，这种乡镇自治，有别于我们通常所理解的自上而下的政府治理。

托克维尔在《论美国的民主》中认为“美国精神的核心是乡镇（township）自治精神”。这种乡镇自治精神源自北美殖民地时期。欧洲移民对美洲新大陆的殖民过程，完美地演示了自由民从原初状态逐渐演进形成人类社会合作秩序的过程，新移民在面对一个全新的环境过程中，逐渐形成多方合意的治理方式，这种治理方式就落实在一个个的殖民点的自治之上，包括各种自治的形式。

这是一种无政府的自治，是人类自然的生活方式。

在中国也存在“皇权不下乡”的古老传统，在乡村层面上很大程度上是一种自治，但中国的乡村自治和北美殖民地的无政府状态下的乡镇自治有很大的差异，这种差异主要在于中国的乡绅自治之上，是统一的政治权力，中央集权的皇权统治让乡村自治变得残缺不全，中央通过科举考试将皇权意识形态灌输到乡村知识分子当中，以独尊的儒术来渗透到乡村之中，还通过税收、征兵等形式将集权政府的意志贯彻到乡村之中。到了现代，在极权计划体制下改革脱胎而来的乡村自治尽管有相当程度的进展，但仍然处在政府的绝对控制之下，其表现形式是掌控村级政权的村委书记的直接任命，计划生育、农村水利建设、科学育种、政治宣传等政策的贯彻都是通过村委会直接下达到农户。从今年发生的村委会主任被车祸案件前后表现来看，村委会主任在集权的上级政府来看，并不能划入“干部”序列，而是一个政权的异己，这在某种程度上也说明中国的村级自治尽管发轫于自上而下的改革，但改革中所迸发出来的异己的力量仍然让习惯于一元统治的官员们心声恐惧。正因为这种恐惧，乡村自治在很大程度上受到了既有的政府权力的制约，其结果是，中国的村民自治尽管备受关注，但仍然远远不能称为真正的自治。

在美国的乡镇政治生活中，最高权力掌握在乡镇居民大会手中。乡镇自治的一个支撑是社团精神。托克维尔认为自愿组织的团体是非常好的社会中介组织，是民主社会的基础。所有的一切都来自这里。他认为通过参加或加入那些努力之中，人们发展出爱好自由的倾向。正是在这些社团组织内，人们学会了合作与协作以及责任感。通过关注我们自身的兴趣或利益，人们学会关注别人的兴趣或利益，心胸也开阔了，随之也发展了心智。托克维尔认为，假如缺乏这些，则会形成高度集权的社会，法国就是如此。在个人与中央政府中间有这么个中介，他认为是非常有必要的。

在中国，乡镇自治所必需的民间社团组织仍然受到政权的压制而无法赢得合法地位，从而严重限制了其发展。

然而，我们注意到，中国在过去30年迅速的城市化，催生了规模巨大的城区治理结构的变迁，这种变迁所带给我们社会治理的多中心化的初步形成。

小区的崛起——中国城市社区治理的嬗变

“没有房地产，就没有新中国。”这个口号本来是戏谑之语，但在描述中国城市社会30年变迁的过程很是恰当。

由于房地产业市场化改革狂飙突进，中国在过去十几年时间里，城市面貌发生了根本变化，原有的社区结构也多土崩瓦解，新的社区模式迅速替代原有的居住格局。而这种迥异于美国欧洲的围城式封闭小区的结构使得中国城市的社区自治呈现出和欧美不同的形式。

30年前中国处于计划经济体制之下，城市居民是被集权的政府一手安排，形成一种类似于军队的城市社区管理系统。这种管理系统的核心是一种叫做“单位”的组织。

在这种体制下，每个城市居民都归属于一个“单位”。这个“单位”不同于今天的企业或者机构，而是一个全方位的社会管理系统。在“单位”之下的人，其几乎所有的社会生活都在“单位”之中进行，包括出生、工作、住房、社交等，生老病死都在单位之中进行，国家依靠行政权力垄断所有资源，“单位”成为所有资源的载体，个人完全依附单位。尤其是城市的新区，多由一个个的单位和单位宿舍构成；或者将原“旧社会”所残留下来的街区由市、区、街道、居委会所组成的城市行政管理系统来进行整合，俗称“两级政府，三级管理”，居民社区被严密地控制于行政体系之下。

这两种城市社区管理结构用通俗的话来说，就是“大院”和“胡同”。大院是纯粹的单位为核心的独立小王国，而胡同也不是散养的民间社会，而同样是行政严密控制下的管理格局。这两种社区没有本质的区别，住胡同的人也是有单位的。事实上，改革开放以前的中国城市社会只存在一种街居制的管理方式，并没有真正意义上的“社区”存在，单位才是城市社会的主体。

这种城市，严格说来不是城市，而是一个个放大的兵营和工厂。而30年的改革从根本上改变了这种状态。人们逐渐从“单位”之中脱离开来，许多人与企业形成单纯的雇佣关系，政府控制“单位”从而控制个人的严密的集权体系瓦解。房地产业的突飞猛进的发展，彻底改变了城市的面貌和居住形式，人们通过购买商品房而实现了脱离单位而自由居住的权利。在房地产开发商所开发的由围墙所围起来的小区当中，居住着各行各业的陌生人，邻居不再只是同事，开发商在状似围城的小区当中提供物业服务，包括清洁、环境维护、维修、保安、道路维护、商业等服务，替代了部分城市服务的功能。这种城堡式的封闭小区向小区居民提供专属的公共服务打包，统一收取物业费。

这个过程当中，各类社会组织的基本功能日益凸显出来。城市社区原来单一权力主体的政府行政体制日益向政府、市场、社会和居民广泛参与的多中心治理体制转变。这个过程当中，“城市”得到了复苏。自发秩序在原有的大兵营、大工厂之中生长，商业、人流出现在各个角落，人们的居住社区得到了重组，市场在这个过程中扮演了决定性的角色。资源在市场的魔手之下流向其应有的方向。

这个过程当中，原有的大兵营、大工厂格局逐渐演变成多元混杂的社区结构。

（1）“胡同”。也就是以老街区为主的传统街坊社区，也就是“胡同”“里弄”等。

（2）“大院”。也就是计划经济体制下残留的单位社区。这类社区由一个或几个单位筹建，居民职业构成比较单一，社区互动与单位互动合二为一，随着市场化的深入，房地产开发和旧城改造的进程，这类“单位”社区的数量在迅速减少。

（3）混合式综合社区。这是20世纪70年代末以来在独立的地段和城市边缘兴建的居住功能较为单一的大型居住区。此类社区缺乏公共空间，居民间的互动不强。

（4）“城乡结合部”及“城中村”。因为城市扩张而形成的位于城乡结合部的边缘化社区，这类社区是原有乡村住宅结构的遗留，又成为涌入城市的低收入人群的聚居地，是城市的“危险地带”。这类型的社区功能混杂，居民职业构成复杂，体现了初级的“前市后坊”的空间特点，是当今最为活跃而城市管理和社区自我管理缺乏的社区。

(5) 以房地产开发为主体形成的封闭的拥有全套房地产物业管理的社区。

这几种格局当中，随着房地产行业的迅速发展，第 (5) 种社区，也就是被称为“小区”的社区增长幅度最快，在许多城市已经逐步替代旧式的城区而成为主流的社区结构。

“小区”的崛起带来的多中心治理结构

这种小区和原有的行政控制下的小区的主要区别在于其“私有化”。这种私人契约社区由于空间的封闭和明确，可以独立集中地供应“公共产品”，从而能够对所谓“公共品”进行收费。这些公共产品的服务是一揽子收费，在这个框架之下，那些认为公共产品无法解决“搭便车”问题而市场失灵的理论就不攻自破。小区的绿地、花园电梯、过道、消防设施、保安服务等“公共产品”和服务就不用担心无法收费了，也不必要政府介入了。

市政产品按照定义，属于“公共品”，但是市政产品在社区中的供给不是孤立的，而是可以依附于其他产品而存在的，这是市场失灵论者所看不到的一点。既然可以通过依附于其他产品，如人们所渴望购买的住宅或者商业设施，那么市政产品如道路、水、电、下水道、警察、保安、清洁卫生等服务都可以打包到住宅或商业设施当中一并购买。因为购买住宅或者商业设施的人购买的不仅仅是一个房子，而包括了上述市政设施。只要有人愿意买房子，就可以让市政产品这些“公共品”实现收费。

市政物品的提供在之前一般由政府通过税收来筹集建造，较少由土地所有者来参与并完成。在中国风起云涌的房地产市场化运动过程中，众多的开发商实际上扮演了城市“公共品”供应商的角色。开发商要修建大型住宅小区，通常都要配套修建道路、下水道、电线、电话线、宽带等基础设施，并且要修建配套的商业设施，提供基础的物业服务，包括清洁、保安等服务，这些“公共品”，在传统的“市场失灵”理论当中，是因为会被“搭便车”而遭遇到失败，而必须由政府收税来提供服务的，但是，通过这十几年房地产开发的实践来看，这些服务都可以通过商业方式来修建，并且把这些“公共产品”打包到房价当中而实现有效的收费，这说明市场并没有失灵，“公共品”仍然可以内化为私人品。

像中国这样大规模修建几种封闭的大型住宅小区的情形在全世界并不多见，在欧美常见的是郊区分散的中产阶级社区以及城市中心的开放式街区和共有式公寓，大型封闭的私人社区极为少见。而在中国，这种几种居住的大型封闭私人社区已经成为主流居住模式，在如北京天通苑、回龙观这样的大型居住小区，甚至会有几十万居民的规模。这种大型私人封闭社区正在改变中国的社会结构，也在全世界率先进行一种全国化的社区私人治理（多中心治理）的实验。这种实验将可以证明，市场也可以提供“公共品”，可以在很大程度上替代政府的功能。

这种趋势当然是政府将开发市政产品的责任转移给开发商的结果，但也在客观上促进了“公共品”的市场化，打破了“公共品必须由政府提供”的神话。

因此，在社区治理中迫切需要引入市场机制。无论“为民办实事”，还是事关社区社会保障，在可能的条件下，尽量以市场化的方式来解决，以减少居民对行政性福利来源的依赖。

小区自治对政府集权的解构

小区建成之后，仍会源源不断地提供公共物品。其关键是小区的自治，在于它有一个“业主委员会”这样的自治机构。

埃莉诺·奥斯特罗姆认为：一群相互依赖的人可以把自己组织

起来，进行自主治理，从而能够在所有人都面对搭便车、规避责任或其他机会主义行为诱惑的情况下，取得持久的共同利益。并认为公民社会的自组织网络是一种“没有政府的统治”，由个人组成的多元且自主治理的领域。

中国的大型私人小区的普及正在印证着这个过程。随着“小区”成为城市的基本元素，小区业主成为城市居民的主体，小区自治也在过去十几年当中迅速成长起来。

中国的法律也顺应中国城市社会的这一变迁，承认了“业主自治”的原则，并鼓励小区通过“业主大会”和“业主委员会”的形式自治，将政府的权力之手逐步收回。物权法第七十五条规定：业主可以设立业主大会，选举业主委员会。地方人民政府有关部门应当对设立业主大会和选举业主委员会给予指导和协助。随着封闭“小区”在全国的普及，政府的权力逐步削弱，自治力量越来越强大。2006 年 7 月 11 日，北京市政协发布居住小区物业管理问题调研报告。报告指出，全市 3 077 个居住小区物业管理项目中，按照《物业管理条例》成立的业主大会有 360 个。

尽管目前我国非政府、非营利性的社会组织还与社区的建设很不相称，但社区内部资源在经历了新的整合后，治理主体多元化已初见端倪。相应的，治理方式表现为政府行政权与社区自治权之间的互动，治理过程由行政控制转向民主协商，治理关系也相应的由依附与庇护向信任与互惠关系转变。社区治理的多元化将深刻影响国家主导的社区向私人社区主导的格局的转变。

在过去十几年当中，物业费涨价之争、公共设施之争、公共维修费管理之争，彰显着业主委员会的自治在实实在在地进行着，小区的自治已经在潜移默化地改变着中国的城市社区治理的格局，打破了以往政府主导的单一治理格局。

以北京市银枫家园为例。这是一个 2001 年开始入住的高档小区。10 年来，业委会已经换了四届。在关系到切身利益的小区自治中，业主们对业委会的治理投入了很大的热情。据银枫家园第二届业委会主任北野说："一次次对公共事务的投票中，业主们对社区事务参与度变高。不同意见的争论使业主认识到，小区的民主是真的，公共决策需要业主投票。"首届业委会还曾经在业主们的"不信任票"中辞职，第二届业委会主任北野也因身心疲惫，在任 17 个月后辞职。这在政府主控的人民代表大会的"民主投票"中是不可能出现的事情。这主要是因为业委会决定的事项，关系到每个人的切身利益。

银枫家园刚入住时，社区环境并不好。小区内私搭乱建，侵占公摊面积。公共楼道被当作私人储物间，什么破烂都往楼道放。2003 年，银枫家园物业合同到期，面临物业公司续聘或重聘的选择。业主们对此有不同意见，而业委会倾向于重聘物业。业委会决定投票解决，若续聘物业投票（即不信任业委会票）占多数，业委会将集体辞职。最终，首届业委会全体辞职。

目前，银枫家园的业主已经习惯投票决定公共事务。2010 年年中，银枫家园业委会的一份《车位修整方案》引起业主热议。根据此方案，业主的现有车辆将通过抓阄决定车位分配，所有固定车位将喷涂车位编号和车牌号。因担心"一抓定终身"，考虑到对无车业主潜在利益的伤害，不少业主提出反对。业主积极参加小区相关的讨论会，并在论坛上连续撰文，分析方案的必要性、可行性和风险。如果业主一时不能达成共识，由投票决定，少数服从多数。经过近 10 年选举、投票的历练，业主们对相关程序已十分熟悉。

银枫家园只是万千这样的小区中的一个，尽管按照比例来说，成立业委会的小区只占不到 20% 的比例，但是按照绝对数量来说，已经有数千万人到上亿城市中产阶级在实践着政府控制之外的自治，这是一个庞大的实验，其意义不可忽视。在将来很短的时间内，大部分的城市小区将会建立业委会，实践社区自治，这将意味着中国的一半的人口即六七亿人的自治。

小区自治的训练，已经在悄然改变着中国的社会。自治的训练就像美国早期的乡镇自治一样，孕育着政府之外的良好的治理，改变着政府一元化的集权管理结构。这个围城中国的形成，也许将会为中国奠定长期稳定繁荣的社会治理结构探索出一条可行道路。

参考文献

[1]（美）迈克尔·麦金尼斯. 多中心体制与地方公共经济［M］. 上海：上海三联书店，2000.

[2]（美）埃莉诺·奥斯特罗姆. 制度激励与可持续发展［M］. 上海：上海三联书店，2000.

[3]（美）埃莉诺·奥斯特罗姆. 公共事物的治理之道［M］. 上海：上海三联书店，2000.

[4]（法）托克维尔. 论美国的民主. 北京：商务印书馆，2004.

[5]（美）弗尔德瓦里. 公共物品与私人社区. 北京：经济管理出版社，2004.

多中心治理

——构建可持续生态社区的制度保障，以北京市昌平区回龙观金榜园为例

张丽曼①

21世纪是走向生态文明的世纪。当人们享受着前所未有的住宅商品化带来的物质财富和生活改善的时候，也越来越明显地感受到周围生态环境的日益恶化。尤其像北京市这种在迅猛的城市圈扩张中苦苦挣扎的超大城市，原来生机盎然的自然生态几乎荡然无存，被各种各样的人工生态所取代。人工生态本身的脆弱性、养护成本的高昂性困扰着新住宅小区的新住民，成为小区治理的一大难题。

在住宅小区生态可持续发展受到严峻挑战的背景下，构建社区生态环境可持续发展的多中心治理模式日益显得重要。

一、金榜园住宅小区人工生态环境迅速恶化的现实状况

金榜园住宅小区坐落于昌平区和海淀区的交界，西三旗环岛以北200米处。小区规划占地面积：10.25公顷，住宅物业面积：13.5万平方米（28栋楼），现有入住户1 200多户，居住人口约4 200余

① 张丽曼，中国人民大学社会发展研究中心副教授，现为北京海淀和谐社区发展中心学术委员。

人。规划设计容积率为人均1.55平方米，公共绿地人均1.68平方米，绿化率43.3%。小区共有28栋楼，其中南北通透的6层小高层有25栋，以80—120平方米的中小户型为主。小区内楼距宽敞，人工植被比较丰富，树木造型美观，绿草如茵，曾经被业主誉为“绿色家园”。该小区2001年、2002年、2004年分三期竣工交付使用，2005年全部销售告罄。即使是房价飞涨十几倍的今天，金榜园的二手房也是一出手就被卖光。可以说，小区优美舒适的环境既为居民提供了高质量的生活，也为物业价值的提升增加了筹码。

可是，仅仅不到6年，金榜园的生态环境就严重退化了：

（1）绿地严重退化，目前已荡然无存。原来的人工草坪已完全被杂草覆盖，甚至黄土裸露。绿地大面积被侵占，或改建为停车场自行车棚，或改建为文化活动室，或改建为体育游乐场，或安装各种宣传栏广告牌。更有甚者，许多草坪被私人圈占开辟成私家菜园。

（2）绿篱疏于修剪，大段缺株；树木、宿根花卉或大量生虫或枯死；植物小品造型已不见踪影。

（3）公共照明设施破损不堪，除主干道路灯外，其他园林小径的照明全部坏损；部分路椅、体育设施也残破不堪。

（4）开发商在售楼时顶层送露台，底层送小院。目前，顶层几乎被业主全部改建成住屋，许多小院也被改建成住屋。这种改建不仅改变了建筑物的本来面貌，破坏了公共设施，对公共设施的养护维修造成困难，而且对室内居民的防火救灾安全逃生造成障碍。

（5）垃圾处理不分类，清运不及时，不彻底，到处留有卫生死角。

（6）中水处理设备已完全损坏弃之不用。

二、原因分析

造成金榜园人工生态环境的严重退化的原因是多方面的，总结起来有以下几点：

受北京市人工生态环境急剧扩张严重脆弱的大环境影响。进入21世纪以来，在加速城市化建设的热潮中，北京市进行了大规模的城市扩张，仅仅不到10年的时间里，住宅小区便越过了城乡结合部的绿化隔离带，人工绿地大面积扩张，使原本干旱缺水的北京市养护绿地的水资源越来越匮乏，越来越昂贵。金榜园在2010年除了雨季自然降水以外，全年没有为草坪绿地浇过水，这是造成绿地严重退化的原因之一。

开发商施工存在缺欠。为了减少建设成本，在对小区进行绿化之前没有清运建筑垃圾，置换土壤，将大量的砖头、石块、建筑渣土污物留在建筑物周围，致使小区草坪植株下的土地里布满了砖头头、石块，土壤碱化，这是人工植被难以保持的重要原因。第3、4期的中水处理技术不过关，至今只好废弃不用。

前期物业公司对环境管理不善。第一，在小区规划、施工和竣工交付使用的过程中，前期物业管理没有真正介入，对开发商人工生态环境建设中存在的严重问题没能起到监督和督促整改的作用，为小区竣工交付使用后生态环境的迅速退化留下了隐患。第二，没有履行合同约定的绿化义务，致使绿化长期达不到北京市《居住小区绿化管理标准》规定的2级标准。物业管理对环境养护管理投入不足。按照北京市物业收费使用的规定，物业费的66%应该用于绿化，但在物业公司的预算中实际用于绿化的费用仅有25%左右。第三，非专业化管理。物业公司从来没有聘请过专业人员对小区的绿化进行规划和养护管理，一直是不具有绿植技术的杂工、修理工代替。第四，不能与居委会、业委会合作共同维护小区的绿化环境，当出现毁坏绿地树木的现象时，消极躲避，不管不问。第五，对埋在地下的绿化喷淋管道和园林地下照明网线疏于维修养护，至今都已报废不能使用。第六，在2008年12月底物业合同期满，2011年2月业主大会表决通过解除该物业公司合同的情况下，该物业公司仍赖着不走，应聘签约的新物业公司难以进入小区开展工作，致使小区生态环境的治理工作不能及时有序的展开。

作为居民自治组织的居委会不能对社区自治尽职尽责。在面对小区生态环境日益恶化的情况时，居委会常常强调自己的“六大职能”，忙碌于政府交办的200多项工作任务，无暇顾及日益恶化的环境问题。

作为基层党组织的社区党支部工作严重脱离群众，脱离实际，把学习落实科学发展观变成空谈，对小区生态环境日益恶化长期视而不见，无所作为，即使有作为也只是停留在一纸公告上，没有具体措施，不干实事。

作为代表业主对物业管理负有监督职责的业主委员会，一波三折，步履维艰，无暇致力于小区的生态环境治理。第一，业委会缺乏连续性，2007年和2008年两次换届选举失败，出现近两年的空挡。在此期间，物业公司处于无人监督的失控状态，物业管理水平急剧下降。第二，2009年10月重新选举产生的业委会没有在行使物业管理监督职权，加强生态环境养护管理上下工夫。2010年至今一直忙于修改《业主大会议事规则》和向物业公司追讨公共收益，向昌平区法院和北京市中级法院起诉回龙观镇城区工作处的不当行政行为，起诉物业公司侵占小区公共收益、诬陷业委会等案件，耗时一年半之久的诉讼至今尚未结束，牵扯了大量的精力。第三，没有采取应急措施处理物业管理公司新旧交替置换的矛盾，在业主大会以61.8%和61.7%的高票表决通过解聘现物业公司，招聘新物业公司的情况下，对现物业公司赖着不走，新招聘的物业公司无法进入没有采取有效的应对措施，也使小区的生态环境治理处于搁浅状态。

作为对公共生态环境负有职责的回龙观镇政府，在对待住宅小区的生态环境建设维护方面也存在严重的失误和缺欠。第一，无视业主的共同财产权，违背《物权法》的相关规定，在没有经过业主大会讨论通过的情况下，指令居委会随意改变公共设施的用途，在小区的公共场所安装各类宣传栏广告牌，占用公共绿地盖建文化活动室，将草坪改为游乐场等。对住宅小区生态环境治理的重要意义缺乏认识，经常自觉不自觉地行使行政权力，破坏了小区生态环境。第二，政府各部门各自为政，没有对小区的生态环境形成统一的指导、服务与管理。第三，对于业委会的工作只行使监管权力不履行服务义务，没有及时给予有力的支持和帮助。第四，对物业公司缺乏有效的监管和服务，对小区物业管理长期存在的问题不闻不问，致使物业公司放任自流。尤其是在部门与地方利益的驱动下，拒绝开放物业市场，阻碍物业企业的公平竞争，致使新老物业交替成为老大难问题，实际上是保护了落后，降低了地方政府辖区内整体生态环境的治理与改善。第五，不把居委会当作居民的自治组织，只把它看成是行政管理部门的延伸，交付居委会众多的行政事务和政治任务，致使居委会很难在关系到居民切身利益的生态环境治理方面有所作为。第六，镇党委对社区党支部领导不力，没有把为群众办实事作为衡量与考评党支部学习贯彻科学发展观的标准，致使党支部长期脱离群众，脱离实际，使小区的生态环境逐渐恶化的趋势得不到遏制。

部分业主对小区生态环境的治理缺乏主体意识，对共同财产维护不力。或者认为环境保护和绿化是物业的事，与自己无关；或者认为地是自己花钱买的，自己随便圈占随便种植是理所当然的；或者任意践踏草坪，攀折花木，对破坏环境的事情碍着邻里情面视而不见听而不闻。

三、对小区生态环境多中心治理结构的思考

自 1972 年联合国在斯德哥尔摩召开“人类环境”大会，发表了《人类环境宣言》，在人类历史上第一次将人类环境问题纳入世界各国政府和国际政治的议事日程。1976 年在温哥华召开了人类聚居会

议，提出“可持续发展是有关人居环境建设的一件大事”。在20世纪90年代，建设“世界城市化进程中可持续发展的人居环境”的呼声日益升温，1992年联合国“环境与发展大会”通过的“21世纪议程”中专门设有“人类住区”（Habitat）的章节，指出“人类住区工作的总目标是改善人类住区的社会、经济、环境质量和所有人，特别是贫民的生活和工作环境”，把人类住区环境问题上升为全球性的奋斗纲领。

进入21世纪世界各国更加重视人居环境问题。2000年，在德国柏林召开的“城市未来全球会议”，以“人居、自然、技术”为主题，对城市生态住区建设的基本理论构建及评价指标体系进行深入研究，提出人居环境既是科学、技术、艺术的综合，又是文化教育以及文明的延续。2001年在美国纽约召开的“伊斯坦布尔+5”会议宣布人居环境的可持续发展已经成为世界性的行动。在中国政府制定的《21世纪议程》中，在历届人民代表大会批准实施的五年规划中，在党的全国代表大会的决议中，都把建设环境友好型社会，保证生态环境的可持续发展作为基本国策。与此同时，创造最佳人居环境，建设“生态住区”不仅成为各级党政机构的议题和奋斗目标，而且也成为家喻户晓的时髦的术语。2010年上海市举行的第41届世博会以“城市，让生活更美好”（Better City，Better Life）为主题，总投资达450亿人民币，创造了世界博览会史上最大规模纪录，接待了超过7 000万的参观人数，创下了历届世博之最，使建设“生态住区”成为亿万民众发自心底的呼声。

（1）要将建设生态住区的任务落到实处首先面临的是观念更新，要对我国生态住区建设的严峻形势有清醒的认识，对生态住区的建设真正重视起来。一座城市住宅小区至多不过十几或几十公顷，在960万平方公里的国土上仅仅是一个小点。但住宅小区是城市最基层的社会组织，是人类生存、发展和进化的基本空间，人的一生有2/3的时间是在住宅小区中度过的。住宅小区生态环境的好坏直接关系着千家万户的生活质量，精神状态，文明进步。生态住区建设既为人们提供了生活舒适、幸福、安全、愉快的物质条件，同时也为一座城市整体生态环境建设奠定了基础。住宅小区生态可持续发展不仅仅是某一个住宅小区居民和业主的私事，而且也是整个城市生态可持续发展的大事。这些道理虽然人人皆知，但在实际行动方面城市生态环境治理的各个主体并没有很好地建立合作互动关系，常常是各行其是，各唱其调，无论是政府机构、房地产开发企业、物业管理企业，还是居民自治组织、业主自治组织、基层党组织，对生态环境的保护和治理都在打着各自的算盘，流于做表面文章，致使损害住区生态环境的行为比比皆是，难以杜绝，金榜园生态环境日益退化的事例就是这种现象的一个缩影。

（2）要规范房地产市场，建立“绿色住区”认证制度。2001 年 11 月，我国出台了第一部生态住宅评估标准——由建设部、清华大学等有关单位专家、学者编写的《中国生态住宅技术评估手册》。但是在经济利益驱动下，房地产开发商每每把“绿色”“环保”“生态”作为楼盘的招牌，向消费者高价兜售。然而在外部不经济效应的作用下，许多楼盘的“绿色”“环保”“生态”常常是缩水的、表面的、虚假的。天真的购房者只看到眼前的茵茵绿草，殊不知这绿草下面掩盖的是建筑垃圾和渣土，这茵茵绿草只有 2—3 年的寿命，养护茵茵绿草需要价格越来越昂贵的淡水，更新绿草更要承受越来越高的成本。在传统的物业管理模式下，物业企业常常认为，在物业服务价格不变的情况下，不断增长的物业成本必然挤占一部分企业利润，而要保持和增加利润，只能减少生态环境管理服务的投入。许多业主往往把绿化率当作衡量住宅小区生态环境好坏的标尺。其实这些都是传统的环境治理理念的表现。不仅大多数 21 世纪建成的住宅小区距离生态住区的标准相差甚远，而且即使开发商搞了一点生态环境投资，其养护管理也仍然处于非科学性非技术化非制度化的盲目状态，因此有必要加强房地产市场以及物业市场的监督管理，积极推行“绿色住区”认证制度。同时要建立生态住区的考评奖励制度，对达到“绿色住区认证”标准的房地产开发企业、物业管理企业给予税收方面的减免和优惠，以激励他们在住区生态环境建设和管理中对高技术含量投入的积极性。

（3）聘用生态住区管理需要的专门人才和专业技术队伍。由于构建可持续发展的生态住区需要具有较高的科技含量和技术要求，而业主又不完全是这方面的行家里手，当前诸多物业管理公司也缺乏这方面的专业人才和专业技术队伍，像金榜园前期物业公司那样以杂工和其他技术工人代替的为数不少。生态环境管理方面的专门人才和专业技术队伍只有在市场公平竞争中才能被发现，被聘用，只有开拓物业管理市场，才能使专门人才和专业技术队伍脱颖而出的制度逐步建立并成熟起来。《物权法》提供了开拓物业管理市场的法律依据，《物权法》第八十四条规定：“业主可以自行管理建筑物及其附属设施，也可以委托物业管理机构或者其他管理人管理。对建设单位聘请的物业管理机构或者其他管理人，业主有权更换。”《物权法》至少给业主提供了选择生态环境管理方面的专门人才和专业技术队伍的三个渠道：业主自行管理、委托物业公司管理、委托其他管理人管理。哪一种方式管理效果好业主就可以选择哪一种方式管理。《物权法》的这条规定无疑有益于物业市场的健康发展，有益于促进住区生态管理主体的优胜劣汰，保证住区生态管理水平的提高。应该遵循《物权法》的规定，保证业主依法具有自主选择生态环境管理主体的权利，并切实保障生态环境管理主体自身的合法权益，做到责、权、利相一致，使高技术含量的劳动获得较高的合理报酬，保证生态环境管理专门人才本身的可持续性。

（4）也是最重要的，可持续发展的绿色生态住区建设毕竟是一个新兴事物，要解决制约可持续发展生态住宅建设中的瓶颈问题，不仅要解决观念上以及技术上的问题，更重要的是建立一套新的社区治理制度体系。埃莉诺·奥斯特罗姆的多中心治理理论为我们提供了构建适合中国住宅小区产权结构的治理模式的范式。住宅小区生态环境的多中心治理模式首先针对的是计划体制下政府主管下的单中心治理模式。传统的住宅小区的物业属于国家所有，政府及其主管的国营企事业单位则是住宅小区的当然主宰，居民同时也是职工及其家属只能是国家和企事业单位的附庸，住宅小区治理必然采取自上而下的单中心治理模式。由于旧制度的惯性作用，一些人总是习惯于旧的自上而下的单中心社区治理模式，在市场经济体制下，当住宅小区的物权结构发生根本性变化的情况下，政府部门仍然自觉不自觉地把自己当成房地产的主宰，一些社区自治组织成员、甚至于业主仍然把自己当成所谓“上级”主管部门的附庸，无视业主对住宅小区的物权，不承认不尊重业主对住宅小区生态环境治理的中心地位，不经过业主同意随意改变公共设施包括绿地的用途。这样做既是违法的，同时也是向传统计划经济时期单中心社区治理模式的倒退。通过金榜园的实例，我们看到正是在这种自上而下单中心社区治理模式的阴影下，住宅小区的生态环境受到了一定程度的伤害。

从法理上说业主是生态住区治理的主权者，多中心治理理论倡导的就是要建立以业主为基础的自下而上的多中心治理制度。物业市场住宅商品化改革以后，购买了商品住宅的业主依法成为该物业的所有者、使用者、管理者、收益者、处置者，也是住宅小区生态环境可持续发展的直接的最终的受益者。他们具有维护保持住宅小区生态环境可持续发展的源源不断的直接动力。把他们作为住宅小区生态环境治理的合法中心是理所当然的。生态住区治理的最终目的是依靠社区力量，利用社区资源，强化社区功能，解决社区问题，促进社区的政治、经济、文化、环境协调发展，不断提高社区成员的生活水平和生活质量，实现社区的可持续发展。因此，必须建立以业主为主体的可持续发展生态住区维护管理机制，使业主对住区的生态环境管理真正具有知情权、监督权和管理权。这就要认真实施业主大会制度，选举建立业主委员会，特别是注意业委会选举以及换届改选的技术问题，使业主大会和业主委员会具有可持续性，同时要正确处理业委会与业主大会以及业主之间的关系，形成自治主体内部的良性互动，不至于像金榜园那样出现业委会长达两年的空挡，从而造成物业管理无人监督，住区生态环境严重退化的现象。

住宅小区中的党支部和居委会也具有依法存在和工作的法律基础。这两个组织的存在起自于传统计划经济时期的旧体制，生存于市场经济时期的新体制，他们中的一部分人也同一部分政府官员一样，至今还没有从旧体制的窠臼中摆脱出来，自觉不自觉地充当了自上而下单中心社区治理体制的中间环节。不可否认的是，居委会和党支部的成员也是住宅小区中的业主或居民，他们与其他广大业主的根本利益是完全一致的，居住在良好、舒适、节能、环保的生态环境中也是他们由衷的希望。死心塌地维护旧体制毕竟与他们自身利益是相违背的。具有先进市场经济理念和新法理观念的业主们不应该敌视他们，应当对他们的观念更新保持充分的耐心，主动积极地接近他们，以充分的事实说服他们，帮助他们实现由“计划人”到“市场人”的转变，使他们成为生态住区多中心治理结构中的一员。

金榜园的事例再次告诉我们，在生态住区建设中要发扬埃莉诺·奥斯特罗姆的多中心治理理论所倡导的平等民主协商精神，建立社区治理体系中各个治理主体之间的真诚合作，打破单中心治理体制的束缚，构建多中心治理的新体制，才能真正实现社区生态环境的可持续发展。

参考文献

[1] 高轩，朱满良．埃莉诺·奥斯特罗姆的自主治理理论述评［J］．行政论坛，2010，(2)：21—24.

[2] 刘峰，孔新峰．多中心治理理论的启迪与警示［J］．行政管理改革，2010，

(1)：68—71

[3] 朱锡金．21世纪人类生态住区规划述要 [J]. 城市规划汇刊，1994 (5)：1—5.

[4] 李俊玲，崔淑钦．我国生态住宅发展途径探析 [J]. 生态住宅，2001 (8)：45—47.

[5] 于博．生态住宅向我们走来 [J]. 城乡建设，2002 (4)：9—10.

[6] 原建设部副部长叶如棠谈多造“生态型”住宅小区 [N]. 经济参考报，2001-08-21.

[7] 马光．环境与可持续发展导论 [M]. 北京：科学出版社，2000.

[8] 迈克尔·麦金尼斯．多中心治道与发展 [M]. 毛寿龙．上海：上海三联书店，2000.

[9] 奥斯特罗姆，帕克斯，惠特克．公共服务的制度建构——都市警察服务的制度结构．宋全喜，任睿译．上海：上海三联书店，2000.

[10] 埃莉诺·奥斯特罗姆．公共事物的治理之道：集体行动制度的演进 [M]. 余逊达，陈旭东译，上海：上海三联书店，2000.

参与式预算之中国地方经验
——以温岭市2010年水利部门预算民主恳谈会为例

朱圣明[1]

1 问题的提出

人类的物质财富表现为一大堆物品的堆积，物品按其属性有私益与公益之分，在私益与公益之间还有大量的混合物品，在混合物品中除去可以收费的俱乐部物品之外，剩下的就是公共池塘资源（Common Pool Resources），这部分公共池塘资源构成了社会的公共事物。对社会公共事物的治理，有三个富有影响且为人们所熟知的经典模型，即："公用地悲剧"、"囚徒困境"和"集体行动逻辑"。以上三个模型都揭示了个体理性的结果最终导致了集体的非理性，这就是通常所说的集体行动困境，求解集体行动困境之道，习惯上有市场和政府两种药方，2009年诺贝尔经济学奖得主奥斯特罗姆（Ostrom，1990）认为这两种药方都有其局限性，现实社会经济生活中所出现的"一放就乱，一乱就管，一管就死，一死又放"实际上就是这两种药方局限性的真实写照，于是采用制度分析和实证研究

① 朱圣明，浙江省温岭市委党校，地址：温岭市太平街道万泉东路88号浙江省温岭市委党校，邮编：317500，电子邮箱：wldxzsm@163.com。

的方法另辟蹊径，对人类社会客观上已经形成的那部分公共池塘资源，提出了非市场非政府的社会自治方案。

沿用奥斯特罗姆的研究路径，本文以温岭市2010年水利部门预算民主恳谈会为例，提出了两个重要的命题：

第一个命题 地方公共财政供给中的预算安排实际上就是新增的那部分公共池塘资源，既然对存量的公共池塘资源可以通过自治，那么对增量的公共池塘资源也应该由使用者自己来决定。

第二个命题 预算民主恳谈是预算安排中系统中心与各子系统之间一种新的组织协调机制，她的出现创新了地方公共财政的供给方式，实现了由“行政预算”到“公共预算”的范式转换。

“民主”是现代社会的主旋律，“转型”是中国社会的现在进行时。研究预算制度是洞悉时代变迁的必由之路。正如温家宝（2008）所说的：“一个国家的财政史是惊心动魄的。如果你读它，会从中看到不仅是经济的发展，而且是社会的结构和公平正义的程度。”以上两个命题是针对现行预算体制的弊端、社会转型和改革的现状而提出来的。（1）在预算编制中，我国一直以来惯用的是“行政预算”，这是一个被广泛诟病的问题。实现由“行政预算”到“公共预算”范式转换，其核心要体现预算的“公共”性，财政资源的配置由“公众”自己来决定。（2）当下的中国正处于社会转型之中，“风险社会”[①] 的出现，使传统的治理手段“失灵”，“维稳”的形势越来

① 德国著名社会学家贝克（Beck）在1986年出版的《风险社会》一书中，首次提出了“风险社会”（risk society）的概念。贝克认为：在现代化的进程中，生产力的指数式增长，使危险和潜在威胁的释放达到了一个前所未知的程度。风险社会的秩序并不是等级式的、垂直的，而是网络型的、平面扩张的。在贝克看来，如果说，工业社会的核心问题之一是财富分配以及不平等的改善与合法化，那么在风险社会，伤害的缓解与分配则成为核心问题。

越严峻，“维稳”的成本越来越高。社会不能总是处于“应急”这中，在“急”的背后是资源配置的不当和“说理机制”的缺失，一些群体性事件的发生就在于老百姓找不到合适的诉求渠道，“风险社会”的出现赋予中国拓展“民主”的机会。(3) 目前中国的改革正处于“胶着期”，行政手段的“回归”会造成市场、价格和竞争的窒息；市场方法一动又会加剧社会的矛盾和不平衡。“尺蠖效应”[①]的出现迫切需要寻找新的改革“共识”，从财政预算改革着手渐成了人们一种普遍的改革“共识”。2010 年全国“两会”，各界代表要求预算公开、预算改革的呼声越来越高。预算不是要不要公开，要不要改革的问题，而是如何公开，如何改革的问题。温岭预算民主恳谈反映的是基于中国基层现实的具体操作过程，为此提供了非常难得的借监。

关于温岭的预算民主恳谈，当地的实践者、专家和学者有着不同的理解和评价，概括起来有以下几种主要的观点：(1) 治理的观点。温岭的民主恳谈会是一种民主工具的开发与执政能力的提升(何俊志，2007)，新河参与式预算是公民直接参与决策的治理形式(陈家刚、陈奕敏，2007)，泽国的公民参与是一种地方治理的新技能与新策略（朱圣明，2007)。(2) 制衡的观点。温岭的参与式公共预算以民主恳谈“激活”基层人大，是人大权力的回归（陈奕敏，2006)，弥补了我国乡镇人大议事规则与预算审查的空白点（周梅燕，2007)，实现了实质性的预算监督（张学明，2009)。(3) 公共预算改革。新河试验是中国公共预算改革的突破（李凡，2005)，是中国式的公共预算（马骏，2006)，代表了我国公共财政体制未来的发展方向（李炜光，2010)。(4) 基层民主政治。温岭的民主恳谈具有民主的基本价值与实质内容（房宁，2008)；开拓了中国政治

---

① 尺蠖是一种无脊椎动物，行动时一屈一伸像个拱桥，一会儿收缩，一会儿放直，可是无论收或放都只有利于尺蠖自身。

改革和民主改革的新路径（李凡，2010），泽国预算民主恳谈是抽样民主与代议民主的结合（朱圣明，2009）。（5）协商民主。泽国镇协商民主恳谈具有协商民主的实践和价值（蒋招华、何包钢，2009），是协商民主在中国基层的深化（何包钢、朗友兴，2009），泽国和新河这两种民主恳谈形式最核心的共通之处是在政府公共政策制定过程中广泛的公民参与和公共协商（陈剩勇、吴兴智，2007）。

以上基于不同视觉在预算民主恳谈不同阶段和不同过程产生的观点，为深入分析温岭的地方经验积累了难得的研究资源，在此基础上，本文从财政资源的有限性（增量公共池塘资源假设）出发，把预算民主恳谈归纳为系统中心与各子系统之间的一种新的“组织协调机制”，是一种中国式的地方公共财政供给方式创新，并试图在公共政策的“范式转换”中加以论证，探讨在地方公共政策制定中民主恳谈与参与式预算的结合过程，公众是如何通过民主恳谈来表达自身偏好和参与公共政策制定的？为什么说预算民主恳谈是一种中国式的地方公共财政供给方式创新？以及她在公共预算改革进而在政治体制改革中的理论价值和现实意义何在？

2 物品的属性及其分类

人类生活在物品的世界中，每时每刻都要同形形色色的物品打交道。物品按其属性有私益与公益之分，私益物品与公益物品的划分事关市场、政府和社会自治组织的边界、功能、职能和定位，以及由物品的提供方式所产生的其他一系列经济社会问题等等皆由此而来。

萨缪尔森（Samuelson，1954）关于公益物品有过一段经典的定义：每一个人对这种物品的消费并不减少任何他人同时对它的消费。其后，马斯格雷夫（Musgrave，1969）在讨论中进一步把公益物品的属性描述为：在消费者之间没有“竞争性”。于是，消费上的竞争性和受益上的排他性与否就成为判定物品的基本属性。完全具有消费上的非竞争性和受益上的非排他性的就是公益物品（public goods），这类物品（1）边际成本为零，在现有的供给水平上，新增消费者无需增加新的供给成本；（2）边际拥挤成本为零，任何人对物品的消费都不会影响其他人同时享用该物品的数量和质量。完全具有消费上的竞争性和受益上的排他性的就是私益物品（private goods）。这类物品消费物品的效用可分割，边际成本和边际拥挤成本都大于零，受益主体可识别且受益程度可计量。

私益物品和公益物品的存在将人类的生活划分为私人领域和公共领域，“上帝的归上帝，恺撒的归恺撒”[①]。于是，用“看不见的手”配置私益物品，用“看得见的手”调节公益物品就成为必然。然而，现实世界中的物品是丰富多彩的，其中大量的物品只具有两个属性中的一个或在不同程度上具有这些属性，这些物品形成的集合被称之为混合物品（mixed goods），由俱乐部物品（Club goods）和公共池塘资源（Common Pool Resources）组成。俱乐部物品具有消费上的非竞争性和受益上的排他性，在一定范围内它的边际成本为零，但是超过了这一定的范围又会产生“拥挤效应”，其共同利益将随着受益者人数的增加而减少。由于它的边际拥挤成本大于零，所以排他变得更有效率，可以通过向受益者收费来避免或减少拥挤现象。

混合物品中除去可以收费的俱乐部物品之后剩下的就是公共池塘资源，它就像一个向所有人开放的池塘中的水，谁都可以去取，但水一旦为谁所取得，就归谁所有和享用。它同时兼有消费上的竞争性和受益上的非排他性，前者与私益物品相似，后者与公益物品

---

① 本意为宗教和政治分开并处理，寓意为各在其位，各尽其责，各得其所，不能以“上帝”的名义行“恺撒”的权力。

相似，也正因为如此，所以这类物品从理论上既可以由市场配置也可以由政府配置。但是以下几个问题与市场配置相生相伴：（1）供给不足。由受益上的非排他性决定，使收费有技术上的障碍或者实施的成本过高，向谁收费？如何收费？收多少费？都将成为难题，这样“搭便车”（free-riding）就成为一种可能。在边际收益与边际成本之间的不对称性不能通过交易环节解决的情况下，价格机制难以发生作用，于是就造成市场供给的不足。（2）分配不公。资源的市场化往往按竞价来进行，会给强势者以过高的讨价还价能力，当达尔文式的弱肉强食发生时，资源就无法按照社会上所接受的方式进行分配。（3）高贴现率。市场提供还会使资源所有者的时间贴现率远远高于社会的实际贴现率，势必会造成资源开发的速率加快，资源退化和破坏就在所难免。

如果由政府来配置，在理想的阿罗—德布鲁模型（Arrow-Debreu Model）[①] 中，慈善国家掌握全部信息，再分配问题是通过第二福利法则（second welfare theorem）解决的。即：每一种具有帕累托效率的资源配置都可以通过市场机制实现，人们所应做的一切只是使政府进行某些初始的总量再分配。但现实世界是一个信息不对称的社会，在信息约束的前提下，有时候“政府失灵”可能更甚于“市场失灵”。因为广义上的国家，是一系列复杂的制度性安排，诺思（North，1981）认为：国家的存在既是经济增长的关键，又是人为经济衰退的根源。布坎南（Buchanan，1998）指出：国家既能做许多的“好事”，也能做许多的“坏事”。政府配置的缺陷是显而易见的：（1）厚此薄彼，在配置中采用歧视性行为将远胜于非歧视性行为。（2）腐败产生的可能性。根据“寻租”能力来配置资源。（3）扭曲性配置。根据政府自身的偏好来制定政策，与公众的相对

---

① 阿罗—德布鲁模型是一个关于一般均衡存在性的证明。瓦尔拉斯（Walras，1874）提出了著名的一般均衡学说，但他的数学证明有误，阿罗与德布鲁在一篇论文中给出了一般均衡存在性的数学证明。

价值和优先性排序有时候并不一致。

3 经典文献的理论回顾

关于公共事物的治理之道，休谟（Hume，1739）早就注意到相邻的几个家庭可以通过协商排干他们共同拥有的牧场上的积水，这是因为他们彼此很容易了解对方的观点，而且他们也都认识到，假如他们中的任何一位放弃自己的责任，其直接的后果是招致整个项目的废弃。但是，对于一千个个体来说要达成一致的协议去做一件事情将是十分困难的，甚至是不可能的。这不仅仅是因为去做一件事情一致性的设计是如此复杂，而且对他们来说去执行这样的计划更是难上加难。因为每个人都想将所有的负担转嫁给他人身上。此后又诞生了“公用地悲剧”、“囚徒困境”、“集体行动的逻辑”和“自治模型”这几大经典理论。

3.1 公用地悲剧

1968年英国生物学家哈丁（Hardin，1968）在《科学》杂志上发表了著名的《公用地的悲剧》一文，该文描绘了理性的追求自身利益最大化的个体行为是如何导致公共利益受损的恶果？“公用地悲剧”因此而演变成为资源、环境退化和恶化的一个重要术语。哈丁利用“向一切人开放”的牧场作为案例来阐述自己的逻辑结构：在一个开放的牧场里，每个牧羊人都从各自的羊群中获得直接的利益，而他或其他的放牧者因过度放牧导致公用地退化和恶化所产生的成本却由所有人来承担，这样就促使每个理性的牧羊人都增加羊群的数量而最终导致牧场的荒芜。哈丁一针见血指出：“这就是灾难之所在。每个人都被锁在一个迫使他在有限的范围内无节制地增加牲畜的制度中，毁灭是所有人奔向的目的地。在信奉公用地自由化的社会中，每个人都追求各自的最大利益。”[1]

其实，早在古希腊时期，亚里士多德（Aristotle，前326）就已指出："凡是属于最多数人的公共事物常常是最少受人照顾的事物，人们关怀着自己的所有，而忽视公共的事物；对于公共的一切，他至多只留心到其中对他个人多少有些相关的事物。"[2] 1833年，里傲德（Lloyd，1833）提出了公地理论，强调公共财产会被不顾后果地使用[3]。1954年，戈登（Gordon，1954）在《渔业：公共财产研究的经济理论》一文中认为：属于所有人的财产就是不属于任何人的财产，这句保守主义的格言在一定程度上是真实的。所有人都可以自由得到的财富将得不到任何人的珍惜。[4]

3.2 囚徒困境

"囚徒困境"（prisoners' dilemma）是非合作的一次性博弈，讲的是警察抓住了两名小偷，同时又怀疑与另一起抢劫案有关，但缺乏足够的证据指控，如果罪犯中至少一名招供，就能使罪名成立。于是，就将这两名罪犯分别关押以防串供，讲清了他们的处境和面临的选择：如果双方都抗拒，各判3年刑期；如果双方都坦白，各判5年刑期；如果一方坦白，另一方抗拒，坦白的一方判1年刑期，抗拒的一方判8年刑期。对甲来说，无论囚徒乙选择的是坦白还是抗拒，他最佳的选择都是坦白，反过来对囚徒乙也是如此。于是双方都选择了坦白，一个比抗拒更坏的结果，各判5年徒刑，如果双方都选择抗拒，则只判3年徒刑。当双方都选择了同一策略时，就达到了均衡。这个均衡叫"纳什均衡"（Nash equilibrium）①，是这个博弈的解。"囚徒困境"说明了这样一个事实：两个自利的、追求自身利益最大化的个体将会忽视对方的利益，这是一个对双方来说处

---

① 纳什（Nash），美国经济学家，1994年诺贝尔经济学奖得主之一。"纳什均衡"的提出表明：当事人从自身利益出发，往往会导致对双方都不利的结果。换言之，个人追求利益最大化的行为不一定指能导致社会利益的最大化，也不一定能真正实现自身利益的最大化。

境同时变得更坏的结局——非合作的占劣均衡。

正如谢林（Schelling，1978：187）所分析的那样：“（1）每个人都有一种无条件的偏好：不管对手作出的是什么选择，自己都偏好同一选择；（2）每个人都有一种对对方行为的无条件的偏好：这种对对方行为的偏好并不受自己所作出的选择的影响；（3）两个人的偏好方向是相反的：每个人偏好的选择不是他对手希望偏好的选择；（4）两人偏好的强度说明：如果两个人都能够作出那个他们所不情愿作出的选择，而不是两个人都偏好的选择，两个人的福利会增加。”[5]

3.3 奥尔森的集体行动的逻辑

美国著名经济学家奥尔森（Olson，1980）演绎的“集体行动的逻辑”（The Logic of Collective Action）说明了个体理性不是实现集体理性的充分条件。一般认为，由具有相同利益的个人所形成的集团，均有进一步扩大这种集团利益的倾向。奥尔森（Olson，1980：64）明确指出这种集体行动观是有问题的，“当参加者数量很大时，典型的参加者会意识到他个人的努力可能不会对结果产生多大的影响，而且不管他对问题的投入的努力有多少，会议决定对他的影响都是大同小异”[6]。因此，一个大集团的成员不会有动力参加集体行动，集团越大动力越弱。实际上，除非一个集团中人数很少，或者除非存在强制或其他特殊手段以使个人按照他们的共同利益行事，有理性的、寻求自我利益的个人不会采取行动以实现他们共同的或集团的利益。

奥尔森进而认为：集体利益有两种，一种是相容性（inclusive）的，另一种是排他性（exclusive）的，相容性集团面临的是“做蛋糕”问题，在“做蛋糕”的过程中总是希望人越多越好，集团规模越大越好。而排他性集团碰到的是“分蛋糕”问题，在“分蛋糕”的过程中总是希望人越少越好。如何要求个体克服集体行动的困境去为集体多作贡献？奥尔森（Olson，1980：41－42）为此设计了一种动力机制——“选择性激励”（selective incentives），“激励必须是‘选择性的’，这样那些不参加为实现集团利益而建立的组织，或者没有以别的方式为实现集团利益作出贡献的人所受到的待遇与那些参加的人才会有所不同”[7]。“选择性激励”要求对集团的每一个成员区别对待，赏罚分明。也就是说，对于那些为集团利益的增加作出贡献的个人，除了使他能获得正常的集体利益的一个份额之外，再给他一种额外的收益，如奖金、红利或荣誉；而惩罚就是制定出一套使个人行为与集体利益相一致的规章制度，一旦某个成员违背，就对之进行罚款、通报批评或开除乃至法办等。

3.4 奥斯特罗姆的自治模型

奥斯特罗姆（Ostrom，1990：51）在前人研究的基础上另辟蹊径，采用制度分析和实证研究的方法，对人类社会客观上已经存在的那部分公共池塘资源，提出了非市场非政府的自治模型。该自治模型的中心内容是研究“一群相互依赖的委托人如何才能把自己组织起来，进行自主治理，从而能够在所有人都面对搭便车、规避责任或其他机会主义行为形态的情况下，取得持久的共同收益”[8]。一言以蔽之——让使用者自己来决定资源的分配。

“公用地悲剧”、“囚徒困境”和“集体行动的逻辑”揭示的共同困境都在于——个体理性与集体理性的冲突。“公用地悲剧”表明：凡有“稀缺争夺”和“自由进入”特征的一切事物，都必然会导致资源、环境的退化和恶化，是在信息对称、重复博弈情境下个体理性与集体理性的冲突；“囚徒困境”中的“纳什均衡”是次优（占劣）的，而且是稳定的，它告诉人们低水平均衡是完全有可能发生的，是在信息不充分、一次性博弈情境下个体理性与集体理性的冲突；“集体行动的逻辑”则是一个谁都有想超越可谁都不愿意带头超越的困境，是在集体利益明确情境下个体理性与集体理性的冲突。

奥斯特罗姆（Ostrom，1990：275）认为：上述“只是一些使用极端假设的特殊模型，而非一般理论。当特定环境接近于模型的原有假设时，这些模型可以成功地预测人们所采取的策略及其结果，但是当现实环境超出了假设的范围，它们就无法预测结果”[9]。上述模型的前提假设主要有两个，其一为个体之间沟通困难或者无沟通发生；其二为个人无改变规则的能力。这适用于一些大规模的公共事物治理，因为在这种体系中的个体往往缺乏沟通，每个人都独立行动，个人想要改变现有结构的成本很高。而对于其他一些情境，特别是在规模较小的公共池塘资源中这并不适用。在规模较小的公共池塘资源中，只要人们经常不断的沟通，相互打交道，因此他们有可能知道谁是能够信任的，他们的行为将会对其他人产生什么影响，对公共池塘资源产生什么影响，以及如何把他们组织起来趋利避害。当人们在这样的环境中居住了相当长的时间，有了共同的行为准则和互惠的处事模式，他们就拥有了为解决公共池塘资源使用中的困境而建立制度安排的社会资本。

在奥斯特罗姆（Ostrom，1990：31）看来，公共池塘资源是一种人们共同使用整个资源系统但分别享用资源单位的公共资源，对这部分公共资源，政策分析家的工具箱中有各种各样的工具，除了国家的、集权的、市场的、私有化的各种制度安排之外，自主组织的实例到处存在，但分析家却没有很好地在理论上总结它们。我们不可能指望一种制度安排对于所有物品或者服务都是适当的，市场和国家在现代经济社会的某一些领域里都无法增进其福利，所以需要一组比市场或者国家更为丰富的政策设计框架。只有“极少有制度不是私有的就是公共的——或者不是‘市场的’就是‘国家的’。许多成功的公共池塘资源制度，冲破了僵化的分类，成为‘有私有特征’的制度和‘有公有特征’的制度的各种混合，这些制度能成功地在‘存在着搭便车和逃避责任的诱惑的环境中’，能使人们取得富有成效的结果”[10]。

奥斯特罗姆（Ostrom，1990：3）进一步指出，人们面对公共池塘资源冲突在所难免，因为人们的利益关系本来就是多元的，既然通过事前的完美机制设计无法实现，那么利用参与人之间的利益竞争来达成某种事后的治理也是能够奏效的。因此，“利维坦①（Leviathan）和私有化，都不是解决公共池塘资源的灵丹妙药”[11]。人类社会中“自治模式”实际上是更为有效的治理公共池塘资源的制度安排。

3.5 地方公共财政供给中增量部分的公共池塘资源

以上模型为人们理解公共政策范式提供了积极的理论思考和学术支持，对公共事物治理之道提供了有用的类型参照。奥斯特罗姆的自治模型系统研究的是存量的那部分公共池塘资源，本文进而认为：地方政府通过公共财政向社会提供的预算安排，实际上就是新增的那部分公共池塘资源，这部分新增的公共池塘资源与存量相比，从性质上看是相同的，都具有非排他性和竞争性的属性；从时态上看存量的属已经形成的部分，增量的属新增加的部分，已经形成的部分属过去完成时，新增的部分属将来完成时。奥斯特罗姆研究的是存量中的重新斟酌。而财政供给中的预算安排则是规划未来过程中的一种深思熟虑，相比较而言，起点上的开局部署要比既成事实的调整要来得容易。

按照受益区域的大小，财政资源可区分为全国性的和地方性的。本文研究的是地方公共财政供给。斯蒂格勒（Stigler，1957）探讨了地方分权的理由，提出了两个理由：一是认为地方政府具有信息上的优势，比中央政府更加接近民众，更了解所辖区居民的需求和效用；二是不同地区的居民有权选择自己消费的公共产品的种类和数

① 利维坦（Leviathan）为《圣经》中记载的一种力大无比的海兽的名称，原用来证明上帝创造万物的威权与能力，霍布斯（Hobbes，1651）借此用来喻指一个强大的国家。

量。马斯格雷夫（Musgrave，1959）从财政的三项职能（配置、稳定和分配）出发，指出宏观经济稳定政策与收入再分配主要归中央政府负责，地方政府则主要根据各地方居民的偏好不同从事资源的合理配置。奥兹（Oastes，1972）指出：让地方政府将一个帕累托效率的产出量提供给他们各自的选民，则总量上要比由中央政府向全体选民提供任何特定的并且一致的产出量要有效得多。换言之，如果下级政府和上级政府提供同样的服务，那么下级政府比上级政府提供的效率会更高。蒂布特（Tiebout，1956）提出了"用脚投票"理论：人们之所以愿意在某一地区居住，是因为地方政府的服务与税收组合符合自己效用最大化目标，一旦地方政府不能满足其自身的需求，那么居民可以"用脚投票"迁徙到其他自己满意的地区。以上理论表明：没有一个国家的地方公共财政供给会具有完全相同的结构，甚至于对政府间提供相同服务的职能来说，其数量和质量也是截然不同的，地方政府财政供给方式直接决定了公共服务质量的不同，这实际上是不同地区实现不同选择的一种机制。

地方财政资源在一定时期内是一个既定的量，用于某一方面多了，用于另一方面就会少了，由于空间分布上的不一致直接导致了人们受益程度的不同，这就产生了由谁决定和如何决定这一核心问题？既然对存量的那部分公共池塘资源可以通过自治，那么对增量的这部分公共池塘资源也应该由使用者自己来决定。这就需要研究人们怎样通过集体的方式或政治的程序将自己组织起来，从而在公共资源的分配中获得真正的利益？

在欧美语境中它是通过议会民主制中的权力制约和政治平衡来实现的，除此之外，人们还可以通过自治或非政府组织来"代言"，它隐含的前提是负责任的政府、积极的公民以及多样化的社会参与机制的存在。与西方图式相比较而言，中国的政治体制明显不同，缺乏 NGO，公民社会尚未建立起来，因此集体的方式或政治的程序更多的体现了中国的地方特色。温岭的民主恳谈是基于问题导向，于1999年6月在干群面对面沟通交流中创生的，带有明显的地方印记。2005年又创造性地将民主恳谈与预算的“公共话题”有机地衔接起来，使其成为公共财政供给中一种新的政策工具和载体，从而为公共预算改革提供了一个新的视角，为公众偏好的表达和参与政策的制定提供了可行的路径，为政治生态环境优化和重构提供了必要的支持。

4 预算民主恳谈：中国的演化过程

探讨预算民主恳谈的演化过程，首先要进行发生学的研究，需要回答预算民主恳谈为何发生？何时发生？如何发生？这就有必要追溯其最初发生的形态。

4.1 民主恳谈之发生学原理

民主恳谈具有“自发秩序”的内生逻辑，其渊源来自于思想政治工作的需求，是温岭市松门镇干部群众在双向交流对话中产生的。1999年浙江省在全省部署农业农村现代化教育，“当时松门镇发展得比较快，一跃成为台州市的中心镇之一，但与此同时，干群关系较为紧张，工作难开展。对重大事情、热点、难点问题如何破解？沿用老的一套方法已经难以奏效，对于松门镇党委、政府来讲，正好利用试点的机会，以‘农业农村现代化教育’为契机，从解决实际问题着手，把群众请进来，倾听民声，了解民情，多听听老百姓对松门的农业农村现代化建设有什么好的建议？究竟在议什么？想什么？求什么？盼什么？于是尝试采用了一种干部和群众面对面沟通交流的教育形式”①。

---

① 根据笔者2008年12月23日采访原松门镇党委书记朱从才，2009年3月19日采访原松门镇党委副书记阮阿才的谈话记录整理。

1999年6月15日，首期松门镇“农业农村现代化教育”论坛正式召开。出乎意料的是，群众参与的积极性很高，150多名群众自发前来参加会议，并对大到镇里的投资环境、村镇建设规划，小到邻里纠纷、液化气价格等问题和镇领导进行了面对面的平等交流对话，镇领导对群众提出的问题现场作了答复解释，有的问题当场予以解决，有的问题则承诺了具体的解决措施和时间。

2001年6月12日，中共温岭市委出台了《关于进一步深化“民主恳谈”活动加强思想政治工作推进基层民主政治建设的意见》，开始把民主恳谈由思想政治工作的载体转向基层民主。民主恳谈的内容，也由原先较多涉及一家一户的权益纷争，进而转变为城镇规划、村庄整治、校网调整等较多涉及全局性、长远性的公共事务。

民主恳谈是一个通过自己及他人的见解来培养公共理性和形成共识的过程，推行民主恳谈的实质是创造能够影响公共政策的制定，完善公共决策机制，且对干群之间关系发生重大影响的一种文化或制度环境。干部最初与老百姓面对面地坐到一起进行恳谈时，可能是出于无奈，因为传统思想政治工作的“低锁效应”已经很难取得实际的效果，老百姓叫了不一定来，来了不一定听，听了不一定信，于是谋求一种新的解决之道就成其为必然。经过研究发现，症结在于干群之间有隔阂，彼此有距离，缺乏应有的沟通，于是就尝试群众提问题，干部作解答的新形式，让干部群众坐在一起，通过对话交流解决一些实际的问题，没想到却收到了意想不到的效果。先是一家一户的事情，接着是大家普遍关心的公共事务，再发展到预算民主，从开始的“不做不行”，到了后来发展成为“做好了还真行”，就这样一直坚持走了下来。

4.2 从预算做起——符合民主的历史进程

从历史观察，民主与预算相伴而生，以预算母体——英国最为典型。在英国，以议会争取预算和征税权的斗争为起点，既标志着新兴资产阶级与王权争夺预算权的开篇，也意味着预算权的归属问题是民主宪政产生的根本原因之一。在《西方世界的兴起》一书中，诺思和托马斯（North & Thornas，1973）用经验研究的方法探讨了英国议会财政权的起源问题，他们认为，在13世纪初的英国，王权有时被迫把有产者团体中的一些人召集来，以便从他们那里得到一种特别税，这些就是代议机构的开端。这种集会往往享有特权和得到当局的授权，作为交换则是他们同意纳税。在往后的几个世纪中，我们可以看到英国国会逐渐形成的对财政事务的控制便肇始于此。1215年，英国议会迫使约翰国王签署了旨在限制王权的《自由大宪章》。《自由大宪章》具有极其深远的意义：一是确立了“法律至上，王在法下”的原则，这一原则成为英国宪政民主的基础；二是宣告国民有被协商权，并明确规定国王必须召开有若干贵族组成的议会，为议会制度的形成奠定了基础；三是首次将“非赞同毋纳税”和“无代表权不纳税”等预算原则以法律形式确立下来，从而标志着英国政府预算制度早期形成阶段的开始。1688年光荣革命后的次年，议会又通过《权利法案》，不仅重申非经议会授权不能迫使任何人纳税或作其他缴纳，而且政府支出总额也应取得议会核准，1789年依据《综合基金法》，英国设立了“综合基金”，从此国家所有的收支都纳入基金统一管理，1822年议会又要求财政大臣每年须提交全部财政收支的一览表，供议会审查批准，而财政大臣用来装财政文件的大皮包（Budge）也就演绎为预算的专有名词。在与王权的斗争中，英国预算得以产生和发展，并且成为支撑现代民主政治的重要制度之一。

在美国，早在独立战争爆发之前，赋税问题就是北美洲13个殖民地与宗主国英国之间斗争的焦点，1775—1783的独立战争更是直接起因于宗主国英国的课税和干预。独立战争结束后，美国于1787年颁布的《美利坚合众国宪法》中明确规定了国会的预算立法权，并同时对政府的财税权作出了限制。

法国 1789 年大革命爆发的直接诱因是路易十六要求通过举债和增税计划，而与高等法院发生的冲突，在随后通过的《人和公民的权利宣言》中，明确宣布公民（或公民代表）在税收方面的决定权和知情权，并由此确认了议会的预算权。

从另一层意义上分析，议会财政权的有效行使也预示着预算民主已从一种价值理念转化为一种政治实践，在人类实现民主制度的进程中发挥着重要的作用。“取之于民，用之于民”可视为国家对社会的一种政治承诺，而要保证这种承诺是可靠的，必须实行预算民主。政府的财政资金是“众人之财”，预算就是政府用“众人之财”办“众人之事”，怎样才能保证“众人之财”用于“众人之事”，那就得征求“众人这见”，也只有这样，才能办好“众人之事”，这才是公共预算的本质要求。因此，就民主政治的意义来看，预算是公众及其代议机构控制政府财政活动的一个制衡工具和民主政治程序，从预算做起符合民主的历史进程。

4.3 民主恳谈与参与式预算相结合

2005 年，温岭市从同一母体——民主恳谈中孪生出泽国和新河两种参与式预算模式，2008 年开始向上拓展至部门预算，至 2010 年全市各镇（街道）和市级主要部门基本上都实施了预算民主恳谈。

4.3.1 泽国模式

泽国模式发生在 2005 年 4 月 9 日，是运用美国斯坦福大学费什金（Fishkin）的“协商民意测验”（The Deliberative Polling）方法与民主恳谈相结合的产物。其基本程序为：代表的随机抽样—预算信息的充分公开—中立主持人制度—小会分组讨论—大会集中交流—独立专家的作用（质询与回应）—二次调查问卷设计—将定性的评价转化为各种“数字”。通过以上程序的设计，泽国模式建立了党委领导、专家（学者）论证、公众参与、人大表决、政府执行的决策机制。这一模式有两个显著的特征：其一是突出公众参与，实行抽样民主与代议民主的结合，让非选举产生（人大代表之外）的公民参与到公共政策的制定中来。即参与预算的民意代表通过随机抽样的方式产生，随机抽样能最大限度地体现民意代表的真实性、广泛性与公正性。随机抽样使代表的产生基于起点上的公平而不是机会上的不对称，使以前从来没有机会以至于被政治遗忘角落中的村民，从容地跨入参政议政的大门，受到重视并在公共领域中理直气壮地表达他们的诉求。抽样民主与代议民主的结合是一种双轨民主，在正式体制之外，由民意代表对公共预算进行直接参与，其结果再在人代会上表决。抽样民主是一种体制外的参与，人代会表决则提供了体制内合法性的保障。其二为通过设计精良的民意问卷调查设计，定性分析定量表达，这是对基数效用理论的一种运用。前后两次的问卷调查数据不仅起到统计分析的作用，可以用来准确掌握民意代表的选择情况，而且其结果能够直接用于决策。

“协商民意测验最重要回报是它对于民主价值的发挥。科学的随机抽样能最大限度地体现政策的包容性；决策信息的充分公开旨在解决信息不对称问题，中立主持人制度能够保证协商过程的公正性，独立专家的作用是一种知识性的分工，小会分组讨论，大会集中交流是知情权和偏好的表达机制，二次问卷调查设计最大价值在于能反映出偏好的转换，以上这些严格的程序设计和民主对话机制保证了决策的集体深思熟虑性。”[12]

4.3.2 新河模式

新河模式始于 2005 年 7 月 27 日，其操作过程为：增加会次和会期—会前培训—细化审议预算草案—设立财经小组—代表修正议案—预算执行监督。“新河镇的预算改革使民主恳谈的双方变成了人大代表和政府之间的对话。‘增加会次和会期’是落实乡镇人大职权的有益探索；‘会前培训’是提高人大代表参政议政能力的重要环节；‘细化审议预算草案’是乡镇人大由虚转实的有效途径，‘设立财经小组’是乡镇人大闭会期间代表履职的一大创举；‘代表修正议案’赋予了基层人大代表议案的新内涵；‘预算执行监督’其意义更在于权力制约理念的演进。”[13]整个过程由前后紧密相连的两个阶段组成：第一阶段发生在人代会之前，通过预算民主恳谈，起到了“利益表达机制”的作用；第二阶段发生在人代会期间，通过修改预算、五名以上人大代表可以联名修正预算等一系列程序的设计，实际上发挥了“权利表决机制”的作用。

新河模式的最大的特点为：利用现有体制的资源，充分发挥人大代表的作用，采取人大代表与非人大代表自愿报名参与的形式，这一模式较为简便易行，一直沿用到市一级的部门预算。各级人大是选民通过代表行使权利的法定机构，是重要的制度平台，通过正式组织进行预算民主恳谈，既激活了人大的制度功能，又给民主恳谈注入了实质性的内容。同时还可以避免对预算的审批“只决不议”，实现从“代议无着”到“代议有谱”的角色转换。这一模式的独特之处在于：预算修正案的设置和财政小组的设立，前者是一种权力的回归，后者缩短了委托代理链，其实际意义在于优化和重构中国基层乡镇的政治生态环境。

4.3.3 部门预算民主恳谈

2008年1月13日，温岭市人大又进一步将镇一级的预算民主恳谈向上拓展到市级部门预算，先在交通部门进行。来自全市各个层面的市人大代表、普通公民、老干部、镇（街道）人大负责人、相关部门负责人或专家、人大常委会有关委、办负责人以及财经工委议事委员会成员等七类对象共50余人参加了本次恳谈活动。恳谈会采取分组恳谈与集中恳谈相结合的方式，与会代表对2008年温岭市交通部门28 081万元的预算安排，进行了深入的恳谈，充分发表了各自的意见和建议。之所以先选择交通局进行，这是因为交通部门涉及的面广，投入的资金大，和群众利益紧密相关，也涉及方方面面的利益，老百姓的切身感受可能更具有说服力。这次部门（交通）

预算民主恳谈具有十分重要的意义——改变了过去由财政一个部门主导部门预算编制的局面。

4.4 预算民主恳谈生命力之所在

民主恳谈自1999年诞生至今已坚持了11年之久，民主恳谈与预算结合也到了第6个年头，人们普遍关注的一个问题是：她为什么会持久？她的生命力何在？奥斯特罗姆（Ostrom，1990：284）认为“用较大政治系统中较小单位自主组织和自主治理的理论来解释行为和结果时，必须明确地把周围政治系统的活动考虑进去”[14]。在这周围政治系统的活动中，本文认为：地方政治家的推动是关键，启动机制的建立是核心，制度的约束是保障，移植与推广是根本。

4.4.1 地方政治家的推动

地方政治家与一般官僚的区别在于：具有坚定的政治抱负和灵敏的政治嗅觉性，改革意志较为坚强，善于洞悉微观变量，擅长利用政治资源把握政治机会。对地方政治家来说，他们不甘于步别人的后尘，总想创造属于自己的东西；他们更靠近基层，更熟悉本地的实际情况，对特定的制度环境的认识更全面、更敏锐、更了解政治资源的利用状况和微观主体的现实需求，因此也就更善于发现和利用民主中的变量。地方政治家是民主恳谈的组织者和实施者，没有他们持续地进行，一项制度创新坚持到今天是不大可能的。这既包括当地镇（街道）村、市级各部门的“薪火”相传，特别是温岭市人大近几年以来的鼎力推动，也包括温岭市委宣传部官员自始一直以来锲而不舍的努力。

4.4.2 启动机制的建立

在现代政治中，选举能做到按时换届，何时启动？如何启动？启动的程序怎样？都有严格的法律规定，但决策能不能民主？何时民主？以什么样的方式民主？如何实施这样的民主？迄今为止并没有像选举那样有非常明确、非常刚性、非常可操作的法规，这就必然会导致因时、因事、因地、因人而异，其随意性显而易见。这里问题的关键在于要设置一个“门槛”，一旦进入这个“门槛”就会自动启动，变“不确定性”为“刚性”，找到一个不以管理者意志为转移的，无法回避的，就像选举是定期一样必须按时进行的“按钮”，显而易见这个“按钮”就是预算。因为预算的审查和批准是每年都要进行的，是政府和公众都必须共同面对的、事关公众切身利益的事情，是重大公共性事务的核心。地方领导人可以走马换灯，但每年的预算是绕不过去的，从预算着手启动就形成了“刚性”的约束。

4.4.3 纳入制度的轨道

为了更好地规范和推广乡镇参与式预算，2009 年 1 月 10 日，温岭市人大常委会专门下发了《关于开展预算初审民主恳谈，加强镇级预算审查监督的指导意见》，对乡镇参与式预算的基本程序作出了明确的规定，基本程序由会前初审、大会审查和会后监督三个环节组成，在会前初审阶段要求各乡镇都要召开预算初审民主恳谈会。

制度建设具有根本性、全局性、稳定性和长期性。在现代选举民主下，官场的游戏规则是“你方唱罢我登场”，受“政绩认定”的制约，地方官员往往对自己的“孩子”精心呵护，别人的“孩子”养得再好也是别人的。所以在改革创新中会遇到一种非常发人深省的现象：新的继任者对前任的改革既不支持也不反对，但消极对待，偷工减料，进行选择性的操作；或者干脆置之不理，另起炉灶。这可以用来解释为什么新生事物发生在这里而不是那里的原因所在，也可以用来解释经济、政治、文化相近的地区，为什么有的实行，有的半途而废，有的“夭折”，有的“人走政息”，有的“半推半就”，有的“精心呵护”。有了制度的保障，才能避免以上“人走政息”现象的发生，才能形成政治气候和政治环境，从而使民主恳谈不因领导人的改变而改变，不因领导人看法和注意力的改变而改变。

4.4.4 移植与推广

温岭现有行政区域由11个镇5个街道组成，乡镇一级预算民主恳谈2005年从泽国、新河起步，2008年扩大到箬横、滨海、大溪三个镇，2009年又推广至松门镇，2010年11个建制镇将全部实行预算民主恳谈。预算民主恳谈2008年开始向上深入到市级部门预算，先在交通部门进行，2009年扩大到水利部门，2010年增加了建设规划部门。

2010年，温岭预算民主恳谈的新举措有以下几个方面：

（1）延续前几年的做法，于1月17日、23日分别召开交通、建设规划和水利三个部门的预算民主恳谈会。

（2）在3月8日举行的温岭市第十四届人大四次会议第一次全体会议上恢复听取预算工作报告。预算报告以前与政府工作报告一起要在人代会上宣读，自2005年开始，温岭市同其他许多地方一样，为缩短会期，提高效率，预算报告与计划报告由口头报告改为书面审查。但是，这样一来也造成了人代会期间淡化预算审查监督的现象。这是2005年以来，温岭市人代会首次恢复听取预算报告，引起了与会代表的高度关注和好评。许多代表对此举给予了充分肯定，认为人代会恢复听取财政预算报告，是人民代表大会行使管理国家事务权力的重要体现。

（3）3月10日，又以代表团为单位，组织12个代表团分别对卫生、人劳社保、科技、教育、工业经济、人口与计生、农林、环保、海洋与渔业、文广新、民政、残联等12个部门的预算进行“一对一”的专题审议。12个部门的账本“晒”在人代会上，接受代表们评议。

（4）从2010年起，太平、城东、城西三个街道的财政收支也将按市级部门预算模式进行管理。

（5）首次在本市各大主流媒体上发布公告，面向社会公开邀请非选举产生（人大代表之外）的公民参加市级部门预算民主恳谈，进一步广大参与的范围。

(6) 加大预算公开的力度，最后形成的15个部门预算报告，全部在温岭人大网上公布，涉及总预算金额达17亿余元，占全市财政预算的70%以上。

(7) 根据预算民主恳谈会上人大代表和公众的建议和要求，政府各有关部门最后对2亿元的预算作出调整。

(8) 温峤镇于3月17日首次召开以性别预算为主题的预算民主恳谈会。

温岭的预算民主恳谈的典型性与生命力正在进一步放大，这种"点"、"线"、"块"的政策格局形成是一个"迈小步，不停步"的演绎过程，是梯度衍进理论实践的典型中国案例。显而易见，就具体政策实施的过程而言，"点"是试验，"线"乃推广，"块"为普及。一个新生事物能够落地生根、开花、结果意义十分重大，这表明在当地形成了一种新的政治生态。

5 参与式预算：中国的理论逻辑

民主恳谈是在传统思想政治工作"边际效用递减"，为了寻求新的政策范式去弥合社会转型中干群之间"缝隙"的产物，这一中国特色的基层民主政治创新以相似的对话形式，千差万别的议题，解决了不少老百姓身边的"难事"。从其成长逻辑来看，她同时又是温岭地方公共预算改革中的一个关键因子，由此可以提供了一个十分重要的形成理论假设的机会。民主恳谈的实践为参与式预算准备了组织、制度与民情①等条件，从体制外到体制内是民主恳谈制度逻辑的自然延伸与议题的拓展。关于参与式预算的中国理论逻辑，在以

① 托克维尔（Tocqueville，1835）在《论美国的民主》一书中把"民情"理解为人在一定的社会情况下拥有的理智资质和道德资质的总和。

下的分析中，本文循着“新的组织协调机制”—“地方公共财政供给方式创新”—“公共政策范式转换”这一研究路径展开。

5.1 参与式预算——系统中心与子系统之间新的组织协调机制

尼采（Nietzsche，1883）有过一句名言：人们是通过不同的窗户在观察这个世界。每个人以各自手头的感觉元素“构建”现实，并或多或少将自然和人为存在的参数合在一起用来解释和理解现实世界。但是我们毕竟是在观察同一个世界，不同的人基于不同的立场会得出不同的结论。换言之，“由内向外”（系统中心）与“由外向内”（子系统）会提供观察同一问题的两个不同的视角。“由内向外”（基于政府立场）与“由外向内”（基于公众立场）的相对价值和优先性排序有时候可能并不相一致，甚至大相径庭。奥斯特罗姆（Ostrom，1990：65）进而指出：“在最一般的层次上，公共池塘资源占用者所面临的问题是一个组织问题：如何把占用者独立行动的情形改变为占用者采用协调策略以获得较高收益或减少共同损失的情形。”[15]预算民主恳谈就是这样一种系统中心与子系统之间新的组织协调机制。

“组织”回答的是如何民主的问题？这里的关键是恳谈的主体，即参与者的选择。民主并不等于“所有的人决定所有的事情”，因为正如萨托利（Sartori，1987：65）所言：“在面对面的民主和大范围的民主之间有一条巨大的沟壑”[16]，现实可能性、客观条件和技术障碍等等的存在限制了“直接民主”，于是就有了“代表”。在温岭的实践中有以下五种产生“代表”的方法：（1）由组织者指定。用这种方法前来参加的可能都是乡村的“精英”，往往会形成“代表专业户”（何包钢，2008），每次开会都由这几个人参加，这一方法相对来说缺乏公正性，容易受到置疑。（2）自愿报名参加。如果自愿报名参加来的可能都是利益相关者或者只是感兴趣的人，这就产生了非利益相关者的权利如何保护的问题。（3）随机抽样。这一方法的好处是能最大限度地体现代表产生的公正性和广泛性，它的一个假设前提是：决策无论由社区中的哪一个人作出，其结果都是一样的。但它有一个适用的范围，适合于项目预算中的优先权选择。如：泽国2005年在城建预算决策安排中，由随机抽选的代表从30个预选项目中按优先顺序自上而下选取前12个为决策项目。（4）利用现有正式组织的资源。即利用人大这一正式组织在现有体制的框架内进行。（5）以上几种方法的混合。新河镇采取人大代表与自愿报名相结合的形式；泽国镇采用“统计学意义上的代表”（随机抽选的民意代表）与“政治上的代表”（人大代表）相结合的形式。在民主恳谈开始时的体制外参与阶段，主要以前两种方法为主，在2005年进入体制内之后，则主要以后三种方法为主。

参与者确定之后，具体的操作过程为：预算信息分开—分组讨论—大会交流—代表质询—政府回应。这一过程的实施有利于将子系统与系统中心的“问题”转化为子系统之间的相互竞争，组织子系统对预算进行民主恳谈，实际上就意味着将“家底”告诉给大家，这个项目要不要上？先上还是后上？投资额多了还是少了？如果少了应该从哪里增加？减少的一方会不会答应？在不同利益群体的相互博弈中，通过恳谈客观上起到了换位思考、求同存异，转换策略，修正偏好的作用。

“协调”解决的是民主之后如何均衡的问题？新河模式主要通过预算方案的修改、修正程序来实现，先由政府根据人大代表的意见主动修改预算草案，自2005年至2009年，新河镇政府共修改了34个预算项目，增减和调整预算资金4 762万元。如果人大代表对此仍不满意，5名以上联名可以提出预算修正议案，预算修正议案一经人代会表决通过，就必须按此调整，5年来，人大代表共提出50个书面修正议案，其中合格的12个，共有7个提交人代会表决，其中5个获得通过，2个被否决。泽国模式先由随机抽选的民意代表对预算项目进行直接选择，然后再由人大代表在人代会上表决通过。

总之，预算安排就是系统中心一年一度财政供给在各子系统之间的分布，处理好系统中心与子系统之间的关系，在“众口难调”的情况下，需要建立一种组织协调机制，预算民主恳谈在系统中心与子系统之间建立了这样一种组织协调机制。这一新的组织协调机制既是“民主”的，有利于公众偏好的表达和参与公共政策的制定，是听取民意、集中民智的过程；又能“均衡”的，最后的结果能为系统中心和各子系统所普遍接受，并且能够带来“帕累托改进”①的效果。

5.2 参与式预算——一种中国式的地方公共财政供给方式创新

根据“丁伯根法则”（Tinbergen's Rule）②，任何政策目标都不会自动实现，要实现既定的政策目标，需要有相应的政策工具。同理，要实现预算的“公共”目标，需要有“公众”参与预算的有效途径和方式。而现实社会政治生活中的好多问题在于：政策只规定应该如何，但没有规定“如何做”，更没有规定做不到该如何，光有政策的“目标”，少有达致“目标”的“行动”。于是政策目标由于缺乏相应的政策工具而成为“空中楼阁”。由于公众参与的话语权机制尚未建立起来，公众无法参与到公共政策的制定中去，难以表达自身的利益诉求。预算民主恳谈开启了地方公共政策中公众话语权机制的介入路径，其最大的功效就在于搭建了这样一个诉求表达的平台，“在这个平台上：（1）为政府政策带来更加完备的信息，有利

① 帕累托（Pareto），意大利著名经济学家，“帕累托改进”是指在不使一部分人福利减少的同时，通过改变现有的政策或资源配置，可以使另一部分人的福利得到增加。

② 丁伯根（Tinbergen），1969年首届诺贝尔经济学奖得主。丁伯根法则指的是：政策目标依赖于调节手段，政策工具的数量或控制变量数至少要等于目标变量的数量；而且这些政策工具必须是相互独立（线性无关）的。否则，就会因缺乏可动用的手段，而使所择定的目标成为可望而不可即的“奢侈品”。

于政策质量的提高，减少政策失误造成的风险；（2）公众对决策的接受程度大大提高，从而促进了决策的顺利执行；（3）建立了公众对政府更加积极正面的认识与情感，为政府提供了合法性的基础；（4）增强了公众对政府行为的理解。于是，社会的和谐也就在情理之中”[17]。

预算民主恳谈为公众参与预算提供了具体的操作过程，拓展了公民的权利空间，在政策目标与政策工具之间建立了一定的联系，基本上满足了在当前中国社会转型的背景下对政策工具理性的要求。所以，说到底这是一种中国式的地方公共财政供给方式的创新，为增量部分公共池塘资源的分配提供了新的思路和新的方法。

5.3 参与式预算——由“行政预算”到“公共预算”的范式转换

在现代预算中，代议机构应该是预算的审批者和监督者，尽管我国的宪法和预算法均明确赋予了人大审批和监督财政资源的权力。但是长期以来形成的“行政预算”模式并没有得到根本改变，在“瓦格纳法则”① 的作用支配下，预算收支体现的是政府的偏好，政府以自身的意图编制、执行预算。在“行政预算”模式中，只是简单地告知“是多少”，有时候甚至连这简单告知都省略了，人大的“只决不议”使预算的审批和监督只剩下形式主义的符号。

“公共预算”的要义在于预算的“公共”性，财政资源的配置由“公众”自己来决定。“公共预算”与“行政预算”的重要区别就在于谁是财政资源的实际审批者或最终配置者，如果人大能够在预算上对政府进行实质的控制，那么，人大就能将“公共预算”的角色和功能演绎到位，为民主政治的发展创造一个非常坚定的制度

① “瓦格纳法则”又称“政府活动持续扩张法则”，由德国著名经济学家瓦格纳（Wagner，1883）提出，该法则揭示了随着经济的增长，公共部门的规模呈扩大趋势，公共支出将不断膨胀。

平台，并将对中国政治体制改革产生重要的影响。

温岭的参与式预算，将民主恳谈融入人大制度，营造起公众、人大与政府之间的对话机制，突出了人大代表和公众的参与作用，在形成人大与政府的制衡关系方面迈出了重要的一步。人大对政府的制衡，是权力机构对执行机构的制衡，是代理人对委托人负责的过程，也是委托人对代理人监督的过程，从而使得人大和政府两大场域内的权力主体发生了新的博弈和互动，人大成了博弈中重要的局中人，并对博弈的结果产生实质性的影响。所以，温岭公共预算改革的实际意义在于：实现了由“行政预算”到“公共预算”的范式转换。

6 来自温岭市2010年水利部门预算民主恳谈会的案例研究

公共预算涉及包括立法机构、预算管理部门、预算资金使用单位、综合部门、利益集团和社会公众等预算参与者之间利益的调处，体现了公共管理部门在公共事物决策中的价值取向和优先领域的选择。部门预算可以综合反映某一部门及部门所属单位全部财政资金的收支状况，解决的是财政资金在特定部门的分配问题，即科伊（Key，1940）所认为的：在什么基础上，决定将某一数量的拨款拨给活动A而不是活动B这样一个问题。

预算安排是系统中心一年一度财政事务在各子系统之间的分布，而系统中心内各子系统之间受益程度是不一样的。部门预算是整个预算的一个组成部分，如果将整个预算看做是一个大池塘，那么部门预算就是在大池塘中舀出其中的一部分水，形成一个小池塘。小池塘形成之后，在它的周围又分布着许多的小水缸，从小水缸的分布来看，以水利部门为例，大致上由以下四大类组成：（1）行政运行经费。由日常办公经费、公务人员的薪酬福利开支等组成。(2) 水利工程运行和维护经费。即对已经形成的那部分水利设施进行维修保养的经费。(3) 续建项目投资经费。对建设周期长、投资额大，前几年已经立项的建设项目，需要逐年追加投资的那部分经费。(4) 新建项目投资经费。对新立项投资开工建设的那部分经费。

部门预算的任务就是往各个小水缸（子系统）中供水，在总量既定的前提下，做好“结构优化”的文章。由于要水的多，而小池塘（系统中心）的水有限，这就产生了如何确定水缸的位置？水缸的大小？往哪个水缸供水？供多少水等一系列问题。在公共资源（财政收入）不断增多，利益日益分化和多元的社会中，当一个系统内部变得越来越复杂的时候，整个社会服从统一行动的过程也更加复杂，成本更高，系统中心对各个子系统的平衡和协调难度就会越来越大，政府的决策难免失之偏颇，为了避免或减少失误，需要建立新的组织协调机制来整合不同群体的利益诉求。温岭市通过部门预算民主恳谈较好地回答了这一系列的问题，下面以 2010 年水利部门的个案为例对此进行实证研究。

2010 年 1 月 23 日，温岭市召开水利部门预算民主恳谈会，对水利部门 2010 年度 2.8467 亿元的预算安排进行初审，整个过程由以下几个环节组成：汇报会—分组恳谈—集中恳谈—相关部门回应—市领导讲话—反馈—落实。

6.1 汇报会

在汇报会上，参加民主恳谈会的与会代表分别听取：温岭市发展和改革局作《关于水利部门 2009 年重点建设计划执行情况及 2010 年重点建设计划安排的汇报》，温岭市财政局作《关于水利部门 2009 年预算执行情况及 2010 年预算编制情况的汇报》和温岭市水利局作《关于水利局 2009 年预算执行情况及 2010 年预算计划的汇报》。

6.2 分组恳谈[①]

老干部代表：第一，有关部门在制定预算时对全市水利运行中最突出的问题要认真加以考虑，对水利工作最不利的因素有哪些要做到心中有数：太平、大溪出现了新的涝区，随着东海塘的建成，原有的泄洪出口被堵死，东部也成了新的涝区；城市防洪投资过少；箬横镇严家浦排涝闸的建设要抓紧。第二，水利部门前期工作项目多、投资多，要区分轻重缓急。第三，规划中容易上的项目要尽量先上。如白溪水库、琛山水库，基本上是无人居住区，搬迁容易，水质又好，应优先予以考虑。第四，防灾避灾教育中心[②]不赞成建。花这么大笔资金（3 500 万）造一个形象工程，还不如用它来解决燃眉之急。

评议：资源的有限性与人类需求的无限性是一对永恒的矛盾。在某一时期某一地区的财政收入总是一定的，换言之，池塘里水的容量是既定的，而要办的事情却很多，在大池塘的周边有许多的小池塘，围绕着小池塘又有许多的小水缸，资源的有限性与人类需求的无限性直接导致了资源利用的竞争和冲突。在部门预算安排中要抓住主要矛盾，区分轻重缓急，排出优先权，先易后难。

温峤镇上街村代表：第一，2009 年水利执行情况总数有了，分项指标没有，在预算细化的同时决算也应细化。第二，水利局离休人员 4 人，去年经费 20 多万元，人均 6.3 万元，今年增加到 46 万元，人均 11 万多元，一年时间为什么增加了这么多？水利大楼运行经费去年 30 万元，今年增加到 65 万元，到底什么原因增加了 35 万元？第三，全市山塘除险加固补助去年 180 万元，今年减少到 50 万元，全市平均每个山塘不到 1 万元，解决不了实际问题，应增加这

① 根据笔者 2010 年 1 月 23 日参加第三组分组讨论时的实况记录整理。

② 防灾避灾教育中心项目，在设计时的用途是作为防台风的科普知识教育和台风来临时应急避灾场所。

方面的投入。第四，梅溪水库工程，从2004年开始规划，至今还只是处于编制阶段，前期工作做得太慢。

评议：预算重要，决算更重要，有没有按预算执行是问题的关键。人大代表已经学会了拿去年的预算安排与今年的作比较。

坞根镇甲代表：村级河道疏浚补助全市安排100万元不够，河道疏浚每方补贴早几年就已经是3.80元了，今年却只有3元，补贴标准太低了应予以增加。

评议：在预算安排时要处理好已经形成的那部分水利设施与新增投资之间的关系，即维持现有水利设施正常运行的简单再生产与续建和新建的扩大再生产之间的关系。

坞根镇乙代表：发改、财政和水利三局的预算介绍应尽可能提早送到代表的手中。在预算安排中：一要加大金清新闸的投入，争取早日完工，早出效益（续建）；二要加快白龙潭、梅溪、白溪三座水库的建设（新建）；三要加强已围海涂的开发利用。

评议：（1）预算相关资料的提前发放很重要，不仅起到信息的公开透明作用，更有利于代表们事前广泛征求意见，深思熟虑地建言献策。公开透明意味着更多的信息，而了解得越多，公众对政策的判断就会更全面、更准确。（2）扩大再生产有续建与新建之分，续建项目指在报告期之前已开始建设，跨入报告期继续施工的项目，新建项目指从无到有，“平地起家”，新开工建设的项目。对建设周期长、投资额大的投资项目，必须要采取“一时干一事”的方式分阶段进行，这就形成了投资的连续性。在部门预算中，对前几年开工的项目继续追加投资的占到相当大的比重，因此要处理好扩大再生产中续建项目与新建项目之间的关系。

温岭市天一会计事务所代表：2009年水利局预算安排（4 160.5万元）和实际执行（8 352.21万元）相差50%，财政局年初预算（4 160.5万元），年中补助（追加本级工程项目2 591.71万元，省补1 600万元），年末有结余（1 190万元），应该如何解释？

评议：不要让中期追加预算成为另一种意义上的政策变量，中途追加有无通过人大审批？年末的支出结余造成资金沉淀，影响了资金的使用效率。要加强预算的约束力和权威性，避免“一年预算，预算一年”现象的出现。

6.3 集中恳谈

第一组组长：第一，四个必须加强：加强梅溪水库建设；加强太湖水库水资源的有效保护；加强民生工程建设；加强水质的保护。第二，三个重视：重视城区防洪排涝；重视金清二期工程；重视小型水利、水闸、管网线改造工程。第三，两个异议：防灾避灾教育中心没有必要建；大港洋工程①不该上马。第四，一个问题：发改局和水利局的资金安排不一致，新河城区管网改造工程，水利局有而发改局没有，两者相差1 000多万元。

第二组组长：第一，完善：发改、财政、水利三部门的预算数据不一致，要相互衔接好。第二，缩减：防灾避灾教育中心没有必要建；大港洋工程不应该上马；基层调查办案经费25万元怎么用？是不是需要这么多？应重新考虑。第三，增加：湖漫、梅溪、太湖等重点水库的投入；城区防洪排涝工程的投入；溪堤整修和涵闸等防汛基础设施的投入。

第三组组长：第一，2009年水利部门预算执行情况要细化。第二，恳谈的相关资料应提前发放，讨论的时间要延长。第三，关于

① 大港洋工程在预算安排上是作为台州大石化基地的配套工程。选址位于台州市路桥区、温岭市境内，距台州市区28公里，距最近的温岭滨海镇9公里，路桥金清中心镇10公里。该项目总投资1 740亿元，其中一期项目投资约800亿元，炼油能力每年3 000万吨，乙烯生产能力每年240万吨。经初步测算，石化基地建成后每年将新增产值2 530亿元，工业增加值560亿元，其中一期销售收入1 080亿元，工业增加值240亿元，并带动下游产业及配套服务业三至四倍的产出。按照2010年温岭市水利部门重大前期项目的说明书，该围涂工程的投资额93 500万元，围垦面积2.1万亩，平均一亩的投资为4.4524万元。但石化企业都有污染，当地老百姓是环境最大的利益相关者。

2010年的预算安排：要区分轻重缓急，有保有压；要着力解决水利运行中最突出的问题；山塘除险加固补助50万太少；要加快白龙潭、梅溪、白溪三座水库的建设；要加快金清新闸、松门至上马的解放塘工程建设。

第四组组长：第一，增加：淋松塘改造工程项目的投资。第二，调整：城乡河道整治补助要一致；防灾避灾教育中心没有必要建；大港洋工程已成为社会的焦点，要慎重对待；全市饮用水工程补助500万是否太少？第三，建议：预算介绍中支出计划数太拢统，要进一步加以细化；要提供上年度预算执行的详细情况；要体现恳谈的实际效果；要讲究决策的科学性、合理性，加强预算资金的绩效评估。

评议：（1）河道整治、防洪排涝是当务之急，刻不容缓，要先满足简单再生产，然后才扩大再生产；（2）发改、财政、水利三个相关部门的预算要一致，关于总投资部分，发改为（25 567万元）财政为（21 900万元）水利为（28 467万元），到底以哪个为准？（3）要避免预算安排中的“扭曲性”配置，无关要紧的防灾避灾教育中心项目没有必要上马；（4）大港洋工程要慎而又慎，不要让潜在风险通过预算制造出来。

温岭市人大常委会财经工委代表：关于水利项目建设，预算安排：一要注重经济效益，切实重视水务管理。比如供水漏失率问题，国家规定的最高漏失率是15%，浙江省规定为12%，而我市现在却高达到23.88%，如果全市每年供水2 800万吨，那么就有至少六、七百万吨水白白流失掉了；另外一个就是太湖水库问题，去年放水1 600万吨，这么大的一个放水量，相当于湖漫库区库容的三分之二，或相当于两个梅溪水库的库容。既然我们舍得花3亿元预算新建一座梅溪水库，那么相比之下更应该舍得加大对太湖水库改造的投入。二要注重社会效益，切实提高城市的防洪排涝功能。三要注重生态效益，在制定水利规划时切实保护好生态环境。

评议：要处理好扩大再生产中续建和新建之间的关系，通过对现有水库的挖潜改造，减少供水漏失率、提高库容量，与新建一座水库比较，投资的回报率更高。

6.4 相关部门回应

财政局局长江涌清：非常感谢代表们对财政工作的支持！我们将根据民主恳谈会的意见和建议，会同各有关部门认真加以吸取，预算一旦经人大批准，将严格执行预算。

水利局局长金良明：对于水利部门的工作，我们正在实施三步曲，第一步有水喝；第二步喝低价的水；第三步喝有质量的水。对水资源的开发和保护，前期工作做得太长，作为主管部门感到很内疚。经过民主恳谈会收获很大，使我们的思路更加开阔，工作更加明白，目标更加坚定。

发改局局长陈文波：代表们的建议性意见给全市编制重点建设项目起到了重要的作用，在恳谈会之后将会同各有关部门，结合实际情况对全市重点建设项目作适当的调整。对防灾避灾教育中心要不要建？建在哪里？是不是投资这么多？将重新规则。

6.5 市领导讲话

副市长蒋招华：我是非常赞同将民主恳谈运用到部门预算编制上来，这对决策的科学化民主化很有好处，要继续加以深化：其一，恳谈的相关资料要适当提前发放；其二，讨论的时间要尽可能多些。把这两个关键问题解决好了，恳谈的质量就会大大提高。对恳谈会上所提出的建议和意见，市政府各有关部门将认真加以研究，给代表一个满意的答复。

人大主任张学明：首先感谢大家在百忙中为水利建设献计献策；其次是感触，群众的眼睛是雪亮的，恳谈中所提的问题、观点和建议都切中要害。群众的智慧是无穷的，代表们的意见给部门预算的编制拓宽了思路，部门预算完善的空间还非常大；最后谈三点希望：第一，要将有限的资金用在刀刃上；第二，要着力把焦点、热点和难点问题解决好；第三，各有关部门要认真地按照代表的要求把水利部门预算调整到位。

6.6 反 馈

2010年2月3日，温岭市人大认真梳理代表和公众的意见，共提出：决算细化、加强水资源保护和有效利用、重视城区防洪排涝工程建设、加快金清二期工程建设、重新考虑防灾避灾教育中心工程建设、增加重点水库（山塘）除险加固补助和河道疏浚整治工程补助等18条建设性的建议向财政局作了反馈，要求财政局根据这18条建议结合实际，尽快研究处理，并将部门（水利）预算调整结果专门向市人大常委会主任会议汇报。

6.7 落 实

预算民主恳谈会之后，温岭市水利局将代表们所提的建议大致归为三类：第一类符合客观实际的，按照所提的意见进行调整；第二类有一定合理性的，参照所提的意见作适度的调整；第三类因不熟悉情况而提出的意见，做好答疑工作，说明原因和理由。

对代表们意见比较集中的两个重大项目最后都进行了调整：（1）代表们普遍认为目前没有必要建的“防灾避灾教育中心”（总投资3 500万元）项目，在市政府的主持下，财政局、水利局、教育局作了进一步的协商。最后决定：这个项目今年暂时删除，将来是否建设，要经过充分论证。（2）对另一个反映强烈的需要耗资9.35亿元的“大港洋围垦工程”项目，温岭市政府将代表们的意见向台州市政府作了汇报，台州市政府的答复是：眼下，这个项目温岭不再插手，将来也不出资，现在是台州市政府在主持。

任何社会大大小小的公共事务都有一个优先顺序，当前重要的、次重要的和不重要的，次重要的和不重要的应该往后推，从中可以看出预算的合理性与否。通过民主恳谈，在公共场合就预算问题进行公开讨论，能产生某种“共识”，这种“共识”会给政府带来外在的压力。因为在大庭广众面前，大家都知道某某人的意见是否合理？当人们一致认为 A 比 B 重要时，政府就不能先安排 B 而不顾 A，当代表们都普遍认为“防灾避灾教育中心”没有必要建，“大港洋围垦工程”不该上马时，政府就不能不对此重新加以考虑。

6.8 相关性的提炼与揭示

部门预算民主恳谈在问题—议题—决策之间建立了有机的联系。部门预算编制首先要发现问题在哪里？即水缸的位置，其次是将问题转化为议题，即这个水缸需要多少水？最后是进入决策，即决定要不要往水缸里供水？在以上前后相继的三个阶段中，关键是第二阶段，因为选定议题是决定谁的利益或何种价值更为重要的过程。在传统的“行政预算”模式下，公众缺乏参与，只有政府的“一家之言”，政府从自身的偏好出发，往往是厚此薄彼，顾此失彼，采用歧视性的行为远远多于非歧视性行为，有时候即使是发现了问题也难以转化为议题。所以将问题转化为议题需要“由外向内”（基于公众立场）的“政策之窗”开启，而民主恳谈恰好提供了这样一个载体。

部门预算民主恳谈表明一种事前选择机制的建立。预算由编制、审批、执行和监督这四个环节有机组成。谈及预算过程，人们往往将注意力较多地集中在预算本身上，而却忽略了另一个至关重要的问题——为什么有些事情（项目）被列入预算而另一些事情（项目）却不能？预算审批固然十分重要，这是预算合法性的来源，但在审批阶段往往只在政府提出的范围内进行选择，政府的目标函数与公众的偏好可能不相一致，没有被政府选定的预算问题将继续被搁置。温岭的部门预算民主恳谈将民主恳谈向前移位至编制阶段，在预算编制阶段就开始对政府的预算草案评头论足。这样一方面将不合理的预算指出来（如防灾避灾教育中心项目），以利于政府主动修改；另一方面又将新的问题提出来（如大港洋工程），可以起到后继决策的作用。将民主恳谈引入部门预算编制阶段具有十分重要的意义——这标志着一种事前选择机制的建立，并对不合理的预算开启了一条新的制约路径。

部门预算民主恳谈是“两难选择”的解决之道。部门预算编制要在现有的水缸、没有完工的水缸和新增的水缸之间，在局部利益与整体利益之间，在短期的现在结果与长期的未来结果之间进行均衡。在均衡的过程中，系统中心经常会遇到两个具有同样重要性的项目或问题，在这种情况下往往是“按下葫芦浮起瓢”，做了某件事，就做不了另一件事，顾了这头就顾不了那头，始终无法使事情圆满解决，此时此刻决策者会面临“两难选择”，不知道到底应该将优先权给谁？这时候最好的办法是由子系统通过沟通协商自己来抉择，这一任务正好由民主恳谈来完成。

部门预算民主恳谈使非选举产生的公民参与到预算安排中来。在部门预算民主恳谈会召开之前，温岭市人大常委会还提前 10 天首次在本市各大主流媒体上发布了公告，热忱邀请公民踊跃报名参加部门预算民主恳谈。最后，有 18 个组织和个人报名参加了恳谈，其中包括 4 名“新温岭人”。公开邀请公民参加部门预算民主恳谈体现了参与主体的多元化，使非选举产生的公民参与到预算安排中来，其意义有两个方面：其一，人大代表的参与相对于委托人而言是一种受委托的间接参与，公众的参与则是一种没有代表传送带的直接参与，邀请人大代表之外的公众参与，在一定程度上实现了直接参与和间接参与的结合。其二，温岭是一个户籍人口 117 万的大市，外来人口达 60 万，占全市总人口的三分之一以上，他们为温岭的建设和发展作出了贡献，但由于现行体制的障碍[①]，在异地参与社会公共事务的渠道不畅。通过预算民主恳谈会，就为“新温岭人”的参政议政创造了条件。

“点数投票法”将定性的评价转化为各种“数字”。定性的评价是一种价值判断，是通过一系列形容词来描述的，但定性的价值判断很难加以集合，无法直接提供给决策使用。这次温岭市人大还将泽国的方法运用到恳谈会上，专门制发了《温岭市2010年水利建设重点项目民意调查问卷》，在水利部门预算民主恳谈之前和之后，分别请与会代表对水利重点建设的22个项目按其重要程度打分，这样就将定性的评价转化为各种“数字”，使其结果能直接用于决策使用。二次问卷调查采取的是“点数投票法”——通过“打分”的形式直接显示偏好，这与简单在投赞成票或反对票相比的好处在于：将赞成或反对的程度反映出来。但这次在调查问卷设计时，将续建项目和新建项目混合在一起，对已开工未完工的续建项目其实是必须要追加投资的，不然的话就会前功尽弃，所以新立项才是问题的关键，如果单独对新建项目进行优先权排序可能更有意义。

预算民主恳谈造就了一个多方共赢的局面。(1）对老百姓来讲，有了一个“说理”的地方，有理无处说，正义无处显。通过恳谈，所遭遇的“不公”有时候也的确得以纠正，有时候当胸中的“怨气”宣泄出来之后，也就不至于转化为“怒气”。其实，更多的时候老百姓并不为了什么，而只是要一个说法，通过恳谈将“道理”讲清楚了，这个“结”也就迎刃而解了。(2）对政府而言，提高了决策的科学性与民主性，可以使预算更加符合实际。原来政府的预算，无论好坏与否，都是一片叫骂声，因为这时的预算不公开透明，属系统中心官僚体制密室中的“内部作业”，让公众参与进来之后就

① 2010年3月14日，十一届全国人大三次全会审议通过了新修正的《选举法》，规定了城乡同票同权，但仍暂不对农民工在异地参加选举及其他政治参与作出规定。

不会有这样的指责了。同时，将政府的“难处”说出来，反过来可能更有利于一些问题的解决，可以使政府从整天围绕着要钱、分钱的“困境”中摆脱出来，这无疑减轻了政府的压力。(3) 就社会来说，在转型过程中，客观上需要有一个“说理”的机制，恳谈就是最好的“说理”机制，放到桌面上的就是“理”，通过摆事实，讲道理，自然化解了社会矛盾，促进了社会和谐。

7 结 论

本文以温岭市 2010 年水利部门预算民主恳谈会为例，给出了参与式预算之中国地方经验。其结论如下：预算安排实际上就是公共财政供给中新增的那部分公共池塘资源，在公共财政的供给中，一个挑战性的任务就是——如何在竞争性的支出项目之间分配好资源？中国现阶段社会转型中的紧张关系在很大程度上与资源配置不当有关，资源配置不当制造了社会不公，社会不公引发了诸多的矛盾和冲突，其根子就在于社会缺乏有效的参与机制。因此，如何畅通民意表达渠道，构建公众参与预算的有效途径和方式，是公共预算改革的当务之急，也是政治体制改革的突破口。温岭预算民主恳谈为此提供了新的思路和新的方法，是预算安排中系统中心与各子系统之间一种新的组织协调机制。这一来自中国基层的地方经验创新了公共财政的供给方式，改善了地方公共决策模式，优化了公共资源的配置，实现了由“行政预算”到“公共预算”的范式转换，具有重要的应用价值和实践意义。

参考文献

[1] Garrett Hardin. The Tragedy of the Commons. in *Science*, Dec. 1968, Vol. 168: 1244.

[2] [古希腊] 亚里士多德. 政治学 [M]. 吴寿彭译. 北京：商务印书馆，1996.

[3] Lloyd, W. F., On the Checks to Population. In *Managing the Commons*, eds. G. Hardin and J. Baden, San Francisco: Freeman, 1977: 8－15.

[4] Gordon, H. S., The Economic Theory of a Common-Property Resource: The Fishery. *Journal of Political Economy*, 62, 1954: 124－142.

[5] [美] 托马斯.C. 谢林. 微观动机与宏观行为 [M]. 谢静等译. 北京：中国人民大学出版社，2005.

[6] [7] [美] 曼瑟尔·奥尔森. 集体行动的逻辑 [M]. 陈郁等译. 上海：上海三联书店，上海人民出版社，1995.

[8] [9] [10] [11] [14] [15] [美] 埃莉诺·奥斯特罗姆. 公共事物的治理之道 [M]. 余逊达，陈旭东译. 上海：上海三联书店，2000.

[12] 朱圣明. 论协商民意测验在预算民主中的作用——以浙江温岭市泽国镇为例 [J]. 西部法学评论，2010，(1)：66—73.

[13] 朱圣明. 参与式预算与政治生态环境的重构——新河公共预算改革的过程和逻辑 [J]. 公共管理学报，2007，4 (3)：90—95.

[16] [美] 乔万尼·萨托利. 民主新论 [M]. 冯克利，阎克文译. 上海：上海人民出版社，2009.

[17] 朱圣明. 温岭恳谈文化之生成逻辑与本质特征 [J]. 中共杭州市委党校学报，2010，(1)：72—76.